JN291950

カラー版

建築と都市の歴史

光井渉・太記祐一

井上書院

はじめに
―― 本書の内容と特徴 ――

　われわれが日常生活をおくる都市や集落は，様々な形式をもつ建築で満ちあふれている。こうした多種多様な建築形式はいつどのようにして生まれ，現代社会の中でどのような意味をもっているのだろうか。この問いかけに答えるためには，建築や都市・集落が歩んできた長い歴史を振り返って考えていくしかない。

　本書は，原始時代から現代までの長い期間に，日本と西洋諸国で建築や都市・集落がどのような変遷をたどってきたのかを，以下の3章に分けてコンパクトに記述したものである。まず「Ⅰ 日本建築史」は，原始時代から江戸時代までの日本の状況を記述した部分で，日本に特有な造形の特徴を紹介しながら，それを生み出した技術の進歩や造形のもつ社会的・文化的な意味について解説している。続く「Ⅱ 西洋建築史」は，古代ギリシアから連綿と続く西欧の文明が各時代に創り出した建築と都市の状況を紹介しつつ，19世紀に近代社会が形成され始めるまでの状況を解説している。最後の「Ⅲ 近代建築史」は，19世紀以降に世界中で進行した近代化の流れの中で短期間に激変した建築と都市の状況を，特に日本に重点を置いて社会の変化と関連づけて解説している。

　以上の3つの章は，おおむね時代の流れに沿いながらも，重要なトピックを掲げた同分量の12の節でそれぞれ構成している。各節は専門用語の使用を控えた平易な文章で記述し，併わせて1095点にも及ぶ豊富な写真と図版を解説文の近くに収録し，本書一冊を読むことで，建築や都市・集落の歴史的な歩みについて深い理解ができるように心がけている。また，解説文ではキーワードとなる重要な用語を太字で強調し，用語には可能な限りふりがなを付している。これは，本書が建築や都市について基礎から学ぼうとする学生を念頭においているためであり，同時に建築や都市の在り方に興味をもつ一般の方々に対しても配慮したためである。

　以上のように，本書は建築と都市の歴史的な歩みをわかりやすく描いた概説書であるために，言及した建築や都市の数は多いとはいえず，個々の事例に対する詳細な解説も行っていない。また，現在の日本の建築文化を理解することを重視しているので，記述内容は日本と西欧諸国にほぼ限られ，アジア・アフリカ諸国などで展開してきた多様な建築文化についても記述していない。これは概説書としての限界であるが，巻末により詳細な内容を理解するための一助となるように参考図書を掲げておいた。こうした書物を参照し，また実際の建築や都市を見学することによって，建築や都市に対するより深い理解を得ることを願ってやまない。

2013年9月　　　　光井　渉

Ⅰ 日本建築史

Ⅰ-1	原始の建築と神社	12
	1　竪穴建造物と掘立柱建造物	12
	2　古墳の造形	15
	3　神社の本殿	17
Ⅰ-2	仏教建築の渡来	22
	1　伽藍の構成	22
	2　永遠性と技術	25
	3　室内空間の拡大と意味	28
Ⅰ-3	宮殿と都市の建設	32
	1　都市の発生	32
	2　平城京と平安京	35
	3　平城京の建築	37
	4　平安京の紫宸殿と清涼殿	38
Ⅰ-4	和様の誕生	42
	1　寝殿造と舗設	42
	2　密教寺院の建築	44
	3　和様建築の空間	50
Ⅰ-5	様式の発生と融合	52
	1　東大寺再建と大仏様	52
	2　禅宗様	55
	3　三様式の比較	57
	4　本堂の誕生	59
Ⅰ-6	中世の住宅	62
	1　寝殿造の変化	62
	2　会所と方丈	63
	3　楼閣のデザイン	66
	4　襖と畳	68
Ⅰ-7	都市の変化と戦乱	72
	1　平安京の変化	72
	2　本願寺と寺内町	75
	3　城郭と城下の誕生	77
	4　城郭を作る装置	79
Ⅰ-8	近世都市の建設	82
	1　城下町の構造	82

		2	天守閣のデザイン	85
		3	宿場・港町・在郷町	88
Ⅰ-9	書院造と武士住宅			92
		1	座敷飾と書院造	92
		2	書院造の空間	95
		3	武士住宅	98
Ⅰ-10	茶室と数寄屋			102
		1	茶室の思想	102
		2	茶室の展開	103
		3	茶室と露地	107
		4	数寄屋の建築	108
Ⅰ-11	町家と農家			112
		1	町家の空間	112
		2	町並みの魅力	114
		3	農村という環境	116
		4	農家の構造と空間	117
Ⅰ-12	江戸時代の寺社境内			122
		1	墓所の役割	122
		2	寺社境内の性格と建築	124
		3	建築生産の仕組み	129

Ⅱ 西洋建築史

Ⅱ-1	ヨーロッパ建築の曙			134
		1	先史時代のヨーロッパ	134
		2	ギリシャ建築の誕生	136
		3	神殿建築の形式	136
		4	神殿建築の完成	138
		5	パルテノンの高み	139
		6	神域の整備	142
Ⅱ-2	ヘレニズムとオリエント			144
		1	西アジアの古代建築	144
		2	ナイルの賜物	145
		3	ギリシャ建築の国際化	147

		4 大理石と彫刻家	148
		5 住宅・都市・国家	149
		6 都市計画	151
II-3	**古代ローマ**		**154**
		1 ローマ建築の材料と構法	154
		2 意匠と設計	156
		3 都市の整備	157
		4 パンとサーカス	160
		5 住宅：ローマの夢	161
		6 計画都市	163
II-4	**教会建築の誕生**		**164**
		1 ローマ帝国のキリスト教化	164
		2 集うための建築	164
		3 記念するための建築	166
		4 修業のための建築	168
		5 西の混乱と東の繁栄	168
		6 イスラーム建築	171
II-5	**ビザンツとロマネスク**		**174**
		1 ビザンツ建築の変容	174
		2 東方の修道院	175
		3 ロマネスクを準備したもの	177
		4 11世紀の建設ブーム	178
		5 修道院の時代	181
		6 地中海貿易と建築	182
II-6	**ゴシックと中世都市**		**184**
		1 ゴシックの誕生	184
		2 盛期ゴシックとその後	186
		3 中世の工匠たち	189
		4 城郭と宮殿：世俗の建築	190
		5 都市の空気	191
		6 中世都市の光と影	193
II-7	**ルネサンスへ**		**194**
		1 経済ネットワークと都市	194
		2 イタリアの都市国家	195
		3 人間と宇宙	198
		4 古代からの遺産	199
		5 ローマへのまなざし	199

		6	理論へのまなざし	202

Ⅱ-8　古典主義の興隆 — 204
1　古典の誕生 204
2　万能の人 206
3　マニエリスムの誕生 207
4　建築と書物 209
5　都市・田園・邸宅 211
6　ルネサンスの伝播 213

Ⅱ-9　バロックの展開 — 214
1　対抗宗教改革と聖都ローマ 214
2　バロック建築の特徴 214
3　ローマのバロック 216
4　フランスでの展開 218
5　宮殿建築の興隆 220
6　バロックの展開 222

Ⅱ-10　古典主義の成熟 — 224
1　ロココのきらめき 224
2　貴族の邸宅 226
3　オーダーをめぐる動き 227
4　考古学と建築 228
5　ピクチャレスク 229
6　理性の光 231

Ⅱ-11　市民革命と建築 — 234
1　近代の幕開け 234
2　革命の建築：建築の革命 234
3　グリーク・リヴァイヴァル 238
4　ゴシック・リヴァイヴァル 240
5　市民と建築 241
6　様式の饗宴 242

Ⅱ-12　市民の台頭，そしてヨーロッパの拡大 — 244
1　都市の文化 244
2　建築家という職能 245
3　修復建築家の登場 247
4　異文化へのまなざし 248
5　西洋建築の拡大 250
6　大量生産と手づくり 252

III 近代建築史

- III-1 産業革命と博覧会 —————————————————————— 256
  - 1 産業革命　256
  - 2 博覧会の衝撃　257
  - 3 鉄骨構造の展開　260
- III-2 日本の近代化 ———————————————————————— 266
  - 1 石橋と洋館　266
  - 2 西洋技術の導入　269
  - 3 擬洋風建築とお雇い外国人　272
- III-3 様式建築の受容 ——————————————————————— 276
  - 1 コンドルと工部大学校造家学科　276
  - 2 日本人建築家の誕生　279
  - 3 造家から建築へ　282
- III-4 新構造の導入 ———————————————————————— 286
  - 1 鉄筋コンクリート構造の誕生　286
  - 2 日本における構造学の発展　287
  - 3 新構造の登場と普及　289
  - 4 建築生産体制の充実　294
- III-5 近代都市の変貌 ——————————————————————— 296
  - 1 西洋諸国における都市の改造　296
  - 2 江戸から東京へ　298
  - 3 田園都市と郊外　300
  - 4 震災復興と建築法規　303
- III-6 住宅の変化 ————————————————————————— 306
  - 1 中廊下型住宅と和洋折衷住宅　306
  - 2 文化住宅　311
  - 3 都市住居の変化　313
- III-7 新しい造形の出現 —————————————————————— 316
  - 1 新しい造形の模索　316
  - 2 セセッションと表現主義　319
  - 3 日本人建築家の解釈　323
- III-8 都市建築の展開 ——————————————————————— 326
  - 1 高層建築の登場　326
  - 2 ライトの設計手法　329
  - 3 日本の都市建築　330

		4	昭和初期の都市の繁栄	333
Ⅲ-9		モダニズム		336
	1	第一次大戦後の欧州		336
	2	ドイツ工作連盟からバウハウスへ		338
	3	ル・コルビュジエ		340
	4	日本への影響		343
Ⅲ-10		日本的な表現		346
	1	日本的表現の出現		346
	2	様式論争		349
	3	昭和初期の展開		351
	4	モダニズムと日本表現		353
Ⅲ-11		建築の戦中戦後		356
	1	建築の戦時体制		356
	2	戦後住宅の展開		357
	3	nLDKプランとニュータウン		359
	4	戦後復興の終了		362
Ⅲ-12		現代の建築と都市		366
	1	戦後モダニズムの展開		366
	2	構造の表現		367
	3	1960年代の都市・建築の思潮		369
	4	オリンピックと万博		373

はじめに　3

図版出典・撮影者　376
参考文献　388
索引　394

I
日本建築史

I−1 原始の建築と神社

日本列島で最初に出現した建築は，竪穴建造物と掘立柱建造物という2つの形式を基本としていた。この2つは日本列島で長く作られ，掘立柱建造物のうち高床式と呼ばれるものは神社建築に進化し，日本の建築文化において重要な存在となった。本節では，こうした原始の建築の在り方を，同時に出現した古墳と対比させながらみていこう。

1 竪穴建造物と掘立柱建造物

　雨や日照あるいは寒暖といった気候から人間を保護する**シェルター**の役割こそ，建築に求められる最も基本的なものである。それを厳しい条件の中で創り出したものが，原始の建築といってよい。

　日本列島に人類が住みついてから，約1万年前までの長い期間は**旧石器時代**と呼ばれている。この時期に用いられていた**打製石器**では，地形や木材の複雑な加工は困難で，建築と呼べる人工物を作ることは不可能だった。そのため，この時期の住居は，大きな樹木や洞窟などの自然物を利用したものであった。

　日本列島で建築が姿を現すのは，旧石器時代の終わり頃で，その後，**磨製石器**が出現した**縄文時代**（1万年前〜紀元前後頃）や，**金属器**等の工具が進歩した**弥生時代**（紀元前後〜4世紀頃）に本格的に展開した。

　この時期の建築は全く残されていない。しかし，地中の痕跡や出土品，あるいは現代まで継承された風習に基づいて，その形式が推定されている。なかでも，奈良県の**佐味田宝塚古墳**から出土した**家屋文鏡**（4世紀頃）（図1-1）は，同時代に並存した3つの建築形式を描いた貴重な資料である（図1-2）。

　家屋文鏡が描く4つの建築のうち，右側に描かれる地面に屋根を置いた形式のものは**竪穴建造物**と呼ばれている。静岡県の**登呂遺跡**から，その特徴をみてみよう。

　竪穴建造物は，不整形な穴とその周囲を巡る土手状の部分からなり，柱を埋め

図1-1 家屋文鏡

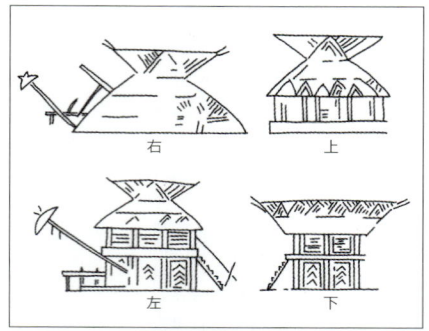

図1-2 家屋文鏡に描かれる建築

1 原始の建築と神社

た痕跡が穴の内部に認められる場合が多い（図1-3）。

その基本構造は、まず地面に穴を掘って床と壁を作り、周囲の土手状の部分に突き刺した木の棒の頂部を縄で結わえて傘状の構造体を作り、その上に細い枝等を縦横に組んだネットを載せて、さらにその上に土や枯草を積んで屋根を完成させるものである（図1-4）。

この竪穴建造物は、地面に木の枝等を突き刺して、その上に草や皮等を利用して覆う**テント式の建造物**が発展したもので（図1-5）、建築空間を構成する屋根・壁・床を最も簡単に実現できる形式である。そして、どこでも入手できる材料のみで作られ、複雑な技術も必要ないので、室町時代頃まで日本列島の庶民住宅の形式として作り続けられた。しかし、地面に突き刺した木の棒が屋根を支えていることから大型化が困難で、採光や換気という環境上の問題点も抱えていた。

このうち大型化については、穴の中に柱を据えることで一定の解決が行われ（図1-6）、また屋根に穴を開けることで換気も可能となったが、環境面での弱点を完全には克服できなかった。

次に家屋文鏡の上下及び左側に描かれている空中に屋根を固定し、壁を持つ形

図1-3 竪穴建造物の遺跡（登呂遺跡）

図1-4 再現された竪穴建造物 外観・内部（登呂遺跡）

図1-5 テント式の建造物（次太夫堀公園民家園）

13

式のものは**掘立柱建造物**と呼ばれている。この形式は，竪穴建造物よりも通風や採光などに有利だが，竪穴式よりも高度な建設技術が必要である。

その技術の中で最も重要なのが，柱である。柱は大型化した竪穴式でもみられるが，屋根の重量を支え，風力や地震力に耐えるために必要な根幹的な材料である。この時代の柱は，根元を地中に埋めて固定した**掘立柱**で（図1-7），1本で自立し，水平方向の力に強いという利点をもつが，根元が腐朽するため，20〜30年程度の耐久性しかない。

図1-8は上小紋遺跡（島根県）の発掘情報に基づいて復原された掘立柱建造物である。この図からわかるように，掘立柱を用いて中央の**棟**と両脇の**桁**を支え，その間に斜材（**垂木**）を架けて，屋根を空中に固定している。このような，本を開いて伏せたような形状の屋根は，その後の

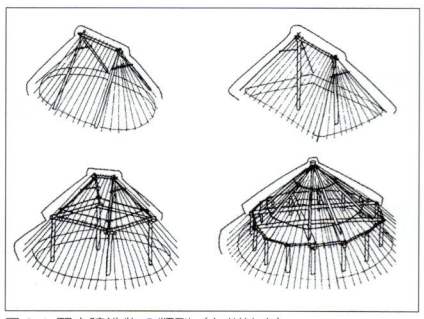

図1-6 竪穴建造物の類型（九州地方）

図1-7 掘立柱を抜き取った穴（平城宮跡）

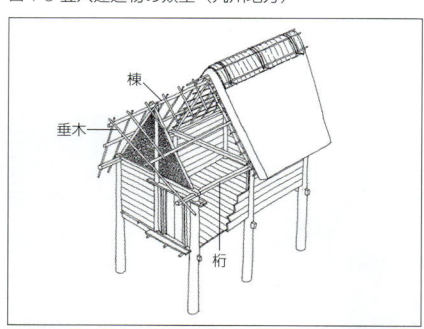

図1-8 高床式の掘立柱建造物の構造（上小紋遺跡）

図1-9 掘立柱建造物（吉野ケ里遺跡）外観・内部

1 原始の建築と神社

日本建築の屋根の基本形となるもので，**切妻屋根**と呼ばれている。

こうして屋根を空中に固定することが可能となるが，床と壁に関しては，さらに2つのタイプが存在している。

一つ目は家屋文鏡の上側に描かれている形式で，地面を盛り上げて床とし，壁は板・土・草などを積み上げて作るタイプである（図1-9）。

もう一つは，家屋文鏡の左側及び下側に描かれているような形式で，地表面から階段を使って登るような高い位置に床を張った**高床式**と呼ばれるタイプである（図1-8, 10）。

高床式の床は，柱の途中に水平の部材を上下2段に組んで固定し，その上に板を並べて作るが，板を支える水平材の固定方法には，柱材の枝分かれを利用するもの，柱を途中から細くして段差に引っかけるもの，柱の外側に，別に小さな柱（束）を立てるものなど様々な方法があった（図1-11）。壁については，柱の側面に縦に溝を入れて，板を上から落とし込む方式が想定されている。

しかし，木材を挽き割って作る板は貴重品であり，そのために高床式の数は少なく，倉庫や神殿あるいは権力者の住居等に用いられるだけで，一般の住居は簡便な竪穴建造物が用いられていた。これまで述べてきた3つの形式は，役割に応じて使い分けられていたのである。

2 古墳の造形

技術が未熟な縄文時代には，竪穴建造物の平面はいびつな形状であった。しかし，時代が降ると，竪穴は丸形や方形に整えられ，掘立柱建造物も直線に沿って柱を配置していくようになる。

こうした幾何学的な整形を求める動きは，理念や美意識を伴った建築を求めていく過程を示すもので，特に4〜6世紀に急速に発達した権力者の墳墓である**古墳**

図1-10 高床式掘立柱建造物（登呂遺跡）

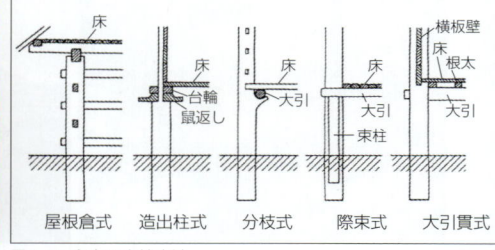

図1-11 高床の支持方法

の造形で特に顕著な現象である。

初期の古墳は、円形で椀型の**円墳**と台形に近い**方墳**の形式だったが、その両者が結合した**前方後円墳**の段階で急速に大型化し、日本列島に特徴的な造形物となった（図1-12）。

奈良県の**石舞台古墳**（7世紀）は、円墳か方墳のいずれかであったが、土を盛った上部が無くなって、巨大な横穴式の石室が露出したものである（図1-13）。また、兵庫県の**五色塚古墳**（4世紀末〜5世紀初）は、全長194mに及ぶ最大級の前方後円墳で、後方の小高い円墳部に権力者が埋葬され、前方の低い方墳部上面は祭儀の場所だったと考えられている（図1-14）。

巨大な前方後円墳からは、偉大な人物を長く記憶しようとする**記念碑（モニュメント）**の性格を読み取ることができる。その造形の特徴は、まず第一に巨大さであり、次いで永遠性、そして自然界には存在しない幾何学的で**左右対称（シンメトリー）**を追求する姿勢である。

巨大なモニュメントを建設するためには、知識や技術の蓄積が必要である。例

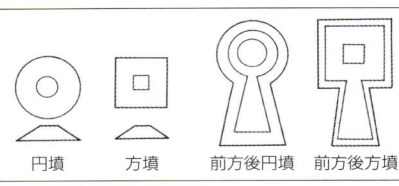

図1-12 古墳の形状

図1-13 石舞台古墳 外観・内部

図1-14 五色塚古墳 航空写真・側面

1 原始の建築と神社

えば，長さを測るための物差しや，長さを数値に置き換える概念は必須である。また，縄を用いて直線や円形を作る方法やピタゴラスの定理を使って直角を作る方法，水準器を用いて水平を作る方法も必要である。そして，事前の**設計**という行為も欠かすことができない。

このように古墳からは，人工物としてのモニュメントの造形と技術を読み取ることができる。こうした性格は世界中の民族に共通するものである。しかし，同時代に誕生した**神社**の建築はこれとは異なる性格をもち，日本に独自な存在となっている。

3 神社の本殿

自然への崇敬が神社の出発点となったと考えられている。特異な形状を持つ山や巨岩あるいは巨木等には，自然界の背後に潜む力が反映しているとみなされ，**依代**と呼ばれる信仰の対象となり，そこが神社へと進化したのである。奈良県の**大神神社**が，信仰の対象となる三輪山とそれを拝む場所のみから構成されているのは，こうした神社の原形を保っているからである。

しかし，特異な形状を持つ自然物は，どこにでもあるわけではない。そのために，人工物を依代とすることが行われ始めた。特に象徴的に据えられた木柱は好んで選ばれ，建築の根幹的な材料である柱に対する信仰も芽生えてくる。長野県の**諏訪大社**で行われている神木を立てる**御柱祭**や三重県の**伊雑宮**の御田植祭で重視される柱は，その代表的な事例である（図1-15）。そして，柱などの依代が建築に変化することで，**本殿**が誕生したと考えられている。

日本の神社の中で枢要な地位を占める

図1-15 伊雑宮の御柱

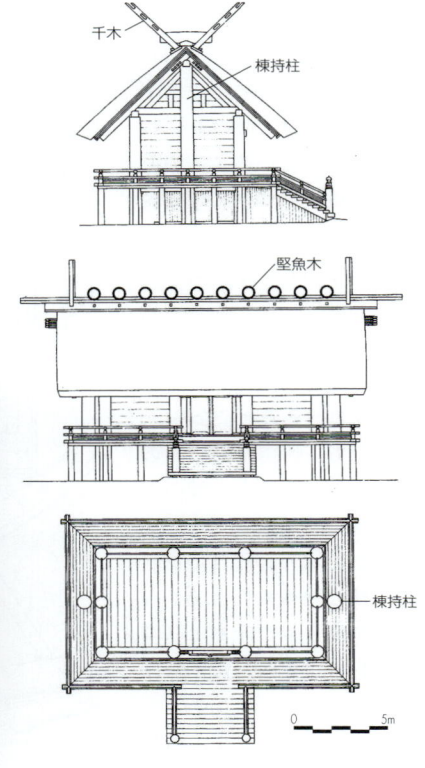

図1-16 伊勢神宮内宮正殿 立面図（2面）・平面図

17

伊勢神宮は，125もの神社から構成されているが，なかでも重要なのは**内宮**と**外宮**の**正殿**と呼ばれる本殿の建築である（図1-16）。

この建築形式は**神明造**と呼ばれ，正殿以外の伊勢神宮の建築でも用いられている（図1-17）。その構造は，独立して立つ2本の**棟持柱**と呼ばれる掘立柱の上に棟を置き，その前後に4本ずつ掘立柱を立てて桁を支えて切妻屋根を作るものであり，高床式の掘立柱建造物をそのまま流用したものといえよう。

伊勢神宮正殿の中央床下には，**心御柱**と呼ばれる柱が埋められている。この心御柱の役割については諸説あるが，依代とする考え方が有力であり，その場合には，心御柱こそが本来の信仰対象で，正殿の建築は心御柱を守るためのシェルターとみなせることになろう。

続いて，伊勢神宮正殿の細部を見てみると，棟の上方に棟と垂直に置かれた6本の**堅魚木**と呼ばれる材料や，棟の両端から上方にV字型に突き出た**千木**と呼ばれる材料など，特徴的な細部をもつことに気づく。

雨水を受ける屋根，特に棟と両側面の**破風**は最も腐

図1-17 伊勢神宮外宮の御稲御倉

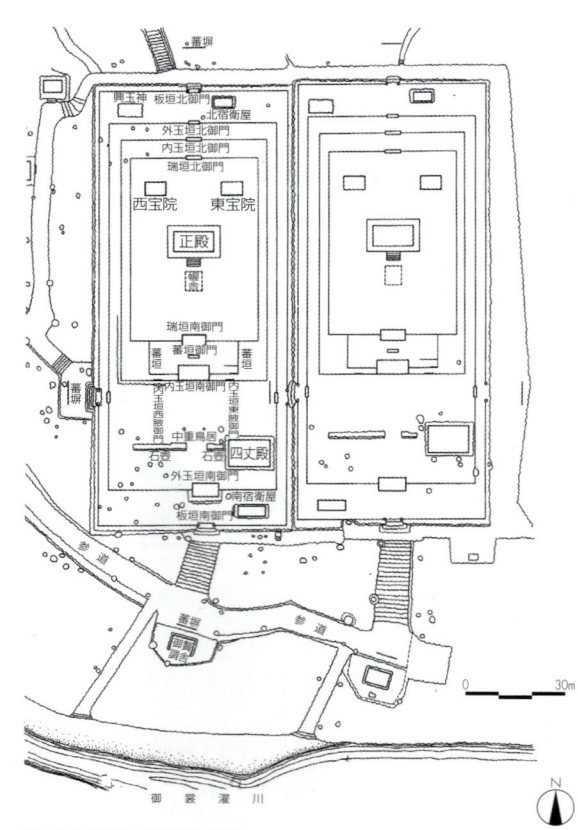

図1-18 伊勢神宮内宮 配置図

1 原始の建築と神社

りやすい。堅魚木はその腐りやすい棟を保護するための材料で、千木も屋根の側面を保護する破風板が上方に延びたものである。このように、本来は建築の劣化を防ぐ実用的な材料の形態が洗練され、名前が付けられているのである。こうした洗練の過程に、建築デザインの進化を見ることができる。

ここで、伊勢神宮内宮の配置図をみると、中心に正殿を配置し、その周囲には四重に垣根を巡らせる構成を採用している（図1-18）。この徹底した左右対称性と、中心に重要なものを置き、垣根で周囲と区別していく**求心性**の強調も、建築と環境に対する日本的な理念の重要な要素である。

さらに配置図から、同じ構成をもった区画が2つ並び、そのうちの一つしか使われていないことが理解できる。伊勢神宮には、20年に一度、建築を全面的に建て直す**式年遷宮**（しきねんせんぐう）という制度があり、建っている建築を参照しながら、その隣に全く同じ物を建設し、そこが竣工したら古い建築を壊してしまうのである。こうして20年ごとに交互に場所を入れ替えるために、同じ区画が2つ用意されているのである。

式年遷宮は、掘立柱や屋根の茅材（かや）の耐久期間を理由としたシステムであろうが、結果として、頻繁に建て替えをしながらも、デザインは正確にコピーされ続けることになる。デザインに永遠性を求めるこうした姿勢は、世界的にみても類をみない独自なものである。

続いて、同じく古い形式を残している島根県の**出雲大社本殿**（いずもたいしゃ）をみてみよう（図

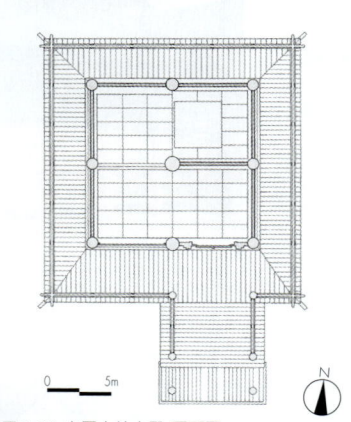

図1-20 出雲大社本殿 平面図

図1-19 出雲大社本殿

19

1-19)。

　大社造と呼ばれるこの形式も，高床式の掘立柱建造物から発展したものである。ただし，伊勢神宮正殿と比較すると，以下のような相違点も存在している。

　まず第一に建築の向きで，伊勢神宮正殿は棟に向かって垂直になるように正面を向ける**平入り**であるが，出雲大社本殿は棟と平行になる**妻入り**である。

　第二には規模で，出雲大社本殿は伊勢神宮正殿の約2倍となっている。現在の出雲大社本殿は江戸時代に再建されたもので，平安時代まではさらに巨大で，東大寺大仏殿（Ⅰ-5節）に匹敵する大きさだったと考えられている。

　第三には間取りで，出雲大社本殿は，中央を柱が貫通するため，室内空間が4つに分割されている。そして，出入口は正面向かって右側に設けられ，室内の4つの場所のうち，右側奥が神の居場所と

図 1-21 住吉大社本殿

図 1-22 住吉大社本殿 立面図・平面図

1 原始の建築と神社

されている（図1-20）。この結果，出雲大社本殿は左右対称ではない。

続いて，大阪府の**住吉大社本殿**についてもみておこう（図1-21）。**住吉造**と呼ばれる住吉大社本殿の形式も，大社造と同様に妻入りであるが，室内は前後の2室に分けられている（図1-22）。

この住吉大社本殿とよく似た外観と室内構成をもった建物が，他にも存在している。それは，新天皇が即位する際に行われる**大嘗祭**の際に建設される**大嘗宮**の建築である（図1-23）。大嘗宮正殿では，奥の部屋は新天皇と神が食事を共にする場であり，前の部屋はその給仕を行う場である（図1-24）。

伊勢神宮正殿が，心御柱を保護するための簡素な建築であるのに対して，出雲大社本殿や住吉大社本殿では，神の住居としての性格が現れ，特に出雲大社本殿は巨大性を求めるモニュメントとしての性格も備えている。

これは，神という存在や神社という場の性格が変化したために生じた現象であると同時に，高床式の掘立柱建造物がもっていた様々な性格に起因することでもある。

以上のように，日本列島の原始の建築は，アジア全体の文化交流と関係して発展しながら，神社本殿を創出した時点で独自の理念を形成していった。この理念が，続く6〜7世紀に本格的に中国大陸や朝鮮半島の建築文化を導入していく際の基盤となったのである。

図1-23 大嘗宮正殿・膳所

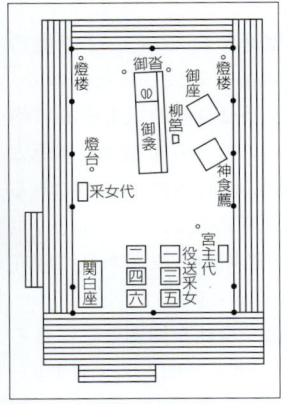

図1-24 大嘗宮正殿 平面図

21

I-2 仏教建築の渡来

3世紀に近畿地方に出現した大和政権は，6世紀末に中国大陸や朝鮮半島から仏教を導入し，寺院の建設を開始した。寺院は，様々な形状の建築群から構成され，それまで存在していなかった新しい環境・空間・技術を提供し，原始に萌芽していた日本列島の建築文化と合わさって，その後の日本建築の歩みに大きな影響を与えた。本節では，寺院を構成した建築の技術と空間について概観してみよう。

1 伽藍の構成

奈良県の**法隆寺**は，現存する世界最古の木造建築群で，中国大陸には同時代の建築群は残らないため，東アジア地域全体の古代文化を考察する上で重要な存在となっている。

法隆寺は，**聖徳太子**（574～622年）の宮殿があった斑鳩に建設されたもので，**西院**と**東院**という2つの領域を中心に構成されている。このうち東院は，聖徳太子没後の8世紀に建設されたものであるが，より古い西院の建設時期には，7世紀末期と8世紀初期の二説があり，現在でも確定していない（図2-1）。

法隆寺西院は，全体が**回廊**と呼ばれる一続きの細長い建築で囲われ（図2-2），外界とは隔絶した世界となっている。現在の回廊は通路として使われているだけだが，本来は僧侶の礼拝などにも用いられていた。

回廊で囲まれた領域への出入口が**中門**で（図2-3），中門を入ると右側に**金堂**（図2-4），左側に**五重塔**がそびえている（図2-5）。金堂は，本尊である釈迦三尊像を祀るためのもので，五重塔は，地中に仏陀の骨と伝える仏舎利を安置し，建築の内部には**心礎柱**が貫通するために，十分な内部空間をもっていない（図2-6）。本来の塔の建築では，地中の仏舎利と頂部の**相輪**が重視され，その間は両者を繋ぐ役割しか有していない。

回廊後側の**大講堂**は，仏教行事や僧侶の学習のための空間である。建設当初の西院では，回廊は大講堂の前で閉じられていたが，現在の大講堂が990年に再建

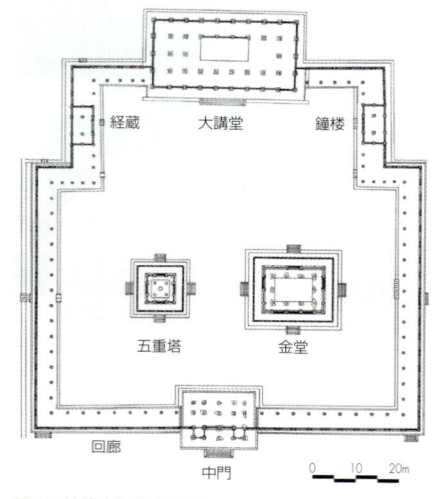

図2-1 法隆寺西院 配置図

された際，回廊が延長されて現在の姿となった。

続いて回廊の東側には，鎌倉時代に改造されて現在は**聖霊院**と呼ばれている建築が所在している。8世紀には，この建築は**東室**と呼ばれた細長い建築で，隣接して建つ**妻室**とともに僧侶の住居として用いられており（図2-7），現存する最古の住宅建築である。この東室のさらに東側には，僧侶の食事の場所である**食堂**及び**細殿**が立地している。

このように西院では，役割に応じて建築は異なる形態をもっている。**伽藍配置**と呼ばれる建築群の配置方法は，寺院によって異なり，特に細長い塔と量感のある金堂の配置が伽藍の印象を大きく左右している（図2-8）。

最初期の**飛鳥寺**（587年）では，中心に塔を置き，その左右と後ろの三箇所に金堂を配置していた。そして**四天王寺**（593年）では，塔と金堂が一直線に置かれ，718年に移築された**薬師寺**では，中心に金堂，その前方左右に三重塔を配置していた（図2-9）。これらはいずれも左右対称性を強調したものである。

一方，法隆寺西院では，形状が異なる

図2-2 法隆寺西院 回廊

図2-3 法隆寺中門

図2-4 法隆寺金堂

I 日本建築史

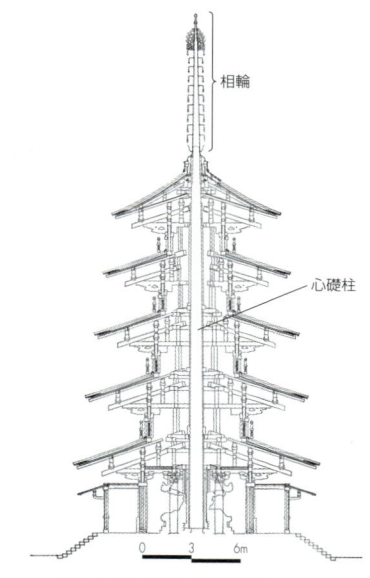

図2-5 法隆寺五重塔

図2-6 法隆寺五重塔 断面図

図2-7 法隆寺東室・妻室

五重塔と金堂を左右に配置し、中門も回廊の並びの中心よりも左側にずれ、中門からの五重塔と金堂の距離も均等ではない（図2-10）。このように法隆寺西院は左右対称ではないが、建築群の形状を考慮したバランスが保たれているために違和感は感じない。

次に講堂の位置に注目すると、飛鳥寺や当初の法隆寺西院では回廊の外であるが、四天王寺・薬師寺・現在の法隆寺西院では、回廊に接続している。これは本来は仏のための聖域であった回廊の中に、人間のための建築が進出してきている状況を示している。

寺院伽藍が生み出された広大な中国大陸では、回廊で囲えば伽藍を周囲から隔絶できる。しかし、起伏の激しい日本では、伽藍の背景に必ず山並みが見えるので、周囲から完全に遮断された状態をつくり出すことは不可能である。

そのために、法隆寺西院のように、自然地形や背景の景色を加えたバランスを重視するものに変化したと考えることができよう。そして、仏のためだけの聖域に、人のための空間である講堂が進出してくる現象も見逃すことはできない。このように、導入からわずかな期間に、寺院伽藍という空間は、日本の風土に合わせて変化していったのである。

2 仏教建築の渡来

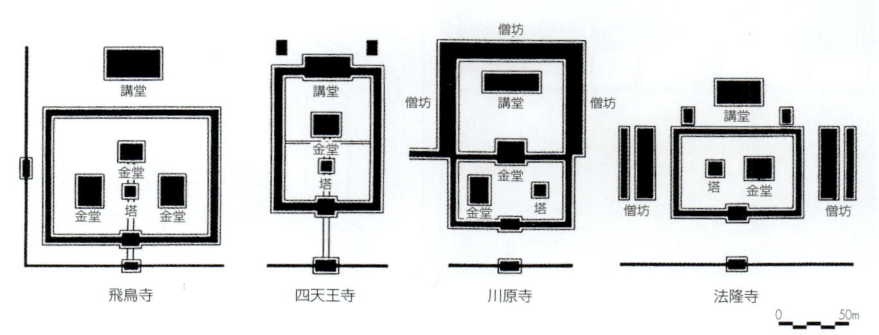

図 2-8 伽藍配置の変遷

2 永遠性と技術

　寺院建築は，日本列島の原始建築とは異なった技術を使用していた。その技術は，建築の耐久性を飛躍的に高めるものであった。

　まず，建築を支える**基礎**から見てみよう。それまでの原始の建築は，掘立柱を地中に埋めるため，基礎を持っていない。しかし，法隆寺西院の建築群はいずれも，**基壇**と呼ばれる石積みの基礎の上に立つ

図 2-9 四天王寺伽藍・薬師寺伽藍

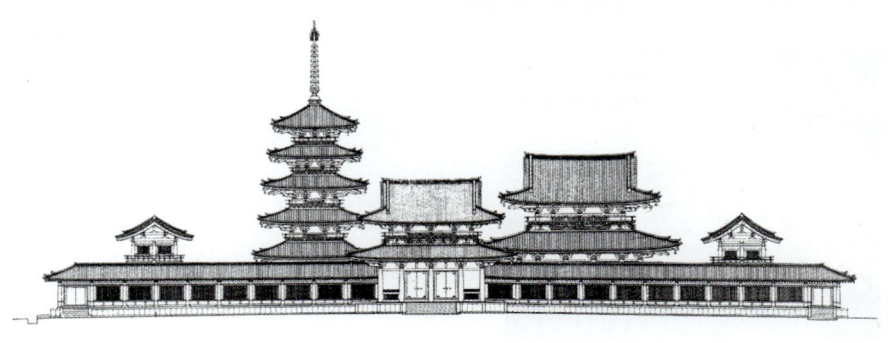

図 2-10 法隆寺西院 立面図

図2-11 基壇（法隆寺金堂）

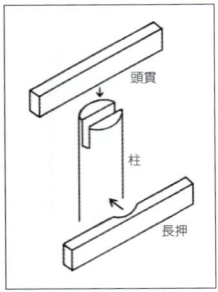

図2-12 頭貫と長押

ている（図2-11）。

基壇の構造は，地中を掘り込んだ後に，土砂や粘土を何層にも突き固めて地表から盛り上げた**版築**を作り，その側面と上面を切石で覆ったものである。基壇は，上面の水平を長く保持できる上に水はけが良く，地震力などを効果的に逃がすこともできる。また，基壇の上面をそのまま床として使用できる。

次に柱についてみると，掘立柱ではなく，基壇上に据えられた**礎石**の上に置かれている。この礎石立ての柱は，土と接することがないので腐らず，耐久性が飛躍的に向上するが，置かれているだけなので一本では自立しない。そこで複数の柱を水平方向に繋いで，フレームを作る必要性が生じてくる。

こうした水平方向の材料には，**頭貫**・**長押**・**梁**がある（図2-12）。頭貫は柱の上端に上から落とし込む材料，長押は柱の表面に釘で打ち付ける材料で，この二つは柱が倒れないように支える役割だけを担っている。一方，梁は柱の上に載せられる材料で，柱が倒れないようにすると同時に，屋根の重量を受けて柱に伝える役割を果たす重要なものである。

さらに，柱の安定をはかりながら空間を閉鎖するために用いられるのが**土壁**である。土壁は，柱と柱の間に**木舞**と呼ばれる木や竹のネットを入れて，その表面に土や**漆喰**を何層にも塗って作るものである。

一本でも安定して立つ掘立柱では，こ

図2-13 本瓦葺（左）と行基葺（右）（元興寺極楽坊）

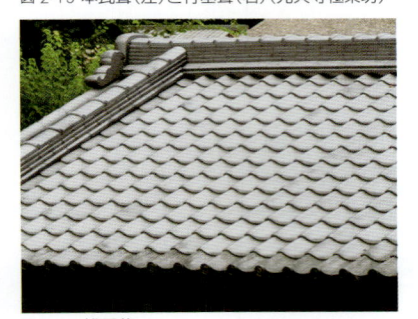

図2-14 桟瓦葺

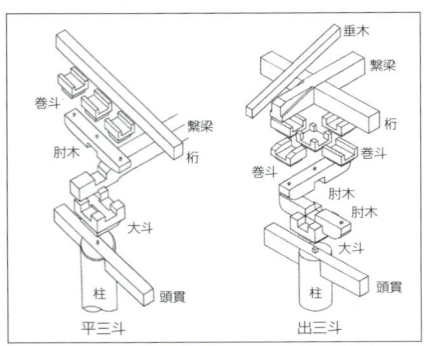

図2-15 組物の構成

うした水平方向の材料や壁は必要ない。しかし、礎石立ての柱を用いる場合には、水平方向の材料を用いて柱を安定させた上で、柱の上に桁を載せ、梁の上に立てられた短い柱(束)等で棟を支えて屋根を作ることになる。

耐久性の向上は、屋根葺材でも図られている。原始の建築では、草や木の皮といった植物性の材料が屋根に用いられていたため、耐久期間は20年程度であった。これに対して寺院建築は瓦というセラミック材を採用し、飛躍的に耐久性を向上させている。

瓦自体の防水性は極めて高いが、問題は瓦の継目で雨水を漏らさないことにある。6～7世紀に大陸から導入された瓦の葺き方は、**行基葺**と**本瓦葺**の二つである(図2-13)。

行基葺は、片方がすぼまった形の薄い半円形状の瓦を用い、その裏表、上下を反転させながら葺く方法である。一方、本瓦葺は、緩くカーブする**平瓦**で全体を覆った後に、その継目に半円形の**丸瓦**を置く方法である。このうち行基葺は、早い段階で廃れ、本瓦葺が一般的なものとなるが、江戸時代には日本で発明された**桟瓦**が加わる。波形の断面をもち、2つの隅を欠いた形状の桟瓦は、一種類で継目なく葺くことができるために、江戸時代の後期以後は、桟瓦葺が一般的なものとなる(図2-14)。

瓦は防水性や耐久性に優れるが、重量は重い。一方、東アジアの多雨多湿気候では、壁面から軒を深く差し出すことが求められるので、瓦のような重い葺き材は不利となる。瓦を用いながら軒を深く出すためには、屋根の重さを支える桁を、柱よりも外側に差し出して置ければよい。そこで中国大陸で考案されたのが**組物**である。

組物は、立方体の下方を四分の一の円で刳り抜いたような**升(斗)**と呼ばれる材料と、両端を曲線状に仕上げた横に延びる**肘木(栱)**という2つの材料から構成されている(図2-15)。この2つを柱の上から交互に積み上げることによって、桁を柱から外側に架け出すことが可能となり、段数を増やすことでより深い軒を作るこ

出三斗

出組

二手先

三手先

図2-16 組物の種別

図2-17 雲肘木(法起寺三重塔)

なお、法隆寺西院や**法起寺三重塔**（684〜706年）の組物は、8世紀以降の組物とは異なるもので、屋根の四隅部分では組物が放射状にしか延びず、複雑な曲線を施した**雲肘木**と呼ばれる特殊な形式となっている（図2-17）。

以上のように、法隆寺西院伽藍の建築群には、大陸から導入された高い耐久性を備えた技術が採用されている。しかも、材料の細部をみると、耐久性の確保といった観点では説明できないデザインも施されている。

例えば、柱の径は上下で一様ではなく、中央やや下寄りが膨らんだ**エンタシス（胴張り）**と呼ばれる形状をもち、梁も両端が下方に向けて緩やかにカーブする**虹梁**と呼ばれる形状となっている（図2-23、2-25参照）。また、梁の上に載って棟を支える材料は束で構わないはずなのに、ハ字型の**叉首**や（図2-25参照）、厚板の左右を曲線で削りだした**蟇股**を用い（図2-18）、組物を構成する升や肘木も曲面で削られている。また、屋根の軒線も左右が反り上がる形状となっている（図2-19）。

こうした細部の形状は、上方の力を下方の一点に集める、あるいは逆に上方の一点の力を下方に拡散する表現であったりするなど、構造を視覚的に示すデザイン上の工夫である。

3 室内空間の拡大と意味

柱と梁によって構成される建築では、屋根の重量は全て梁を経由して柱に伝達される。そのため、建築の奥行を決める梁の長さには限界があり、通常は5〜6m程度以下となってしまう。そこで、太い材料に頼らないで建築を大型化する工夫がなされるようになる。

その大型化の最初の解決案は、二棟の建築を前後に並べる方法である。この方法は**双堂**と呼ばれ、法隆寺食堂及び細殿のほかに（図2-20）、大分県の**宇佐神宮本殿**（1855〜1861年）や愛媛県の**伊佐爾波神社本殿**（1667年）にみられる**八幡造**が該当している（図2-21）。しかし、この双堂方式では、二つの屋根が接する中央部で雨水を処理しなければならず、完全な意味で一つの大空間とはならない。

板蟇股　板蟇股

透かし蟇股　図2-18 蟇股の種別　図2-19 東大寺転害門

2 仏教建築の渡来

図 2-20 法隆寺食堂及び細殿

図 2-21 伊佐爾波神社本殿

そこで編み出された方法が**モヤ−ヒサシ構造（身舎−庇構造）**と呼ばれるものである。この方法は，柱と梁から構成される**モヤ**（身舎）の外側に，モヤの柱よりも一段低い柱を立てて，その間に別フレームの**ヒサシ**（庇）を付け足すものである。

ヒサシは，最大で四方向に付け足すことができ，さらにヒサシの外側に**マゴビサシ**（孫庇）と呼ばれる部分を付け足すことも可能である。この方法を用いれば，梁に過大な重量を加えることなく，室内空間を大型化できる。奈良県の**法隆寺伝法堂**（8世紀）（図2-22）は，モヤの前後二面にヒサシを付けたものであり（図2-23），**新薬師寺本堂**（8世紀）（図2-24）は四面全部にヒサシを付けたものである（図2-25）。

モヤ−ヒサシ構造では，高いモヤの空間と低いヒサシの空間の間には，柱の列が並び，緩やかに分断されてしまう。そこで，モヤの空間は仏像や身分の高い人のための空間となり，ヒサシは補助的なサブ空間として用いられるようになる。このように，モヤ−ヒサシ構造という技術的な工夫は，空間の機能や意味にも影響を及ぼしている。奈良県の**唐招提寺金堂**（8世紀）（図2-26）が，正面側のヒサシを吹き放ちの外部としているのは，こうした空間の差を利用したものである（図2-27）。

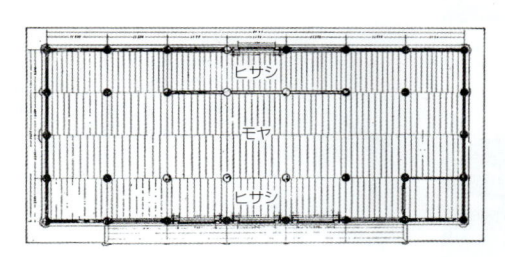

図 2-22 法隆寺伝法堂

図 2-23 法隆寺伝法堂 平面図・断面図

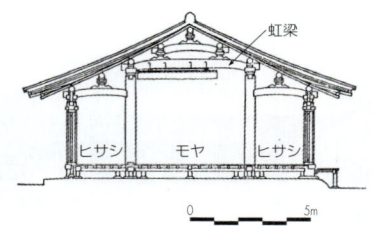

さらに，モヤ−ヒサシ構造は，屋根の形状にも関係してくる。モヤだけの建築の場合，切妻屋根もしくは四方から傾斜屋根が集まる**寄棟屋根**（図2-26参照）とするのが自然である。しかし，四方にヒサシをつけると，切妻屋根と寄棟屋根が合体したような**入母屋屋根**が生まれることになる（図2-24参照）。

さらに，モヤ−ヒサシ構造は高床式の発展形であった神社本殿にも影響を及ぼしている。

伊勢神宮正殿のような切妻屋根で平入りの建築の正面側にヒサシを設ければ，正面側の屋根だけが長く延びた形式になる。これが**流造**と呼ばれる本殿の形式である（図2-28）。京都府の**賀茂別雷神社本殿**（1863年）はその代表的な事例である。一方，住吉大社本殿のような妻入りの建築の正面側にヒサシを設ければ，**春日造**と呼ばれる形式になる（図2-29）。奈良県の**春日大社本社本殿**（1863年）や**圓成寺春日堂・白山堂**（1227～28年）がその代表的な事例である。この流造と春日造は，日本の神社本殿で最も一般的な形式となっている。

加えて，モヤ−ヒサシ構造が一般化していった奈良時代には，建築の形や規模を言葉で表現するようにもなっていく。

図2-24 新薬師寺本堂 外観・内部

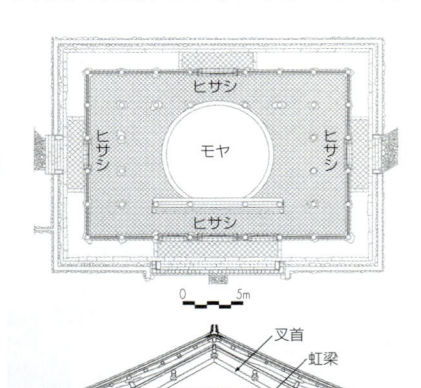

図2-25 新薬師寺本堂 平面図・断面図

図2-26 唐招提寺金堂

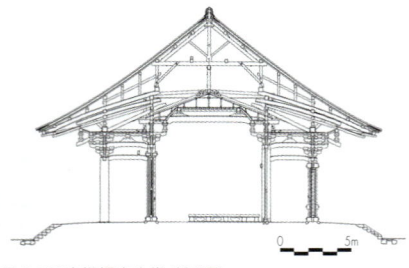

図2-27 唐招提寺金堂 断面図

ここで建築の規模を表記する方法には，次の2つの方法がある。まず一つは，メートルや尺といった**絶対寸法**によって表記する方法で，もう一つは2本の柱が作り出す**柱間**（**スパン**）の数によって表記するものである。

後者を用いてモヤーヒサシ構造の建築を表現した場合，梁材の長さで決まるモヤの奥行（**梁間方向**）は通常，柱間2間（5〜6m程度）で固定されているので，棟と平行の方向（**桁行方向**）の柱間規模さえ示せば，モヤの大きさは表現できる。一方，ヒサシの奥行は，必ず柱間1間であるから，モヤの四周のうち何面にヒサシが付くのかを示せばよい。例えば，梁間方向で柱間2間・桁行方向で柱間3間のモヤの4面に奥行柱間1間のヒサシが付く場合には，モヤの2間を省略して，「**三間四面**」と呼ぶのである（図2-30）。

こうした建築の表現方法は**間面記法**と呼ばれ，奈良時代から平安時代にかけて一般的なものとなった。建築の形を言葉で表現することは，人々が建築に対して認識を共有していた証であり，建築の形が文化として受け入れられていたことを示している。

図2-28 流造（賀茂別雷神社摂社）

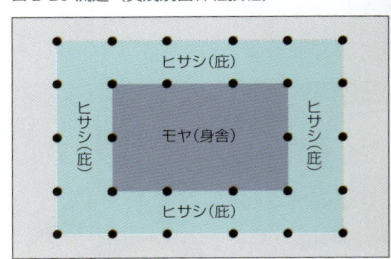

図2-30 間面記法概念図（三間四面）

図2-29 春日造（談山神社摂社）

I−3 宮殿と都市の建設

人類は，種の保存や防衛あるいは食料確保のために，集団で暮らす動物である。そうした集団は，抗争を繰り返しながら大型化し，集団の内部には支配階級が誕生した。そして，支配階級は，食料生産の場から離れた都市を建設し，新しい文化を生み出していった。本節では，日本列島で都市がどのように生まれ，そこにどのような建築が展開したのかについて検討してみよう。

1 都市の発生

縄文時代初期の集落は，おおむね10棟以下程度の家屋で構成されていた。しかし，約6000年前の縄文時代前中期に入ると，5棟程度の家屋から構成される一般集落と，複数の一般集落を束ねる存在となった10棟以上からなる拠点集落に分離し始め，広場を中心にして，その周囲に竪穴建造物などを並べる比較的大型の**環状集落**も出現した（図3-1）。

青森県の**三内丸山遺跡**は，約5500年前から1500年もの間，継続して用いられたもので，その面積は35haにも及ぶ広大なものであり，住居域・広場や祭場・墓域と明快に区分されていた。

さらに弥生時代には，**環濠**を巡らす大型集落が登場する。弥生時代後期（紀元1〜3世紀）に最盛期を迎えた佐賀県の**吉野ケ里遺跡**はその代表例である（図3-2）。ここでは，支配階級の居住域と祭場がそれぞれ環濠で囲われ，その周囲にもさらに二重三重に環濠が巡らされ，集落というよりも都市と呼ぶべき規模と機能の分割がなされていた（図3-3）。

こうした大型集落の建設は，その後も日本全国で継続して行われていく。しか

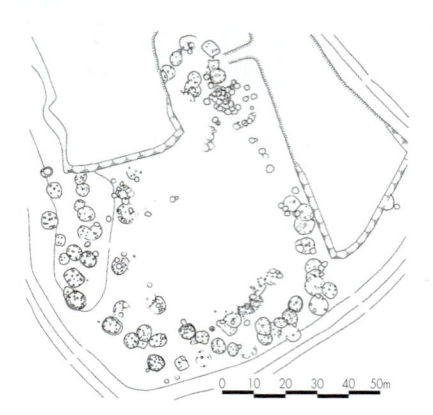

図3-1 環状集落（高根木戸遺跡）

図3-2 吉野ケ里遺跡 配置図

図 3-3 吉野ケ里遺跡 高楼・環濠

し，本格的な都市建設に関係した動きは，3世紀に近畿地方に誕生した**大和政権**が，6世紀頃から建設を始めた**宮殿**に端を発している。

　天皇の代替わりごとに建設された宮殿は，6世紀末期〜7世紀末期までの約100年間に限っても10にも及び，その配置計画も様々である（図3-4）。しかし，いずれもが塀で囲われた整形区画で作られ，前方に政治機関である官庁の建築を並べた**朝堂院（八省院）**，後方に天皇の住居部分である**内裏**を配し，両者を繋ぐ位置に**大極殿**と呼ばれる中心建築を配する点で共通の性格をもっている。

　宮殿を構成していた建築は，**難波長柄豊崎宮**（652〜686年）では，掘立柱の建築が主であったが（図3-5），**藤原宮**（694〜710年）では寺院建築と同様の礎石立ての柱であった。

　これら7世紀に建設された宮殿は，寺院伽藍と同様に囲われた整形区画をもち，左右対称性の強い建築配置が特徴となっている。これは，中国大陸の宮殿や都市の空間を強く意識したためだったとみなされている。

　ここで参照された中国大陸の都市は，

図 3-4 宮殿の変遷

図 3-5 難波長柄豊崎宮跡

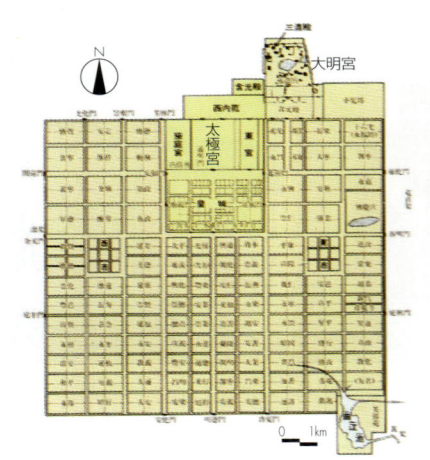

図3-6 長安 復原図

図3-7 大型施設が集合した飛鳥の模型
（奈良文化財研究所蔵）

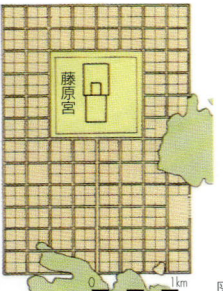

図3-8 藤原京 復原図

都城と呼ばれている。唐の首都であった長安は，9km四方にも及ぶ巨大なもので，東西南北に交差する格子状の街路で整然と区画されていた（図3-6）。この東西方向の区画の並びである条と，南北方向の坊によって都市を作る理念は，条坊制と呼ばれている。

大和政権はいきなり都城を建設するのではなく，まず宮殿や寺院伽藍の建設から着手している。7世紀後半にそれらが飛鳥・藤原の周辺に集中した状況となると，この地は倭京と表現されるようになる（図3-7）。

そして，7世紀末には，この大型施設群を条坊制に基づいて整理することが行われ，694年に日本最初の都城である藤原京が誕生した（図3-8）。

藤原京は既存の施設の集合体から誕生した都市だったが，続く710年に建設された平城京は，日本で初めての計画的な大都市となり，続く長岡京（784年）や平安京（794年）まで条坊制の理念は継承され，さらには地方都市である国府（図

図3-9 陸奥国国府の多賀城跡

図3-10 条里制の水田（奈良県大和郡山市）航空写真

3 宮殿と都市の建設

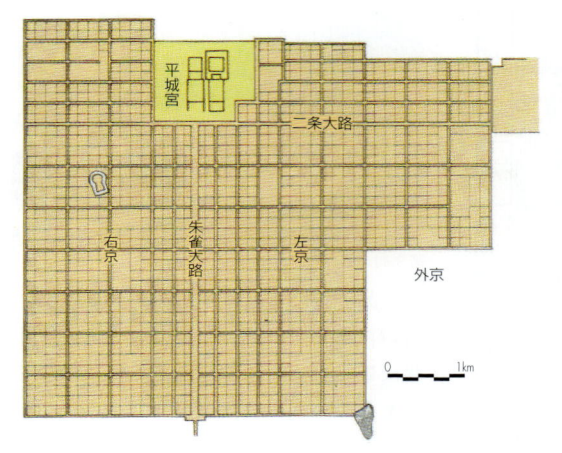

図3-11 平城京 復原図

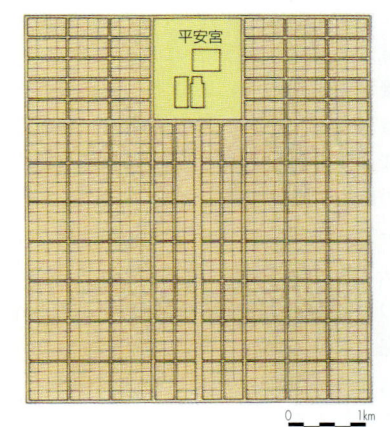

図3-12 平安京 復原図

3-9)や**条里制**(図3-10)と呼ばれる水田の区画方法にまでその影響は及んでいる。

2 平城京と平安京

　藤原京では施設の建設が先行し，その間を調整するように街路が設けられたが，平城京(図3-11)や平安京(図3-12)では，都市全体の街路が設計された後に，街区に諸施設が割り付けられた。

　都市建設の根幹となる街路の設計は，平城京の場合，以下の順序で行われたと考えられている(図3-13)。

　まず，基準になる尺度は，**大尺**(**高麗尺**)と呼ばれる1尺=35.3cmを採用し，1辺が1,500尺(約530m)の格子を想定する。その大規模な格子を，東西方向に8つ，南北方向に9つ配置して都市の骨格部分を作り(東西約4.3km・南北約4.8km)，さらに東側北寄部分に**外京**と呼ばれる突出部(東西約1.6km・南北約2.4km)を設けて，都市の全体域を確定する。

　街路は，格子を基準線として，そこから左右に幅をもたせて計画されたが，街路の性格に応じてその幅員は様々である。

　まず，骨格部分の中央を南北に通じる**朱雀大路**は，平城京のメインストリートとされ，その幅員は180尺(約60m)であり，この朱雀大路の北端に宮殿である**平城宮**が設けられ，朱雀大路の西側が**右京**，東側が**左京**と呼ばれた。平城宮の南側で東西に通じる**二条大路**は幅員150尺(約50m)で，それ以外の基準となった格子からは，幅員90尺(約30m)の**大路**と呼ばれた街路が設定された。

　これら大路によって区画された街区は，

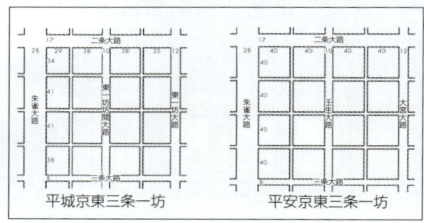

図3-13 街路設定の手法(平城京と平安京)

35

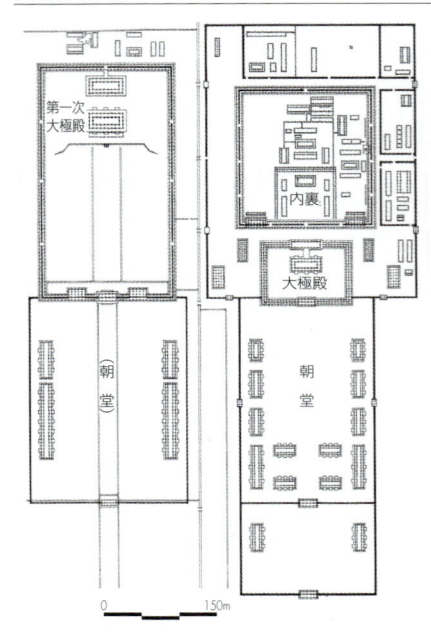

図 3-14 前期平城宮 配置図

図 3-16 再現された朝堂院の建築

右京と左京それぞれで，南北並びの一～九条，東西並びの一～四坊を用いて，左京三条二坊というように名付けられていた。この大路に囲われた街区は，さらに**小路**（こうじ）と呼ばれる幅員30尺（約10m）の街路で16に分割され，その大きさが1町（約16,000m²）と呼ばれる基本単位となっていた。

このように平城京では，広い幅員の街路が存在していた。幅員50mにも及ぶ街路は単なる通行用ではなく，広場的な要素をもつ一種の公共空間として使用されていたと推定されている。

以上のように，平城京の街路は，基準となる格子を先に設定し，そこから街路を減じる手法で建設された。そのため，隣接する街路の幅に応じて，街区の大きさは異なっていた。朱雀大路や二条大路に隣接する街区の形状が，正方形ではないのはそのためである。

一方，平安京では，平城京とは異なる手法で都市設計が行われている。まず，その規模形状は，東西4.5km・南北5.2kmの完全な長方形で，突出部分を持たない。そして平安京では，街区を先に設定し，そこに様々な幅員をもつ街路を足してい

図 3-15 再現された朱雀門

図 3-17 再現された大極殿

く手法が用いられている（図3-13参照）。

このように100年にも満たない間に行われた二つの大都市建設で、設計手法が進化しているのである。

3 平城京の建築

続いて、平城京内部の状況を確認してみよう。

まず、最も重要な施設が、都市域の中央北側に設けられた**平城宮**である。平城宮は、約1kmの正方形の東側に、東西約250m・南北約750mの突出部を加えた規模をもち、周囲を大垣で囲み、12の門を開いていた。

その構成は、前期と後期で大きく異なっている。そのうち前期の構成をみると（図3-14）、平城京の基軸である朱雀大路の北端に**朱雀門**を開き（図3-15）、平城宮のメインゲートとしている。朱雀門の背後には、官庁街である朝堂院の建築群を配置し（図3-16）、その奥、朱雀門の真北には、天皇が政を行う大極殿が置かれていた（図3-17）。大極殿の南側には、臣下が参集する砂利敷きの広大な南庭が設けられ（図3-18）、東側には天皇の住居である内裏が設けられていた。これらの建築群は、寺院建築と同様に、瓦葺きで基壇上面を床として用いるものだった（図3-19）。

このように、平城宮の配置構成は、中国大陸の宮殿と同様に、左右対称性が強いものである。しかし、全体の外形が整形ではない点や、内裏等の配置が片寄っている点など、中国の宮殿とは異なる要素も指摘できる。

平城宮以外の施設をみると、**西大寺**や薬師寺といった寺院伽藍が約10箇所配され、そのほかに東西2箇所の市も設けら

図3-18 大極殿南庭での元日朝賀

図3-19 前期平城宮 復原模型（国立歴史民俗博物館蔵）

図3-20 平城京左京三条二坊住宅模型（奈良文化財研究所蔵）

図3-21 平城京右京八条一坊住宅模型（奈良文化財研究所蔵）

れていた。そして、その他の街区は、貴族や庶民の宅地として用いられていた。

　平城京の宅地は全て公有で、供給される宅地の面積は、居住者の**位階**（一～八位及び無位に区分される身分制度）に対応していた。すなわち、有力な三位以上の貴族は4町（約67,000m²）で、四位及び五位の1町、六位の2分の1町、以下無位の64分の1町（約250m²）まで、位階が下がると宅地面積も減じていったのである。

　宅地の利用方法については、左京三条二坊に建設されていた住宅をみると、敷地を塀で囲んで街路から閉ざし、さらにその中をいくつかの領域に分けて、建物群と庭園を散在させていた（図3-20）。右京八条一坊の規模が小さい庶民住宅もほぼ同様の構成で、敷地内には畑も作られていた（図3-21）。

　このように、平城京の都市景観は、幅員の広い街路が縦横に通じ、その街路に沿って延々と塀と門が連なるものだった。そして、独立性の高い敷地の内部には、庭園と一体となった建築が展開していた。こうした特徴は、平城宮跡で再現された**東院**から窺うことができる（図3-22）。

4 平安京の紫宸殿と清涼殿

　続いて、平安京についてみてみよう。
　平城京と同様に、建設当初の平安京の中心施設も**大内裏**（**平安宮**）と呼ばれた宮殿で、その配置も平城京と同様に、都市域の中央北側であった。
　大内裏の規模は、南北約1.4km・東西約1.2kmで、周囲には塀を巡らし、14の門を開いていた（図3-23）。天皇の住宅部分である内裏と、政治機構を担当する各種役所からなる八省院等に分割される点は平城宮と同様であるが、その配置方法は大きく異なっている。
　すなわち、平安京の大内裏では内裏の面積が縮小し、しかもその位置は大内裏の中央東側に少し寄っている。逆に政治

図3-22 再現された平城宮東院

3 宮殿と都市の建設

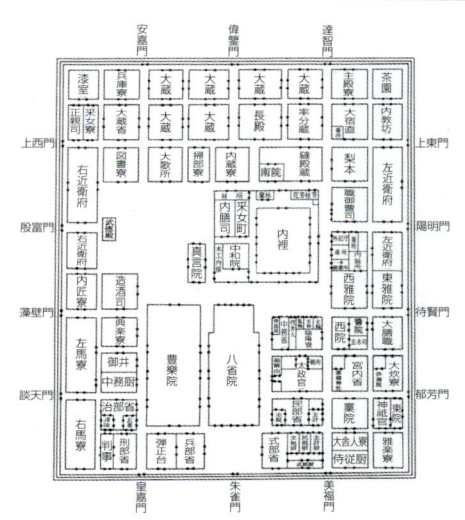

図3-23 平安京大内裏 配置図

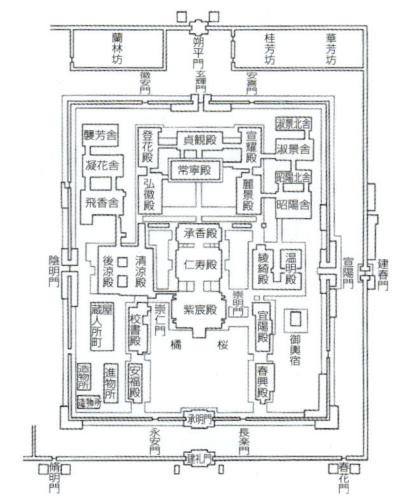

図3-24 平安京大内裏内の内裏 配置図

機関のほうは肥大化して，南側半分と東西北三面に展開し，役割に応じた規模と配置を備えている。

このように平安京の大内裏では，政治機関が完全に分離して肥大化すると同時に，それまでの宮殿にみられた，左右対称性という空間の理念は相対的に弱まっている。

一方，大内裏の中に設けられた天皇の住居部分である内裏では，南北軸線を基調とする強い左右対称性が依然として強い（図3-24）。この点は平城宮とよく似ているが，儀式に対応するように作られた数多くの建築が，**廊**と呼ばれる細長い建築を介して繋がっている点は異なっている。

こうした平安京の内裏の構成は，建設後200年を経過したころから次第に変化し始める。それは，11～12世紀にかけて内裏が何度も焼失と再建を繰り返したからで，その間に多くの建築は放棄され，最終的には，平城京までの大極殿の機能

を継承した**紫宸殿**と，天皇の住居であった**清涼殿**という2つの建築を中心にして，内裏の機能が集約されていったのである。

平安時代の内裏は失われてしまったが，平安時代に倣って江戸時代に再建された**京都御所**をみてみよう（図3-25）。

図3-25 京都御所 航空写真

39

I 日本建築史

　京都御所の中央南寄りに南面して建つ紫宸殿は（図3-26），9間のモヤ（身舎）の四周にヒサシ（庇）が付く構成で建てられた．正面間口約28m・奥行約23mにも及ぶ巨大な建築である（図3-27）．屋根は檜の樹皮を薄く削いだものを何層にも重ねて葺いた**檜皮葺**（図3-28）で，板床を全面に張った内部には，建具や壁が無く全体が一つの大空間となっている．そして，正面中央には大型の階段があり，その前には広大な南庭が設けられている．

　このように紫宸殿は，南側に広がる庭と一体化した空間構成をもつ**儀式**のための空間であり，天皇が南を向いて身舎に座り，臣下はその南側に段階的に連なる庇・縁・階段・南庭に序列をもって座ることを前提としている．

　紫宸殿の西北に東面して建つ清涼殿は，本当の意味での天皇の住居であった（図3-29）．

　京都御所の清涼殿は，南北約30m・東西約15mの規模で，紫宸殿と同様にモヤ―ヒサシ構造を基本として，東と北にマゴビサシを設け，板床を全面に張っている（図3-30）．

　清涼殿は紫宸殿とは異なり，内部はいくつかに分割されている．まずモヤ部分は天皇が起居するスペースで，その北側は壁によって閉鎖された**夜御殿**と呼ばれる天皇の寝室となり，モヤの南側は，日中に天皇が執務等を行う**昼御殿**となっている．続いて西側のヒサシは，天皇の生活をサポートするスペースで，**御湯殿・御手水・朝餉間・台盤所**といった水回りや食事の空間に割り当てられ，東側のヒサシは臣下の執務空間に割り当てられ，各種儀式にも用いられた（図3-31）．

　このように清涼殿では，室内空間を用途に応じて分割して使用しており，部屋の発生を確認することができる．

　以上のように，日本の条坊制都市は，中国大陸の文化を強く意識して建設された．しかし，一貫して都市全体を囲む城壁を作らず，また左右対称性も徹底され

図3-26 京都御所紫宸殿

図3-28 檜皮葺

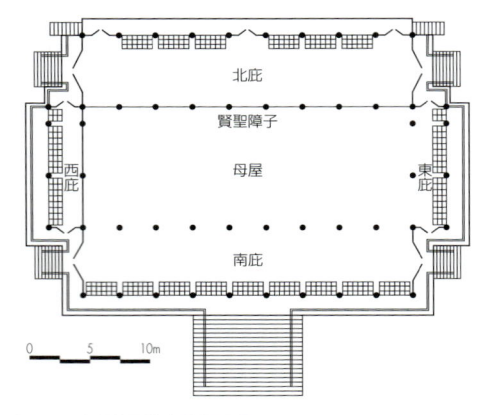

図3-27 京都御所紫宸殿 平面図

40

3 宮殿と都市の建設

ていないことは、日本の都市の独自性といえよう。

都市内の施設についても、宮殿で見られた様々な配置方法は、日本の実情に合わせた結果と考えられ、塀で囲われた内部に庭園と一体化した建築を配置する住宅も、中国大陸の都市住宅とは異なっている。

さらに、個々の建築形態をみると、平城宮の諸建築では基壇を採用していたが、平安京の内裏では板床を張るものに変化している。こうした床材の変化は、中国風の椅子座の起居姿勢を一度は受け入れながら、再度、高床の系譜に戻って、床座となったことを示している。また、屋根材料も、次第に中国風の瓦葺から日本風の檜皮葺に戻っていることに留意しておきたい。

図 3-29 京都御所清涼殿

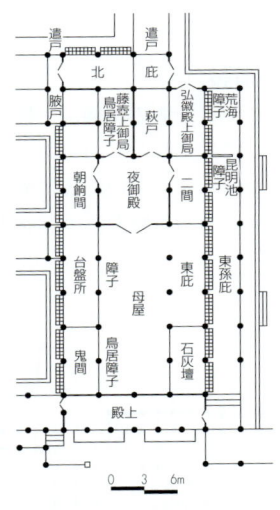

図 3-30 京都御所清涼殿 平面図

図 3-31 平安時代の清涼殿東ヒサシ（『年中行事絵巻』）

41

I-4 和様の誕生

飛鳥・奈良時代に,寺院建築を通じて日本は中国大陸や朝鮮半島の建築文化を受け入れた。一方,それまでの高床式の系譜も,神社や住宅では根強く残存していた。この両者は融合しながら熟成し,平安時代には和様と呼ばれる日本的な建築文化が生まれた。本節では,和様とはどのような経緯で生まれ,どのような性格をもつものであるかについて検討していこう。

1 寝殿造と舗設

　日本的な建築文化である**和様**(わよう)は,様々な要素が複合して生まれたものであるが,その要素の一つとして,平安時代に発達した都市住宅形式である**寝殿造**(しんでんづくり)の存在があげられる。

　寝殿造は,I-3節で述べた天皇の住居である内裏(だいり)の建築と関係が深い。平安時代の内裏は焼失と再建を繰り返し,1227年の火災後には完全な再建は断念された。このように11世紀以降,内裏が存在しない状態が断続的に続いたために,有力貴

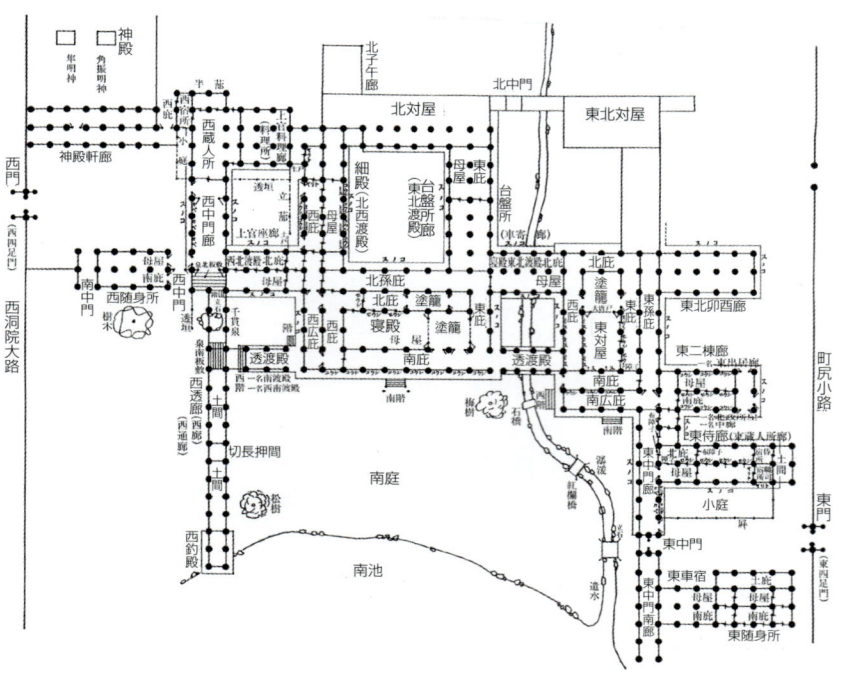

図4-1 東三条殿 復原図

図4-2 東三条殿 復原模型（国立歴史民俗博物館蔵）

族の住宅を借り上げて天皇の住居として使用する里内裏（さとだいり）が出現した。

有力な貴族は、いつでも内裏に転用できるよう、紫宸殿や清涼殿の性格に類似した住宅を作り始める。これが寝殿造である。なかでも、平安時代を通じて権勢をふるった藤原氏歴代の邸宅であった東三条殿（ひがしさんじょうどの）はその代表例で、その11〜12世紀の姿は様々な資料に基づいて復原されている（図4-1）。

この復原図に基づいて東三条殿の構成をみてみよう。まず、敷地は平安京の左京三条三坊一町及び二町に立地する広大なもので、塀で囲われた内部には、大小複数の建築群と広大な庭園が設けられていた（図4-2）。

建築群のうち、敷地中央に建つ東西に細長い中心建築が寝殿（しんでん）である。寝殿の中央部分は、紫宸殿とほぼ同じ性格をもつ大空間で、南側に拡がる南庭（なんてい）と一体となって様々な儀式に使用されていた（図4-3）。しかし寝殿には、壁で覆われた閉鎖的な塗籠（ぬりごめ）も存在し、清涼殿の夜御所（よんのおとど）と同様に寝室として用いられていた。また寝殿北側は、清涼殿西ヒサシの性格に近い部分で、台所の語源となった台盤所廊（だいばんどころろう）などが接続し各種サービス空間として用いられていた。このように寝殿は、紫宸殿と清涼殿の性格を合わせもつものだったといってよい。

渡殿（わたどの）を介して寝殿と繋がった対屋（たいのや）は、寝殿と同様の大空間であり、塗籠も存在していたので、寝殿を補完する建築だったと考えられている。続いて対屋の南東部分をみると、南北に細長く延びる中門廊（ちゅうもんろう）と、東側に延びる二棟廊（ふたむねろう）と侍廊（さぶらいろう）が確認できる（図4-4）。中門廊は東三条殿への出入口であり、二棟廊は貴族住宅を運営する多くの人たちの仕事場、侍廊は警護役の侍の詰所として用いられていた。

このように寝殿造は、都市の喧噪（けんそう）から隔離された空間であり、個々の建築は、紫宸殿や清涼殿の機能を継承しつつも、それぞれが固有の役割を担い、廊を介して連結されていた。

こうした建築配置のため、敷地内には大小様々な庭園が存在していた。その中には、儀式の場となる寝殿の南庭もあれば、池泉（ちせん）など観賞や遊興用の庭、あるいは廊や渡殿に挟まれた小型の庭園もあり、

図4-3 寝殿の南庭（『年中行事絵巻』）

図4-4 中門廊（『年中行事絵巻』）

I 日本建築史

室内空間との関係が強いものだった。

寝殿造を生み出した天皇や有力貴族にとって，頻繁に行われる各種儀式は大きな意味をもっていた。そして，当初の内裏では，その儀式一つ一つに対応するように多くの建築が作られていた。しかし，11世紀以降の変化の中で，紫宸殿や清涼殿など少数の建築で多くの儀式をまかなう必要が生じてきた。

そこで生み出されたのが**舗設**（**室礼**）という概念で，**建具**や**家具**を用いて，内裏や寝殿造の大空間を様々な儀式に対応させようとするものである。

この時代の建具を確認すると，水平方向にスライドさせる**遣戸**（枠の中に桟と板を付けたもの，**舞良戸**とも呼ばれる）や**板戸**も用いられているが（図4-5），多用されたのは**蔀**である（図4-6）。蔀は上端に回転軸をもった建具で，垂直に跳ね上げれば柱間を全開放することができ，逆に閉め切れば完全に閉鎖することができる。蔀を用いることで，紫宸殿や寝殿は南庭と一体化できるのである。

続いて家具では，まず**屏風**と**衝立**が重要である。この時代の屏風や衝立は大型で厚く，大空間を仕切って大きさを調整する臨時仮設の壁の役割を果たしていた（図4-7）。同じ用途をもつものに，自立する枠の中に水平に可動する**障子**を入れた**鳥居障子**もあるが，これは屏風とは異なって臨時の出入口となるものである。なお平安時代に障子と呼ばれていたものは，現在の**襖**に該当するもので，現在の障子は**明障子**と呼ばれていた。

さらに，空間を彩る**御簾**・**幕**・**幡**などの布類や（図4-8），人間が座る場所に単独で置かれる**畳**や**座**なども併用して，各種儀式に対応した舗設が行われていた（図4-9）。

寝殿造の理想型は，東西に対屋を配する左右対称形だったが，実際には東三条殿のように，片側だけに対屋を置く非対称なものが建設され，一般の貴族は東三条殿の構成をさらに簡略化した小規模な住宅に暮らしていた（I-6節）。この簡略化された寝殿造を基本として，その後の都市住宅は変貌していく。

2 密教寺院の建築

寝殿造の成立と歩調を合わせるように，9世紀頃から寺院建築も変化し始める。

その契機となったのが密教の伝来である。804年に中国（唐）に渡海した**弘法大師空海**（774〜835年）と**伝教大師最澄**（767〜822年）は，帰国後にそれぞれ密教の教義に基づく**真言宗**と**天台宗**の開祖となり，**高野山**（和歌山県）と**比叡山**（滋賀県）という二つの大寺院を創建した。

奈良時代までに伝来した仏教は**顕教**と呼ばれ，教典の学習を重要視していたが，

図4-5 遣戸・板戸 　　図4-6 蔀 　　図4-7 屏風・衝立

4 和様の誕生

図 4-8 御簾

密教は苛酷な修行に基づく体験を重視し，根幹となる教義を師匠と弟子の間で伝承していく神秘的な特徴をもっていた。そのため密教寺院は，都市内部の平地を離れ，俗界から離れた山岳地帯に建設された（図4-10）。

比叡山は，急峻な山並みの中に入り込む谷地に沿って展開している。この地形のため，寺院は周囲から隔絶された一つの世界となり，同時に谷地に沿って曲がりくねりながら展開していくことになる。

こうした立地環境では，奈良時代までの左右対称性が強い伽藍は意味を失い，**根本中堂**（1642年）（図4-11）を中心とする**東塔**，**転法輪堂**（1347年，1595年移築）を中心とする**西塔**といったグループを作りながら，それぞれが周囲の環境と一体化した環境をつくり上げている。

高野山も同様で，**壇上伽藍**と呼ばれる台地上に，横一線に堂宇を配している中心部を除けば（図4-12），尾根線に沿って曲がる道筋に沿って，数々の小寺院が並んでいる。

山岳地帯を本拠地とした密教であるが，その経済基盤を支えたのは，平安京に住む天皇家や貴族であった。貴族の中には，自ら儀式に参加する者も現れ，平安京でも寝殿造の中で密教儀式が行われるようになる。舗設によって住宅建築は宗教儀式の場ともなり得たのである。

さらに11世紀に入ると，平安京の周辺

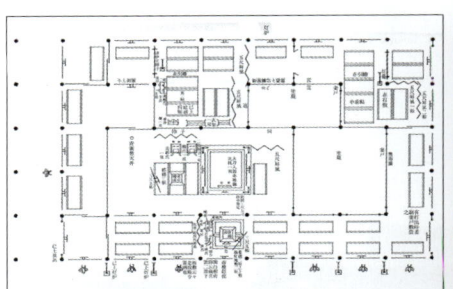

図4-9 東三条殿の舗設（『類聚雑要抄』）

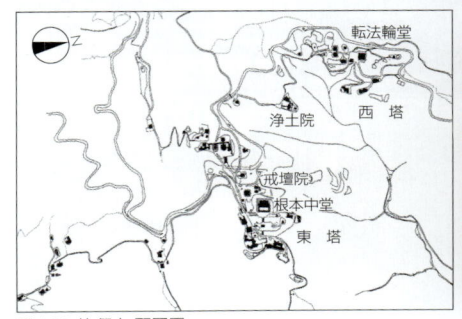

図4-10 比叡山 配置図

図4-11 比叡山根本中堂 外観・正面

45

I 日本建築史

図4-12 高野山壇上伽藍

図4-13 法勝寺 復原模型（京都市勧業館蔵）

でも本格的な密教寺院が建設され始める。1076年に，白河天皇が平安京郊外の岡崎に建設した**法勝寺**はその代表例である（図4-13）。その構成は，中央の金堂から前面に向けて両翼が延び，南庭を挟んで所在する池には，高さ約100mにも達した**八角九重塔**が建設された。この法勝寺の構成は寝殿造と極めてよく相似し，阿弥陀仏の壮麗な住まいを寝殿造の手法で実現したものとみなせる。**藤原頼通**（990～1074年）が1053年に京都府宇治に建設した**平等院鳳凰堂**も同様で（図4-14），その構成や宇治川を望む風景は，まさしく寝殿造そのものといえよう（図4-15）。

このように，平安時代には，日本的な住宅建築と外来の寺院建築は次第に融合

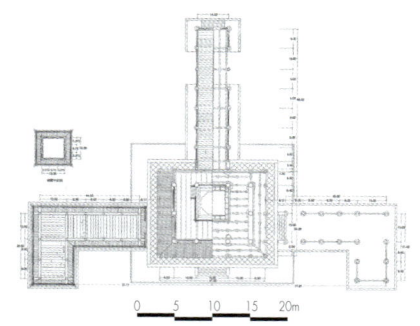

図4-14 平等院鳳凰堂 平面図

図4-15 平等院鳳凰堂

46

4 和様の誕生

図4-16 三佛寺奥院投入堂

図4-17 清水寺本堂

し，両者の境界は曖昧になっていった。一方，山岳地帯に建設された密教寺院でも，その環境に合致する建築形態が発生した。

まず，自然界と人工世界を区分していた回廊は姿を消し，また屋根材でも，周囲の自然と調和するように，檜皮や薄く削いだ板などの植物性材料が好まれるようになった。

そして，山岳地帯の傾斜地形に対応するように，人工的な平面床を迫り出して設ける**懸造**（**掛造・舞台造**）も生み出される。鳥取県の**三佛寺奥院投入堂**（11〜12世紀年）（図4-16）や京都市の**清水寺本堂**（1633年）は，その典型的な事例である（図4-17）。

また，密教の教義と対応した建築空間も出現している。密教では，教義の心髄を伝授するための**灌頂**や，雨乞い・安産祈願など特定の目的をもつ**修法**と呼ばれる儀式が執行され，それぞれの儀式で行われる僧侶の行為に対応する固有の空間が必要とされた。

密教寺院では，**一間四面堂**（1間四方のモヤの周囲にヒサシが巡るもの）が数多く建設され，**三昧**と呼ばれる精神の集中を図る修行に用いられる**常行堂**や**法華堂**に用いられた。兵庫県の**鶴林寺太子堂**（1112年）は法華堂の遺構で，現在は正面にヒサシを付加しているが，本来は一間四面堂であった（図4-18）。

また，諸仏を平面的に配して世界秩序

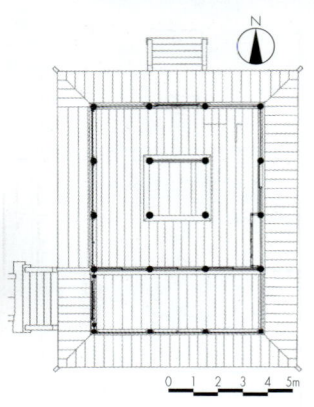

図4-18 鶴林寺太子堂 外観・平面図

I 日本建築史

図4-19 當麻寺本堂

を表現した絵画である**曼荼羅**を安置する**曼荼羅堂**では、モヤ東西の壁に曼荼羅を掲げるため、堂内には正面と左右という三つの方向性が発生している。奈良県の**當麻寺本堂**(1161年)はその代表的な事例である(図4-19)。

さらに、曼荼羅を立体的な仏像に置き換えた**九体阿弥陀堂**も数多く作られている。その唯一の遺構である京都府の**浄瑠璃寺本堂**(1157年頃)(図4-20)は、九体の仏像を安置するモヤと僧侶のためのヒサシから構成されている(図4-21)。同様に多くの仏像が並ぶ空間には、約千体の仏像が安置されている京都市の**蓮華王院本堂**(三十三間堂、1112年)もある。

密教儀式への参加を望む僧侶や貴族が増大していくと、人間が礼拝するための**礼堂**を付け加えることが行われるようになり、仏像や曼荼羅を安置していたそれまでの堂は**正堂**と呼ばれるようなった。

前にみた當麻寺本堂は、曼荼羅を安置する正堂に礼堂を付け足したものである。また、京都市の**教王護国寺灌頂院**(1629年)も、**作合**を介して正堂と礼堂を接続する形式を伝えるものである(図4-22)。

塔の類型でも新しい形式が生み出されている。**多宝塔・大塔**と呼ばれるこのタイプは、インドで発生した半球状の土饅頭に屋根と相輪を設けた塔建築の原型を基本とし、その下にもう一重の屋根を付した形態となり、滋賀県の**石山寺多宝塔**(1194年)や和歌山県の**根来寺大塔**(16世紀年)(図4-23)のように、内部には仏像を安置している。

塔の内部に仏像を安置する動きは、従来型の塔にも波及し、京都府の**浄瑠璃寺三重塔**(12世紀)(図4-24)では、初重内部に仏像を安置し、屋根を檜皮葺としている(図4-25)。そして、この後には、内部

図4-20 浄瑠璃寺本堂

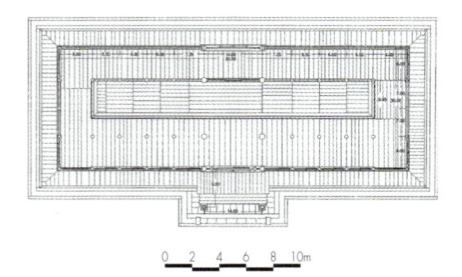

図4-21 浄瑠璃寺本堂 平面図

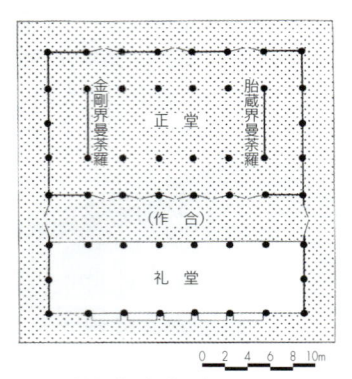

図4-22 教王護国寺灌頂院 平面図

4 和様の誕生

図 4-23 根来寺大塔 外観・内部

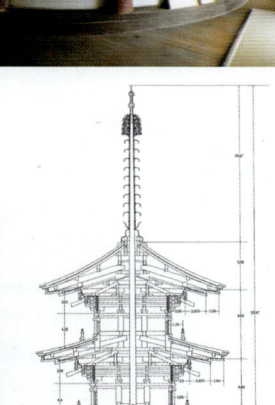

図 4-24 浄瑠璃寺三重塔

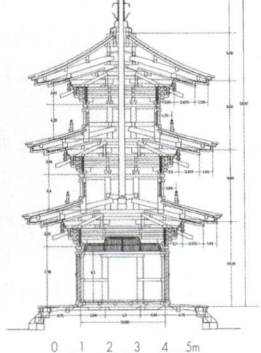

図 4-25 浄瑠璃寺三重塔 断面図

図 4-26 瑠璃光寺五重塔

空間をもつ塔が一般化し、周囲の自然地形と調和するように建設されるようになる。山口県の**瑠璃光寺五重塔**(1442年)は、その典型的な事例である(図4-26)。

3 和様建築の空間

寝殿造や密教寺院建築が誕生した平安時代には、建築の構造も大きく変化している。

その変化の第一は、屋根と**天井**に挟まれた室内から見えないスペースの発達である。**法隆寺大講堂**(990年)では、屋根を支える構造材の下方に天井が張られ、結果として構造材は室内から見えなくなっている(図4-27)。京都市の**醍醐寺薬師堂**(1121年)では、屋根と天井に挟まれたスペースは、軒部分まで含むように拡大している(図4-28)。

このスペースには、屋根を支えるための梁や束などを縦横に巡らした**小屋組**が設けられているが、なかでも軒先に向けて掛け出された**桔木**は、軒先に架かる屋根の重量を受ける重要なものである。桔木の出現によって、軒の重量を支えていた**組物**や**垂木**の構造的な役割は消失し、ただ貼り付けられるだけの意匠的な材料(**化粧材**)となってしまう。

こうして、日本建築では構造を担う材料は見えない部分に隠され、構造から解き放たれた組物など化粧材の意匠が洗練されていった。

小屋組が発達すると、雨水を効率よく流すために、屋根勾配を急勾配としながら、逆に室内と外部空間を連続してつなげるために軒勾配を緩くすることが可能となる。こうした工夫の背景には、室内と外部との連続を重んじる価値観が指摘

できよう。

建築構造の変化は、基礎部分でも発生している。平安時代には、原始以来の高く板床を張るほうが好まれるようになったために、板床の下に隠れてしまう基壇は廃れ、盛った地面の上に漆喰をかぶせる**亀腹**(図4-29)が普及していくようになる。また、本来は構造材の意味が強かった頭貫や長押も細くなり、全体に構造面では脆弱化していった。

一方、小屋組の発達によって、屋根重量の束縛から離れた垂木や組物の造形上の自由度は増し、細やかな部材を精密に並べるデザインが発達していく。こうした試みは他所にも及び、両端部の柱のみ少し高くする**隅延び**(図4-30)、同じく外側の柱を内側に少し傾ける**内転び**、**縋破風**(図4-18参照)のような緩やかな曲線をもつ軒の造形も発達していった。

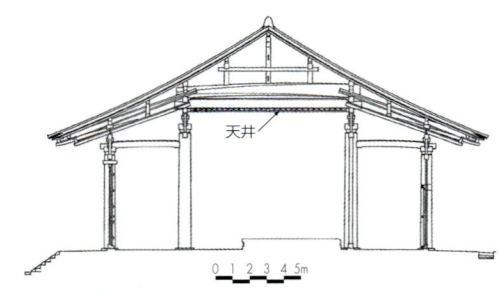

図4-27 法隆寺大講堂 断面図

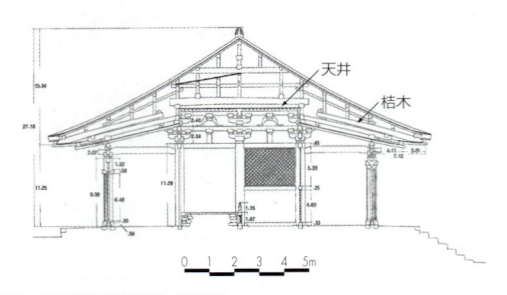

図4-28 醍醐寺薬師堂 断面図

4 和様の誕生

 こうして，寝殿造と密教寺院の建築は，相互に関係し合いながら，日本独自の建築形式である和様を創り出していった。

 和様建築の特徴は，周囲の環境との調和を重視し，室内は板床と天井に挟まれた水平方向に延びる空間を基調とし，それが外部空間と連続していくものとなっている。京都市の**高山寺石水院**（13世紀）は，そうした空間を最もよく現す事例である（図4-31）。

 このように，ダイナミックさよりも繊細さを重視し，隅々まで配慮したデザイン感覚が追求されている。こうした和様の美意識は，以後の日本建築に継承されていく。

図4-29 亀腹（一乗寺三重塔）

図4-30 柱の隅延び（八坂神社）

図4-31 高山寺石水院 内部

I-5 様式の発生と融合

日本の寺社建築には様々な様式が存在している。これは、平安時代に成立した和様をベースにしながら、平安時代末期から鎌倉時代初期にかけて起こった地震や戦乱という社会の動乱の中で、もう一度、中国大陸から新しい建築様式を導入したために発生した現象である。この新しく導入された中国大陸の様式とはどのようなものだったのか、そして和様の建築はどのように変化したのかについて、本節では検討していく。

1 東大寺再建と大仏様

再び中国から新しい建築様式を導入する契機となったのは、12世紀末に行われた**東大寺**の再建事業である。

東大寺は、平城京という首都のシンボルとして奈良時代に建設されたもので、その後も単なる一寺院を超えて、社会的に大きな意味をもつモニュメントであり続けた。

東大寺の**大仏殿**（**金堂**）は、日本最大の木造建築として知られているが、現在の大仏殿は奈良時代のものではない（図5-1）。

奈良時代の758年に創建された初代の大仏殿は、源平戦乱の中1180年に焼失し、1195年に再建された。この二代目大仏殿も戦国時代の1567年に焼失し、江戸時代の1709年に再建された三代目が現存している。

大仏殿は、高さ18mにも及ぶ巨大な大仏を納めるため、他ではみられない大空間を必要としている。初代大仏殿は、正面85m・側面50m・高さ45mにも及び、この巨大な建築を建設するため、遠く兵庫県からも巨木が調達された。

図5-1 東大寺大仏殿

この初代大仏殿が1180年に焼失すると、翌年には再建事業の責任者である**東大寺大勧進職**に**重源**が任命された。重源は二度も中国に留学した経験をもつ僧侶で、彼は天皇家や貴族、あるいは新たに覇者となった源頼朝の支援を受けて再建事業に取り組んだが、奈良時代のような巨木を得ることは不可能であったために、初代とは異なる方法で大仏殿を再建することを決意する。ここで中国から導入されたのが**大仏様**という新様式である。

重源は、中国人技術者の**陳和卿**を起用すると同時に、現在の兵庫県や三重県に**別所**と呼ばれる寺院を建設し、そこで新しい様式を試した後に、東大寺再建に着手した。

重源が関与した大仏様の建築のうち、大仏殿は戦国時代に焼失してしまったが、兵庫県内の別所に建設された**浄土寺浄土堂**(1192年)と奈良県の**東大寺南大門**(1199年)は現存している。

まず浄土寺浄土堂からみてみよう(図5-2)。浄土堂を平安時代の和様の建築と比較してみると、以下のような相違点があることを理解できる。

まず第一に、建築規模が大きい(正面約18m)にもかかわらず、柱間が3間しかないことである(図5-3)。格段に広い柱間を達成できたのは、基礎から屋根まで延びる**通し柱**を用い、さらにその柱に穿たれた穴に通された水平材(**貫**)を楔で緊結しているためである(図5-4)。この新技術を用いることで、結果として少ない柱の本数で大空間を支えることが可能となっている。加えて、天井を張らず小屋組を露出しているので、軒の高さを低く

図5-2 浄土寺浄土堂

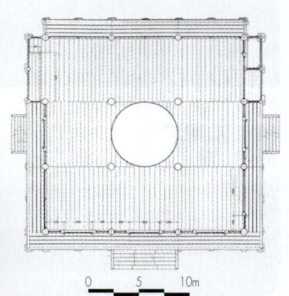

図5-3 浄土寺浄土堂 平面図

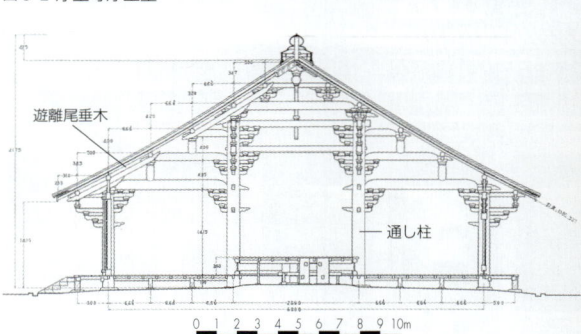

図5-4 浄土寺浄土堂 断面図

図5-5 浄土寺浄土堂 内部

抑えて，木材の使用量と重量を軽減しながら，高く印象的な内部空間を実現している（図5-5）。

　二番目の特徴は軒の簡略化である。浄土堂では，遊離尾垂木を用いて，軒先の重量と内部の屋根重量を梃子の原理でバランスさせている。そして，垂木も軒線も共に反りをもたない直線で，垂木の先端には鼻隠し板を打ち付けている。さらに，組物も柱の上ではなく，柱に差し込まれた挿肘木によって支えられ，しかも左右に拡がらない形態となっている。垂木も放射状に拡がる扇垂木を採用している（図5-6）。こうした軒回りの形態は，和様とは全く異なるもので，いずれも材料の総量を抑え，加工の手間数を軽減す

図5-6 浄土寺浄土堂 軒回り

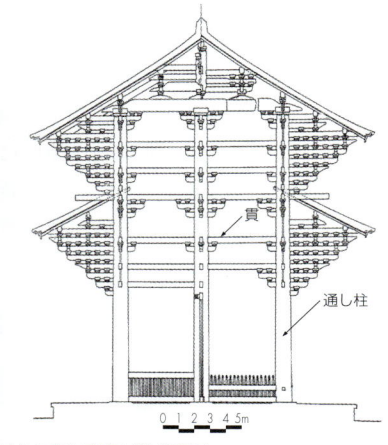

図5-8 東大寺南大門 断面図

図5-7 東大寺南大門

54

5 様式の発生と融合

続いて東大寺南大門をみると(図5-7)、浄土堂の特徴がさらに徹底されていることを理解できる。構造は非常にシンプルで、貫によって相互に緊結された通し柱が直接屋根を支え、軒は柱に差し込まれた挿肘木上の組物で支えられている(図5-8)。これは、何段にも部材を積み上げて作る和様の考え方とは大きく異なるものである。

さらに、南大門では、柱と大虹梁を除くほとんど全ての部材が同じ寸法(380mm×210mm)で統一されている。こうした材料の**規格化**は、加工手間数の減少と短時間の施工をねらったもので、迅速な大量生産に非常に適合した方法である。ただし、和様のような精緻で丁寧なデザインには全く不向きである。

このように、大仏様は構造と建築生産の両方で非常に合理的なものといえ、限られた材料で短期間に東大寺再建を果たさなければならなかった状況によく合致していた。しかし、従来の和様の美学とはかけ離れていたために、貫などの技術は受け入れられたが、建築全体の考え方は普及しなかった。

2 禅宗様

大仏様と並ぶもう一つの新様式が、禅宗という新しい仏教の導入が契機となって導入された**禅宗様**である。

図5-9『建長寺指図』(14世紀)

図5-10 建長寺 仏殿と法堂

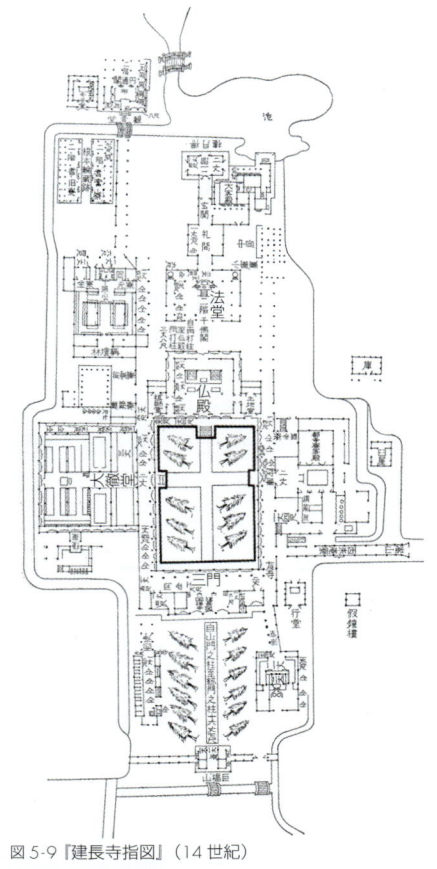

図5-11 永保寺庭園

禅宗を日本に導入したのは、二代目の東大寺大勧進職に就任した**栄西**である。栄西は東大寺の復興事業を継続しながら、蘭渓道隆や無学祖元などとともに、平安京や武士政権の本拠地となった鎌倉の近郊に、後に**五山**と総称された多くの禅宗寺院を建設した。五山寺院の特徴を、鎌倉に建設された**建長寺**の14世紀の状況を例にとってみてみよう（図5-9）。

建長寺は、鎌倉北方の緩やかな丘陵地帯に展開し、性格の異なる二つの部分から構成されている。その一つは、寺院全体の共通施設が建ち並ぶ領域で、**三門・仏殿・法堂**という中核施設が、緩斜面を貫く軸線上に一列に並んでいた（図5-10）。このうち三門と仏殿は回廊で結ばれ、その左右には、座禅などの修行を行う**僧堂**（建長寺では大徹堂）と僧侶の生活の場である**庫裏**等が配置されていた。もう一つは、法堂背後に所在する**客殿**や**方丈**、境内の周辺部に多数配置された**塔頭**や**子院**（寺院内の小寺院）から構成される部分である。

この二つのうち、前者は強い左右対称性をもつのに対して、後者は自然地形に合わせた配置が行われている。このように、禅宗の五山寺院は、奈良時代までの寺院と、平安時代の密教寺院の特徴を併わせもった境内の構成を採用している点に特徴がある。

特に後者の部分では、自然地形をただ利用するだけではなく、中国など他所の優れた景観を文学や絵画を通じて概念化し、それを再構成して庭園をつくるなどの高度な手法がみられる（**永保寺庭園**）（図5-11）。**景**あるいは**境致**と呼ばれるこう

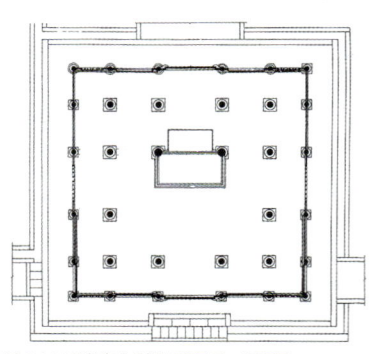

図5-12 円覚寺舎利殿 平面図・断面図

図5-13 正福寺地蔵堂

図5-14 不動院金堂 内部

5 様式の発生と融合

図 5-15 元興寺極楽坊本堂 内部

した概念化は，後の日本建築に大きな影響を与えた。

次に五山寺院の建築をみると，そこには和様とは異なる特徴が見い出せる。これが禅宗様で，鎌倉の**円覚寺舎利殿**（16世紀）を例にとって，その特徴をまとめると，以下のようになる（図5-12）。

まず第一には内部空間で，中央の高く広い空間（**身舎**）と周囲を巡る低い空間（**裳階**）から構成され，板床は設けないが天井は張られている。次いで第二は架構技術で，身舎と裳階の間に生じた高低差を吸収するように，湾曲した**海老虹梁**を用い，また身舎の空間内では，**大虹梁**と**大瓶束**を用いて柱を省略するなどの工夫が行われている。第三は部材の小型化と特徴的な細部形態で，小さな材料を摩擦力が大きくなるように精密に組み上げる方式が採用されている。

こうした特徴をもつ禅宗様の建築は，日本に定着し，室町時代・江戸時代を通じて数多く建設された。東京都の**正福寺地蔵堂**（1407年）（図5-13），広島県の**不動院金堂**（1540年）（図5-14）は，その代表的な事例である。

3 三様式の比較

以上のように，鎌倉時代に出そろった

図 5-16 瑞龍寺仏殿 内部

図 5-17 和様の組物（平等院鳳凰堂）
図 5-18 大仏様の組物（東大寺南大門） 
図 5-19 禅宗様の組物（大徳寺仏殿） 

　和様・大仏様・禅宗様という3つの様式は、その後の寺院建築の基本バリエーションとなる。

　三者の内部空間を比較してみよう。まず和様は、天井と床に挟まれた均質で低い空間である（**元興寺極楽坊本堂**、1244年）（図5-15）。一方、大仏様は比較的まばらに通し柱が立つダイナミックな空間であり（浄土寺浄土堂）（図5-5参照）、禅宗様は中央の高い空間と周囲の低い空間の対比を強調するものとなっている（**瑞龍寺仏殿**、1659年）（図5-16）。

　こうした空間の特徴を実現するための架構方法をみると、和様では頭貫や長押などを用いて柱と柱を繋ぎ、屋根の重量は天井裏に隠された小屋組が担っている（図4-28参照）。一方、大仏様は通し柱で直接屋根を支えるために小屋組は露出し、柱と柱は貫で堅く繋がれている（図5-4参照）。禅宗様の架構方法は和様と近いが、貫に加えて大虹梁や海老虹梁など多彩な方法を用いている（図5-12参照）。

　架構方法と関係し、三者の差が顕著なのが組物である。まず和様では、柱の上端から順に部材を積み上げながら広げていく構成をとり、柱と柱の間には組物を設けないで束や蟇股を配置し、升や肘木は横長のプロポーションで曲線も緩やかである（平等院鳳凰堂）（図5-17）。一方、大仏様の組物は、柱に差し込まれた挿肘木から上方向にのみ重なり、**皿斗**と呼ばれる部材を用いて高さの微調整が行われ、隣接する組物との間は**通肘木**で緊結されている（東大寺南大門）（図5-18）。禅宗様の組物は、和様と同様の積み上げ式であるが、柱の上には**台輪**と呼ばれる水平材が置かれ、柱上だけでなく、柱と柱の間にも稠密に組物が配置されている。また、升や肘木のプロポーションは、和様よりも縦長で曲線も急である（**大徳寺仏殿**、

図 5-20 板扉（左・金剛峯寺不動堂）と桟唐戸（右・大乗寺仏殿）
図 5-21 高欄の種別（上：和様、下：禅宗様） 
図 5-22 花頭窓（建長寺方丈）

1665年)(図5-19)。

　この他の細部でも,三様式には差異が見られる。まず扉では,和様では一枚の厚板からなる板扉であるのに対して,禅宗様では枠木に薄板を貼った**桟唐戸**が用いられている(図5-20)。この他にも,水平部材の先端部である**木鼻**や**高欄**と呼ばれる手摺り(図5-21),あるいは窓の形状にも三様式の差異は顕著に現れている。なかでも禅宗様に特徴的な**花頭窓**は,様々なバリエーションをもって展開している(図5-22)。

5 様式の発生と融合

4 本堂の誕生

　大仏様と禅宗様が導入された鎌倉時代以降には,和様を基本とした密教の寺院建築も変化している。平安時代には別棟だった正堂と礼堂が一つに合体し始めるのである。

　滋賀県の**長寿寺本堂**(12〜13世紀)はその初期の遺構で,正堂と礼堂を接続し,その上に一つの大屋根を架けた構成を,平面図・断面図から読み取ることができる(図5-23)。こうした建築では,かつての正堂部分は,**内陣・脇陣・後陣**に分かれ,かつての礼堂部分は**外陣**と呼ばれるようになる。

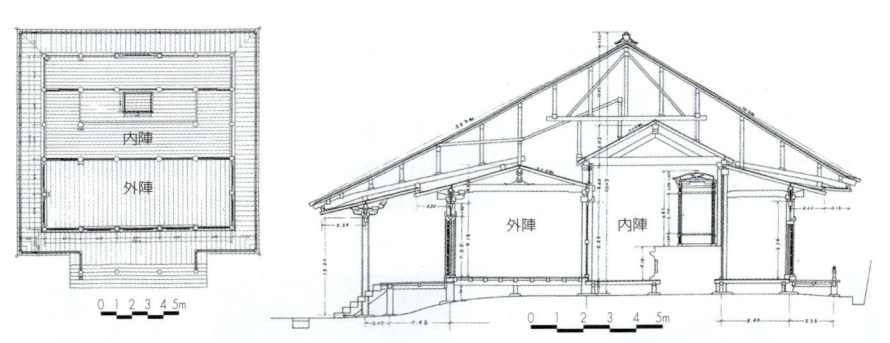

図5-23 長寿寺本堂 平面図・断面図

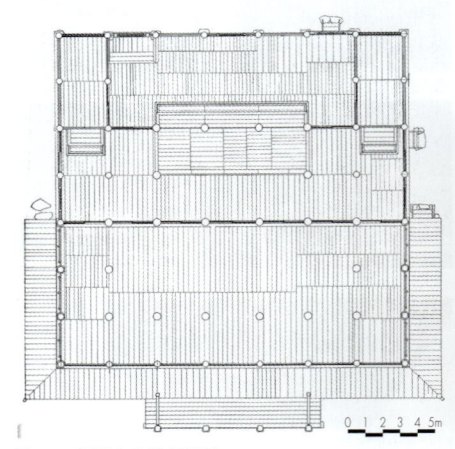

図5-24 西明寺本堂 平面図

図5-25 西明寺本堂 外陣内部

長寿寺本堂では，外陣は比較的小型であるが，参詣者の増大や長期にわたる参籠が行われ始めると，ヒサシを付けて外陣を拡大するようになる。滋賀県の**西明寺本堂**（12〜13世紀）の外陣内の柱列は，ヒサシを付けたために生まれたモヤの柱である（図5-24）。この柱列は空間を緩やかに分割する効果もあるが，大空間として用いる場合には夾雑物となってしまう（図5-25）。

そこで，京都市の**大報恩寺本堂**（1227年）（図5-26）では，禅宗様で採用された大虹梁を使用して，外陣内の柱列中央2本を省略して，より広々とした外陣空間を得ている（図5-27）。

このようにして，平安時代から鎌倉時代にかけて出現した寺院建築は，**本堂**と呼ばれるようになる。この本堂という建築タイプは，奥行の長い外観を持ち，相互に関係性をもついくつかの空間に分かれている点に特徴がある。

ここで改めて本堂の内部空間をみると，長寿寺本堂では，正堂と礼堂が別棟だった名残りとして，傾斜屋根を持つ二つの空間が前後に並んでいる。一方，大報恩寺本堂では，外陣・内陣ともに和様的な低い水平の天井となっている。ただし，高さやデザインに微妙な差を設けて，空間の相違を表現している。このように本堂では，室内空間の差別化を表現する手段として，天井の意匠が重視されている。

まず，天井面自体の意匠としては，格子状の枠で支える**格天井**，一方向に延びる棹で支える**棹縁天井**，傾斜面をもつ**化粧軒裏**，平滑な**鏡天井**が空間に応じて使い分けられている（図5-28）。そして空間の境界では，室内にも用いられるようになった組物や屈曲したカーブをもつ**折上天井**を用いて高さの差を表現し，構造材である大虹梁も，外陣空間の分割や，外陣から内陣に向かう方向性を表現するために用いられている。

図5-26 大報恩寺本堂

図5-27 大報恩寺本堂 外陣内部

格天井

折上格天井

鏡天井

化粧軒裏

棹縁天井

図5-28 天井の意匠

5 様式の発生と融合

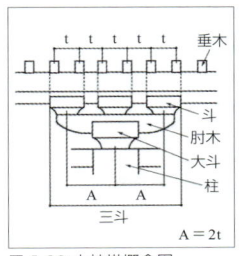

図 5-29 六枝掛概念図

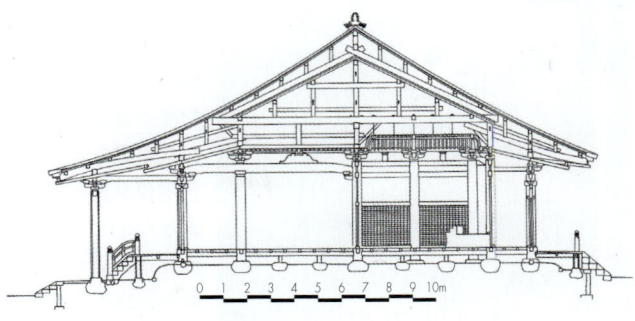

図 5-30 長弓寺本堂 断面図

　このように，本堂では分割された室内空間を表現するために，意匠上の工夫が凝らされている。こうした工夫が可能となったのは，屋根重量を支える構造と室内空間のデザインが完全に分離しているからである。

　天井裏に隠された小屋組と大虹梁の発達によって柱配置の自由度が増し，天井は無論のこと，組物や垂木なども純粋な意匠材となった。特に屋根を支える役割を失った垂木は，室内外の天井意匠材となり，組物と対応する配置をもった**六枝掛**と呼ばれる構成で造形されるようになった（図5-29）。

　ここで大阪府の**長弓寺本堂**（1279年）をみると，構造的な役割を担った天井裏の小屋組には，大仏様の貫が導入され（図5-30），外陣の組物には同じく大仏様の挿肘木が用いられている（図5-31）。また兵庫県の**鶴林寺本堂**（1397年）（図5-32）では，禅宗様の桟唐戸や海老虹梁などを駆使して，外観と外陣空間を演出している（図5-33）。

　以上のように，鎌倉時代から室町時代にかけての本堂は，あくまでも和様をベースとしながらも，大仏様や禅宗様で用いられた新しい技術や細部意匠を加えることで，多様な展開をみせている。

図 5-32 鶴林寺本堂

図 5-31 長弓寺本堂 外陣内部

図 5-33 鶴林寺本堂 外陣内部

I-6 中世の住宅

平安時代に成立した寝殿造は，その後の日本住宅のモデルとなった。しかし，平安時代の後期以降には，貴族の生活を支えた経済基盤は弱まり，寝殿造で行われていた華麗な儀式も衰退した。結果として大規模な寝殿造は姿を消し，住宅形式は大きく変化していった。本節では，こうした変化の過程を検証しながら，現代まで継承される日本住宅の特徴が生まれていく様子を概観してみたい。

1 寝殿造の変化

平安時代後期に始まる寝殿造の変化の第一段階は，大規模で多数の建築から構成されていた寝殿造の**簡略化**である。

12世紀末期に摂政・関白という最高位に就いて活躍した**九条兼実**（1149〜1207年）の住宅は，全体が小型化すると同時に対屋などの建築が省かれ，**小型の寝殿**と**二棟廊**及び**中門廊**だけで構成されていた（図6-1）。このように，小型寝殿と二棟廊が，儀式や生活を全て集約したスペースとなり，出入口である中門廊も短くなっている。

同じく，歌人として有名な**藤原定家**（1162〜1241年）の住宅も同様で，小型の寝殿と中門廊，別棟の侍所から構成されていた（図6-2）。この藤原定家邸とよく似た構成の住宅が，14世紀に作成された『**法然上人絵伝**』にも描かれているので（図6-3），寝殿造が簡略化したこの形式は広く普及していたといえる。

簡略化に続く寝殿造の変化は，寝殿の南北方向への**分割**である。

平安時代末期に**平清盛**（1118〜81年）が建設した**六波羅泉殿**をみると（図6-4），寝殿・二棟廊・中門廊からなる構成は九条兼実邸とほぼ同様だが，寝殿は中央で南北に分割され，南側とそれに隣接する南庭は，接客や儀式といった従来の寝殿の役割を継承しているが，北側は日常生

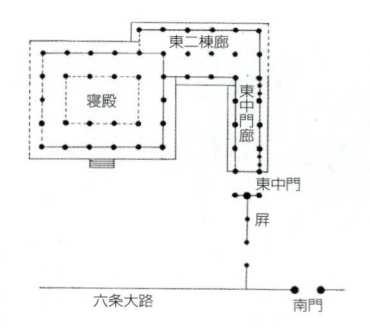

図6-1 九条兼実邸 復原図　　図6-2 藤原定家邸 復原図

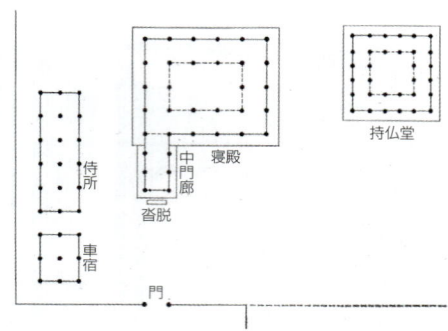

活に対応した空間となっている。

こうした住宅における南北の性格の差は、従来からの寝殿造でもみられたが、それが固定化されているのである。南側の外来者を招き入れる外向きでフォーマルな空間は**ハレ（晴）**と呼ばれ、北側の生活のための内向き空間は**ケ（褻）**と呼ばれる。この南北に対応するハレとケの対比は、その後の日本住宅に継承されていく。

さらに鎌倉時代中期以降には、寝殿の分割は東西方向にも進行し、室内は特定の役割をもった**部屋**に分割されていく。

1435年の**伏見宮御所**は、整形の建築と殿上と呼ばれた突出部から構成され、その外形は先にあげた藤原定家邸と似ているが、室内は縦横に細かく分割されている（図6-5）。南側には接客用の**客殿**と執務空間である**常御所**が並び、北側には**書斎（学文所）**と日常の居間である**御湯殿上**の他に、寝室である**塗籠**や**持仏堂**が配置さ れている。このように伏見宮御所では、ハレとケの対比に加え、用途に応じたより細やかな分割が行われている。

こうして室町時代までに、寝殿は本来もっていた大空間としての性格が弱まり、それぞれ用途をもった部屋に分割されていったのである。

2 会所と方丈

以上のように、平安時代末期以降、寝殿は徐々に姿を変えていった。そして、室町時代には、貴族の文化を受け入れた武士達が、儀式を重視した寝殿造よりも私的な生活を重視した住宅建築を建設するようになる。

京都とその郊外に居住した歴代の足利氏は、数多くの大型住宅を建設した。なかでも、三代将軍となった**足利義満**（1358〜1408年）が1378年に建設した**室町殿**は、室町時代を通じて政治の中心となったも

図6-3 源時国邸（知恩院所蔵）

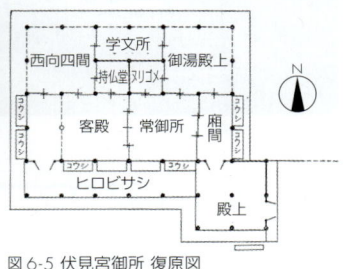

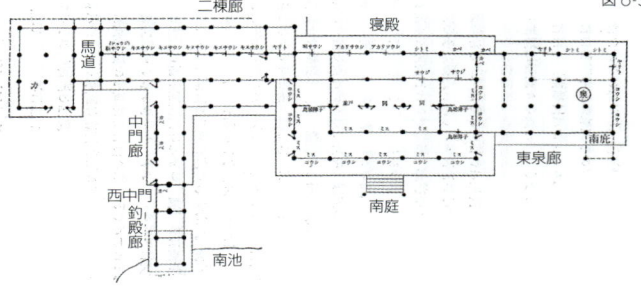

図6-5 伏見宮御所 復原図

図6-4 六波羅泉殿 復原図

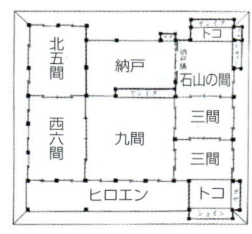

図6-6 東山殿会所 復原図

のである。この室町殿には，平安貴族的な儀式を行うための寝殿も建設されたが，それとは別に**会所**と呼ばれる建築も建設された。室町殿以外に，同じく足利義満が京都北方の郊外に別荘として1397年に建設した**北山殿**，八代将軍の**足利義政**（1436～90年）が京都東方の郊外に1482年に別荘として建設した**東山殿**にも会所は建設されていた。

足利義政が15世紀末期に建設した**東山殿会所**は，南北2列・東西3列を基本とし，そこに以下のような性格をもつ部屋を配置したものである（図6-6）。

まず，南側中央の**九間**は3間（約6m）四方の大きさの比較的大きな部屋である。ここは縁側を挟んで南庭と接続するハレの空間で，西六間とともに応接や会合に用いられた。一方，東北隅の**石山の間**は，後述する**座敷飾**を持つ部屋で，将軍の私的な生活の場となる書斎的な役割を担っていた。北側中央の**納戸**は，塗籠と類似する閉鎖的な部屋で，収納や着替えに用いられた。北西の**茶湯の間**は，水回りと関係するサービス空間，南東の2室は，九間や石山の間への導入空間であった。

このように会所は，東西南北に分割された寝殿の要素を強く継承しながらも，私的な生活に必要な各種機能を，単純な部屋構成の中で実現したものといえよう。

東山殿会所は現存していないが，東山

図6-7 慈照寺東求堂

図6-9 慈照寺東求堂 同仁斎内部

図6-8 慈照寺東求堂 平面図

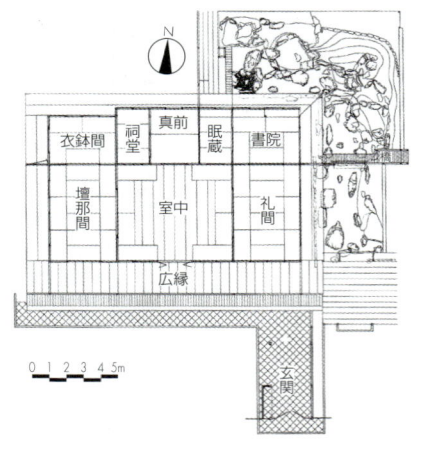

図6-10 大仙院方丈 平面図

6 中世の住宅

殿の敷地を継承した**慈照寺**には、ほぼ同じ時期に持仏堂として建設され、会所建築ときわめてよく似た構成をもつ**東求堂**(1486年)が現存している(図6-7)。

平面図をみると(図6-8)、南側の**仏間**は、東山殿会所の九間と同様の外向きの空間であり、東北隅の**同仁斎**は書斎(図6-9)、北西の六畳は各種サービス空間、南東の四畳は仏間と同仁斎を繋ぐ空間であると同時に、出入口となっている。こうした構成から、東求堂は会所の東側が独立したものとみなすことができ、室町時代の武士住宅の実像を伝える唯一の遺構となっている。

会所のほかに、寺院、特に禅宗寺院の付属寺院である**塔頭**に数多く作られた**方丈**も、室町時代の住宅建築の様相を残す建築形式である。

方丈の本来の意味は、1丈(10尺＝約3m)四方の小さな建築を指し、やがて僧侶が居住しながら、仏教の儀式を行うための建築を示す言葉となったものである。

方丈建築は、基本的には6室から構成されている。京都市の**大仙院方丈**(1513年)は、北側の中央室が3室に分かれているが、基本的には6室からなり、方丈の典型的な構成を採用している(図6-10)。

南側中央の**室中**は、会所の九間を継承するハレの空間であり、北東隅の**書院**は東山殿会所の石山の間と同様に、私的な

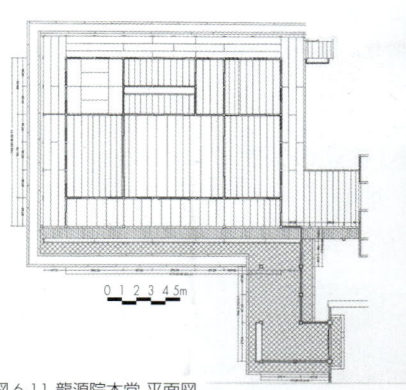

図6-11 龍源院本堂 平面図

図6-12 龍源院本堂 南側庭園

図6-13 龍源院本堂 北側庭園・東側庭園

意味が強い部屋である。また、南東隅から突出する**玄関**は、寝殿造の中門廊の性格を継承したもので、方丈への出入口となっている。

このように、大仙院方丈は東山殿会所と空間的に極めてよく似ており、相互に関係しながら生まれた形式とみなせるものである。

江戸時代に入ると、会所は建設されることはなくなるが、方丈建築は江戸時代を通じて建設され続け、多くの遺構が現存している。

方丈建築の構成はシンプルであるが、各部屋は異なる性格をもち、異なるインテリアで演出されている。そして、建築の四方に配された庭園にも、隣接する部屋の性格と関連して様々なデザインが施されている。

ここで、京都市の**龍源院本堂**(1517年頃)をみてみよう(図6-11)。龍源院本堂も典型的な方丈建築で、南側に拡がる庭園は、**枯山水**と呼ばれる白砂を敷き詰めた庭園となっている(図6-12)。枯山水庭園は禅宗の思想を表現したものであるが、室内からの鑑賞と同時に、反射光を室内に導入する環境的な意味ももっている。これは、実用的な意味をもった寝殿造の南庭とは全く異なる性格である。

一方、北側の庭園は、苔を用いた緑豊かな庭園となり、南側の庭園とは異なり、太陽光に照らし出された姿を室内から見ることができる。そして、隣接する建築に挟まれた東側の庭園は、細長い枯山水となっている(図6-13)。このように、建築の周囲を巡る中で、庭園は異なる姿を見せている。

以上のように方丈建築は、外部の庭園と一体となって豊かな住環境を形成しており、後の日本住宅に大きな影響を与えた。

3 楼閣のデザイン

足利将軍家が建設した北山殿や東山殿といった邸宅には、寝殿造の系譜に連な

図6-14 鹿苑寺金閣

るものや会所以外に、多層建築の**楼閣**も建設されている。

楼閣は仏像を安置する持仏堂としての役割をもつが、同時に邸宅内の庭園を構成する重要な要素でもあった。すなわち、多層化することで、庭園内のどこからでも見られるものとなり、同時に庭園を高所から見下ろすことも可能となる。

こうした役割をもつ楼閣の外観デザインについて、1398年に北山殿に建設された**鹿苑寺金閣**(1950年焼失、現存するものは1955年に再建)を例にとってみてみよう(図6-14)。

金閣は三層の建築であるが、三層それぞれが異なるデザイン要素を用いている点に特徴がある。まず1階は全面が蔀で開放的な造りとなり、寝殿造に近い和様の住宅風意匠となっている(図6-15)。一方、2階は蔀と舞良戸を組み合わせた和様の寺院建築風の意匠となり、この1・2階が大屋根で覆われている。その大屋根を欠いて作られているのが3階で、ここは桟唐戸や花頭窓を施した禅宗様の寺院建築風の意匠となっている(図6-16)。

15世紀末に東山殿に建設された**慈照寺銀閣**(図6-17)も、同様に1階は和様の住宅風、2階は禅宗様の寺院建築風となり、眺望を意識した構成となっている(図6-18)。

このように、金閣や銀閣は、和様の住宅を基本としながら、その上に禅宗様の意匠をもった上層階を付け足すように積み上げて構成されている。こうした手法は、同じ形態を**逓減**させながら積み上げていく寺院建築の塔とは全く異なるもので、後に**天守閣**(I-8節)のデザインでも用いられている。

図6-15 鹿苑寺金閣 一層目

図6-16 鹿苑寺金閣 二・三層目

I 日本建築史

4 襖と畳

　会所や方丈は，細かく部屋に分割されている。こうした部屋をつくるためには，部屋どうしあるいは外部との間に境界を設けなければならない。こうした境界には，完全に閉鎖してしまう壁か，開閉可能な建具のどちらかが設けられた。その建具の種類では，水平方向にスライドさせる**(明)障子**(図6-19)と，**襖**(図6-20)が多用され，蔀はあまり用いられなくなった。

　格子状の桟に紙を貼った障子は，室内外の境界に設けられ，閉じた状態でも室内を明るくできる。木製の枠に紙や布を貼った襖は，室内の境界に用いられ，閉じた状態では壁に近く，取り外したり開けたりすれば，二つの部屋を繋ぐことが可能となる。

　障子や襖を可動させるには，部屋境の柱と柱の間に**鴨居**と**敷居**を建て込む必要がある (図6-21)。そして，天井と鴨居との間に生じた隙間は，塗り込めて**小壁**とする以外に，**欄間**をはめ込むことも行われるようになる。

　欄間は，通風や採光といった環境上の利点ももつが，部屋と部屋との繋がり方を示すものでもあり，最も緩やかに部屋を繋ぐ**竹の節欄間**(図6-22)のほかに，縦桟を並べた**筬欄間**(図6-23)や彫刻を施した**彫刻欄間**(図6-24)など多彩な意匠が生み出された。

　鎌倉・室町時代以降の住宅では，各部屋の四面は壁・襖・障子のいずれかで囲われている。そして，壁や襖の表面には**障壁画**と呼ばれる様々な主題の絵画が描かれ，部屋の役割や性格を表現するようになる(図6-25)。

図6-17 慈照寺銀閣

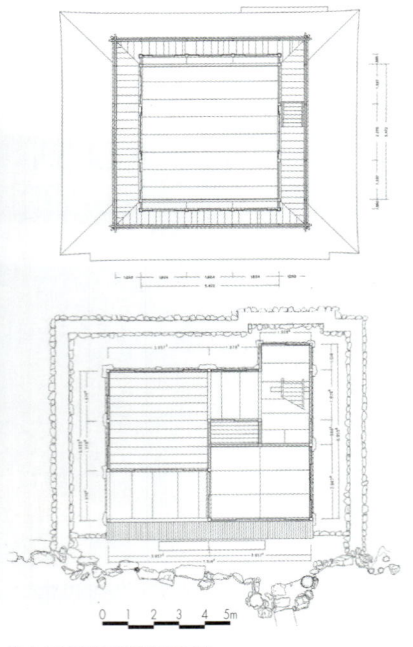

図6-18 慈照寺銀閣 平面図

6 中世の住宅

　部屋の成立による変化は床面にも及んでいる。平安時代の寝殿は，普段は板敷きのままで，儀式に応じて人が座る位置に畳を一枚ずつ置いていた。しかし，会所や方丈では，特定の用途に用いる部屋が設けられたため，人間が座る位置が定まり，畳が常に敷かれた状態になった。

　常置された畳の最初の姿は方丈の室中や静岡県の**臨済寺本堂**（17世紀初期）で見られるような，部屋の周囲に畳を敷き並べたものである（図6-26）。これは**追回し敷き**と呼ばれ，部屋の四周を巡るように人間が座っていた使い方に対応して生まれたもので，会所の九間や方丈の室中などの部屋でこの形式が用いられていた（図6-27）。

　こうした追回し敷きの段階を経て，より小型の部屋では，床一面に畳を敷き詰めるようになり，やがて上流階級の住宅では，全ての部屋に畳が敷き詰められるようになる。

　畳の敷き詰めは，単なる床仕上げの問題ではない。それに対応するように，建築本体の形状や設計手法も変化していく（図6-28）。

　畳を部屋一面に敷き詰める場合，寝殿などにみられた**円柱**では，畳の角と円形の柱との接続が不都合になるので，柱の形状は**角柱**としなければならない。さらに，鴨居や敷居の幅も角柱の幅と一致しなければならない。畳の敷き詰めによって，住宅建築の柱は円柱から角柱へと変化したのである。

　15世紀に室町幕府六代将軍となった**足利義教**（1394～1441年）**の室町殿**は，前にみた九条兼実邸とよく似ているが，寝

図6-19 明障子

図6-21 鴨居と敷居（中の坊書院）

図6-20 襖

図6-22 竹の節欄間（曼荼羅寺書院）

69

殿の柱は南半分が円柱であるのに，北半分は角柱となっている（図6-29）。これは，部屋に分割された北半分から畳の敷き詰めが進行した状況を示している。

さらに，床面一杯に同じ大きさの畳を敷き詰めようとすれば，柱と柱の間の距離が，畳の短辺の長さの整数倍にならなければならず，建築の設計段階で畳のサイズを念頭において，柱の配置を決定する必要が生じてくる。

畳の敷き詰めが普及する以前には，建築設計は柱の中心を基準に考えられていた。こうした設計手法は**心々制**と呼ばれている。一方，畳の敷き詰めが普及すると，柱と柱の間の寸法（内法）を基準として設計が行われるようになる。こうした設計手法は**内法制**と呼ばれ，特に畳短辺の寸法の整数倍を用いる設計手法は**畳割り**と呼ばれている。

まちまちであった畳の大きさは，敷き

図6-23 筬欄間（摩尼院書院）

図6-24 彫刻欄間（西本願寺白書院）

図6-25 障壁画（龍源院本堂）

6 中世の住宅

詰めと同時に揃えられるようになり、江戸時代には長辺が6尺3寸（約190cm）や6尺（約180cm）のものなどが一般化していく。そして、畳の規格化が進行していくなか、畳の敷き方が定まり（図6-30）、畳割りという設計手法も精緻になっていった。

図6-26 追回し敷き（臨済寺本堂）

図6-27 追回し敷きの使用方法（知恩院所蔵）

図6-28 角柱・円柱

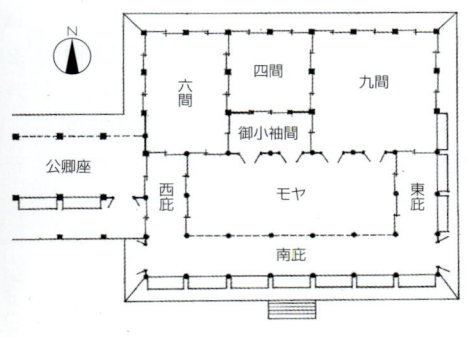

図6-29 足利義教室町殿 復原図

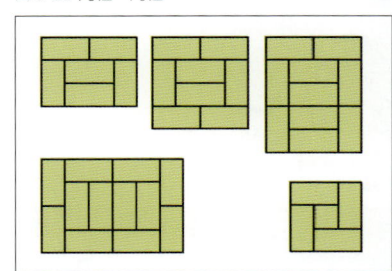

図6-30 畳の敷き方

I-7 都市の変化と戦乱

日本の社会は，平安時代末期の源平争乱，室町時代初期の南北朝動乱，そして戦国時代と三度の大きな戦乱の時期を経験している。この三度の戦乱の中で，平安京は次第に変質して京都という新しい町になり，日本独自の都市構造と都市建築を生み出していった。本節では，どのようにして平安京は京都へと変貌したのかを検討した後に，戦乱の中で生まれた新たな都市建築についてみていこう。

1 平安京の変化

建設当初の**平安京**では，条坊制に基づいた幅広い街路に沿って，延々と塀と門が連なる都市景観が見られた（Ⅰ-3節）。しかし，11世紀に作成された『**年中行事絵巻**』には，それとは異なる様子が描写されている。

例えば，手前に条坊制の街路，奥に貴族住宅を描写したシーンでは（図7-1），門の右側は通常の土塀だが，左側では塀の一部が奥行の短い屋根付きの建物となり，中から貴族の女性が街路をのぞき込んでいる。こうした施設は**桟敷**と呼ばれ，街路沿いに建設されていた。

次に，街路沿いの塀が分断され，その一箇所に，街路に突き出して傾いた棚が設けられている場面をみると，棚の上には魚が置かれている。こうした棚は商品を陳列するためのもので，**見世棚**と呼ばれていた（図7-2）。

平安京の街路は交通以外に，各種の祝祭や商業にも用いられていた。この使用

図7-2 見世棚（『年中行事絵巻』）

図7-1 桟敷（『年中行事絵巻』）

図7-3 町家の原型（『年中行事絵巻』）

7 都市の変化と戦乱

方法に対応して，本来は塀で閉じられていた街区と街路との境界線に，桟敷や見世棚のような施設が徐々に建設されたのである。

さらに別の場面では，街路に面した本格的な建築が描写されている(図7-3)。この建築は，暖簾を垂らして人が座り込む土間の部分と，下方に壁，上方に窓を開く床を張った部分から構成されている。

土間と床上部分からなるこの形式の建築は，やがて町家（Ⅰ-11節）と呼ばれるようになる新しい都市建築の原型であり，平安時代中期から次第に増殖し，塀で閉ざされた街区から構成されていた平安京の都市構造を崩していくことになる。

町家の発生と並行して，平安京では街路や街区も変化していった。

平安時代末期には，街路の一部が占拠されて建築が建てられ始め，巷所と呼ばれるようになった。各所で無秩序に巷所が作られると，幅広の直線街路は，次第に狭く曲がりくねった道へと変貌していく(図7-4)。

街区の内部では，平安貴族の衰退に伴って寝殿造が小型化したため(Ⅰ-6節)，空地が生じた。そこで街区の中に辻子や突抜と呼ばれる新たな道路を引き込み，その両側に町家の原型を建設するようになり，本来の街区内部に道と一体となった新たな都市空間が生まれた(図7-5)。

巷所や辻子・突抜が増加すると，街路は屈曲し，T字路や食い違いも各所で発生し，平安京の格子状の街路網は次第に失われていった。こうして，条坊制都市の平安京は崩壊し，新たな都市である京都に生まれ変わった。

この変化は長い時間をかけて進行したもので，鎌倉時代や室町時代の京都では，塀で閉ざされた寝殿造系の住宅と，街路の両側に展開する町家群が混在していた。

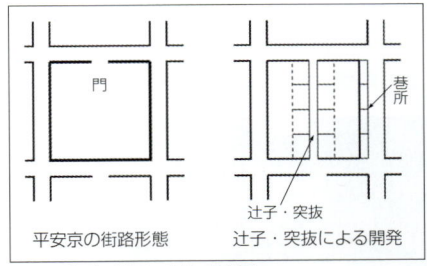

図7-4 巷所・辻子・突抜 概念図

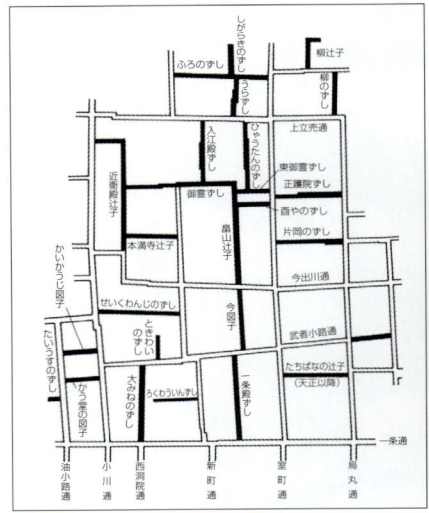

図7-5 京都上京の辻子分布（17世紀）

図7-6 街路と木戸（京都市石塀小路）

さらに15世紀以降には、応仁の乱(1467～77年)のような戦乱が相次いだため、略奪や放火から身を守るために、貴族や武士あるいは寺社だけでなく、町家の並びも防御のための施設を設け始める。

こうした防御施設は**構**と呼ばれ、道の両側に展開した町家の並びでは、道の端に**木戸**などを設けて閉鎖できるようにしたのが一般的であった(図7-6)。構によって防御した町家の住人達は、団結して自らの生命や財産を守る運命共同体となり、その組織は**町・町組**と呼ばれるようになった。

京都の戦乱はその後も続き、16世紀には、京都の都市域は平安京の範囲よりもはるかに縮小し、**上京**と**下京**と呼ばれる町組の連合体二つに凝縮されていった(図7-7)。

この頃の京都を描く『**洛中洛外図**』は、上京や下京の街路に沿って稠密に板葺きの町家が建ち並ぶ状況を描いている。この町家の描写から、暖簾が掛けられた正面街路側は商いの場となり(図7-8)、背面側は生産の場となっていることを確認できる(図7-9)。平安時代の中期から約500年もの長い時間をかけて、町家から構成される都市の形式がようやく完成したのである。

同様の変化は、平城京でも進行した。ここでも都市の中心部は東側に移動し、道の両側に町家を配する形式へと変貌し、

図7-7 戦国時代の上京と下京

図7-8 町家の正面側（『洛中洛外図（上杉本）』）

図7-9 町家の背面側（『洛中洛外図（上杉本）』）

奈良という新しい都市に生まれ変わった。また，武士の本拠地として12世紀末に建設された**鎌倉**は，有力武士の屋敷や**鶴ヶ丘八幡宮**や建長寺・円覚寺といった**五山**寺院が，複雑な地形を織りなす谷筋に展開していく構成を基本としていたが，ここでも町家の原型が各所に展開していく状況となった(図7-10)。

さらに，流通の中継地となった日本海や瀬戸内海の沿岸には，鎌倉時代以降に多くの港町が発生し，町家から構成される都市的な景観が発生した。広島県の**鞆の浦**や山口県の**柳井**は，その状況を現代まで伝える事例である(図7-11)。

2 本願寺と寺内町

構は，京都の町組では木戸などの簡便な施設であったが，貴族住宅や寺社では，地面を浚って**土塁**や**堀**を築く大がかりなものも用いられていた。特に，戦国時代に他の仏教勢力や武士から迫害を受けた**浄土真宗**の寺院では，大規模な構を構築するようになる。

浄土真宗の本拠地として，1483年に建設された**山科本願寺**では，自然地形や河川に加え，土塁や堀を組み合わせた防御ラインを何重にも設けて，本堂などが建ち並ぶ**御本寺**，僧侶などの居住エリアである**内寺内**，一般信者などが暮らす**外寺**

図7-10 中世鎌倉の中心街路（若宮大路）

図7-11 鞆の浦

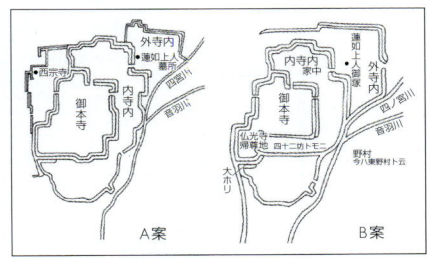

図7-12 山科本願寺 復原図（二案）

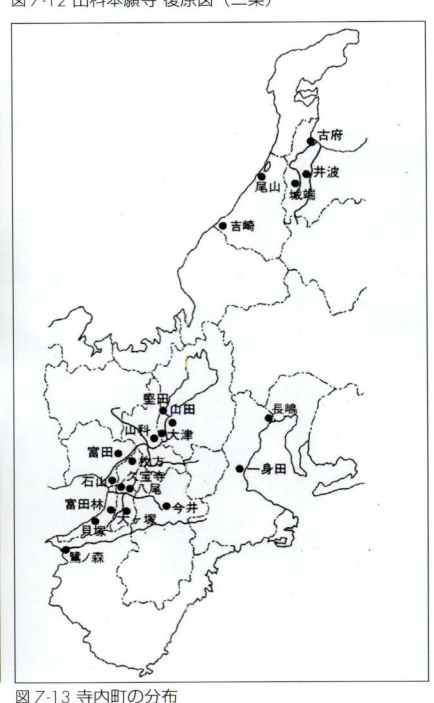

図7-13 寺内町の分布

内に、全体を区分していた(図7-12)。

このように、山科本願寺は宗教施設だけでなく、京都で発生した町組のような施設も設けた上で、全体を防御施設で囲い込んでいる。こうした発想は**惣構**と呼ばれ、山科本願寺に続く浄土真宗の本拠地となった石山本願寺では精緻なものへと進化し、さらに浄土真宗の信者は、近畿・北陸地方一円で、惣構を施した**寺内町**と呼ばれる都市を16世紀に建設した(図7-13)。

奈良県橿原市の**今井町**は、16世紀中期の寺内町の構成を現代に伝えている(図7-14)。全体は、東西約500m、南北約

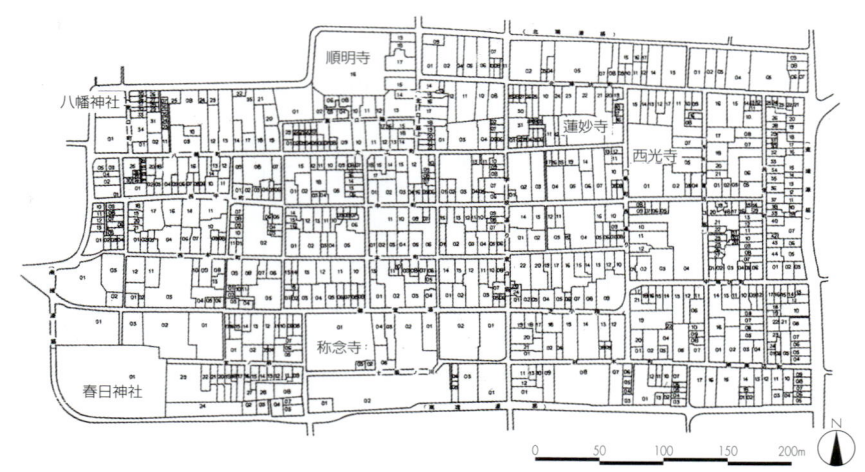

図7-14 今井町 全体図

図7-15 今井町 称念寺と町並み

300mの長方形で、その中に都市建設の中核となった称念寺などの寺社と町が配置され（図7-15）、土塁と水濠を組み合わせた防御装置で全域が囲い込まれていた。

内部の街区は、20間（約40m）を基本単位として整然と区画され、各街区は**背割線**で二分され、さらに短冊状に細く分割されて宅地が設けられ、それぞれの宅地には街路に面して町家が建設されている（図7-16）。このように今井町では、街路の両側に並ぶ町家がセットとなって一つの町を構成している。

大阪府の**富田林**も同様に興正寺を中核とした寺内町であるが（図7-17）、こちらは台地上に整形の街区を設けて展開するもので（図7-18）、台地側面の斜面を利用して防御を図った事例である。

今井町や富田林の構成は、京都で発生した道の両側に拡がる町組と同じものを、整然と計画的に建設したことを意味している。この方法は、次節以降で述べる城下町の建設手法として一般化していく。

3 城郭と城下の誕生

構の思想は、戦国時代までに日本全国に普及した。例えば、現在の山形県にあたる出羽国東置賜郡の**土豪屋敷図**を見ると（図7-19）、農村の小領主であった土豪の住宅と各種の蔵が土塁と堀で囲まれ、その周辺に土豪に仕える家臣の住宅が配置されていることを理解できる。

戦国時代には、武士と農民の境界は曖昧で、土豪とその家臣達は、普段は農業に従事しながら、戦争の際には武装して戦った。そこで、自らの住宅と収穫物を

図7-16 今井町の町並み

図7-17 富田林 興正寺と町並み

図7-18 富田林の町並み

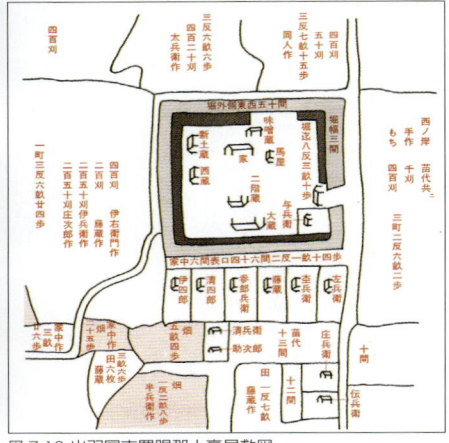

図7-19 出羽国東置賜郡土豪屋敷図

格納する蔵を防御するために構を施したのである。

こうした土豪達の中には，専業の武士となる者も現れ，旧来からの武士と合わさって戦国時代を勝ち抜き，やがては，**戦国大名**へと登り詰める者も出現していった。

戦国大名の本拠地となったのが**城郭**である。農村に立地していた土豪屋敷とは異なり，城郭では戦時の防御を意識したロケーションが選ばれている。その構成を，現在の福井県一帯を支配した朝倉氏が，16世紀の初期に建設した**一乗谷**を例にとってみてみよう。

福井市南東の山岳地帯に立地する一乗谷は，大きく二つの領域から構成されている。

まず一つ目は，一乗谷川に沿った南北約3kmの低地から山岳地帯に向けて延びる谷に沿って作られた城郭本体である。ここには，急峻な谷に沿って**本丸・一の丸・二の丸・三の丸**と呼ばれる領域が並び，各々は濠や土塁を用いて分断され，防御能力を飛躍的に高めている（図7-20）。

もう一つの部分は，一乗谷川に沿った低地に展開する部分で，その内部には直線的な街路が計画的に通され，家臣の屋敷や寺社境内が置かれていた。

こうした構成を出羽国の土豪屋敷と比較してみると，規模は大きく異なるが，その構成はよく似ている。土豪屋敷の土塁で囲まれた部分が成長分化して城郭となり，家臣が暮らしていた部分が拡大して**城下**と呼ばれる一つの領域を形成しているのである。

一乗谷のように，険しい山岳地帯を選んで建設されたものは**山城**と呼ばれている。しかし，戦国時代の末期には，城郭は平野に近い場所に移動し始める。

織田信長（1534～82年）が1579年に建設した**安土城**は，琵琶湖東岸の小高い山に建設されたものである（図7-21）。安土城は，山の斜面を利用した階段状の地形に立地し，頂上付近に本丸・二の丸・三

図7-20 一乗谷城の構成（松原信之『越前浅倉氏と心月寺』）

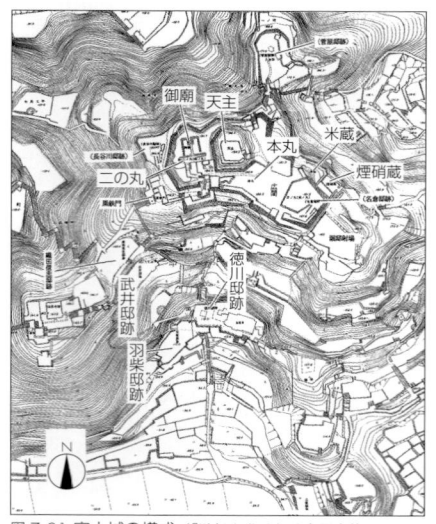

図7-21 安土城の構成（『滋賀中世城郭分布調査』）

の丸からなる城郭，山麓付近に羽柴秀吉や徳川家康など織田信長の配下だった武将の屋敷を配置していた。

そして，安土城と琵琶湖の間に拡がる平野部は，兵器の制作や家臣団である膨大な武士の生活を支える各種手工業者を各地から集めた城下となっている。

この安土城のように，平野に隣接した小高い山に立地するものは**平山城**(ひらやまじろ)と呼ばれ，さらに平野部に展開する城郭は**平城**(ひらじろ)と呼ばれている。

現在まで残されている城郭の多くは，16世紀後半の戦国時代末期に建設された平山城ないしは平城で，いずれも広い城下と一体となっている。これは，戦国時代が終わる頃には，戦時の防御よりも平時の経済性や流通を重視するようになったからである。

4 城郭を作る装置

一乗谷でみたように，戦国時代に発達した城郭は，戦争時に敵の兵力を分散させ，段階的に撃破していくために，**丸**(まる)あるいは**廓**(くるわ)・**曲輪**(くるわ)と呼ばれるエリアに分割されていた。そして，戦国時代の中期以降には，防御性能を向上させるために，丸や廓を区切る境界線上に設けられる防御用工作物が発達していった。

そうした工作物の中で最初に多用されたのが，土塁と堀を組み合わせたものである（図7-22）。これは，地面を掘ってその土を隣に移せば両方を同時に作ることができるために，大きな手間がかからないが，経年変化が大きく，脆いために高くは作れないという欠点をもっていた。そこで，戦国時代の末には，土塁や堀の表面に石を積み上げて強化した**石垣**や，水を蓄えた**水濠**が出現してくる（図7-23）。

図7-22 土塁と堀（佐倉城跡）

図7-24 石垣の形状（江戸城跡）

図7-23 石垣と水濠（大坂城跡）

図7-25 城郭の長塀（松山城）

石垣の形状は、その側上面と角部の仕上げに大きな特徴がある（図7-24）。側面は力学に即してカーブし、上面も両端が反りあがる形状となり、脆い角部では精密に切石が積み上げられている。

強固な石垣が出現すると、水濠や石垣を越えて迫る敵方の兵士を射撃できるように、石垣上に**柵**が建設され始め、さらに柵を土壁や漆喰で覆って瓦葺きの屋根を架けた土塀に進化し（図7-25）、やがては、整地された石垣の上面に本格的な建築を作り始める。

石垣の上面は、不安定で沈下が起こりやすい。そのため礎石の上に一本ずつ柱を乗せる従来からの構法では、建築に歪みが生じてしまいやすい。そこで採用されたのが基礎面に水平に置かれた**土台**に柱を挿し込む構法で（図7-26）、基礎の不陸を緩和する利点があるために、石垣上に建つ城郭建築で採用され、その他の建築でも礎石に代わって普及していった。

石垣の上に建設された建築は、防御・見張り・物資の収納を兼ねるもので、**多聞櫓**と呼ばれた。多聞櫓は、戦国時代の末期に出現するやいなや、短期間で様々な類型に進化して戦国の覇者となった各地の大名の城郭で採用されるに至った（図7-27）。防御施設から発生した多聞櫓の内部は、壁で覆われるために閉鎖的で、それまでの開放的な住宅建築とは異なるものとなっている（図7-28）。

石垣と水濠、そしてその上に建つ塀や多聞櫓の登場によって、丸や郭を厳重に防御することが可能となり、さらに**虎口**と呼ばれる丸や廓への出入口部分の形状も戦国時代末期には急速に変化していった。

虎口には、平時にはスムーズな交通が可能でありながら、戦時には敵の侵入を食い止めることが要求される。そこで、

図7-26 土台（手前）と礎石（奥）

図7-27 多聞櫓（彦根城）

7 都市の変化と戦乱

交通量を制限する工夫として，石垣や堀・水濠に食い違いを設けるようになり，さらには**枡形**(ますがた)と呼ばれる方形の部分を設けて，門や櫓を二重に回すことが行われるようになった（図7-29）。こうした工夫は次第に複雑化し，変化に富む空間造形となった（図7-30）。

図7-28 多聞櫓の内部（松山城）

図7-29 枡形（龍野城跡）

図7-30 枡形（松山城）

I-8 近世都市の建設

戦国時代が終焉を迎えた16世紀後半から江戸時代初期の17世紀中期にかけての百年間は、都市建設の時代であった。この時期に建設された近世都市は現代まで継承され、現代都市の骨格となっている。本節では、城下町を中心にしながら、近世都市の特徴を解説し、併わせて城下町のシンボルとなった天守閣の建築についても検討してみよう。

1 城下町の構造

戦国時代の初期には、武士と農民の境目は曖昧で、戦争は農閑期など短時間に限られていた。そのために、城郭に籠って敵の攻撃をやりすごす籠城の意味は大きく、I-7節でみた一乗谷のような山城が一般的だった。しかし、戦国時代末期には平山城や平城が出現し、さらに城郭と城下を同時に計画して一つの大きな町を建設するようになる。

この城郭と城下が一体となった都市は**城下町**と呼ばれ、その後の日本の都市類型のなかでも最もポピュラーなものとなった。現在の都道府県庁所在都市47のうち、約30が城下町から発展した都市であることは、城下町の重要性を物語っている。

戦国時代末期から江戸時代初期にかけて建設された城下町は膨大な数に及ぶが、その構成方法には共通する特徴がみられる。その特徴は、**城郭**・家臣団を構成する**武士の居住地**、商工業者の**町人地**、**寺社境内地**という独立性の高いブロックに分割されるというもので、しかもそのブ

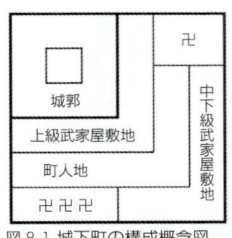

図 8-1 城下町の構成概念図

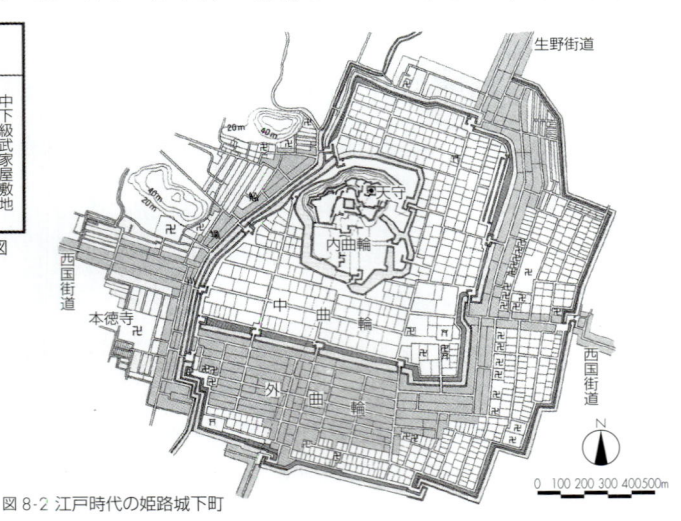

図 8-2 江戸時代の姫路城下町

8 近世都市の建設

ロックの配置は，城郭に隣接して家老などの上級武士の居住地，その周囲に町人地，さらにその外側に足軽などの中下級武士の居住地や寺社境内地を配するというものである（図8-1）。

城下町は，こうした原則に基づいて建設されているが，全体規模の大小や地形に対応するために，様々な形態が採用されている。

兵庫県の中央南側に拡がる播州平野を流れる船場川の東畔に位置する**姫路城下町**は，17世紀初頭に建設されたものである（図8-2）。

中心施設である**姫路城**は，船場川に接した小高い丘の上に築かれ，**内曲輪**とも呼ばれていた（図8-3）。この内曲輪の南・東・北に設けられた**中曲輪**が，上級武士の居住地である。そこから堀を挟んだ南側と東側に展開するのが**外曲輪**である。外曲輪では，城郭に近い場所は町人地だったが，それ以外は寺社境内及び中下級武士の居住地となっていた。

内曲輪と中曲輪の境界は，城郭の水濠で厳重に分けられ（図8-4），中曲輪と外曲輪及び外曲輪と城下町の外側も，船場川や水濠で区分され，その境界線上には枡形（Ⅰ-7節）が設けられていた（図8-5）。また，中曲輪や外曲輪の内部でも，居住者の身分や用途に応じて道に食い違いが設けられている。

それぞれのブロックをみると，中曲輪の上級武士居住地は，数百坪以上の広大な敷地から構成されている（武士の住宅についてはⅠ-9節）。一方，外曲輪の町人地は，寺内町と同様に20間（約40m）を単位とする街区となり，そこに間口が狭く奥行の長い短冊状の敷地が用意され，町

家が建ち並んでいる（町家についてはⅠ-11節）。なお，町人地の中でも，町の境界で街路が食い違っている箇所が存在している。そして，城下町の周縁部に配置

図8-3 姫路城下町 内曲輪

図8-4 姫路城下町 内曲輪外の水濠

図8-5 姫路城下町 街区境界の枡形

された寺社境内地は，中曲輪の上級武士居住地と同様の広いものである（寺社境内についてはI-12節）。また，同じく周辺部の中下級武士居住地は，数十坪程度の狭いものに区画されていた。

このように城下町では，江戸時代の身分制度と対応したブロックに分割され，それぞれは独立性が高いばかりか，各敷地の規模形状も異なっている。

こうした複雑な条件設定を行った都市を，どのように設計したのかについては不明な部分が多い。しかし，城郭内の建築配置計画を先行して行った後に，城郭の建築や背景の山頂などからの**ヴィスタ**（見通し・見晴らし）を利用して，主要な街路が計画された可能性が指摘されている（図8-6）。なかでも城郭の中心建築であり，城郭のメインゲートだった**大手門**や城下町全体のシンボルであった**天守閣**は，多くの城下町で街路からのヴィスタとなっていた（図8-7）。

一般の城下町は，以上のような構成をとっていたが，政治の中心地であった**江戸**と経済の中心地であった**大坂**は，全国規模の政治・経済・工業の中心であったため，固有の特徴をもっていた。

まず幕府の所在地となった江戸は，首都機能をもった超大型の城下町として，16世紀末期に建設されたが，17世紀を通じて何度も改造を受けて拡張されている（図8-8）。

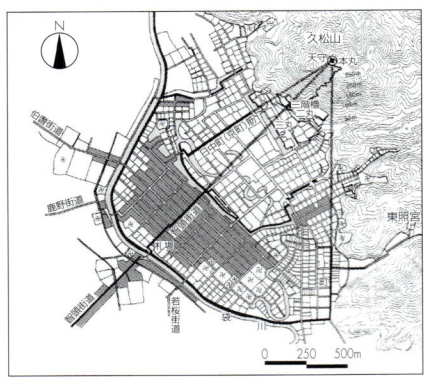

図 8-6 鳥取城下町のヴィスタ設定

図 8-7 ヴィスタ（熊本城）

図 8-8 17世紀中期の江戸城下町

江戸の構成も城下町一般の特徴を継承し、身分制に基づくブロックから構成されている。しかし、**参勤交代**（各地の大名が1年おきに地元と江戸を往復すること）によって膨大な数の武士が居住するために、**藩邸**と呼ばれた広大な大名屋敷が無数に作られていた（図8-9）。また最終的には100万人となった人口が消費する物資の流通のために、海岸部から延びる運河網が建設され、隣接する**河岸**には多数の蔵が建設されていた（図8-10）。

石山本願寺（I-7節）を継承した大坂では、逆に武士が居住する面積が少ない。しかし、経済の中心地であったために、町人地の面積が広大で、全国から集まる米などの取引のために、**蔵屋敷**と呼ばれる施設が建設されていた（図8-11）。

2 天守閣のデザイン

城郭のシンボルであった天守閣が誕生したのは16世紀末期のことである。しかし、突然出現したのではなく、室町時代の楼閣の影響を受けている。そこで、金閣や銀閣（I-6節）のような楼閣を念頭において、天守閣の形態をみてみよう。

愛知県の**犬山城天守**（1601年）の外観をみると（図8-12）、①石垣部分、②周囲に庇を回す入母屋根の中間部分、③周囲に縁を巡らす入母屋根の最上部、の3つに明快に区分されている（図8-13）。

このうち中間部分の②は、瓦葺きで壁面を漆喰で塗り込めて柱を見せない**大壁**の建築であり、**多聞櫓**（I-7節参照）とほぼ同様の防御を意識した閉鎖的な構成で、内部空間は居住に耐えるものではない（図8-14）。

一方、印象的な③の部分は、②よりも小型で、②の入母屋根の上部にはめ込まれている。ここは柱を外に見せる**真壁**で、縁側と手摺を巡らし、中央に**桟唐戸**、その両脇に**花頭窓**を開く開放的なものとなっている。この③の部分を金閣や銀閣

図8-9 江戸時代末期の江戸藩邸（細川家屋敷）

図8-10 江戸時代末期の河岸（日本橋周辺）

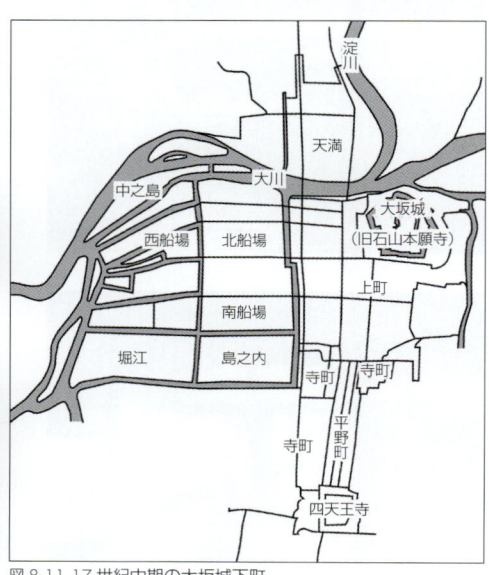

図8-11 17世紀中期の大坂城下町

I 日本建築史

の最上層と比較すると，驚くほどに形態が類似していることに気づく。

楼閣は，高所から庭園を見渡す機能をもっていた。同様に，初期の天守閣も遠くを見渡すために建設されたものである（図8-15）。この機能上の類似から，初期の天守閣は楼閣を参考にデザインされたと考えられている。犬山城天守閣のように，多聞櫓と楼閣を合体して作ったような構成をもつ天守閣は，**望楼型**（ぼうろう）と呼ばれ，他に愛媛県の**松山城天守**（1804～59年）などが該当している（図8-16）。

遠くを見る機能は，建築を高くすることで向上するから，戦国時代末期には，より大型で高い天守閣が作られ始める。特に織田信長が築いた**安土城天守**（あづちじょう）（1579年）は，石垣上に5層もの大屋根を積層させたものとなった（図8-17）。このように大屋根を何層にも積層させようとした場合，上下層で大きさや意匠を違える楼閣のデザイン手法を用いることは不可能となってしまう。

ここで長野県の**松本城天守**（1615年頃）をみると（図8-18），ほぼ同じ形状の5層の屋根を逓減（ていげん）させながら重ねて作られ，最上層には犬山城天守でみられたような

図8-12 犬山城天守

図8-14 犬山城天守 内部

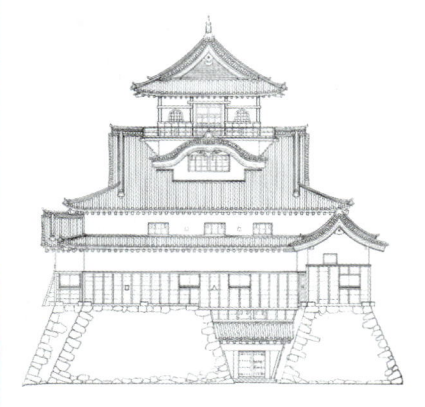

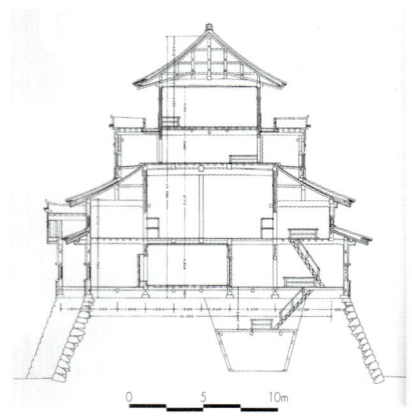

図8-13 犬山城天守 立面図・断面図

縁や手摺はなく、窓も小型であることに気づく。青森県の**弘前城天守**(1810年)も同様に、3層の屋根を逓減させながら積み重ねた単純な形状である(図8-19)。

松本城天守のように、寺院建築の塔と同じ手法でデザインされたタイプは、**層塔型**と呼ばれている。層塔型は各層の形態が均質であるために、上下でめりはりのある望楼型と比較すると外観の変化に乏しくなってしまう。そこで、各層で屋根の向きを変え、また反転するカーブを描く**唐破風**や、大屋根の上に**千鳥破風**を付加することで変化をつける試みが行われ、各地の天守閣は独自性の強い形態を獲得していった。**姫路城大天守**(1608年)(図8-20)や、**彦根城天守**(1606年)(図8-21)は、こうしたデザイン手法を駆使したものである。

ここで望楼型と層塔型を比較すると、望楼型の「見る」という機能は層塔型では

図8-15 犬山城天守 最上階からの景観

図8-16 松山城天守

図8-17 安土城天守復原模型
(安土城郭資料館蔵、内藤昌監修)

図8-18 松本城天守

弱まり，むしろ城郭の周辺に展開する城下町に暮らす一般庶民から「見られる」ことを重視していることを指摘できる。こうした変化は，城郭の立地が山城から平城へと変化していったことにも対応している。戦争の際に遠くを見るという防御的な発想から，権力を象徴する存在へと変化し，前に述べたように城下町設計のヴィスタとしても機能したのである。

しかし，戦国時代が終わると，城郭自体の存在価値が希薄となり，**元和の一国一城令**(げんなのいっこくいちじょうれい)（1615年）によって，城郭の新規建設は原則禁止されてしまう。日本建築を代表する存在である天守閣は，西暦1600年を挟んだ50年に満たない期間に生成し終焉(しゅうえん)したものなのである。

3 宿場・港町・在郷町

続いて，城下町と並ぶ近世都市の類型として，流通に関連する**宿場**と**港町**についてみてみよう。

江戸時代に入ると，参勤交代によって大量の武士が移動を繰り返し，江戸では大量の物資が消費される状況が生まれた。また，各地で収穫された米は大坂に集約されて，最大の消費地である江戸に運ばれた。こうして，江戸と大坂を中心とする人の移動と物資の流通網が17世紀までに整備された。

このうち陸運の大動脈となったのが，全国に張り巡らされた**街道**である。主要な街道では，人馬の確保や宿泊のための小都市が，おおむね約30〜40kmごとに設けられていた。これが宿場である。

長野県の**海野宿**(うんのじゅく)は，北国街道(ほっこく)に設けられた宿場である（図8-22）。その構造は，

図8-19 弘前城天守

図8-20 姫路城大天守

図8-21 彦根城天守

8 近世都市の建設

図8-22 海野宿 全体図

図8-23 海野宿の町並み

街道に沿った両側に，間口が狭く奥行の長い短冊状(たんざく)の敷地が並ぶ単純なもので，それぞれの敷地には町家が建設されていた（図8-23）。

宿場には，上級武士などの宿泊や宿場全体の管理を行う**本陣**(ほんじん)や**脇本陣**(わきほんじん)のほかに，幕府などからの伝達事項を掲示した**高札場**(こうさつば)などが設けられていた。また，宿場の両端には，木戸や枡形（I-7節）などを作り，その領域を明確化する場合も多い（図8-24）。

中山道の宿場であった**奈良井宿**(ならいじゅく)や（図8-25），**妻籠宿**(つまごじゅく)（いずれも長野県）などでは（図8-26），町家の並びのほかにこうした施設を現在も目にすることができる。

なお，ほとんどの宿場は，海野宿のように，一本の街道に沿って計画的に建設されたため，街道からの景観は，城下町の町人地と極めてよく似ている。しかし，町家の背後には田畑が拡がり，農村のような風景となっている。

続いて水運では，北海道から日本海を経て，瀬戸内海に入り大阪に至る**北前船**(きたまえぶね)の航路を中心とした一大水運網が整備され，その中継地として，日本海・瀬戸内海を中心に各地で港町が整備された。

広島県の**御手洗**(みたらい)は，江戸時代に建設された港町である（図8-27）。瀬戸内海に浮かぶ二つの島の間の海峡に面して立地する御手洗は，瀬戸内海航路の帆船(はんせん)の風待

図8-24 枡形から町並みを見る（奈良井宿）　図8-25 奈良井宿の町並み

89

ちや潮待ちに利用された港町だった。

　町の南端に建設された港は，石積みの防波堤と階段状の船着場からなり，その背後に，商人が居住する町が作られ，船問屋や茶屋などを営業する商人の町家が密集して建てられていた（図8-28）。

　港町には，大型の船が接岸するための海深と，波除けとなるような入り組んだ入江が必要であるため，山が海に没したような地形が選ばれる。しかし，そうした地形には広い平地は存在しない。そのため港町では，不整形な傾斜地形の中に，細く曲がりくねった街路が通じ，その合間に極めて高密度に家屋が建ち並ぶことが特徴となっている。

　近世都市には，これまで述べてきた城下町・宿場・港町以外に，もう一つ**在郷町**という類型も存在している。

　18世紀以降，それまでの米中心の農業から，塩・藍・菜種油といった市場で取引される特産品が各地で発達した。その集散の役割を担うため，農村地帯の中で発達したのが在郷町である。

　在郷町は全国に多数存在しているが，その来歴は，前述した元和の一国一城令によって廃棄された旧城下町を母体とする大型のものから，宿場や港町を母体として成長したもの，あるいは農村が成長したものなど様々である。したがって，城下町や宿場のような共通する特徴をもっていない。

　例えば，藍の集散地として栄えた徳島県の**脇町**は，城下町として建設された後に城郭が棄却され，在郷町として発展したものであるために，比較的整然とした街区と敷地の構成をもち（図8-29），特徴的な外観をもつ町家が並んでいる（図8-30）。しかし，蝋の生産及び集散地として

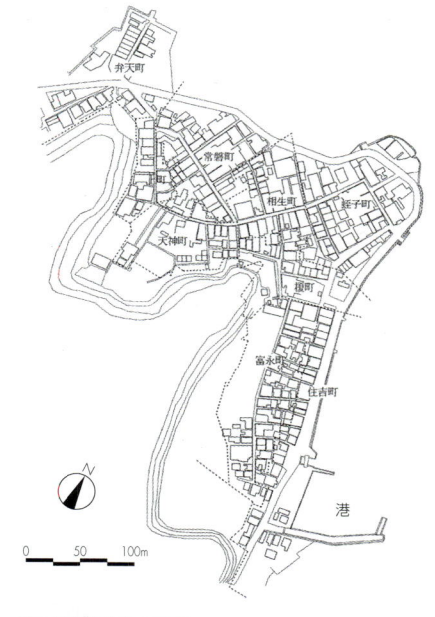

図8-27 御手洗 全体図

図8-26 妻籠宿の町並み

図8-28 御手洗 港の防波堤

8 近世都市の建設

栄えた愛媛県の**内子町八日市護国**は、街道沿いの集落から段階的に発展したために、不整形な街路網から構成されている（図8-31）。

以上のように、城下町・宿場・港町・在郷町といった近世都市が各地に建設され、それが全国規模の流通網によって結ばれることで、江戸時代の社会が構成されていたのである。

図8-29 脇町全体図

図8-31 内子町八日市護国 航空写真

図8-30 脇町の町並み

I-9 書院造と武士住宅

日本の伝統的な住宅は、畳を敷き詰めた部屋から構成され、床の間と呼ばれる特別な造作を施した部屋を持っている。こうした特徴は、戦国時代に誕生した書院造を継承したものである。それでは書院造は、どのようにして発生して、どのような意味をもっていたのだろうか。本節では、書院造とその影響の中で成立した江戸時代の武士住宅について検討していこう。

1 座敷飾と書院造

I-6節で述べたように、一つの大空間であった寝殿は、異なる性格をもつ部屋に分割される方向で変化していった。当初、各部屋は同じような内装であったが、会所が成立する頃には、部屋の性格に応じて異なる内装が施されるようになった。こうした変化の原動力となったのは、読書や執筆あるいは美術工芸品の鑑賞といった文化的な活動である。

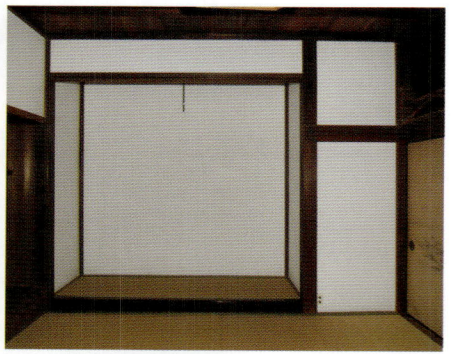

図9-1 付書院（知恩院所蔵）

図9-3 床（曼陀羅寺書院）

図9-2 絵画の展示（知恩院所蔵）

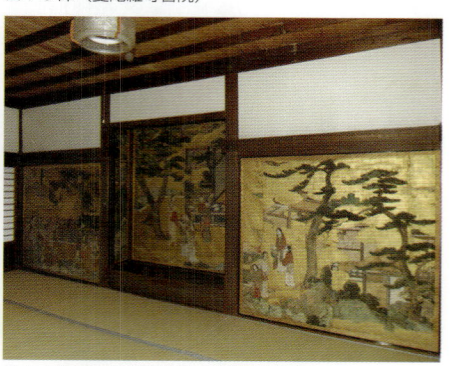

図9-4 押板と床の中間形式（當麻寺奥院）

本来，日本建築の深い軒は，室内への採光には適していない。そこで，読書や執筆のため，外部に突き出した部分を設け，室内に自然光を採り入れるための窓と机を作り付けるようになり，**付書院**と呼ばれるようになった(図9-1)。

絵画の展示については，壁面に軸装の絵画を直接掛け，その前に脚付きの台を据えて仏具等を置くことから始まった(図9-2)。しかし，絵画を展示する場所が定まってくると，**押板**や**床**と呼ばれる展示のための設備が誕生した。

押板も床も，壁の一部を外側に張り出したものだが，押板は奥行2尺以下程度と浅く，下面の板と室内との段差は1尺程度と高く，室内と一続きに繋がるものが一般的である。一方，床は奥行3尺以上と深く，室内との段差は**框**一つ分程度で，室内との間は小壁で区切られている(図9-3)。ただし，両者の中間的なものも数多くみられる(図9-4)。

工芸品や書籍など立体的なものについては，寝殿造の時代から可動式の**棚**が用いられていたが(図9-5)，これも次第に作り付けのものとなり，同時に，絵画や工芸品を収納するための**押入**や，小型の押入である**天袋**・**地袋**も発生した(図9-6)。

室町時代の貴族や上級武士の間では，中国などから渡来した**唐物**と呼ばれる美術工芸品が珍重されていた。それらを他人に見せるために，押板・床・棚といった展示装置が発達したのである。

このように，付書院・押板・床・棚は，それぞれ異なる理由で発生したものである。しかし，室町時代後期になると，会所や方丈の北側に位置していた私的な生活に用いられる部屋で組み合わせて用いられるようになり，総称して**座敷飾**と呼ばれるようになる。I-6節でみた東山殿会所の石山の間や東求堂の同仁斎は，座敷飾を施した部屋である。

さらに戦国時代に入ると，それまでの文化の担い手であった貴族や僧侶の力が弱まり，代わりに**下剋上**の趨勢によって成り上がった**戦国武士**の勢力が強まっていった。

しかし，農村部を基盤とした戦国武士達は，寝殿や会所のような上質な住宅建築とはそれまで縁がなかった。そこで，新たな権力者達は，文化的な背景とは関係なく，単なるインテリアの形式として座敷飾を模倣して自らの住宅に採用し，

図9-5 棚（知恩院所蔵）

図9-6 棚と天袋（西教寺客殿）

やがて**書院造**という新しい建築の形式を生み出した。

書院造は，**床の間**と呼ばれる座敷飾が施された部屋を先頭にして，畳を敷き詰めた複数の部屋が襖で区切られながら連続するという特徴をもった建築形式であり，戦国時代の終盤，16世紀末に発生したと考えられている。

その最初期の遺構である滋賀県の**光浄院客殿**(1601年)を例にとって，書院造の特徴をみてみよう(図9-7)。

まず外観はほぼ矩形であるが，南東端には突出部分が存在している。これは，寝殿造の中門廊(Ⅰ-6節)を継承した出入口である(図9-8)。こうした低い位置に板床を張った出入口の形式は，やがて**式台玄関**と呼ばれるようになる。

室内を見ていくと，南西端から突き出た**上段**では，床面が一段切り上がり，付書院と床が設けられている(図9-9)。上段と接続する**上座の間**にも床と違い棚が設けられ，ここが床の間となっている(図9-10)。上座の間は，東側の**次の間**と襖で仕切られ，襖を開ければ二つの部屋は連続して用いることができる。

本来の座敷飾は，私的な意味の強い北向きの小部屋で用いられていた。しかし，光浄院客殿では南側の大きな部屋に場所を移動している。文化的な活動を支える装置であった座敷飾の意味は，場所が移

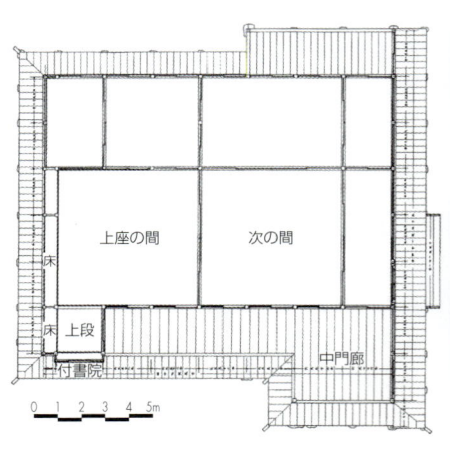

図9-7 光浄院客殿 平面図

図9-8 光浄院客殿 中門廊

図9-9 光浄院客殿 上段

図9-10 光浄院客殿 上座の間

9 書院造と武士住宅

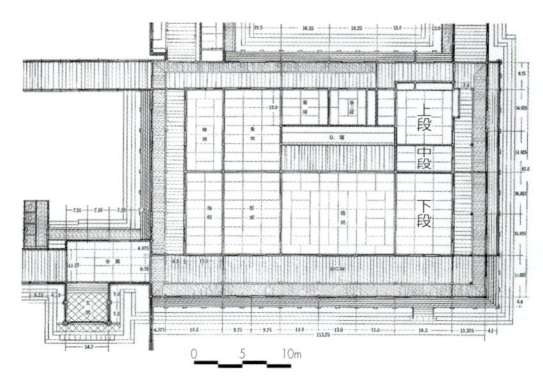

図9-11 知恩院大方丈 平面図

図9-12 知恩院大方丈 上段

図9-13 知恩院大方丈 上段から中段・下段

図9-14 醍醐寺三宝院表書院 床の間

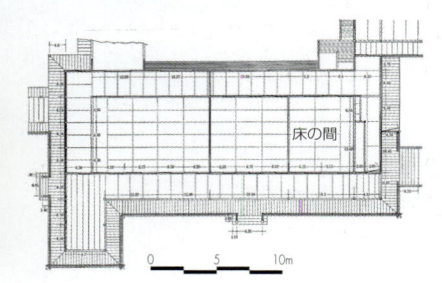

図9-15 醍醐寺三宝院表書院 平面図

動することで変質しているのである。

2 書院造の空間

　光浄院客殿は比較的簡素な建築であるが、江戸時代初期には、大規模で豪華な書院造が建設されるようになる。

　江戸幕府を開いた徳川氏が建設した京都市の**知恩院大方丈**（1641年）は、そうした書院造の典型例である（図9-11）。

　外形は方丈形式の6室構成を基本としているが（Ⅰ-6節）、正面間口は35mにも及び、通常の方丈の4倍程度の面積となっている。間取りは、北東隅の上段が床の間で、その南側の中段と下段が連なって書院造となっている。

　上段の座敷飾は、北面の床と棚、東面北寄りの付書院、西面北寄りの**帳台構**（**納戸構**）から構成されている。床と棚の背面には金碧の絵画が描かれ、棚は二枚

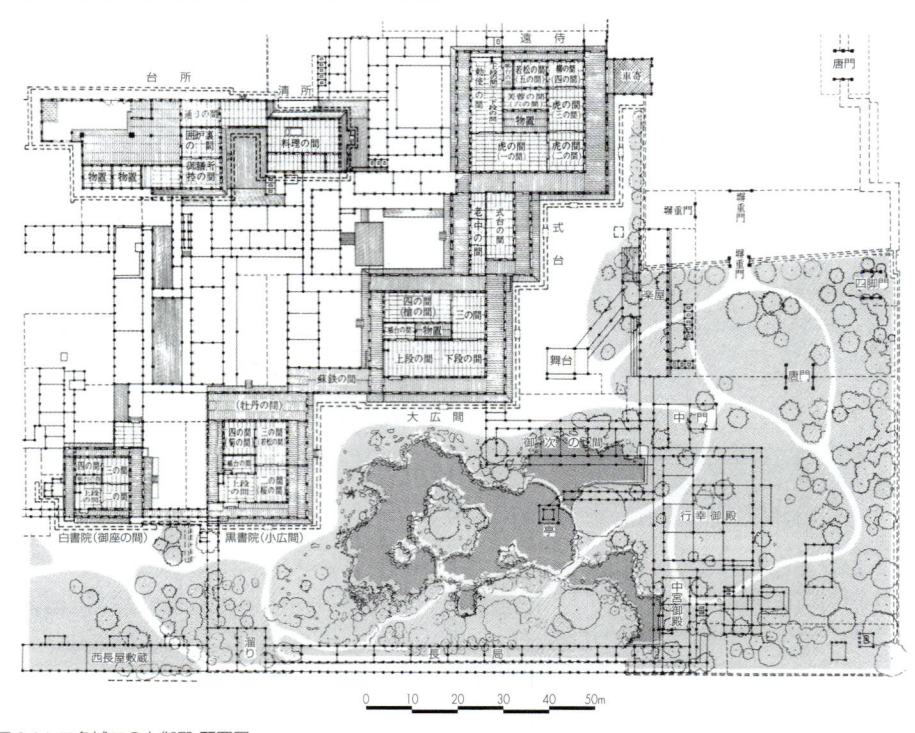

図 9-16 二条城二の丸御殿 配置図

図 9-17 二条城二の丸御殿 大広間

9 書院造と武士住宅

の板を段差を付けて重ねる**違い棚**となり，その上には天袋が付けられるなど，豪華さは際立っている。なお帳台構は，太い枠を持つ大型の襖で，室町時代には見られなかったものである（図9-12）。上段と中段との境界に襖はなく，床面と天井面の高さが切り替わるのみであるが，中段と下段の境界には，襖と欄間が設けられている（図9-13）。

豪華な書院造は，戦国の動乱の後に新たに発生した身分制度を空間的に表現したものである。すなわち，床の間は最も身分の高い主人が座る空間であり，そこに連なる部屋はその他の家臣が座る場所であり，身分の高い者から順に主人に近い場所を占めている。

こうした**対面**と呼ばれる使用方法では，豪華な座敷飾は主人の背景を飾る装置で

図9-18 二条城二の丸御殿

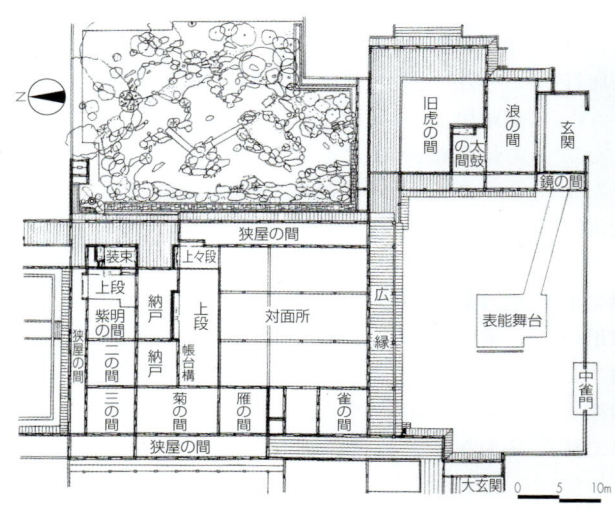

図9-19 西本願寺書院 平面図

図9-20 西本願寺書院 白書院

図9-21 西本願寺書院 対面所

あり，部屋ごとに段差を設けて高さを変えているのも，身分の上下を表現するためである。

床の間を先頭にして部屋が並ぶ書院造は，京都市の**醍醐寺三宝院表書院**（1598年）のように床の間を先頭にして（図9-14），部屋が直線的に並ぶものもあるが（図9-15），部屋列が途中で折れ曲がってL字型となるものや，さらに二度折れ曲がってコ字型になるものも存在している。特に城郭内や江戸の大名藩邸内に建設されたものの中には，複数の大型書院造が**雁行**しながら連なるものも存在した。

徳川氏が京都における本拠地とした**二条城二の丸御殿**（1626年）は，そうした大型書院造の一つで，**遠侍・式台・大広間・黒書院・白書院**という5つの大型建築から構成されている（図9-16）。室内は豪華な座敷飾に加え，小壁まで一体的に用いて描かれた障壁画や，自然光を透過する欄間の意匠など，最盛期の徳川氏の権威を象徴する建築である（図9-17）。また雁行して複数棟が連なるため，庭園と一体となった変化に富んだ外部空間にも特徴がある（図9-18）。

最後に，書院造ではあるが，少し趣の異なる事例を紹介しておこう。

京都市の**西本願寺書院**（1618年）は，寺院内に設けられた大規模な書院造である（図9-19）。この建築は南北二つの部分から構成され，北側の**白書院**は東西一列に部屋を並べる一般的な書院造であるが（図9-20），南側の**対面所**は全く異なった形式となっている。

対面所では，上段の背景に幅広の押板と帳台構を左右に並べ，その南側には二列の列柱によって東西に三分割される162畳もの大広間が接続している（図9-21）。こうした形式は，寺院本堂の形式と書院造が融合した特殊なものとみなせよう。

一方，一般の武士の間では，座敷飾を簡略化した小規模な書院造が普及し，さらに農家や町家にもその影響は及んでいる。こうして書院造は，日本を代表する住宅建築の形式となっていったのである。

3 武士住宅

続いて書院造から派生した武士住宅を検討していくが，その前に武士住宅がどのような環境の中に建てられていたかをみてみよう。

武士の住宅は，原則として城下町の中だけに設けられていた。I-8節でみたように，城下町は，武士の居住地・町人地・寺社境内地から構成されているが，面積比はそれぞれ70〜80%・10%・10〜20%程度で，武士の居住地が圧倒的に広い。しかも，身分の上下が城郭との距離や敷

図9-22 角館城下町の塀と木戸

図9-23 角館城下町の武士住宅（小田野家住宅）

9 書院造と武士住宅

地の規模に対応しているのが特徴となっている。

秋田県の**角館**城下町を例にとってみてみよう。各敷地は間口・奥行ともに長く大規模で、敷地の境界は塀や生垣で区画され、街路に沿って門を開いている（図9-22）。敷地内では、街路側に庭園を設け、少し奥まった場所に住宅を配置しているが（図9-23）、建築は1棟ではなく、**主屋**のほかに、離れや土蔵・便所・風呂など**の付属屋**も建てられている。また、敷地の奥を畑として使用している場合も多い。

敷地内の建築の配置方法を**屋敷構**と呼ぶが、武士住宅の屋敷構はあまり厳格ではなく、庭園や建築のおおまかな位置だけがルールとなっている。これは、武士住宅では庭園などの空地の占める面積が大きく、また塀や生垣によって内部が隠されているからである。

ただし、街路側から見える門・塀・生垣の形状には厳格なルールが設定されている場合もある。例えば鹿児島県の**知覧麓**では（図9-24）、門の規模や形状、街路側の石塀の高さ、生垣の樹種や高さが揃えられ、統一感のある景観を形成している（図9-25）。

続いて、城下町に建設された武士住宅の特徴をみてみよう。

山口県の**岩国**城下町に所在する**目加田家住宅**（19世紀）は、上級武士の住宅である（図9-26）。間取りは、大小様々な部屋が組み合わさっていてわかりにくいが、下記のような5つの部分から構成されている（図9-27）。

まず第一は、**式台**から入って**玄関**の間から**次の間**を経て、床の間である**座敷**に至る書院造の部分である。ここは、主人の日常生活にも用いられるが、外部から訪れる客の接待が行われる空間である。

二番目は、第一の部分の裏手にあたる部分で、畳を敷き詰めた大小の部屋群が展開している。ここは家族の日常生活に用いられる部分で、部屋境の襖を開閉することで大きさも変わり、様々な用途に対応する。

三番目は、土間と板の間からなる部分で、ここは日常の出入りと炊事用の**台所**として用いられ（図9-28）、**流し台**や**竈**などの調理設備が設けられるようになる（図9-29）。

四番目が、式台脇の**中間部屋**である。中間は武士の家に仕える召使いで、門番の役割を兼ねるために、式台の脇に位置している。なお、武士の住宅内には中間部屋の他に、**女中部屋**が設けられる場合も多い。

五番目は、背面から渡り廊下で繋がる便所の部分である。江戸時代の住宅では、

図9-24 知覧麓

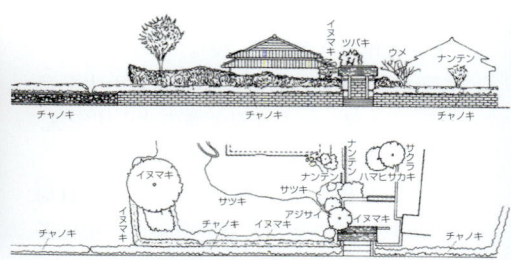

図9-25 知覧麓 武士住宅の境界装置

耐久性の低い便所や風呂の建築は，別棟として渡り廊下などで繋げる場合がほとんどである。

目加田家住宅に限らず，一般的な武士住宅では，床の間・次の間・式台玄関をセットとした簡略化した書院造を中核にして，それに畳を敷き詰める小部屋群と，土間と板間からなる台所の空間を追加する構成が普及していた。この畳を敷き詰める部屋の並びは**続間座敷**（つづきまざしき）と呼ばれ，明治以降の日本住宅にも継承されている。

目加田家住宅は，上級武士の住宅であったが，より一般的な武士住宅はどのようなものであったのだろうか。

石川県の**金沢城下町**に残る武士住宅をみると（図9-30），全体規模は小さくなっているが，目加田家住宅でみた5つの要素のうち，第一から第三の部分は全く同様である。すなわち，玄関から小間を経て座敷に至る書院造の部分，茶の間と仏間からなる裏側の部分，土間と板の間からなる台所の部分である。

このように一般の武士住宅は，上級武士の住宅を小型化しながらも，書院造の部屋の並びと台所の空間を維持している。さらに武士住宅には，**長屋型**（ながや）のものも存在している。**松阪城下町**に残る武士住宅の長屋をみると（図9-31），1戸当たりの面積は狭いが，式台玄関と床の間を完備していて，書院造を強く意識していることが理解できる（図9-32）。

一方，江戸に大量に建設された大名藩邸（Ⅰ-8節）のような大型の武士住宅は，どのようなものだったのだろうか。

江戸時代初期に権勢をふるった**春日局**（かすがのつぼね）の屋敷を見ると，大型の敷地の内部に多くの建築を建て並べている（図9-33）。

構成は非常に複雑であるが，全体として**表側**と**奥側**に分かれている。このうち表側は，玄関から御式台を経て御広間に続く大型の書院造建築群と，それに附随する台所が中核となり，奥側は書院造の建築群と台所のほかに，多数の小部屋ら

図9-26 目加田家住宅

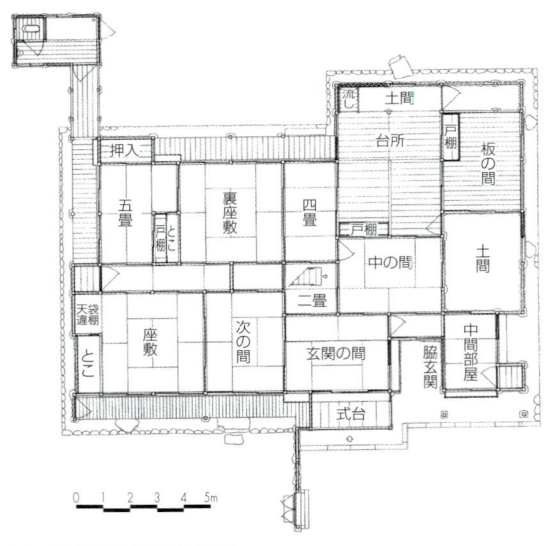

図9-27 目加田家住宅 平面図

図9-28 武士住宅の台所の情景（『女諸礼綾綿』）

図9-29 台所流し

なる建築群で埋め尽くされている。
　このように、大型の武士住宅は、賓客を迎え入れるための表側の空間と、主人の生活と家臣の執務空間からなる奥側の空間に分割されている。また、敷地の境界線に沿って、塀を兼ねる長屋が建てられ、倉庫や家臣の居住などに用いられていた。
　江戸の中心部では、大名藩邸の長屋が街路に沿って連なり、特徴的な景観を作っていたのである。

図9-30 金沢の武士住宅（永井家）平面図

図9-31 松阪の長屋型武士住宅

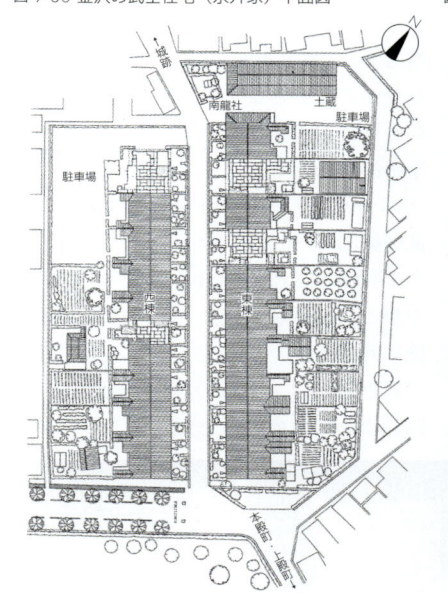

図9-32 松阪の長屋型武士住宅 配置図

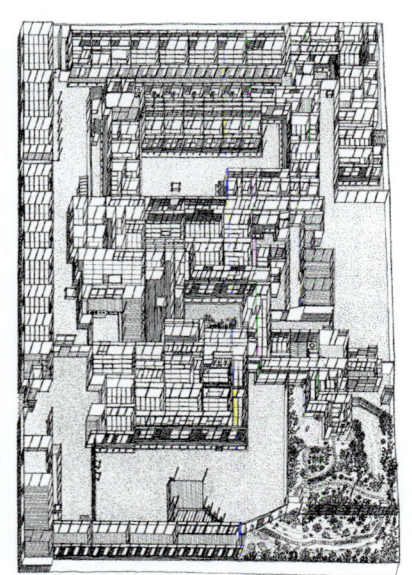

図9-33 春日局屋敷 鳥瞰図

101

Ⅰ-10 茶室と数寄屋

大型で豪華絢爛な書院造は，身分制度を表現する公的な空間であった。しかし，書院造とほぼ同時期に発達した茶室は，茶道のもてなしの精神を具現化したもので，その空間や意匠には個人の創意工夫が強く反映し，書院造とは全く異なる性格を有していた。本節では，茶室建築の特徴を検討し，次いで茶室が書院造と融合することで生まれた数寄屋風書院造について検討していこう。

1 茶室の思想

中国大陸から茶が伝来したのは9世紀のことである。しかし，伝来当初のお茶は薬用で，その後も仏教行事や歌合など特別な場で飲むものであり，また，14世紀には茶の産地をあてる闘茶と呼ばれるゲームが流行するなど，飲茶は後世とは異なる性格のものだった。

現代まで続く茶道は，15世紀の末期から徐々に姿を現した。村田珠光（1422～1502年）は，一見粗末に見える道具や環境を尊ぶ侘びや寂びと呼ばれる概念を重視した。「藁葺屋根のあばら家に名馬がつながれているような風情こそ良い」という珠光の言葉は，侘び・寂びの美意識を端的に伝えるものである。

16世紀に入ると，珠光の影響を受けた武野紹鴎（1502～55年）とその弟子である千利休（1522～91年）が現れ，豊臣秀吉など戦国武将の後援もあって茶道は隆盛に向かった。

武野紹鴎は，茶道の専用空間として，四畳半の広さの建築を用いた。これを発

図 10-1 千利休の四畳半茶室（不審庵）

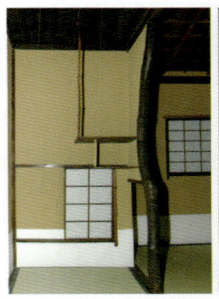

図 10-2 茶室の素材（皮柱・網代天井・下地窓，六窓庵）

展させたものが，千利休の**四畳半茶室**であり，その後の茶室建築の出発点となった(図10-1)。

千利休の四畳半茶室の姿は，それまでの日本建築とは大きく異なっている。丸太や土壁あるいは網代など天然の素材感が重視され，窓も壁の下地をそのまま残した**下地窓**が用いられている。これらの意匠は侘び・寂びの精神が反映したものである(図10-2)。

続いて外観をみると，全体が壁に覆われ，窓は小さく二箇所開けられるのみで，**躙口と勝手口**(**茶道口**)という二つの出入口が設けられている。このうち客用の出入口である躙口の形状は，約70cm四方の正方形で，頭を下げて潜り込むようにして入るものである(図10-3)。客をもてなす**亭主**が用いる勝手口も，通常の扉口よりも狭くなっている(図10-4)。

内部に目を転じると，小型の床と勝手口脇の**庫**が突き出るほかは，中央の半畳を巡るように卍型に畳が敷き詰められている。この五枚の畳は，半畳が炉を切った**炉畳**，勝手口の前が**踏込畳**，躙口前が**客畳**，床の前が**床前畳**(**貴人畳**)，庫の前が**点前畳**(**道具畳**)と名付けられている。

この畳の配置と呼称には，茶室内での人間の行動が関係している。茶室内の行事には，茶を点てて飲む**点前**のほかに，食事をとる**懐石**があるために，使用方法は変化するが，点前の際の亭主と客の行動はおおむね以下のようになる。

亭主は勝手口から入り，踏込畳を通過して点前畳に着座する。一方，客は躙口で頭を下げて茶室に入り，客畳に座って亭主と向かい合う。このように，茶室の畳には一枚ごとに意味が込められているのである。

千利休の茶室では，茶を点てる亭主と，その**所作**を眺めながら茶を飲む客という個人の関係に限定されている。茶室全体を壁で覆い，客は茶室に入る際に刀を外し，躙口で頭を下げるのは，武力と身分という外界の影響を，茶室の中に持ち込ませないための仕掛けなのである。

2 茶室の展開

豪華絢爛な書院造が建設されていた時期に，小型の建築に多くの意味を込めた武野紹鴎や千利休であったが，千利休の思考は，四畳半の空間からさらに不要な物を削る方向で深化していった。

まず点前畳は，亭主一人のみが座るものであるから，畳一枚分の大きさは必要

図10-3 躙口(六窓庵)

図10-4 勝手口(転合庵)

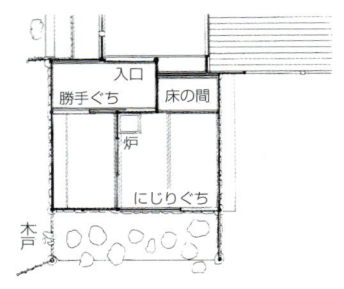

図10-5 妙喜庵待庵 平面図

図10-6 今日庵・又隠 平面図

ないという発想から，炉畳の半畳を吸収した上で，さらに通常の畳の4分の3に切り縮めた**台目畳**が考案された。続いて踏込畳は，勝手口から点前畳への移動の際にしか用いられないので省かれ，床前畳も床と亭主や客の関係を緊密にするために削除された。こうして，亭主と客との関係を維持しながら，ミニマムなものを追求する姿勢の中で，より小型な**小間茶室**と呼ばれる二畳〜三畳の茶室が数多く試されていったのである。

京都府の**妙喜庵待庵**は，千利休が関与して1580年頃に建てられた現存最古の茶室建築である（図10-5）。

待庵は，点前畳と客畳のわずか二畳から構成され，これに一畳が次の間として付属しているのみである。亭主は次の間から襖を通って点前畳に入り，壁際の炉で茶を点てる。客は躙口を通って客畳に入るが，躙口の正面に位置する床は，奥の柱を塗り込めて見せない**室床**となり，実際よりも奥行が長く感じるようになっている。また，天井は三つの区画に分割され，畳の配置と同様に，亭主や客の座る位置を示している。このように待庵は，二畳という広さでありながら，隅々まで気が配られた意匠に特徴がある。

千利休の精神を受け継いで，**千宗旦**が作った**裏千家**茶室の**今日庵**は，待庵よりもさらに小型の極小空間である（図10-6）。今日庵は，台目畳を用いた点前畳と一畳の客畳を基本とし，台目畳の脇には畳4分の1の大きさの**向板**がはめ込まれ，客畳との間には壁が設けられている。このほかに，躙口を潜った客の正面に，掛け軸を飾ることができる壁面を配するなど

図10-7 金毛窟 外観・内部（2枚）

10 茶室と数寄屋

図 10-8 眞珠庵庭玉軒 平面図

の工夫も凝らされている。

　待庵や今日庵のような単純な二畳茶室であっても，躙口・勝手口・窓あるいは炉の位置を変えることで，様々なバリエーションが可能となる。例えば横浜市の**三渓園**（さんけいえん）内に所在する**金毛窟**（きんもうくつ）では，炉の脇に窓を設けて亭主の所作に光をあて，天窓を設けて客畳にも採光を行うなどの工夫が凝らされるため（図10-7），今日庵とは異なる印象となっている。

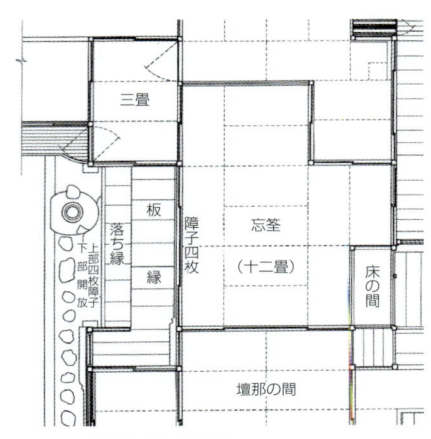

図 10-10 孤篷庵忘筌 平面図

　小間茶室に代表される千利休とその後継者である千家の茶室は，細部まで気を配った厳格な内容をもっている。しかし，それとは異なる方向性をもった茶人も数多く存在し，江戸時代初期までに，茶室建築は多様な展開を遂げている。

　金森宗和（かなもりそうわ）（1584～1657年）は，茶人としても活動した武将で，その優美な感性

図 10-9 台目構（金地院八窓席）

図 10-11 忘筌写しの板縁

から姫宗和と呼ばれた。宗和の好みが反映している京都市の**眞珠庵庭玉軒**（17世紀）は、小間茶室を基本としながらも、そこには千利休が求めた茶室とは異なる要素を見い出せる（図10-8）。

庭玉軒は、点前畳である台目畳と二畳から構成されている。台目畳と炉の間には、**台目構**と呼ばれる下方が開けられた袖壁が設けられていて、亭主の手元の動作を切り取って見せている（図10-9）。また、客の動線は、躙口を潜って一度坪庭のような庇部分に入り、そこから障子を通って茶室の中に入るものであり、外部と室内との間に緩衝地帯のような庇を設けている点が、閉鎖的な待庵とは大きく相違している。

さらに、大名となった武将である**小堀遠州**（1579～1647年）が作ったものを、江戸時代後期に再建した京都市の**孤篷庵忘筌**は、千利休の求めた茶室とは全く異なる性格をもっている（図10-10）。

忘筌の内部は、床を持つ十二畳と三畳からなり、両者の間は襖で仕切ることができる。炉や躙口を備えず、外部の庭園との間には、板敷きの縁が二段に作られ、内側には障子が、外側には下方を素通しにして上方にのみ障子が入れられている（図10-11）。

忘筌と待庵を比較すると、以下のような相違点がある。まず第一に規模が大型で、しかも十二畳と三畳に分けられている。これは、上下関係をもつ多数の客を想定した結果である。第二には炉を持たないことで、茶を点てる主人の所作を多数の客が眺めるという劇場のような空間を求めている。第三には、縁や障子で緩やかに外部空間と連続的に繋がる開放的な造りである。このように忘筌は、千利休の茶室とは異なる性格を指摘できる事例といえよう。

織田有楽斎（1547～1622年）の**如庵**も、創意あふれる茶室の一例である（図10-12）。この茶室では、給仕の動線を考慮して、斜めに置かれた壁を床の脇に設けるほか、暦を記した紙を壁の下方に貼ることで、意匠上の効果を得るとともに、反

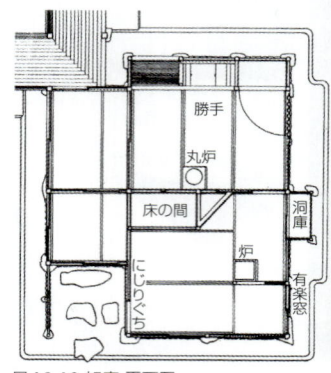

図10-12 如庵 平面図　　図10-13 如庵 外観・内部

10 茶室と数寄屋

射光によって手元を明るくする工夫となっている（図10-13）。

3 茶室と露地

古田織部（1544〜1615年）もまた大名であった茶人である。織部の思想を継承した京都市の**藪内燕庵**（1831年頃）は、台目畳が点前畳、炉を挟んだ三畳が客畳となる小間茶室であるが、三畳の背後に**相伴席**と呼ばれる一畳が追加されている（図10-14）。

相伴席の用途は様々であるが、点前の際には主たる客は客畳に座り、連れの客はこの相伴席に座ることになる。この場合、主人の所作を客が鑑賞し、さらに亭主と客の所作を相伴席から眺めるという二重の演劇性が生み出されることになる。

さらに燕庵で特徴的なのは、**露地**の存在である。露地は外界から茶室へ向かう導入路となる庭園で、**敷石**によって経路が示され（図10-15）、**腰掛待合**と呼ばれる屋根付きの腰掛けや（図10-16）、手水鉢・石灯籠などが配されている。客は敷石に従って進みながら、腰掛待合で休み、ポイントごとに配された石灯籠などを眺

図10-15 敷石（三渓園）

図10-16 腰掛待合（有楽苑）

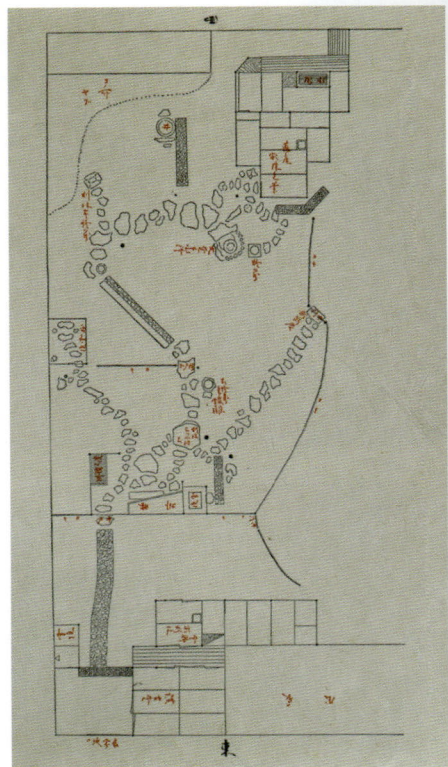

図10-14 藪内燕庵 配置図（『茶室おこし絵図集』）

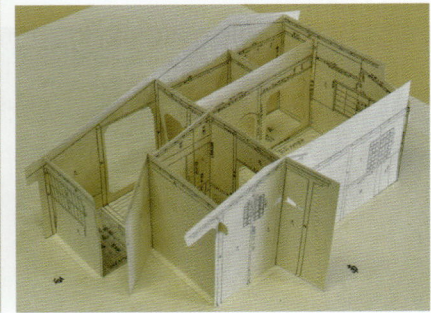

図10-17 起し絵（『茶室おこし絵図集』）

I 日本建築史

めながら茶室に入る。この際，敷石の形状によって，視線は上下し，視界も狭まったり開けたりを繰り返していく。こうした経路演出の手法は，その後の日本庭園で応用されるものとなっていく。

このように，戦国時代の末から江戸時代初期にかけて多くの茶人が現れ，自由な創意に基づく様々な茶室や露地を設計した。

茶人は，茶道に関わる建築・道具・所作の全てを決定するが，建築の専門家ではない。そこで，茶室設計に大きな役割を果たしたのが**起し絵**である（図10-17）。起し絵は，茶室内外の意匠を表記した組立て可能な図面で，これを用いながら茶室の細部を決定していったと考えられている。

そして，茶道の流派が定まった江戸時代中期以降には，この起し絵を用いて，**写し**と呼ばれるオリジナルのコピーが各地に造られていったのである。

❹ 数寄屋の建築

茶室に現れた自由な創作理念は，**数寄**

図10-18 西本願寺飛雲閣

図10-19 西本願寺飛雲閣 舟入

図10-20 西本願寺飛雲閣 茶室

あるいは綺麗と呼ばれたために，茶室の別名として数寄屋という言葉も用いられた。この創作理念は，やがて書院造にも波及し，数寄屋風書院造と呼ばれる形式が生み出され，これも含めて数寄屋と呼ばれるようになった。

京都市の西本願寺境内に作られた飛雲閣（16世紀末〜17世紀初期）は，平屋の建築の上に二層を加えた三階建とし，さらに平屋の部分の各所から唐破風や入母屋屋根が突き出す不思議な形状をした建築である（図10-18）。こうした形状は，室町時代の楼閣とも類似しているが，より一層複雑で，見る角度に応じて形態が変化していく。

内部は，床面を切り上げた上段を先頭にして，畳を敷き詰めた部屋が並ぶので書院造といえる。しかし，花頭型の窓や，池に浮かべた舟に室内から乗り入れることができる工夫や（図10-19），あるいは三十六歌仙を描いた二階の戸などは，茶室の自由な意匠と通じるものであり，最奥部には茶室も設けられている（図10-20）。

飛雲閣と類似する建築には，横浜市の三渓園に移築された聴秋閣（17世紀）もあり（図10-21），こちらも書院造と同様に畳敷きの部屋が並ぶが，茶室の手法を応用した内部意匠は変化に富んでいる（図10-22）。

数寄屋風書院造の遺構の中で最も著名な遺構が，八条宮智仁・智忠父子の別邸として17世紀に建設された京都市の桂離宮である。

複雑な形状の池に面した建築群は（図10-23），建設時期が異なる古書院・中書院・新御殿の三棟が雁行することで構成されている（図10-24）。このうち古書院は，通常の書院造であるが，中書院や新御殿では，市松模様の壁紙，軽快な意匠をもつ棚・付書院・欄間・金具などが用いられている（図10-25）。この他にも，畳廊下と縁側を組み合わせた庇部分の造形や月見台の存在など（図10-26），二条城二の丸御殿（I-9節）のような武士の書院造とは異なった趣向に満ちている。

桂離宮と同じく，八条宮が建設に関与した京都市の曼殊院（1656年）でも，菊をあしらった欄間や棚板が複雑に絡み合う棚など，それまでの書院造には見られない造形を確認できる（図10-27）。また，京都市の三宝院庫裏（白書院）の棚の造形なども，同様の性格をもつものである（図10-28）。

和歌山県から横浜市の三渓園に移築された臨春閣（17世紀）も，数寄屋風書院造

図10-21 聴秋閣

図10-22 聴秋閣 内部

の好例である。桂離宮と同様に、雁行する三つの建築から構成され（図10-29），檜皮葺の簡素な外観に対して室内は，意匠を凝らした欄間や，花頭形の出入口など，自由な創意に溢れている（図10-30）。

以上のように，数寄屋風書院造は，建

図10-23 桂離宮 航空写真

図10-24 桂離宮

図10-26 桂離宮 古書院月見台

図10-25 桂離宮 新御殿 内部

築自体の考え方や外部空間，あるいは材料の選択や細部の形状など様々な面で，茶室の影響を受けている。

　江戸時代の中期を過ぎると，豪華絢爛な書院造は作られなくなり，施主や工匠の嗜好が強く反映した数寄屋風書院造が広く普及したために，多くのバリエーションを伴いながら現代まで建設され続けているのである。

図 10-27 曼殊院 内部

図 10-28 三宝院庫裏 棚

図 10-29 臨春閣

図 10-30 臨春閣 内部（2枚）

Ⅰ-11 町家と農家

江戸時代には、士農工商と呼ばれた身分制度が存在していた。このうち都市に暮らし、商工業に従事していた町人の住宅が町家で、農村部に暮らし、農業に従事していた農民の住宅が農家である。町家と農家は近年まで作り続けられたため、日本の住文化に大きな影響を与え、現役の住宅としても使い続けられている。本節では、この二つについて、立地環境も含めて検討していこう。

1 町家の空間

江戸時代には、商業に従事する商人や手工業に従事する職人は**町人**と呼ばれ、城下町や在郷町などの**町人地**と呼ばれるエリアに居住していた。町人地の敷地形状は、街路への出入口を確保するため、街路に面した間口の長さは短く、奥行は長くなっていた（Ⅰ-8節）。

岐阜県の**高山市上三之町地区**は旧城下

図 11-1 高山市上三之町地区

図 11-2 高山市上三之町地区 航空写真

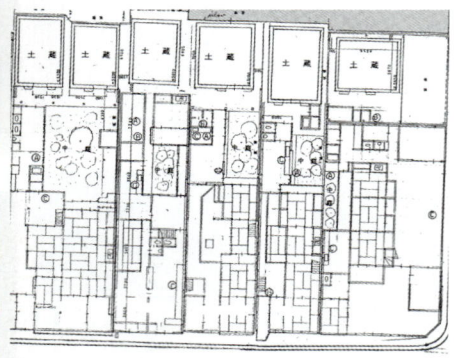

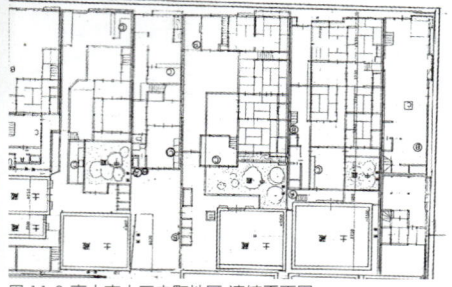

図 11-3 高山市上三之町地区 連続平面図

11 町家と農家

町の町人地である(図11-1)。ここでは、街路に囲まれた南北約100m・東西約50mの街区中央を南北の**背割線**で2つに分け、15軒程度の敷地に分割している。したがって、標準的な敷地規模は、間口が約7m、奥行は約25mになる(図11-2)。

個々の敷地では、街路に面した部分に、間口と同規模の**町家主屋**を置き、その背後には**中庭**や**附属屋**(離れ・便所・風呂など)を設け、敷地背後には**土蔵**を置いている(図11-3)。こうした敷地の利用方法には、町ごとに異なるルールがあり、中庭の位置や規模、土蔵の位置などが決められている場合が多い。

次に町家主屋についてみると、地域ごとに異なる部分もあるが、全国的に共通する特徴が顕著な建築類型となっている。そこで、京都市の**瀧澤家住宅**(1760年)を例に、その特徴をみていこう(図11-4)。

まずその規模は、正面約9m・奥行約12mである。瀧澤家住宅は、敷地の間口が広いために、一般的な町家主屋よりも正面がやや長い。間取りは、左側に寄せて、敷地奥への通路と炊事などの用途を兼ねた細長い土間空間である**トオリニワ(トオリドマ)**を設けている。ここには天井を張らず、屋根を支える小屋組が露出している(図11-5)。

トオリニワ以外には床が張られ、3つの部分に分けられている。このうち、街路に面した**ミセノマ**は天井を張る板間で、店舗として用いられる。ミセノマと街路との間には**格子戸**などが入れられ、街路から直接内部を覗くことができるが、逆に室内奥との間には壁が設けられ遮断されている。なお、ミセノマの上は、高さ

図11-5 瀧澤家住宅 外観・トオリニワ

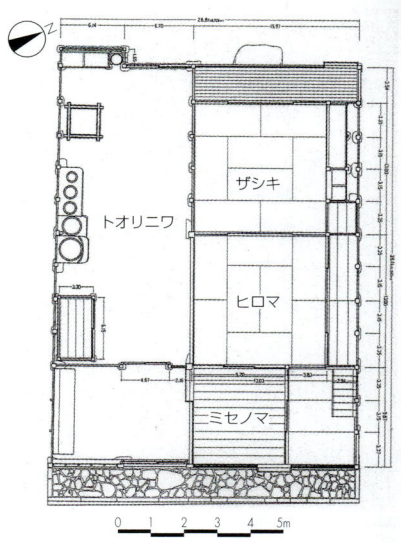

図11-4 瀧澤家住宅 平面図

図11-6 瀧澤家住宅 架構図

113

の低いツシと呼ばれる2階が設けられ，物置などに用いられている。

　ミセノマの奥は**ヒロマ**（**ナカノマ・ダイドコロ**）で，居住者の日常生活に用いられる。ヒロマとトオリニワとの間には，建具がないため両者は一体化した空間となり，町家主屋の中で最大の見所となっている（図11-8参照）。なお，ヒロマを二部屋とする場合も多い。

　ヒロマの奥は，**ザシキ**と呼ばれる畳を敷き詰めて床を持つ書院造風の部屋で，接客などに用いられる。ここは，縁側を介して裏側の中庭に面する静謐な空間である。

　続いて，瀧澤家住宅の構造的な特徴をみてみよう（図11-6）。構造の基本的な考え方は，両側の壁面を床下から屋根面までを1本で貫く**通し柱**で固め，その2つの壁の間に，水平方向の梁材を架け，さらにその上に載る**登り梁**（斜め方向に延びる部材）で屋根を支えている。このように，町家主屋では，寺院建築等のように柱と梁を縦横に組み合わせたものを積み上げる方式ではなく，通し柱を多用して側面を固める手法が一般的である。

　瀧澤家住宅は一般的な町家主屋の典型で，同様の特徴をもつものが全国に無数に存在している。しかし，**豪商**と呼ばれるような上層町人の大型町家は，これとは異なる特徴をもっている場合がある。

　吉島家住宅（1907年）は，高山城下町に建設された大規模な町家である。敷地規模は約25m四方に及び，町家主屋も床を張った部分が3列になり，土間（ドージ）も広大である（図11-7）。しかし，土間とそれに隣接するミセやオエ（ヒロマに相当する部屋）を中心とする空間的な特徴は共通しており，特に土間から見える小屋組は豪壮で印象的なものとなっている（図11-8）。

　このように大型町家では，瀧澤家住宅でみたような構成を維持しつつ，トオリニワの幅を拡大し，部屋列を複数とする手法で大型化を図っている。

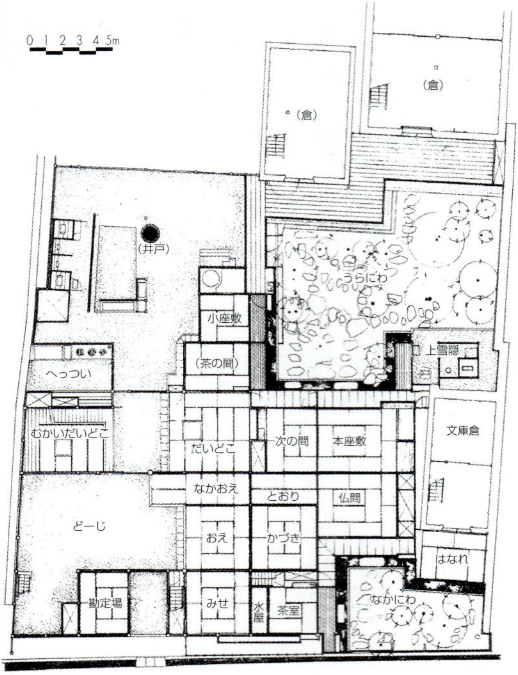

2 町並みの魅力

　江戸時代の都市では，以上のような町家主屋が街路に面して延々と並び，建築群としての特性をもつ**町並**

図11-7 吉島家住宅 配置図

11 町家と農家

みを作り上げていた。

　町並みでは，町家主屋の正面が街路に沿って並ぶことで，連続した景観を形成している。この連続性は，屋根の軒線（のきせん）や1・2階の境目などを揃えることに加え，ミセノマの格子とトオリニワ正面に設けられた出入口の大戸（おおと）が交互に現れることなど多岐に渡っている。

　なかでも重要なのは，町家主屋の向きである。街路に対して軒線を見せる**平入り（ひらい）の町並み**では連続性が強調される。高山市の上三之町や岐阜県美濃市（みの）の**美濃町地区**は，その代表的な事例である（図11-9）。一方，街路に対して棟（むね）を直交させる**妻入り（つまい）の町並み**では，屋根面と空との境界線であるスカイラインがリズミカルな印象を生み出す。青森県の**黒石市中町地区（くろいししなかまち）**（図11-10）や山口県の**柳井市古市金屋地区（やないしふるいちかなや）**（図11-11）は，その代表的な事例である。

　街路景観だけではなく，敷地利用方法のルールも町並みの魅力となっている。高山市上三之町地区では，町家主屋の奥行長さ，背後の中庭の位置，土蔵の位置がほぼ揃えられていた。このルールを全員が守れば，どの町家でも背後から自然光を取り入れることが可能となり，また敷地背後に並ぶ土蔵は，延焼を防ぐ防火面で大きな役割を果たすことになる。

　このように，多くの町並みでは様々な

図11-8 吉島家住宅 土間

図11-9 美濃市美濃町地区の町並み

図11-10 黒石市中町地区の町並み

ルールが設定され、それによって優れた景観と良好な住環境を維持している。また、18世紀以降には、各地域で独特なデザインも誕生し、町の個性を強調することも顕著になっている。

関東地方で発達した**土蔵造**は、防火のために町家主屋の表面を漆喰で塗り込めたものであり、埼玉県の**川越市川越地区**が代表的な事例である（図11-12）。また、町家主屋の側壁や1階屋根の上に載せられた小屋根である**うだつ**も四国各地で特に発達した。徳島県の**脇町南町地区**（I-8節参照）や**貞光町**は、その代表的な事例である（図11-13）。

3 農村という環境

町家と並ぶもう一つの庶民住宅の形式が農家である。まず、農家が立地する農村の状況からみていこう。

京都府の**美山町北地区**は、典型的な山間の農村である（図11-14）。この集落は、北に山並みを背負い、南には水田が広がっている。この山－集落－水田という構成は、日本の農村でよく見られるもので、このうち山は、建築用材や燃料、あるいは各種食料などの供給源であり、水田は稲作を基本とする農村集落にとって最も重要な要素である。

次いで集落の構成をみると、背後の山に近い位置に寺院、その他の要所に神社を置く以外は、ほぼ同程度の規模をもつ敷地に分割されている。各敷地の利用方法も共通し、それぞれは生垣や石垣で囲われ、その内部には、**農家主屋**と**納屋**（農作物の収蔵や加工に用いられる）その他の附属屋のほか、畑が配置されている。美山町北地区では、農家主屋は全て棟を東西方向に揃え、逆に納屋は南北方向に揃えて配置しているために、非常に整った集落景観となっている（図11-15）。

図11-12 川越市川越地区の町並み

図11-11 柳井市古市金屋地区の町並み

図11-13 貞光町の町並み

美山町北地区のように，集落と水田が分離され，集落内に農家の敷地が密集する形態は**塊村**(かいそん)と呼ばれている。日本ではこの塊村が最も多いが，その他に，一本の道路に面して屋敷が並ぶ**街路村**(がいろそん)も多く，また，一家族の屋敷と水田がセットとなって広い範囲にばらまかれるような**散居村**(さんきょそん)も富山県の**砺波平野**(となみ)などに存在している（図11-16）。また，**屋敷構**(やしきがまえ)と呼ばれる敷地の利用方法も地域によって様々で，農家主屋や納屋のほかに，土蔵や門と長屋を兼ねた**長屋門**(ながやもん)を設ける場合も多い。

4 農家の構造と空間

農村の屋敷構えの中で，最も重要なのが農家主屋である。農家主屋は，主に近隣で入手可能な材料・工具と知識を基にして建設されるもので，原始時代の掘立柱建造物(ほったてばしら)（Ⅰ-1節）から成長していったものである。そのため，農家主屋は，掘立柱で**茅葺**(かやぶき)屋根を支える簡単な構造を持つものからスタートし，やがて耐久性を高めるために，柱と梁からなるフレームを**礎石**(そせき)の上に据えるものへと変化していったと考えられている（図11-17）。

しかし，単純なフレームでは梁に加わる屋根重量に限界があり，大空間を得ることはできない。そこで，**上屋**(じょうや)と呼ばれ

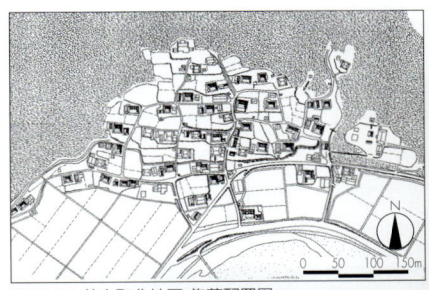

図11-14 美山町北地区 集落配置図

図11-15 美山町北地区の景観

図11-16 砺波平野の散居村 航空写真

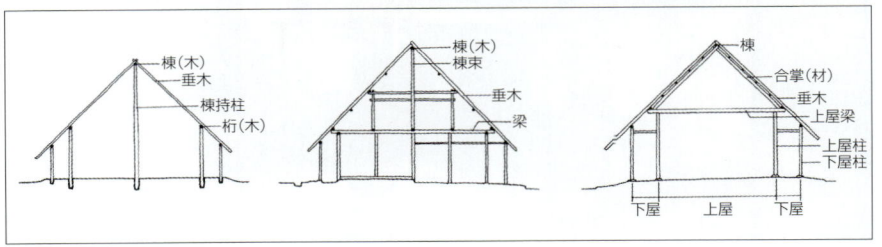

図11-17 農家主屋の構造変遷

る単純なフレームの前後に，一段切り下げた**下屋**と呼ばれるフレームを付加することで大型化を図るようになっていった（図11-17参照）。

この**上屋下屋構造**は，農家主屋の基本的な構造形式として普及するが，このままでは室内に上屋を支える柱が残ってしまう。そこで，室内に梁を架けて，邪魔になる上屋の柱を移動していく技術が生まれ，やがては縦横に梁を架け渡すことで，側面と部屋境のみに柱を立て，独立して立つ柱を残さない構造へと変化していった。千葉県から川崎市に移築された**作田家住宅**（17世紀）の室内空間は，こうして生み出されたものである（図11-18）。

また，茅葺屋根を支える屋根部分の構造も，17世紀以前には，棟と桁をそれぞれ下方から直接支える**垂木構造**が一般的だったが，18世紀には，より合理的な単純トラスである**扠首構造**へと変化していった（図11-17参照）。

それでは，こうした構造を持つ農家主屋の間取りや室内空間はどのようなものだったのだろうか。広島県の**堀江家住宅**（17世紀）を例にとってみよう（図11-19）。

堀江家住宅は，曲材を用いた単純な上屋下屋構造を基本とするため，室内には上屋の柱が独立して立っている（図11-20）。規模は，正面約20m・奥行約11mと大型で，右半分を大型の**土間**とし，左半分には床を張り，土間側に板敷きの**ヒ**

図11-18 作田家住宅 外観・内部

ロマ（**カッテ**），逆側は正面側に畳敷きの**オモテ**（**ザシキ・デイ**），奥側に**ナンド**の，三室に分割している。この土間と三室からなる形式は，地域を問わず，古い時代の農家主屋に一般的にみられ，**広間型三間取り**と呼ばれている。

　広間型三間取りの農家主屋では，土間とヒロマが中核となる部分である。この二つの間には仕切りがなく，また両者ともに天井を貼らないので小屋組が露出し，最も見応えのある空間となっている（図11-18，11-25参照）。

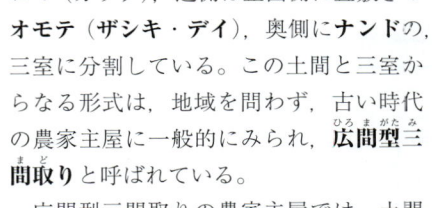

　続いて使用方法をみていくと，まず土間は農作物の加工や保存，農具の保管などに用いられると同時に炊事にも用いられ，**竈**（**ヘッツイ**）が置かれる。また牛馬を飼育するための**マヤ**を併設する場合も多い。隣接するヒロマは，食事などの日常生活や簡単な接客を行う場所で，火を焚き続ける囲炉裏を中心に，家族の着席位置が決められている（図11-21）。

　オモテとナンドは，仕切られた独立性

図 11-19 堀江家住宅

図 11-21 囲炉裏（岩澤家住宅）と竈（伊藤家住宅）

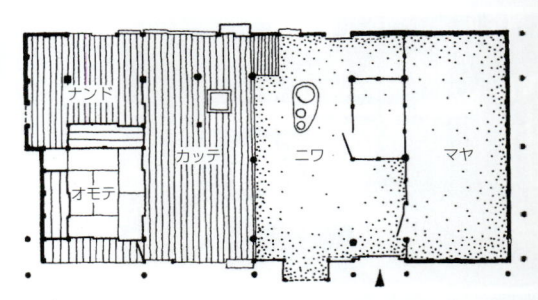

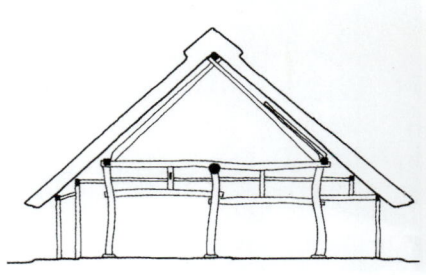

図 11-22 オモテ（作田家住宅）

図 11-20 堀江家住宅 平面図・断面図

図 11-23 ナンド（北村家住宅）

の高い部屋である。このうち畳を敷き詰めるオモテは、冠婚葬祭などの儀礼や接客などの際に用いられる非日常的な空間であり(図11-22)、四周を壁で囲まれたナンドは、寝室や貴重品の保管に用いられていた(図11-23)。

18世紀以前に遡る古い農家主屋の多くは、広間型三間取りに属するが、18世紀を過ぎると、次第に変化が始まる。

まず、土間の面積が縮小していく。堀江家住宅では全体の半分を占めていた土間は、やがてマヤなどを分離して、全体の3分の1程度となり、さらに小型化していく。そして、裏側のナンドは次第に開放的な空間となり、表側のザシキ・オモテには天井が貼られ、床や棚などの書院造的な要素(Ⅰ-9節)が導入されていく(図11-25参照)。そして、18世紀の後半には、ヒロマを前後に二分割して、計四部屋からなる**四間取り**と呼ばれる形式が全国に普及した。岡山県の**犬養家住宅**(18世紀)は、四間取りにさらに2室を追加した**六間取り**の形式である(図11-24)。

また、18世紀には農村部で富を蓄積した**豪農**が現れ、巨大な家屋を建設するようになっていった。豪農の農家主屋は、広間型三間取りや四間取りを基本としながら、書院造的な部屋を追加したり、広大な土間を設けたりして巨大化したもの

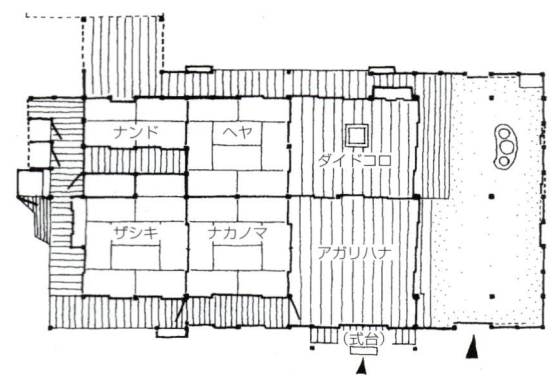

図11-24 犬養家住宅 平面図

図11-25 豊島家住宅 外観・ザシキ・土間

である。愛媛県の**豊島家住宅**(1758年)は，書院造のザシキを付け足してL字型のプランとなった豪農の農家主屋である（図11-25）。

さらに，18世紀末になると，自給自足していた農村でも，換金できる商品作物が重視され始め，その栽培や加工に適した形式が生み出された。

岐阜県と富山県の県境に位置する**白川郷・五箇山**の**合掌造**は，養蚕用の蚕を飼育するために，巨大な屋根裏スペースと換気用の窓を確保した結果誕生した農家主屋の形式であり（図11-26），山形県に分布する**高八方**と呼ばれる屋根に特徴のある形式も同様に，養蚕が生み出したものである（図11-27）。

以上のように，農家主屋のおおまかな形式とその変化をみてきたが，農家主屋には地域性が強く，岩手県の**曲屋**（図11-28），佐賀県の**くど造**など様々な形式があり，特徴的な農村景観の要因となっている。

図11-26 合掌造（明善寺庫裏）断面図・外観

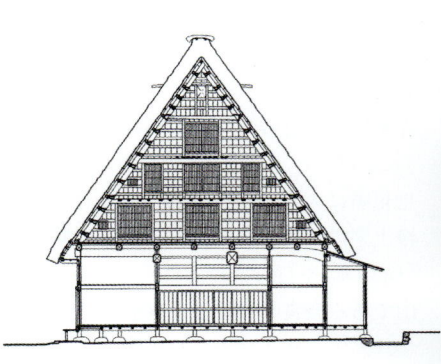

図11-27 高八方（渋谷家住宅）

図11-28 曲屋（工藤家住宅）外観・内部

I-12 江戸時代の寺社境内

戦国時代までの寺院と神社は権力と強く結びつき，庶民との関係は希薄だった。しかし，江戸時代に入ると，その距離は急速に縮まり，寺院や神社の境内は，庶民にとって身近な空間となった。本節では，そうした江戸時代の境内の空間を概観し，併わせて江戸時代の建築生産についても検討していこう。なお，江戸時代には寺院と神社は一体化して「寺社」と呼ばれていたので，本節でも両者を併わせて寺社と呼ぶことにする。

1 墓所の役割

九州のキリシタンが蜂起した島原の乱（1637年）は，江戸幕府に大きな衝撃を与えた。キリスト教に危機感をもった江戸幕府は，海外交易を制限すると同時に，既存の寺社への大がかりな介入を開始し，**本末制**と**寺請制**と呼ばれる新しい仕組みを創設した。

本末制は，京都などに置かれた**本山**を頂点とする**教団**に，**末寺**と呼ばれた数多の一般寺社を組み入れて系列化したものである。そして，領地の保証や建設活動への支援といった優遇措置を通じて本山を掌握した上で，本山を通じて全ての末寺を江戸幕府の管理下に置いたのである。

このため，各教団の本山では，17〜18世紀頃に大がかりな建設活動が行われた。浄土宗の本山である京都市の**知恩院本堂**（1639年）や（図12-1），真言宗豊山派の本山である奈良県の**長谷寺本堂**（1650年）は（図12-2），その代表的な事例である

一方，寺請制度は，全ての人がどこかの寺院の**檀家**となることを義務付けたもので，これによってキリシタンの存在を一掃しようとしたのである。この制度が実施されたため，寺院は戸籍管理という

図12-1 知恩院本堂

図12-2 長谷寺本堂

12 江戸時代の寺社境内

役割を担うことになり，檀家の葬儀を執行し，境内に墓所を提供するなど庶民にとって身近な存在となった。

戦国時代以前には，庶民はもとより武士であっても，墓所を持つことは少なかった。死者を祀る墓所は，江戸時代に普及したものであり，その先駆けとなったのは，江戸幕府を開いた**徳川家康**（1542～1616年）である。

死後に**東照大権現**という名の神となった家康を祀る施設として建設されたのが，**東照宮**である。東照宮は全国に数多く存在しているが，最も有名なのは栃木県の**日光東照宮**である（図12-3）。

現在の日光東照宮の建築は，1636年に建設されたもので，**権現造**という建築形式を採用している（図12-4）。権現造は，神体を安置する**本殿**と礼拝のための**拝殿**の間を，**石の間**（**幣殿・相の間**）が繋ぐもので，結果として凹凸のある外観と，高さが変化する内部空間をもっている。

また，日光東照宮や隣接する三代将軍徳川家光（1604～51年）を祀る**大猷院霊廟**（1653年）では（図12-5），金・白・黒色を基調とする**彩色**と豪華な**装飾**が施された。日光東照宮唐門（図12-6）や陽明門（図12-7）は，その代表的な事例である。

東照宮の建設以降，青森県の**津軽家霊屋**（17～18世紀）など（図12-8），大名家の先祖を祀る霊廟の建設が各地で始まり，霊廟以外の寺社でも権現造という形式が用いられるようになっていった。

このように権力者が霊廟を建設するよ

図12-3 日光東照宮社殿

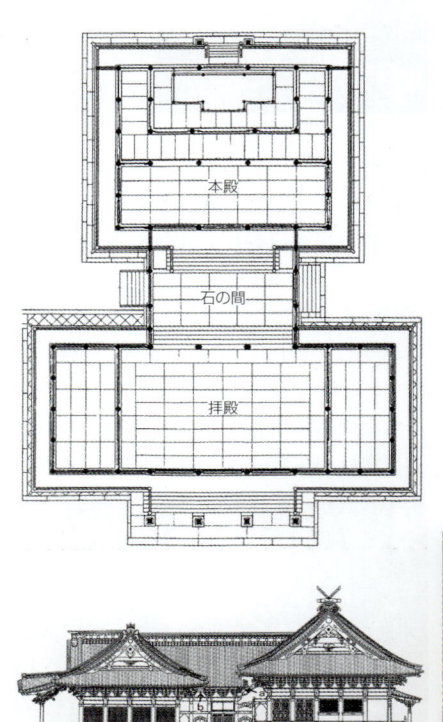

図12-4 日光東照宮本殿・石の間・拝殿 平面図・立面図

図12-5 大猷院霊廟

図12-6 日光東照宮唐門

図12-7 日光東照宮陽明門

うになると、その動きは広く波及し、一般庶民も寺社の協力を得て墓所を建設するようになる。その形式は、小さな祠や石塔を立てることから始まり、塔をモチーフとして簡略化したものや、板状の石を用いるものが普及していった。多くの墓で埋め尽くされる寺社境内の姿がこうして生まれたのである。

2 寺社境内の性格と建築

庶民の生死を管理する機関となった寺社の境内は、常に人々が集まる場所へと変化していった。結果として、寺社境内は各種の公共機能を担い、さらには遊興のための施設も充実していった。

こうした中で変質していったのが本堂である。I-5節で述べたように、本来の本堂は僧侶が仏教行事を行う空間であった。しかし江戸時代に入ると、庶民の参詣に対応して、正面側の縁側や**向拝**と呼ばれる軒を延ばした部分が拡大し、外陣も仏教行事のほかに、葬儀や**寄り合い**などに用いられるようになり、畳が敷き詰められるようになった。

こうした変化は、滋賀県の**五村別院本堂**(1730年)のような本山級大寺院でもみられたが(図12-9)、同じく滋賀県の**西徳寺本堂**(1713年)のような農村部に立地し

図12-8 津軽家霊屋

12 江戸時代の寺社境内

た小寺院でも顕著な現象となった（図12-10）。

さらに寺社境内は，仏教行事とは関係のない様々な役割も担うようになる。その代表的なものが教育である。

江戸時代末期に，日本の識字率は八割を越えていたと推定されている。この高い数値を支えたのが寺社で，僧侶を教師として，読み書き算盤を教育する動きは全国で一般的となり，寺子屋と呼ばれた。

さらに，一度集めた資金をプールしておいて貸し出す頼母子講や祠堂金の運用の中心となるなど，金融機関としての役割を果たすものも現れた。また，寺社の梵鐘は，時計を持たない一般庶民にとって，時間を知る唯一の手段でもあった。一日6回突き鳴らされた増上寺の梵鐘は，江戸中に響き渡っていたと伝えられている（図12-11）。

こうして寺社境内は様々な活動の場となったが，大都市では遊興空間としての意味も強めていった。中でも全国から人

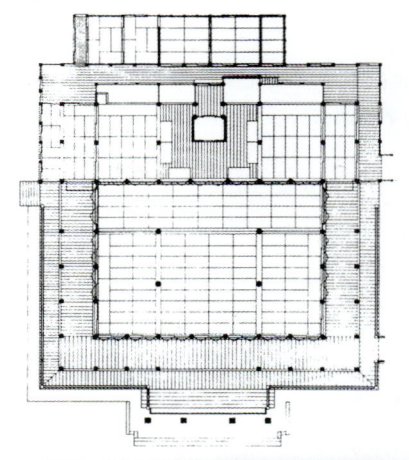

図12-9 五村別院本堂 平面図・内部

図12-10 西徳寺本堂 外観・内部

図12-11 増上寺鐘楼堂

125

I 日本建築史

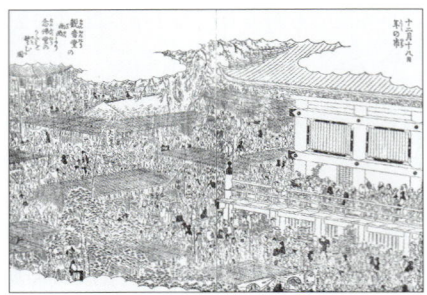

図12-12 江戸時代の浅草寺年の市（『江戸名所図絵』）

人が集まる江戸や京都の寺社では、この傾向が特に顕著であった。

江戸の**浅草寺**境内は、飲食店や土産物店のほかに、芝居・相撲などの娯楽施設や商店で埋め尽くされていた（図12-12）。ほかにも、花見の場としての**寛永寺**や、諸国の秘仏が開帳される**回向院**などには、多くの人々が参集していたのである。

また、大都市の寺社以外でも、**西国三十三所**のような**巡礼寺院**や**お伊勢参り**も一般庶民の娯楽として人気を集めた。こうした寺社境内の賑わいの状況は、18世紀以降に観光案内として出版された『**名所図会**』に詳細に描かれている。

以上のように、江戸時代の寺社境内は一般庶民が集う場所となり、その嗜好に合わせた建築表現が行われるようになっていった。

こうした傾向は多岐に及ぶが、まず外観では、権現造の影響を受けて複雑化するものが現れる。福井県の**大滝神社本殿及び拝殿**（1843年）は、その究極のものである（図12-13）。

和歌山県の**粉河寺本堂**（1720年）は、複雑に重なり合う屋根とともに、大量の参詣者に対応するために設けられた、正面側の吹き放ちの空間に特徴がある（図12-14）。そして、こうした吹き放ち空間では、京都府の**萬福寺**で採用された**黄檗天井**と

図12-13 大滝神社本殿及び拝殿

12 江戸時代の寺社境内

図12-14 粉河寺本堂 外観・吹き放ち部分

呼ばれる虹梁と海老虹梁を二段に重ねた意匠が流行している(図12-15)。

さらに宮城県の**旧正宗寺三匝堂**(1797年)は,二重の**螺旋階段**が堂内を巡るという斬新な空間構成をもっていた(図12-16)。こうした堂は**栄螺堂**と呼ばれ,江戸近郊で特に人気を博した。

細部に目を転じると,過剰なまでの装飾が,江戸時代中期以降に特に顕著になっている。千葉県の**新勝寺三重塔**(1712年)(図12-17)や,埼玉県の**歓喜院聖天堂**(1744〜1760年)(図12-18)といった江戸市民の参詣で賑わった寺社では,彫刻や彩色で建築が埋め尽くされている。こう

図12-15 黄檗天井(萬福寺松隠堂開山堂)

図12-16 旧正宗寺三匝堂 外観・内部

127

した建築装飾の多くは、故事に由来する具象的なモチーフを含み、参詣者がその意味を読み解く楽しみを提供していた。

このように、江戸時代中期以降の寺社建築では装飾が発達していったが、18世紀後半以降には、全く異なる新しい試みも始まっている。

新しい建築造形を目指す契機となったのは、過去の参照である。欧州の**ルネサンス**と同様に、様々な歴史資料を科学的に比較検証することで、失われてしまった過去の姿を取り戻す動きが行われるようになったのである。

復古と呼ばれるこうした動きは、**京都御所の寛政造営**（1790年）を契機として始まった。天皇の居所である御所は、江戸時代までに大きく変質していたが、1788年の火災後に行われた再建事業の際に、平安時代の姿の復活が目指されることとなった。この寛政造営で建設された建築群は、1854年に再び焼失してしまうが、翌年に寛政造営とほぼ同じ姿で再建されたものが現存している（図12-19）。

この復古的な寛政造営を推進したのが**裏松固禅**（1736〜1804年）である。裏松は膨

大な史料に基づいて、500年前の御所の姿を復原的に考察して『**大内裏図考証**』にまとめ、その結果を寛政造営に反映させた。その結果、当時の人が見たことのない新しい造形が生み出され、それが新しい美意識を求める動きに影響を与えていったのである。

18世紀末以降の復古的な建築は、直線材によるシンプルな構成や装飾・彩色の否定といった特徴をもち、大阪府の**住吉大社本殿**（1810年）や京都市の**賀茂別雷神社本殿**など神社を中心に波及していった

図12-17 新勝寺三重塔

(Ⅰ-1節,Ⅰ-2節参照)。Ⅰ-1節で,神社建築は原始の高床式を継承するものとしたが,実際は江戸時代末期の復古的な考証も強く影響を及ぼしている。

こうした復古的な動きの中で,『大内裏図考証』以外にも,日本住宅の歴史的な変遷を辿った『**家屋雑考**』や,各種用語の使用例をまとめた『**古事類苑**』などが著され,明治以後の建築学に大きな影響を与えた。

3 建築生産の仕組み

江戸時代の社会では,寺社,書院造,農家,町家など様々なタイプの建築が発生した。そうした多種多様な建築を生み出すことができた背景には,建築生産組織と社会制度の充実がある。

まず,大工に代表される生産組織は,戦国時代以前には,有力な寺社や武士に雇用されていた。そのために,各地に独自な技術をもった組織が存在し,それぞれが独自性の高い技術を有していたため,地域性豊かな建築が生み出された。

しかし,戦国の動乱の中で,各地の生産組織は淘汰され,城郭などの新しい建築に対応した一部の工匠達だけが江戸時代に生き残り,幕府や大名の援助を受けて,新たな組織を創り出していった。中でも,徳川家康に仕えた**中井正清**(1565〜1619年)は,城郭や寺社など巨大施設建設を指揮し,その子孫は江戸時代を通じて近畿地方の建設行政を担当した。

中井氏以外にも,江戸幕府や諸藩の官僚組織に組み込まれた工匠は多く,**御大工**と呼ばれた。宮城県の**瑞巌寺本堂**(1609年)を和歌山県出身の工匠が担当したように(図12-20),彼らのほとんどは近畿地方の出身であり,戦国時代に近畿地方で育まれた建築技術が全国に波及していく要因となった。

こうした御大工達を中心に,それまでに各地で発達した建築技術は集大成された。江戸幕府の御大工であった**平内政信**(〜1645年)が1608年に作成した『**匠明**』

図12-18 歓喜院聖天堂

図12-19 京都御所 建礼門

図12-20 瑞巌寺本堂 内部

は(図12-21)、各種建築の設計手法をまとめた**大工書**で、ここでは**木割**と呼ばれる部材の比例関係が最重要視されている。木割の概念に、垂木と組物の関係を定めた**六枝掛**(Ⅰ-5節)や軒反りあるいは**畳割り**(Ⅰ-6節)の技法などが合体し、精密な日本建築を可能とする**規矩術**が江戸時代中期までに完成したのである(図12-22)。

『匠明』以降も、工匠による大工書の作成は続き、数学的な思考に基づいた規矩術はより精緻なものとなっていく。同時に図面作成による事前計画も精密さを増していく(図12-23)。こうした建築技術の進歩の担い手は、御大工など武士化した工匠であったが、次第にその配下で実務を担当した民間の工匠が成長し、その技術が広く普及していったのである。

続いて、建築生産を支えた社会制度をみていこう。

19世紀の江戸は、世界唯一の百万都市であった。ここで発生する膨大な建築生産をまかなうためには、材料の安定供給と明快な価格及び工期の事前予想が必要で、それらを実現するための社会的な仕組みが求められた。

建築の価格は、材料費と人件費によって決定される。規矩術と建築図面の発達により、必要な材料の総量と手間数は事前に判明するようになったが、問題となるのは材料の単価と人件費である。

18世紀以降に作成され始めた**本途帳**は、材料の価格や標準的な仕様の建築に必要な人件費をまとめたものである。本途帳が定期的に刊行され始めたことで、事前の価格計算が可能となり、同時に整備された契約や入札の制度によって、安定した建築生産が可能となったのである。

社会制度は建築費用に関するものばかりではない。建築行為を悉皆的に規制する**法**も江戸時代には出現している。

こうした法による規制には、都市防火を目的とした屋根材料や土壁に関するものもあったが、江戸の一部地域を除けば実効性に乏しかった。江戸時代を通じて全国で効力をもった法規が、**三間梁規制**である。

三間梁規制は、建築の規模を抑制しようとしたもので、寺社建築・武士住宅・

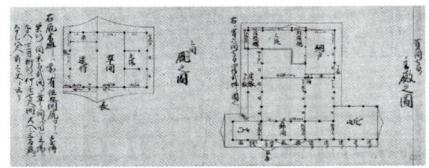

図12-21『匠明』(東京大学蔵)

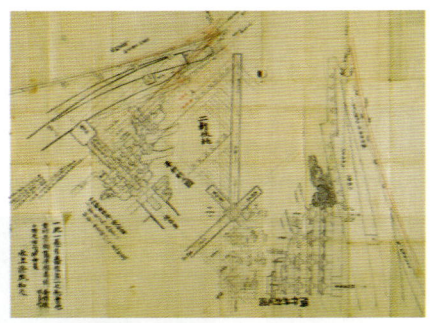

図12-22 規矩術(『秘書軒廻組物平隅伏地』)

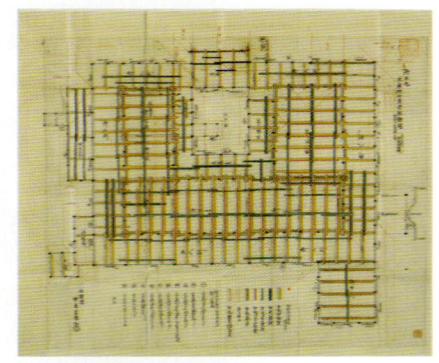

図12-23 小屋梁の配置を示す指図
(『江戸城本丸大広間絵図』)

12 江戸時代の寺社境内

町家・農家の全てを対象としていた。具体的には、建築の奥行方向の長さを、本体部分を3間(約6m)、総延長を6間(約12m)に制限しようとしたものである。

三間梁規制は、法文の解釈によって様々な形態を生み出した。例えば、三重県の**来迎寺本堂**(らいごうじ)(1730年)では、法規に合致させながら大型化を図るために、複数の建築を結合させる権現造の手法が採用されている（図12-24）。東京都の**講安寺本堂**(こうあんじ)(1789年)では、本体部分三間の規模を示すように、屋根に段差を設けた錣葺(しころぶき)が採用されている（図12-25）。

また、三間梁規制の条文で、規模と同様に使用が制限されていた組物に代わるものとして、**須浜肘木**(すはまひじき)と呼ばれる疑似組物も考案されている（図12-26）。

以上のように、江戸時代後期には、建築の技術水準が向上すると同時に、その知見が体系化され、建築を巡る社会制度も合理性を獲得していったのである。

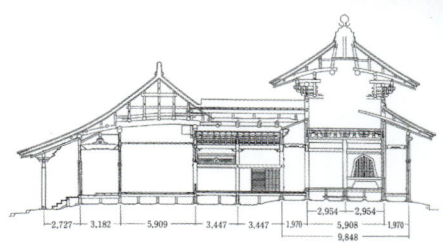

図12-24 来迎寺本堂 外観・断面図

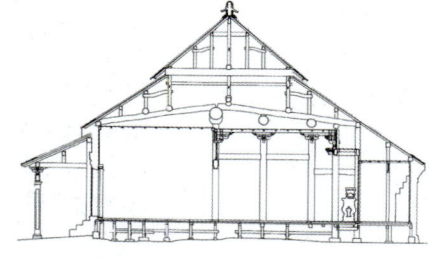

図12-25 講安寺本堂 外観・断面図

図12-26 須浜肘木（氷川神社）

131

II
西洋建築史

II-1 ヨーロッパ建築の曙

文明の曙光が最初に照らしたヨーロッパの地は、ギリシャである。古代ギリシャ文明は、現代のギリシャを超え、トルコやイタリア南部へと広がった。そして、後継者であるローマを介しヨーロッパ全体へ、さらに世界中へと広がっていった。近代建築の巨匠ル・コルビュジエをはじめ、多くの人々が魅了された古代ギリシャ建築について、本節では説明する。

1 先史時代のヨーロッパ

空間の整備を建築の根源とするならば、1万5000年前の南フランスの人々が、ラスコーの洞窟に描いた壁画は、最初の例の一つとみなされるかもしれない。

重力に逆らって何か立派なものを大地に建て築くことが建築だ、と考えるならば、イングランド南部の**ストーンヘンジ**が、先史時代のヨーロッパを代表する作品となるだろう(図1-1)。これは直径100mほどの円形の壕と土塁の中に、石材を丸く立て並べたものである。全体を取り囲む壕と土塁は、東北東の方角で途切れていて、夏至の日の出の方角を示している。おそくとも紀元前3000年期には、現在の原型ともいえる姿になったようだ。祭礼の場だったことは確かだが、それ以上のことは謎に包まれている。

こうした巨石による建造物は他にもあり、**巨石文化**と呼ばれる。例えば、巨石を垂直に立てたものはメンヒルというが、フランス西部ブルターニュ地方カルナックの列石は、特に有名である(図1-2)。だが、こうした巨石は後の時代に、次々と取り壊されてしまった。

空間を整備すること、そして建て築くこと、両者を兼ね備えた建築らしい作品で、ヨーロッパに位置し、21世紀のわれわれがある程度様子を知ることができる最古の例は、おそらくクレタ島の**ミノア文明**の遺跡だろう。**クノッソス宮殿**が代表作だが、怪物ミノタウロスを閉じ込めるために名工ダイダロスが設計した、というギリシャ神話の迷宮伝説のほうが実

図1-1 ストーンヘンジ

図1-2 カルナック地方 メネクの列石

1 ヨーロッパ建築の曙

際の遺跡よりも有名ではないか。

現実の宮殿は、紀元前1700年頃から建設が始まった。中庭の周囲に様々な部屋を並べた、複雑で広大な建築である。軸が不明瞭で対称性に乏しい点は、迷宮伝説にふさわしいかもしれない(図1-3)が、鮮やかに彩色された部材や美しい壁画は、文化的で豊かな生活を垣間見させてくれる。

続く時代、ギリシャ本土ペロポネソス半島から広がった**ミケーネ文明**は、エーゲ海を超えて勢力を拡大し、クレタを征服、さらに小アジアの都市国家トロイを滅ぼした。伝説の詩人ホメロスの叙事詩『イーリアス』で戦いの舞台となるトロイの都と、19世紀にシュリーマンが発掘したトロイの遺跡との関係には不明な点が多い。しかし、小アジアのエーゲ海沿岸に紀元前13世紀頃、こうした都市が建設されていたことは事実である。

同時代のギリシャ本土、ミケーネやティリンスには、堅固な石造の城砦が建設された。城砦の中心は宮殿で、その中央には、中庭に面したメガロンという広間が整えられていた(図1-4)。ミケーネでは「獅子門」という城門(前1350年頃～前13

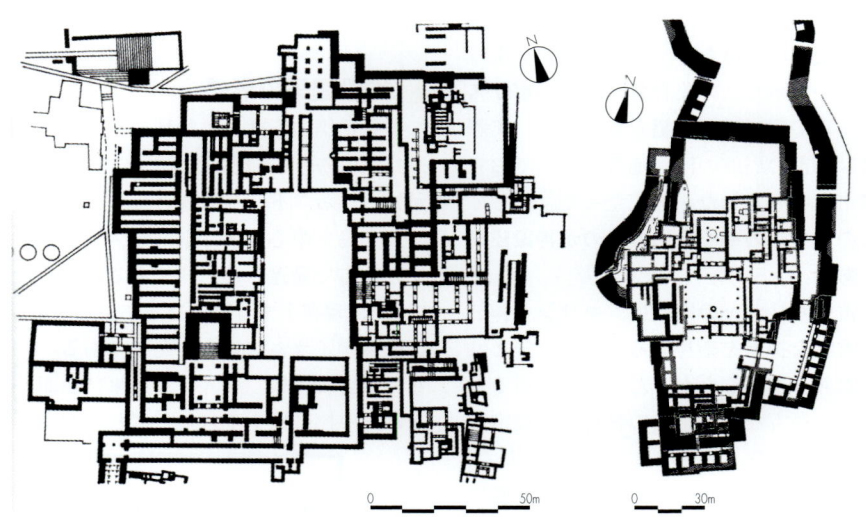

図1-3 クノッソス宮 平面図

図1-4 ティリンスの城砦と宮殿 平面図

図1-5 ミケーネの獅子門

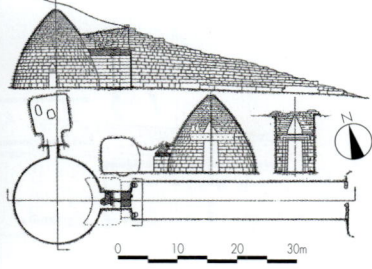

図1-6「アトレウスの宝庫」断面図・平面図

135

30年頃)や(図1-5),「アトレウスの宝庫」として知られる墳墓(前1250年頃)－最古のドーム架構の一つ－も有名である(図1-6)。

紀元前13世紀から前12世紀にかけて,ミケーネ文明が衰退すると,文字による記録が残っていない謎の時代が訪れる。そして紀元前8世紀になると,新しい文明が花開いていく。これが古代ギリシャ文明の始まりである。鉄器が普及し,ギリシャ文字が広まり,ポリスを中心とした社会が形作られていったのだ。

2 ギリシャ建築の誕生

古代ギリシャは,一つのまとまった国だったわけではなく,共通の文化をもつ緩やかなポリスの集合体だった。**ポリス**は,よく都市国家と紹介されるが,実際には都市の周囲の田園地帯も含んでおり,都市を中心とした小国家だった。そして,このポリスの中心にあったのが**神殿建築**である。

古代ギリシャの宗教は,ギリシャ神話で有名な神々を崇拝するもので,定まった教義も聖典もなかった。神事を司る聖職者階級もなく,祭儀の執行は一般市民の義務であり,名誉なこととみなされた。

神殿建築の祖型は,切妻屋根の妻側に入口を持つ木造の建物で,方形の主室の前に前室を付けたものだった。このシンプルな神殿にさらなる威厳を求めた人々は,2つの変更を加えた。奥行を深くし,周囲に柱を巡らして,建物の規模を大きくしたのだ。

ギリシャ本土のテルモンのアポロン神殿(図1-7)や,エーゲ海東岸小アジア西部イオニア地方にあるサモスのヘラ神殿(図1-8)には,こうした時代の試行錯誤のあとを見ることができる。

こうして紀元前8世紀から前7世紀にかけて,柱がずらりと並んだ**周柱式(ペリプテロス)**の建築が誕生した。また並行して,建設材料も木材から石材へと変化し,屋根葺材も少し遅れて,それまでの草葺や土葺に変わって瓦葺が採用された。

3 神殿建築の形式

神殿建築の形式には地域差があり,ドーリス(ドーリア)式とイオニア式の2つが知られる。**ドーリス式**とは,ペロポネソス半島を中心とするドーリス(ドーリア)地方で発達した形式である。**イオニア式**は,現在トルコ領になっている,エーゲ海東岸イオニア地方が発祥である。どちらも切妻屋根,妻入りで,東に正面を向け,中核にはナオスと呼ばれる神室と

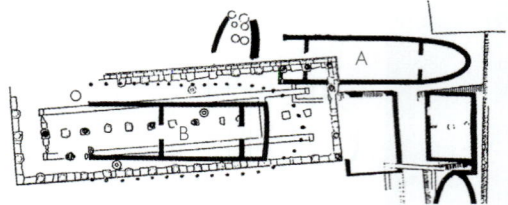

図1-7 テルモンのアポロン神殿 平面図(前7世紀,A,Bは古い神殿)

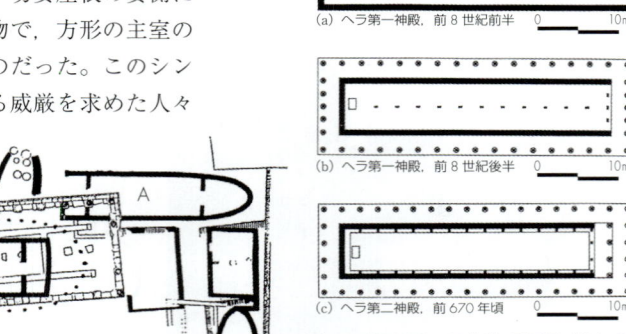

図1-8 サモスのヘラ神殿 平面図(上から順に,前8世紀前半/同後半/前7世紀)

1 ヨーロッパ建築の曙

前室（プロナオス），そして反対側に後室（オピストドモス）の三室を整えることが多い(図1-9)。しかし，相違点も多々見受けられる。

ドーリス式の柱は，上部の柱頭（キャピタル）と柱身（シャフト）に分かれ，柱礎（ベース）はない。柱頭はアバクス（上の扁平な直方体）とエキヌス（下の円錐にも似た皿状の部材）の組合せで，単純な形をしている。イオニア式の柱は，柱頭・柱身・柱礎の3つに分かれ，柱頭にはヴォリュートと呼ばれる渦巻形の装飾が付いている。柱身自身のプロポーションも異なる。柱身下端の直径と柱全体の高さの比は，ドーリス式の5前後に対して，イオニア式は8〜9で，細い。また，柱が支える軒のエンタブラチュアという水平の部材のデザインも異なっている（図1-10, 11）。

神殿全体の構成としては，ドーリス式は前項でも紹介した周柱式が一般的だが，イオニア式は周柱式の周囲に，もう一重柱列を巡らした**二重周柱式（ディプテロス）**がよくみられる(図1-12)。

さて，古代ギリシャ建築は大まかに3つの時代に分けられる。アルカイック期，古典（クラシック）期，ヘレニズム期の3つである。そして，神殿建築の形式は，紀元前7世紀から5世紀，いわゆるアルカイック期に整えられていった。

ドーリス式では，前項で述べたテルモンのアポロ神殿(図1-7)やコルフのアルテ

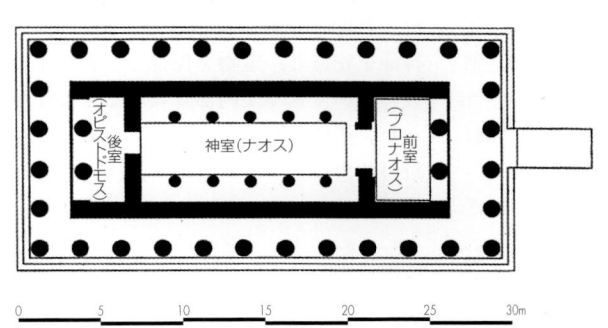

図1-9 アイギナのアファイア神殿 平面図

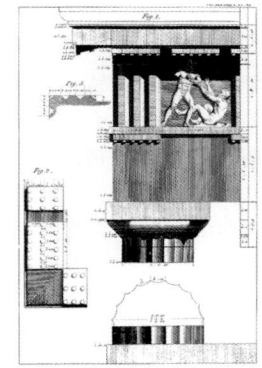

図1-10 ドーリス式の柱 アテネのヘファイストス神殿（テーセイオン）

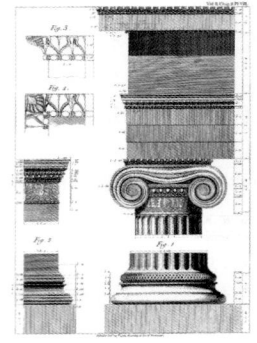

図1-11 イオニア式の柱 アテネのエレクテイオン

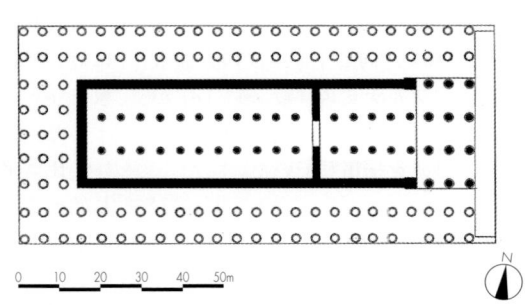

図1-12 サモスのヘラ神殿 平面図

137

図 1-13 パエストゥムのヘラ第二神殿 外観

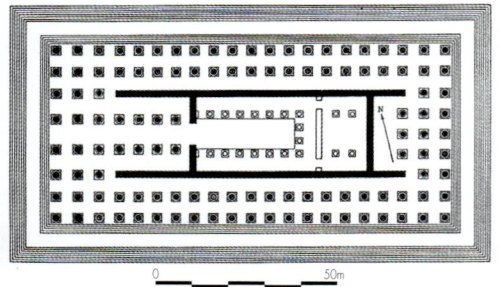

図 1-14 エフェソスのアルテミス神殿 平面図

ミス神殿（前585年頃），オリンピア（オリュンピア）のヘラ神殿（前600年頃）といった作品が整備された。いずれの作品も，プロナオスの整備，周柱式の採用，内部の二列の柱列の配置などといった特徴をもち，ここでドーリス式神殿の基礎が確立したとされる。ドーリス式は，さらに紀元前6世紀にはシチリア島や南イタリアにも広がり，セリヌスの神殿C（前550～前540年頃）やパエストゥムのヘラ第二神殿（ポセイドン神殿）（前460年頃）（図1-13）などの傑作が生まれた。

一方，イオニア式神殿もこの時期に基本形が完成した。先に紹介したサモスのヘラ神殿は，前570年から前560年にかけて，再び新築された。新しい神殿は，二重周柱式を採用し，周囲に100本以上の柱が並んだ。その壮大な規模ゆえに「百尺神殿（ヘカトンペドン）」と呼ばれ，迷宮のように複雑だと讃えられた（図1-12）。10年ほど遅れて，同じイオニアの大都市エフェソスにアルテミス神殿（図1-14）が建設された。こちらも巨大な神殿で，やはり二重周柱式を採用していた。

4 神殿建築の完成

紀元前5世紀の古典期に入ると，ドーリス式神殿の完成形ともいえる傑作が生み出される。アイギナの**アファイア神殿**（図1-9）は紀元前5世紀初め，オリンピアの**ゼウス神殿**（図1-15, 16, 17）は紀元前470年から前460年にかけて建設された。

古代ギリシャの神殿は通常，神話を題材にしたレリーフ彫刻で建築を飾るが，特に入口上部の妻（**ペディメント**）は重要視された。神殿内部は神のために整え，神像を安置し，宝物を保管し，特別な場合を除いて人々が内部に入ることはなかった。祭儀において重要だったのは，神殿の前に用意された祭壇で，神への供物が捧げられた。

ちなみにオリンピアのゼウス神殿内部には，ゼウス神の巨大な黄金象牙像が安置された。この巨像は現存しないが，古代ギリシャを代表する彫刻家ペイディアス（フィディアス）（前490年頃～430年頃）の力作だった。有名な世界七不思議の一つにも数えられたほどの大作だが，建築に対して彫刻が巨大過ぎ，大分窮屈な印象を与えたらしい。

また，この時期になると，ドーリス式にイオニア式の影響が及び，両者は混交し始める。二つの併用で有名なのは，紀元前5世紀後半，バッサイの**アポロン神殿**（図1-18, 19）である。外観は伝統的なドーリス式だが，内部は三方向にヴォ

1 ヨーロッパ建築の曙

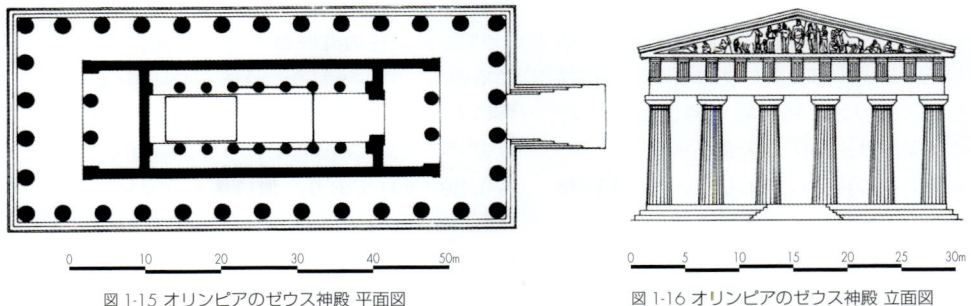

図 1-15 オリンピアのゼウス神殿 平面図

図 1-16 オリンピアのゼウス神殿 立面図

図 1-17 オリンピアのゼウス神殿 横断面図

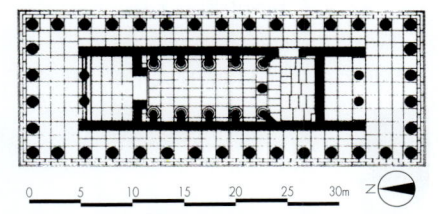

図 1-18 バッサイのアポロン神殿 平面図

図 1-19 バッサイのアポロン神殿 内部復元

リュートが向いた独特なイオニア式の柱が並び，そして中央の一番奥には，コリント式の柱が一本使用されている。この柱が，最古のコリント式の柱とされる。

コリント式は，イオニア式と同様に，細身の柱身を使用し，柱頭は放射状に並べた8枚のアーカンサスの葉を二段に重ねて形づくる。コリントの町で建築家カリマコスが，少女の墓をヒントにデザインしたと古くから言い伝えられてきた（図8-22）。

他方，イオニア式神殿にはあまり大きな変化がない。先に紹介したエフェソスのアルテミス神殿は紀元前356年に放火によって焼失するが，先行建築を踏襲し，約30年後に再建された。余談だが，この再建後のアルテミス神殿も，七不思議の一つに数えられている。

5 パルテノンの高み

現存するパルテノンが着工したのは，紀元前447年だった。**パルテノン**は，アテネ（アテーナイ）にゆかりの深い処女神アテナ（アテーナー・パルテノス）の神殿である。アテネの人々は，古くから町の中心にそびえる丘を，アクロポリスとして，女神のための神域として整備してき

139

た。

しかし，紀元前480年にアテネを占領したペルシャ軍は，アクロポリスを破壊した。その後，都を取り戻した人々は，建築家カリクラティスをリーダーに，パルテノンの再建に着手した。しかし，伝統的なドーリス式神殿に不満な指導者ペリクレスは，彼を解任し，彫刻家ペイディアスと建築家イクティノス（生没年不詳）に，革新的な神殿の建設を促したのである（図1-20）。

パルテノン全体は周柱式だが，神室の幅を広げ，正面に8本の柱を並べる（図1-21, 22）。柱の意匠はドーリス式に準じるが，プロポーションは明らかに細い。特に彫刻は異なる題材を，ペディメント，軒のメトープという部材，壁体のフリーズと使い分けており，他に例をみない。さらに堂内において，神室はドーリス式（図1-23），後室はイオニア式の柱を使用する。

よく「パルテノンに直線はない」といわれるが，これはギリシャ神殿に共通する特徴である。古代ギリシャ人は，錯視に

図 1-20 アテネのパルテノン 外観

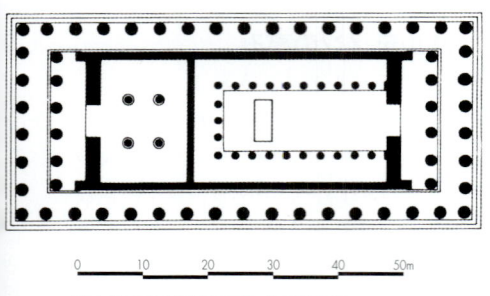

図 1-21 アテネのパルテノン 平面図

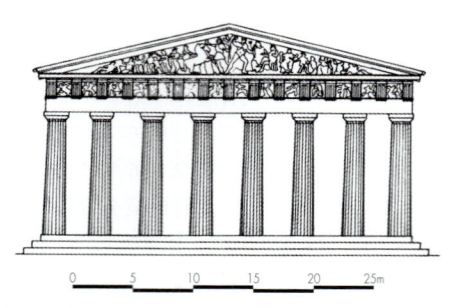

図 1-22 アテネのパルテノン 立面図

1 ヨーロッパ建築の曙

敏感だった。例えば，垂直に立っている列柱は，観察者側に少し傾いているように感じられるので，若干反対側に傾けてやるとよい。こういった視覚補正（**リファインメント**）と呼ばれる微細な作業が，何通りも神殿には施された。有名なエンタシスは，柱身の下から1/3ほどより上

図 1-23 アテネのパルテノン 横断面図

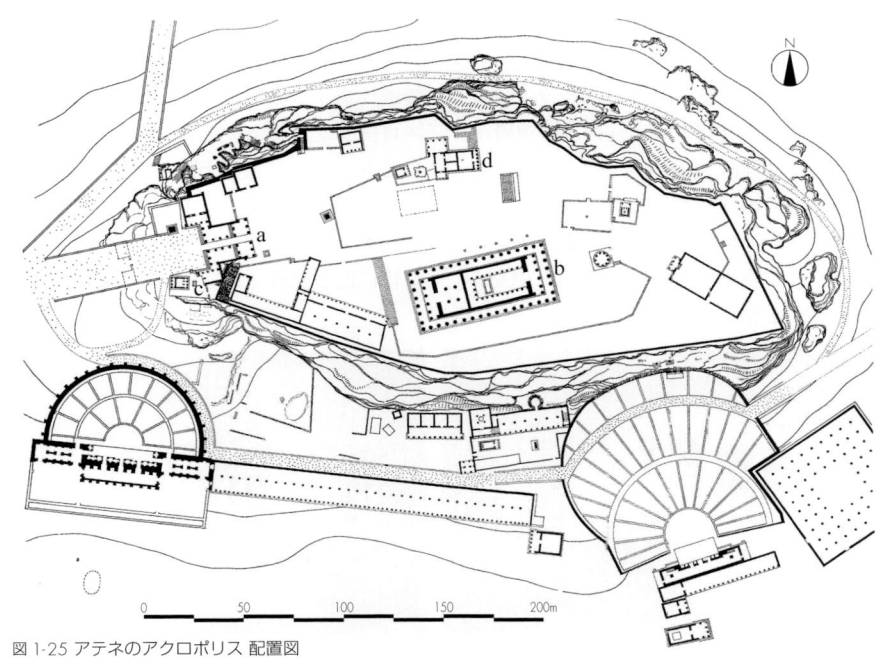

図 1-24 パルテノンの視覚補正を誇張した図

図 1-25 アテネのアクロポリス 配置図

141

を徐々に細くするものである。

　他にも柱と柱の距離，柱の太さ，基壇と軒の水平線など，見る者が気づかないだろう数cm単位の微妙な補正が，ありとあらゆる部分に加えられた(図1-24)。

6 神域の整備

　古代ギリシャの神殿の周囲は，神域とされ，壁などで周囲から切り離されていた。こうした施設の配置には，視覚的な効果が重視された。

　例えば，アテネの**アクロポリス**(図1-25)の門(プロピュライア)(a)は西にあるが，神殿は東向きに立っている。つまり，神域に入って目にするパルテノン(b)の姿は背面で，門からバランスよく見えるよう，斜めに配置されている。そして人々は，神殿横の巨大な女神像の脇を通り，神殿の北側面を見ながら，東側へ回り込んで正面に至る。

　アクロポリスの建築としては他に，アテナ・ニケの神殿(c)やエクレクテイオン(d)が有名である。**アテナ・ニケの神殿**(図1-26)は，正面に4本の柱を並べた端正なイオニア式の建築で，紀元前430年頃に建設された。**エクレクテイオン**は，紀元前405年に竣工した建築で，他に例をみない複雑な形をしている(図1-27)。これは様々な伝承や祭儀のための施設を，一つにまとめたためといわれる。大まかにいって，東西に長い長方形のイオニア式の建築から，ポーチが南北に張り出している。なかでも南側の少女の姿をした列柱(カリアティード)は，特に有名である。

　オリンピックの語源となった競技会で有名な**オリンピアの神域**(図1-28)でも，同様な配置でつくることができる。いびつな四辺形をした神域の中央に，ゼウス神殿が東向きに立つが，神域の入口は西北の隅である。なお競技会の会場は，神域の東側に整備されていた。

　デルフィ(デルポイ)は，アポロンの神託で有名である。各ポリスは神託のお礼に様々な金品を繰り返し寄進したが，緊急時に対応できるように神域内に専用の宝物庫をつくり，寄進用の宝物を前もって準備し担当者を常駐させた。パルナッソス山麓の斜面にある神域の中央，人工のテラス上に神殿は立っていた(図1-29)。神域の東南隅に設けられた入口から西にスロープをのぼり，神域の西端で折り返してさらに東に進むと，神殿の脇に到着する。この参拝路の左右に，先の宝物庫が次々と現れる。地形の特色を生かした変化に富む配置である(図2-21)。

図1-26 アテネのアクロポリス アテナ・ニケの神殿 外観　図1-27 アテネのアクロポリス エクレクテイオン 外観

1 ヨーロッパ建築の曙

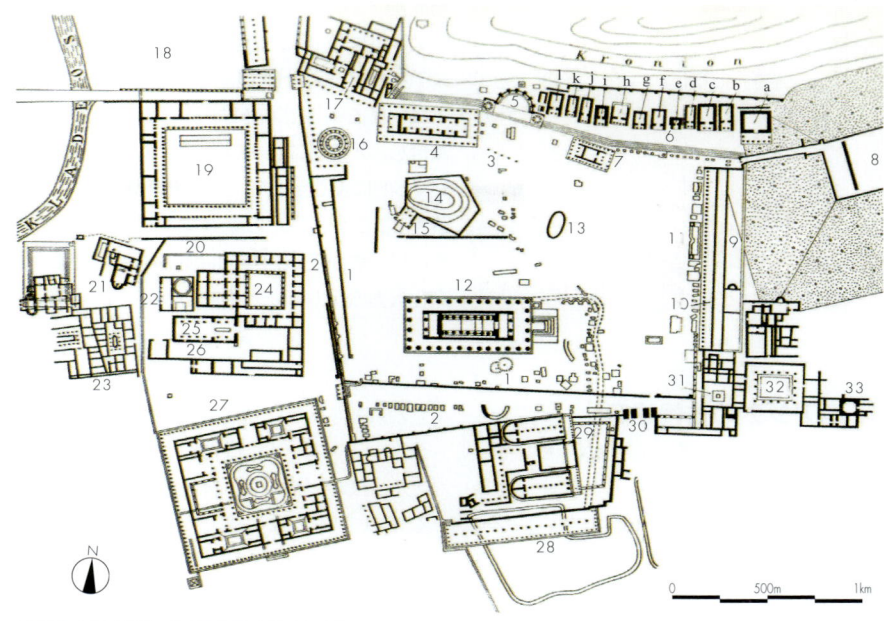

1 アルティス壁（ギリシャ） 2 アルティス壁（ローマ）
3 先ギリシャ人の住居跡　4 ヘラとゼウス神殿
5 ヘロデ・アッティクスの集会場
6 宝庫のテラス：a ヘラ　b メガラ　c メタポント
　d セリヌス　e ガイアの聖壇　f キレーネ
　g シバリ　h ビザンティウム　i エピダウロス
　j サモス（?）　k シラクーサ　l シケオーネ
7 メトロオン　8 スタディオン（競技場）
9 古ストア　10 エコーのストア
11 アルシノエとプトレマイオス 2 世像支柱礎石
12 ゼウス神殿　13 ゼウス祭壇（?）　14 ペロピオン
15 テラスの壁　16 フィリッペイオン
17 プリュタネイオン（元老院宿舎）　18 体育館
19 パライストラ　20 テオコレオン　21 ギリシャ浴場
22 共同浴場　23 ホスピティウム（迎賓館）
24 ローマ邸宅　25 ビザンティン教会
26 フェイディアスのエルガステリオン
27 レオンダイオン　28 南ストア
29 ブーレオテーリオン　30 ネロの入口
31 ヘラノディケイオン　32 ネロの家　33 八角形の家

図 1-28 オリンピアの神域 配置図

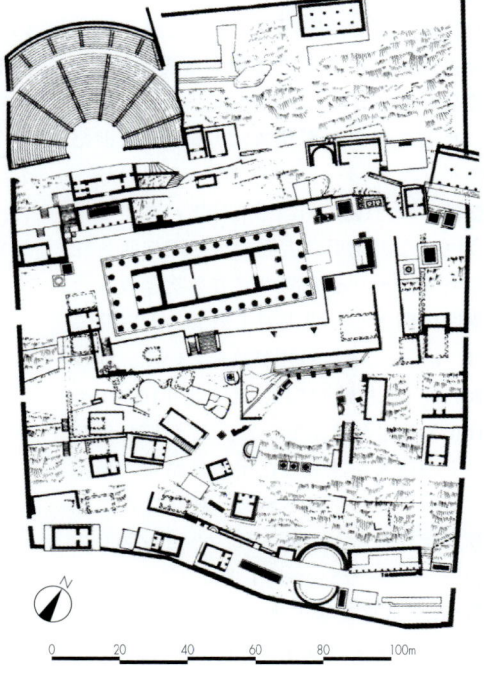

図 1-29 デルフィの神域 配置図

143

Ⅱ-2 ヘレニズムとオリエント

紀元前334年，マケドニア王アレクサンドロス3世は遠征に出発した。シリア，パレスティナ，エジプトを征服し，現在のイラク，イランを占領した軍勢は，ペルシャ帝国を滅ぼし，アフガニスタン，パキスタンを経てインドにまで至った。数千年の歴史を誇るオリエントと西方の新興国ギリシャの出会いは，やがて数百年の時をかけ，新しい文化を育んでいくことになる。

1 西アジアの古代建築

　古代の地中海を考える際に，ギリシャの東の隣国，アケメネス（ハカーマニッシュ）朝ペルシャの存在は大きい。ゾロアスター（ザラスシュトラ）教を国教とする大帝国は，トルコやエジプトからアフガニスタンやパキスタンまでをも支配した。文化面では楔形文字をはじめ，多くを古代**メソポタミア文明**から受け継ぎ，建築も例外ではなかった。

　有名な**ペルセポリス**は，紀元前6世紀のダリウス（ダーラヤワフシュ）1世以降，整備された（図2-1）。中心はアパダナという巨大な謁見用の広間で，四隅を四角柱の塔で固め，その間の三方を吹き放ちの玄関広間とし，中央の正方形の大広間には，6×6＝36本の柱が並んでいた。別の大広間「百柱殿」には，文字通り10×10＝100本の柱が並んでいた。こうしたテラス上の巨大な諸施設に至る経路も，豪壮なスケールで整備された。壁体は人々を写した浮き彫りで飾られ，クセルクセス（ハシャヤーラシャー）1世による「万国の門」は，人面有翼の雄牛像が守っていた。

　メソポタミア文明は5000年以上前に，チグリス（ディジュラ）川とユーフラテス（フラート）川に挟まれた地域で花開いた。シュメール人たちはこの地で，王を中心とした政治体制や，神々が登場する複雑な宗教，粘土板に適した楔形の文字，ギルガメシュの物語に代表される文学などを生み出した。もちろん建築－特に宮殿と神殿－や都市も含まれる。特に**ウル**という都市遺跡は有名で，紀元前23世紀から前22世紀にかけて栄えた（図2-2）。その中心には**ジッグラト**という巨大な神殿

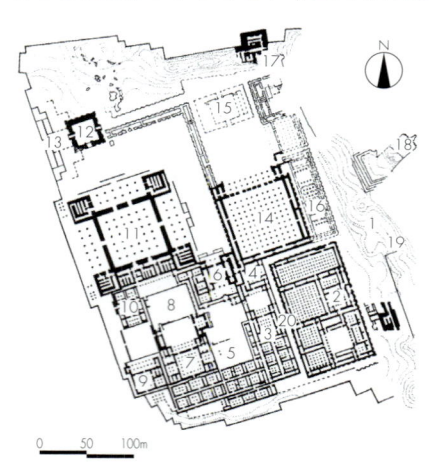

1 東の城壁　2 宝庫　3 ハレム　4 衛兵室　5 荒廃した建物　6 トリピロン　7 クセルクセスの宮殿　8 荒廃した建物　9 使途不明の建物　10 ダリウスの宮殿　11 ダリウスの謁見広間（アパダナ）　12 クセルクセスの門　13 宮殿基壇の階段　14 クセルクセスの王座広間（百柱殿）　15 百柱殿への門　16 付属建物　17 北への城壁　18 王墓　19 貯水槽　20 ハレムと宝庫の間の通路
図2-1 ペルセポリスの配置図

2 ヘレニズムとオリエント

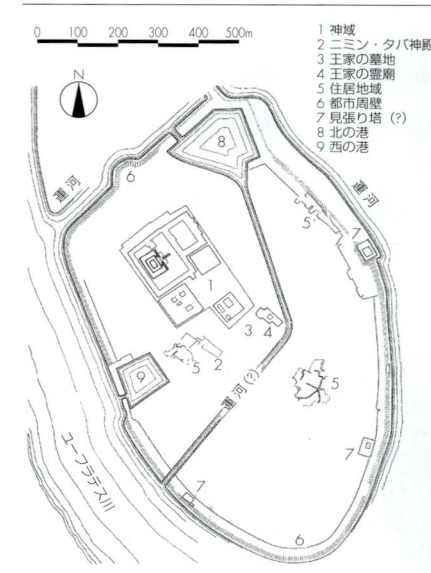

```
1 神域
2 ニニン・タバ神殿
3 王家の墓地
4 王家の霊廟
5 住居地域
6 都市周壁
7 見張り塔(?)
8 北の港
9 西の港
```

図 2-2 ウルの市街図

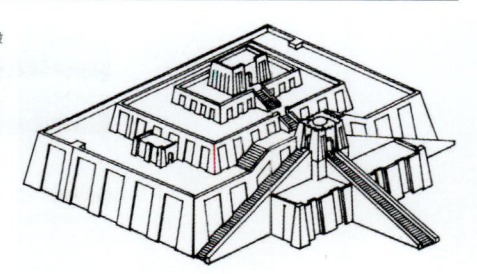

図 2-3 ウルのジッグラトの復元図

図 2-5 復元されたイシュタール門（ペルガモン博物館／ベルリン）

色タイルで壮麗に飾られた**イシュタール門**（図2-5），まさにメソポタミア建築の粋を結集した都といえる。

2 ナイルの賜物

さまざまな民族が興亡を繰り返し，多くの国が登場しては消えていったメソポタミアとは異なり，エジプトの歴史はナイル（ニル）川の流れのように，一つの流れを形づくっている。

特に有名なギザの三**大ピラミッド**（クフ王，カウラー王，メンカウラー王）（図2-6）は，紀元前26世紀，第四王朝の時代に建設された。ちなみにピラミッドはギリシャ語に由来する名で，古代エジプト人は「メル」と呼んでいた。この幾何学的に洗練された四角錐の建造物には，未だに解明されない謎が数多くあるが，先

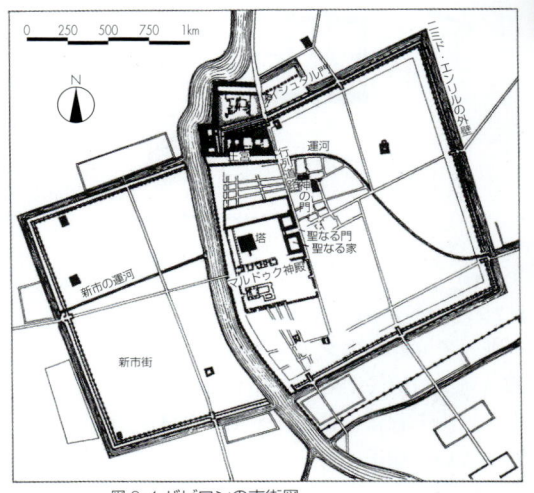

図 2-4 バビロンの市街図

が立っていた（図2-3）。

古代メソポタミアを代表する都市は，**バビロン**だろう（図2-4）。紀元前7〜前6世紀にユーフラテス川沿いに，新バビロニア王国の首都として栄えた。「空中庭園」伝説で有名な王宮，巨大なジッグラト，そのそばを通る行列道路，そして彩

145

Ⅱ 西洋建築史

図 2-6 ギザの三大ピラミッド

図 2-7 階段ピラミッド

図 2-8 ハトシェプスト女王葬祭神殿

図 2-10 ルクソール神殿の第一塔壁

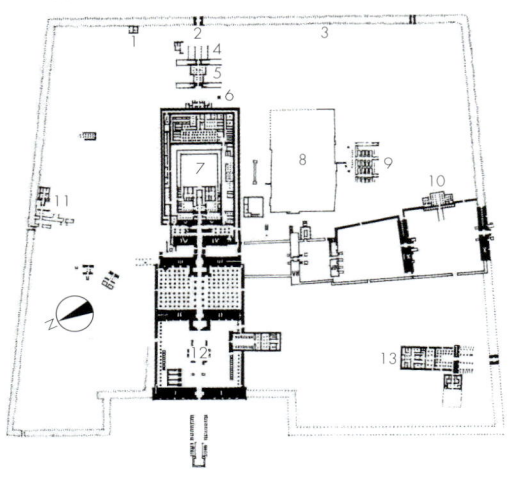

1 オシリス神殿　2 東門　3 周壁　4 タハルカのキオスク　5 ラムセス2世殿　6 ラテラン　7 トトメス3世の建物　8 聖湖　9 プサムヌトの建物　10 アメンヘテプ2世神殿　11 プタハ神殿　12 大中庭　13 コンス神殿

図 2-9 カルナック神殿の平面図

行する時代には階段ピラミッド（前27世紀後半）（図2-7）や屈折ピラミッド（前2650年頃）が建設されており，これら一連の作品が参考になったことは確実である。王の墓が徐々に巨大化し，さまざまな意味を付与されて，国そのものを象徴するまでになったのだろう。

しかし，古代エジプトの建築はピラミッドだけではない。中王国時代，紀元前21世紀，デール・エル・バハリのメンチュヘテプ2世の葬祭殿は，神殿と墓を中心とした初期の重要な複合施設の例である。

並んで立つ**ハトシェプスト女王葬祭神殿**は新王国時代，紀元前15世紀のものだが，岩山を背景に軸にそってテラスが重なっていく様子は，単純にして荘重である（図2-8）。

新王国時代は，エジプトが最も国力を充実させた時期の一つであり，岩山を利用したアブ・シンベル神殿（前13世紀），ツタンカーメン王で有名な王家の谷など，有名な作品も多い。特に**カルナック神殿**（主要部分は前16～前13世紀）（図2-9）とアメンヘテプ3世のルクソール神殿（前

146

14世紀)(図2-10)は，古代エジプトの神殿建築の一つのありようを示すものだろう。参道，パイロン（塔壁），前庭，多柱室などの左右対称の各要素が，軸にそって展開し，徐々にスケールを落としつつ，神室へと至るのである。

3 ギリシャ建築の国際化

アレクサンドロスの死後，広大な王国は「後継者（ディアドコイ）」たちによって分割された。それと並行して，オリエントの文化はギリシャの文化と混交していった。多くの地域で，支配者層であるギリシャ人の好みに合わせて，ギリシャ建築が作られた。この時代の西アジア地域におけるギリシャの影響を受けた文化を**ヘレニズム文化**と呼ぶ。

一般的にヘレニズム建築は，クラシック期のギリシャ建築がもっていた精妙さは失われるが，規模は大きく，全体構成はシステマティックになる。例えば配置方法では，中心となる軸を設定し，それを基準に左右対称に全体を配置していく方法が主流となった。また個々の建築のオーダーも，使い勝手のよいコリント式が多用されるようになった。

例えば，コスのアスクレピオス神殿（前3〜前2世紀）は，3段に重なるテラスの上に建つ。一番奥にある高いテラスは，神殿を中心に左右対称の構成をとり，下のテラスはアプローチの階段が構成の基準となる。真ん中のテラスは，微妙に角度の異なる上下のテラスをつなぐが，歴史的にはここが一番古く，ヘレニズム時代に上下のテラスが整備された（図2-11）。

紀元前4世紀，小アジア，カリア地方のマウソロス王は，壮大な霊廟を建設した（図2-12）。階段状のピラミッドを荘重な柱列で支えたその意匠は，世界の七不思議にも数えられ，わが国の国会議事堂まで影響を及ぼしたといわれる。西洋で霊廟を「マウソレウム」と呼ぶが，この作品が起源である。

こうした作品の多くは，あるものは失

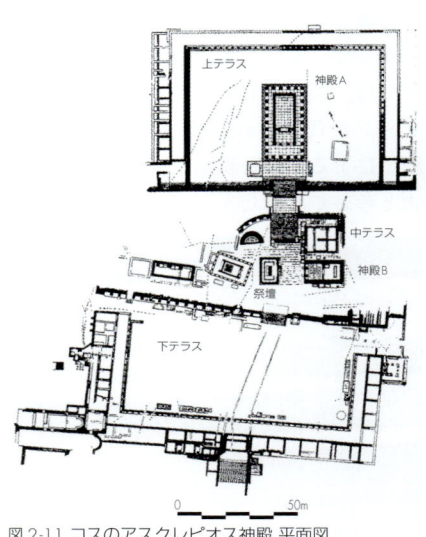

図2-11 コスのアスクレピオス神殿 平面図

図2-12 マウソロス王の霊廟（マウソレイオン）想像図

図 2-13 ペルガモンゼウス祭壇の復元（ペルガモン博物館／ベルリン）

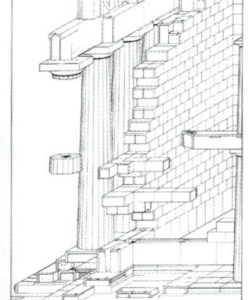

図 2-14 パルテノンの構法

われ、またあるものは廃墟となっているが、中には復元されたものもある。ベルリンの博物館島にあるペルガモン博物館には、小アジアの都市ペルガモンの**ゼウス祭壇**（前2世紀）入口部分が復元されている。左右に広がる柱列に向かって上る階段の巨大さは、まさにヘレニズム的といえる（図2-13）。

紀元前2世紀、ローマはマケドニア王国を滅ぼし、ギリシャを支配下においた。以後ローマは、逆に文化的にはギリシャの影響下に入ることになる。西洋建築の規範として絶大な影響を残したローマ建築だが、構法や計画、建築タイプなど、多くの点でギリシャの影響を受けるのである。ただし、ここでいうギリシャとは、東地中海から西アジアにかけて広がる、ヘレニズム的な文化であることには注意が必要だろう。

4 大理石と彫刻家

建築家という言葉は、例えば英語のアーキテクトをはじめとする、ヨーロッパの言葉から翻訳されて生まれた。その大本になったのがギリシャ語の「アルキテクトーン」という言葉である。これはもともと職人の長をさすが、さらに様々な分野の幅広い知識を身につけた人を指したようである。

仕事ぶりに関しては謎も多いが、設計においては、長年の経験と綿密な模型による確認作業が重要だったようだ。古代エジプトやメソポタミアでは、単純かつ不正確なものであったにせよ、図面が見つかっている。しかし古代ギリシャに関しては、図面は見つかっていない。パルテノンに代表される精妙な視覚補正は、模型による準備と現場による微調整の賜物と考えてよいだろう。

図 2-15 神殿の基壇に残る柱の施工線（レトーン遺跡）

構法的には，石材の取扱いが特徴的である。パルテノンも含め古代ギリシャの神殿建築は，しかるべき大きさに整えた大理石を積み上げて建設された（図2-14）。位置を確定するためのダボなどを用いることはあった（図2-15）が，モルタルなどの接着剤は用いなかった。このため石材間の摩擦力が重要となるため，石材同士が接する面には工夫が凝らされた。

石材は荒く仕上げられた状態で施工され，積み上げられた後で，最後の仕上げが施された。例えば，柱身にフルーティングという縦溝がよく施されているが，これは最後の段階で彫るのが一般的で，実は柱一本ごと，石材一個ごとに微妙な違いがみられる。

5 住宅・都市・国家

都市について古代ギリシャの人々は，ただ人口が大きいだけではなく，神殿を中心とした神域や**アゴラ**と呼ばれる広場，その他の多様な公共施設が欠かせないと考えていた（図2-16）。

最初の頃のアゴラは，単なる空地であって，洗練されたものではなかった（図2-17）。やがてアゴラに面して，吹き放ちの列柱を正面にもつ，極端に幅が広く奥行の小さい柱廊状の建物，**ストア**が整備されるようになり（図2-18），アゴラをより機能的に，そして立派に整えた。

プリタネイオンは，ポリスの評議員（プリタネイス）が使う建築だった。ポリスの中心とみなされた炉の女神ヘスティアの礼拝所，他の市民や外国の使節と会食をする晩餐会場，公式記録の保管所といった用途をもっていた。**エクレシアステリオン（集会所）** も多くのポリスで整備さ

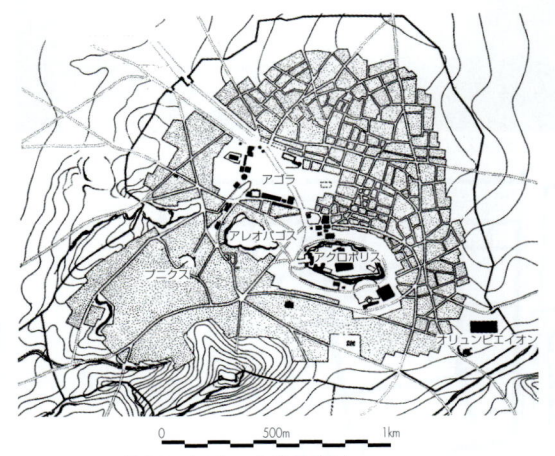

図2-16 クラシック期のアテネ

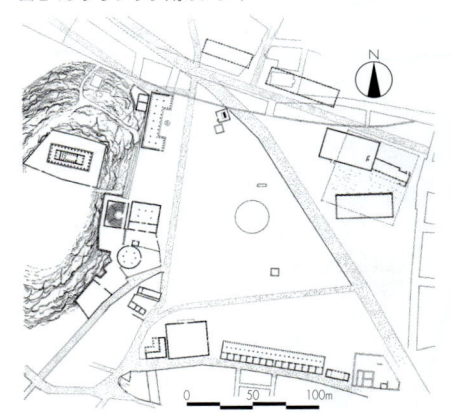

図2-17 クラシック期のアテネのアゴラ

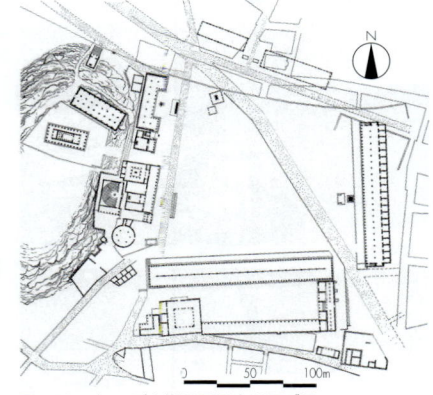

図2-18 ヘレニズム期のアテネのアゴラ

れた。これは四角い建物の三方に階段状の座席をおき，残りの平土間の中央に壇を設けたものだった(図2-19)。

体育施設は有名だが，注意が必要である。**スタディオン**はもともと長さの単位で，やがて陸上競技の短距離走を指すようになった。それゆえ建築的には，陸上競技場を指す（図2-20)。**パラエストラ**は運動場で，実技（例えばレスリング）を行うための空地と，その周囲を囲んだ柱廊からなっている。**ギムナシオン**は教育施設だったが，運動場も整備されていた。

図2-21 デルフィの劇場とその奥の神殿（前4世紀）

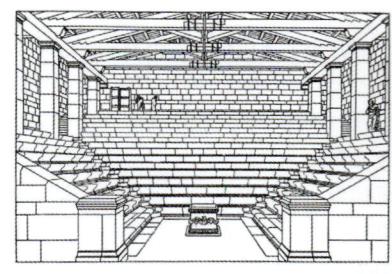

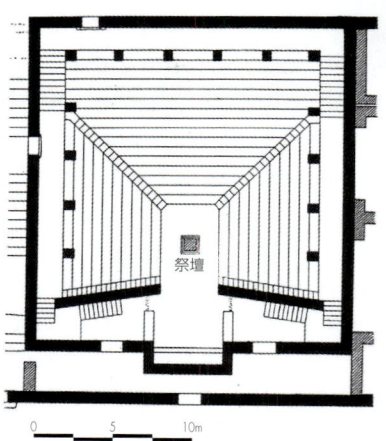

図2-19 プリエネのエクレシアステリオンの平面図と内部の復元（前4世紀）

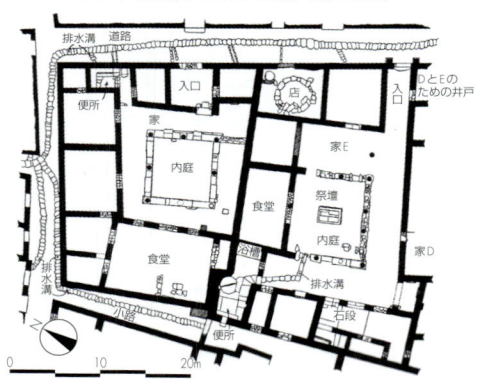

図2-22 デロスで発掘された住宅の平面図（前2世紀）

図2-20 近代第1回アテネ・オリンピック会場として復元されたスタディオン（前330年～140年頃／1895年再建）

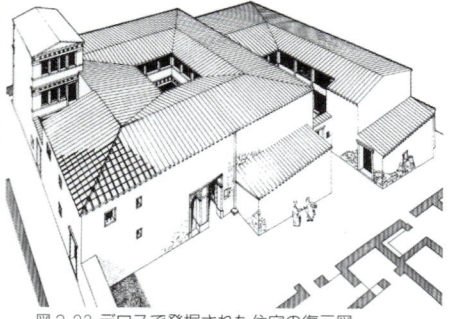

図2-23 デロスで発掘された住宅の復元図

2 ヘレニズムとオリエント

劇場は通常，斜面を利用した野外劇場で，扇形の座席を階段状に配置していた。中央にオルケストラという円形の場所が設けられたが，これはコロス（合唱隊）のための場所だった。舞台（スケーネ）はその奥に整えられ，さらに奥には舞台の背景となる壁が用意された（図2-21）。

住宅は中庭を中心とした構成で，多くの場合，「歩廊（パスタス）」と呼ばれる吹き放ちの廊下が中庭に面して整備されていた（図2-22）。これらに向かって各部屋がつながっていた。逆に外壁にはあまり開口はなく，閉鎖的だった。材料は，日干煉瓦など簡素なものが主流だった（図2-23）。

6 計画都市

古代ギリシャの古くからある都市が，自然の地形を生かして自然発生的に展開したのに対して，紀元前5世紀以降，次第に計画的な都市建設が行われるようになった。

基本となるのはグリッドであり，街区は直交する街路によって正方形に整然と整えられた。こうした都市計画の誕生について詳細は謎に包まれているが，ミレトス出身の**ヒッポダモス**は重要な人物とされる。

紀元前5世紀の**ミレトス**の再建計画をみると，海に突き出した半島のほぼ真ん中に，広場と公共施設が整備され，その南北に街区が広がっている。そして街区を構成しているグリッドは，南北で寸法が異なっている（図2-24）。

紀元前4世紀中頃に建設された小アジアの**プリエネ**では，アクロポリスから南に下る比較的急な斜面が，都市として開発された（図2-25）。市の中核をなす神殿，広場，公共建築は，段をなすテラスの上に整備された。街路は格子状に整然と広がるが，所により急な傾斜のため階段となっていた。

紀元前4世紀のペロポネソス戦争以降，こうした都市建設は盛んに行われるようになった。そして，アレクサンドロス大王とその後継者たちの時代に一つの頂点を迎える。

エジプトの港町**アレクサンドリア**は，大王自身が建設を命じた都市の一つで，後継者の一人プトレマイオスのエジプト支配の拠点となった。大灯台（世界の七不思議の一つ），総合研究所ムーセイオン，地中海最大の図書館などが建設され，市域もローマに匹敵し，人口も数十万に達したという。格子状の整然とした街路をもち，街の北側，海の近くには女王ク

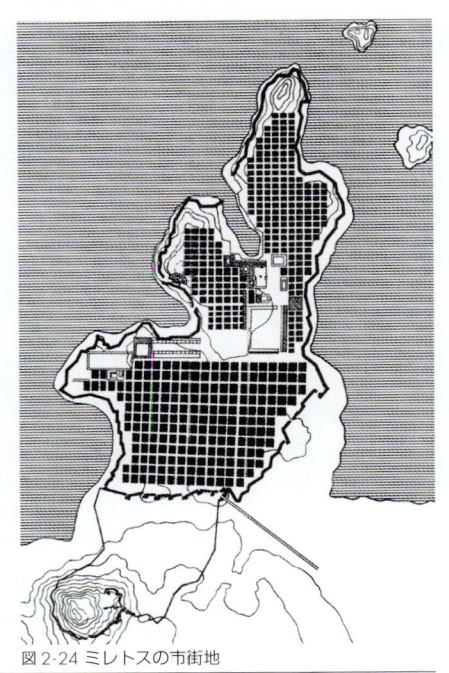

図2-24 ミレトスの市街地

Ⅱ 西洋建築史

レオパトラも使った巨大な宮殿が建設された（図2-26）。

もう一人の後継者セレウコスは，シリアを支配し，オロンテス河のほとりに新たに首都**アンティオキア**（現在のトルコ，アンタクヤ）を建設した。川の中洲に宮殿を設け，山側の岸には市街地を整備した。市街地の中央には，大通りが背骨となるように南北に走り，通りの左右には列柱が並び，面する建物の前面に吹き放

図2-25 プリエネの市街地

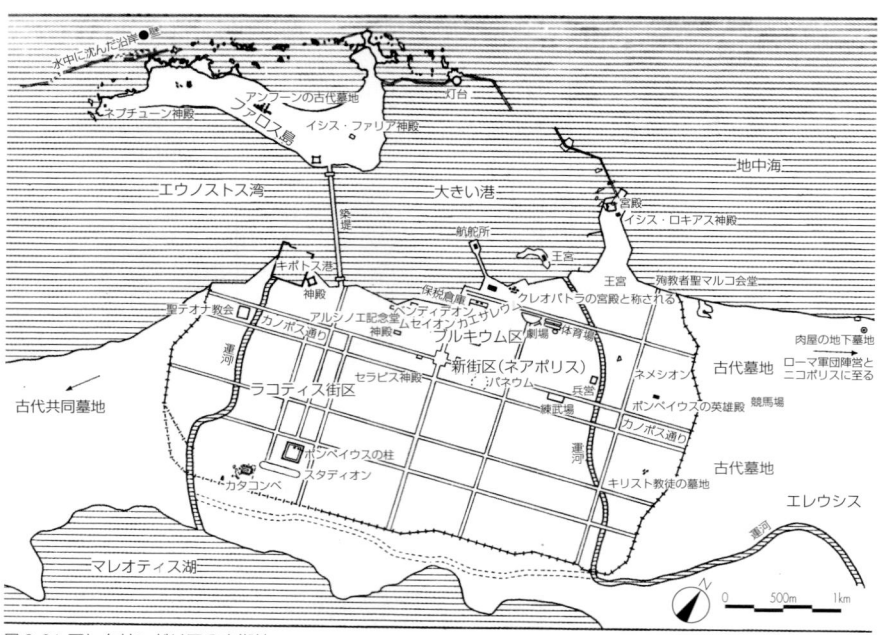

図2-26 アレクサンドリアの市街地

2 ヘレニズムとオリエント

ちの歩廊を用意していた（図2-27）。

　二つの都市は、ローマに次ぐ規模、繁栄、地位を誇ったが、いずれも長い月日のうちに往時の姿は失われてしまった。しかし、その栄華は、例えば小アジアは**ペルガモン**の都市遺跡などから推し量ることができるだろう（図2-28）。

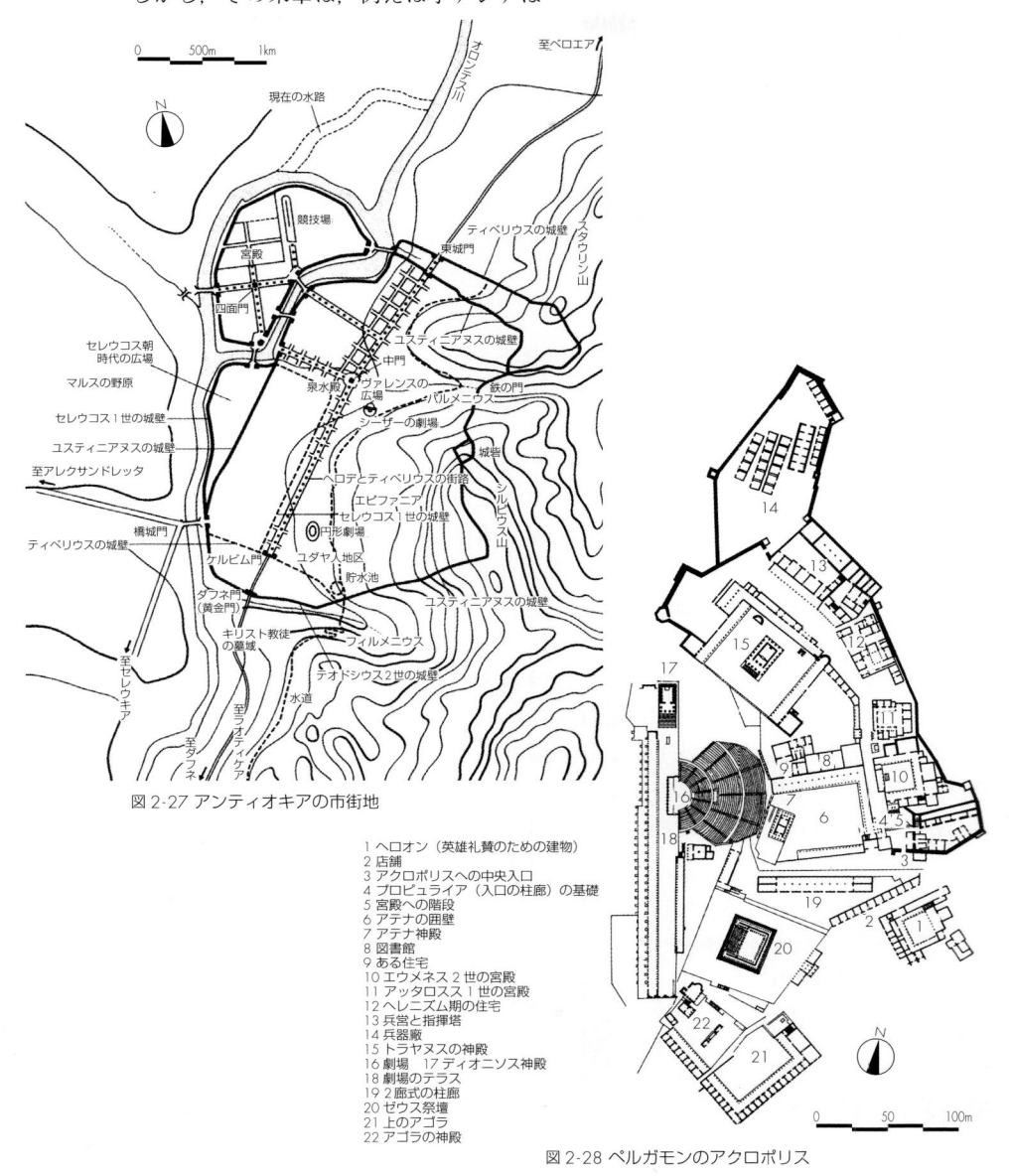

図 2-27 アンティオキアの市街地

1 ヘロオン（英雄礼賛のための建物）
2 店舗
3 アクロポリスへの中央入口
4 プロピュライア（入口の柱廊）の基礎
5 宮殿への階段
6 アテナの囲壁
7 アテナ神殿
8 図書館
9 ある住宅
10 エウメネス2世の宮殿
11 アッタロス1世の宮殿
12 ヘレニズム期の住宅
13 兵営と指揮塔
14 兵器廠
15 トラヤヌスの神殿
16 劇場　17 ディオニソス神殿
18 劇場のテラス
19 2廊式の柱廊
20 ゼウス祭壇
21 上のアゴラ
22 アゴラの神殿

図 2-28 ペルガモンのアクロポリス

Ⅱ-3 古代ローマ

ヨーロッパの人々にとって、古代ローマは常に栄光に満ちた輝ける時代であった。建築の世界においても同様で、古代の復興を謳ったルネサンス以降のいわゆる古典主義時代だけでなく、中世においてもローマの建築は壮麗な建築美の規範とみなされていた。ローマは共和政から帝政まで長い歴史と、広大な領土を持っていたため、建築も様々なバリエーションが存在する。本節では、このヨーロッパ建築の礎ともいうべきローマ建築について、1～2世紀のイタリアを中心に説明する。

1 ローマ建築の材料と構法

古代ローマの建築を特徴づける建材がある。火山灰を利用したコンクリートの一種で、よく**ローマン・コンクリート**と紹介される。現代のコンクリートと完全に同じというわけではないが、似通った特徴をもった建材である。

ローマ建築の壁体の構法には様々なものがあるが、内部をこのコンクリートで充てんし、表面をレンガや石材で美しく整えることが多い。こうして頑丈(がんじょう)な耐力壁を築くことができたため、ギリシャで意匠上も構造面でも建築の重要な要素だった独立した円柱は、装飾的な壁付きの柱へと変わり構造的な役割を失った。また、壁体の開口部上端には、**アーチ**が好んで用いられた(図3-1)。

さて、コンクリートは硬化すると一体化するが、この特質を生かして屋根架構には大胆なものが使われた。**ヴォールト**天井や**ドーム**天井がそれで、いずれもアーチから応用されたものである。

ヴォールトで一番簡単なものは、**トンネル・ヴォールト(円筒ヴォールト)**(図3-2)で、アーチを奥行方向に並べたものが出発点だろう。トンネル・ヴォールトが2つ直交すると、**クロス・ヴォールト(交差ヴォールト)**(図3-3)になる。またアーチが1回転すると、今度は半球形のドーム天井がつくられる(図3-4)。

例えば2世紀初頭に、トラヤヌス帝はローマ中心部の再開発に際して市場を建設したが、その中心部分の吹き抜けの天井には、クロス・ヴォールトが使用されている(図3-5、3-11g)。

また4世紀初めに、マクセンティウス帝のもと建設が始まり、コンスタンティ

図3-1 ローマのコンスタンティヌス帝の凱旋門(312～315年)

3 古代ローマ

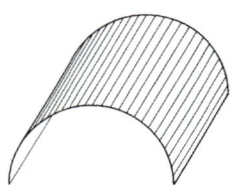

図3-2 トンネル・ヴォールト

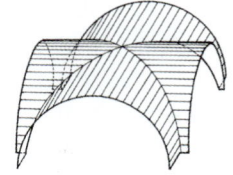

図3-3 クロス・ヴォールト

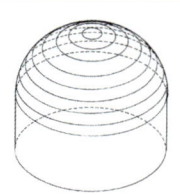

図3-4 ドーム

図3-5 ローマのトラヤヌス帝の市場

図3-6 ローマのマクセンティウス帝とコンスタンティヌス帝のバシリカの復元図

図3-7 ローマのパンテオン

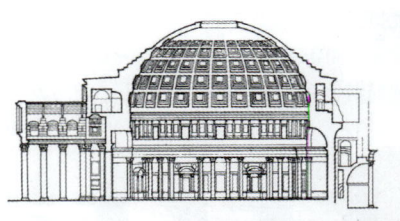

図3-8 パンテオン 平面図・断面図

ヌス帝の時代に完成した巨大なバシリカ（307〜312年）は，ヴォールト架構の好例で，中央部分にはクロス・ヴォールト，南北の脇の空間にはトンネル・ヴォールトが使用されている（図3-6）。ちなみに

図3-9 パンテオン 内部

バシリカとは，大きなホール型の公共施設で，裁判，会議，商取引などに使用された。

ドーム天井で有名なのは**パンテオン**（118〜135年）である。これはもともと，アウグストゥス帝の右腕アグリッパの創建だが，火災によって大破したため，2世紀前半ハドリアヌス帝時代に再建された。比較的軽傷だった入口は残し（図3-7），新しく巨大な本体を建設した。構想は壮大かつ単純なもので，半球ドームと円筒の壁で直径43mの球を内包する大空間を作り出す（図3-8）。採光は天井頂部に穿たれた直径約9mの円形の開口からなされる（図3-9）。

パンテオンとは，すべての神々を祀った神殿を意味する。円形の巨大な内部空間には，8つの凹みが穿たれている。その1つは入口となり，残りの7つは神を祭る祠となった。

2 意匠と設計

紀元前1世紀の建築家**マルクス・ウィトルウィウス・ポリオ**（生没年不詳）は，『建築について』と呼ばれる書物を著した。この書物は全10巻からなるため，慣例的に『**建築十書**』と呼ばれる。これは現存する最古の建築書として，特にルネサンス以降の建築家に絶大な影響を与えた。また，強・用・美を建築に必要なものとしてあげていることなど，今日でも建築を論じる際にしばしば言及される。もちろんローマ建築を知る上で大変，重要な著作であることはいうまでもない。

立面の設計に，古代ローマの建築家たちはオーダーを使用した（図3-10）。イタリアの伝統的なオーダーとして**トスカナ式**があった。さらにギリシャから，**ドリス式**，**イオニア式**，**コリント式**の3つのオーダーがもたらされた。イオニア式・コリント式は大きな変化がなかったが，ドリス式は柱礎が整備されるなど，ギリシャとだいぶ異なる形に整えられた。

また，イオニア式とコリント式を組み合わせて，**コンポジット（複合）式**が生み出された。つまりオーダーの種類は5つになるわけだが，ウィトルウィウスの書物にコンポジット式は登場しない。そこでコリント式とコンポジット式を分けるのは，ルネサンス以降とする意見もある。

平面計画は，ほとんどの場合，中心軸を設定し，それを基準に左右対称に調えられた。これは都市的な規模の計画にも応用された。例えばトラヤヌス帝の命を受け，ダマスクスの**アポロドーロス**（生没年不詳）が手がけたローマ中心部の再開発計画は，以下のようなものだった（図3-11）。

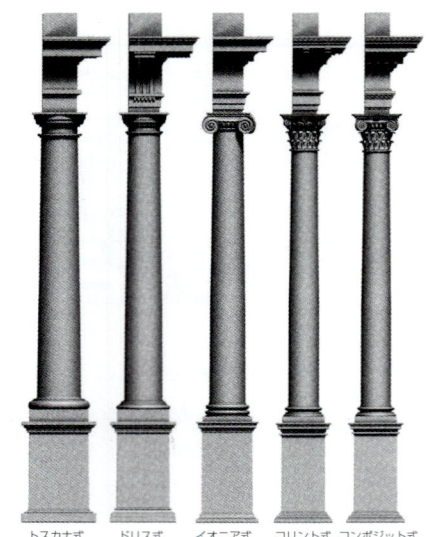

図3-10 古代ローマのオーダー
トスカナ式　ドリス式　イオニア式　コリント式　コンポジット式

3 古代ローマ

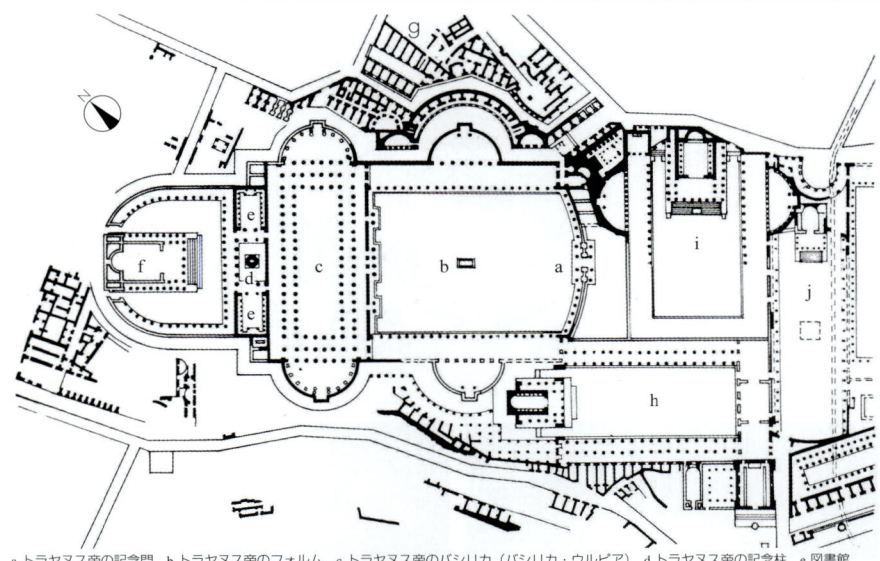

a トラヤヌス帝の記念門　b トラヤヌス帝のフォルム　c トラヤヌス帝のバシリカ（バシリカ・ウルピア）　d トラヤヌス帝の記念柱　e 図書館　f トラヤヌス帝の神殿（ハドリアヌス帝時代）　g トラヤヌス帝の市場　h ユリウス・カエサルのフォルム　i アウグストゥス帝のフォルム　j ネルウァのフォルム
図3-11 トラヤヌス帝のフォルム周辺の図面

図3-12 トラヤヌス帝の記念柱

図3-13 トラヤヌス帝のフォルムの復元図

　施設の基本となるのは，記念門(a)から記念柱(d)へと東西に伸びる軸である。この軸上にすべての施設が，左右対称となるよう配置された。施設の東端にある記念門をくぐると，トラヤヌス帝のフォルム(b)と呼ばれる列柱に囲まれた巨大な広場があった。その奥の巨大な建築はバシリカ・ウルピア(c)で，そのさらに奥には記念柱が立つ。

　これらは，いずれも門から伸びる軸上に展開していた。なお記念柱は，この施設の現在も立っている数少ない遺構の一つである（図3-12）。記念柱の左右には，それぞれラテン語文献とギリシャ語文献をおさめる双子の図書館が置かれたが(e)，二つの図書館を結ぶ軸は，記念柱で中心軸と直交するように構成された。この施設の一番奥，西端にはトラヤヌス帝の没後，彼を祀った神殿が建設された(f)。

3 都市の整備

　79年夏，ナポリの東にある火山ウェスウィウスは大噴火をおこした。麓の**ポンペイ**という都市は壊滅し，街全体が地中

157

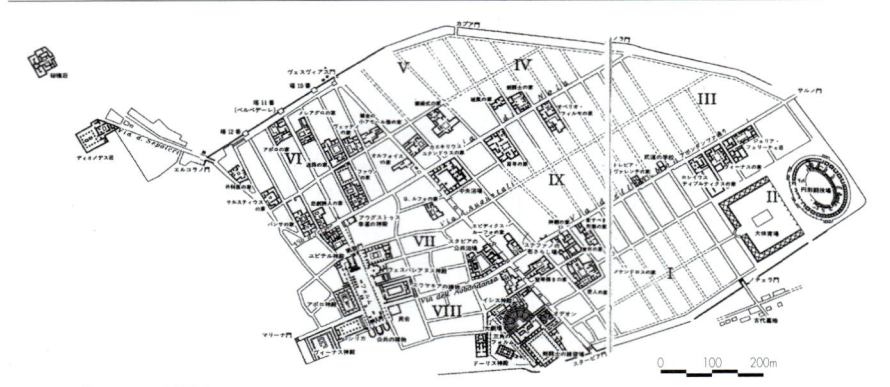

図 3-14 ポンペイの全体図

図 3-15 ポンペイのフォルム

図 3-16 ポンペイの大劇場

図 3-17 ポンペイの街路

に埋もれ，タイムカプセルに入ったかのように古代の様子を現代に伝えることになった（図3-14）。

　ポンペイはもともと港町で，人口2万人程度のローマ帝国のどこにでもある小都市だった。東西に長い不整形な形をし，周囲を城壁が囲んでいた。公共施設が集まっている地区が，大まかにいって3つあった。一番重要なのは，まちの南西にあるフォルムを中心とした街区で，ここにはフォルム，バシリカ，神殿，市場といった施設が集まり，市民生活の中心をなしていた。**フォルム**は周囲を2層の列柱廊によって取り囲まれ，まちの中心にふさわしい威厳をもっていた（図3-15）。フォルムにほど近い南の街区には，大小の劇場と神殿が整備され（図3-16），そしてまちの東に闘技場と運動場（パラエストラ）が建設された。

　街路を注意深く見ると，建設年代の違いが見えてくる。フォルム周囲の街路は，比較的不整形で変化に富んでいる。残りの街区は，南北に長い長方形に整えられて整然と並んでいるが，フォルムの北側と東側で割付けが異なり，さらに東側の街区では，2つの異なる割付けが使用されている。いずれの街路も石で舗装され，多くの場合，歩道と車道の区別があった（図3-17）。また水道も整っており，街角には水くみ場が整備されていた。そして

周囲を取り囲む城壁の外には，墓地が整えられた。こうした都市のありようは，決して特別なものではなく，ローマ帝国中に広く見られたものだろう。

ローマ帝国の都市の中でも，一番規模が大きく中心的な存在だったのは，いうまでもなく「世界の都」と讃えられた首都**ローマ**だった。ローマは丘がたくさんあることでも有名である（図3-18）。その中でも，**カピトリウムの丘**は特に重要だった。伝統的なローマの宗教とは，ユピテルとユノ，そしてミネルヴァの三神への信仰だが，この丘にその神殿が立っていた。そして麓には，ローマで最も古い広場が整えられた。**フォルム・ロマヌム**（フォロ・ロマーノ）である。正確な年代はわからないが，ローマでも最も古い時期に整備されたこともあり，後に一般的になる明確な軸や左右対称性は見られない（図3-19）。

しかしカエサル以降，このフォルムの東や北に，次々と整備された新しいフォルム（図3-11h）は，いずれも明確な軸をもった複合施設だった。最初の皇帝アウ

1 コンスタンティヌス帝の凱旋門
2 コロッセウム
3 キルクス・マウシムス
4 トラヤヌス帝の浴場
5 ディオクレティアヌス帝の浴場
6 カラッカラ帝の浴場
7 ドミティアヌス帝の競技場（後のナヴォナ広場）
8 パンテオン

図3-18 帝政時代のローマ

図3-19 フォルム・ロマヌム

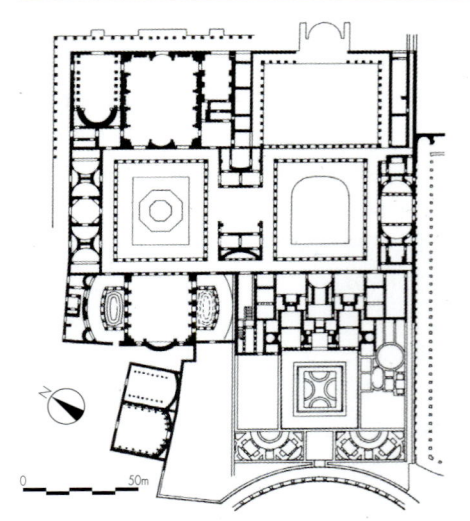

図 3-20 パラティヌスの丘の宮殿 平面図
図 3-21 パラティヌスの丘の宮殿の復元図

グストゥス（図3-11i），ネルウァ（j），そして先述のトラヤヌスといった諸帝の名が，施設名に残されている。

　この広大なフォルム群を見下ろす東南の丘が，**パラティヌスの丘**である。1世紀後半のドミティアヌス帝以降，ここに皇帝の宮殿が営まれた。全体は北西フォルム側の公事の舞台となるドムス・フラヴィアと，皇帝の住居であるドムス・アスグスティアーナに分かれるが，中庭を核とし，中軸に対称に全体を構成していく手法は共通している（図3-20, 21）。

4 パンとサーカス

　前近代のヨーロッパにおいて，最も豊かで多様な建築が建てられたのはローマ帝国だろう。その多くは娯楽のための建築だった。

　まず，なくてはならないのは闘技場である。これは剣闘士（グラデュアトル）の文字通りの死闘を観戦するための施設だった。ローマの**コロッセウム**（69〜79年）

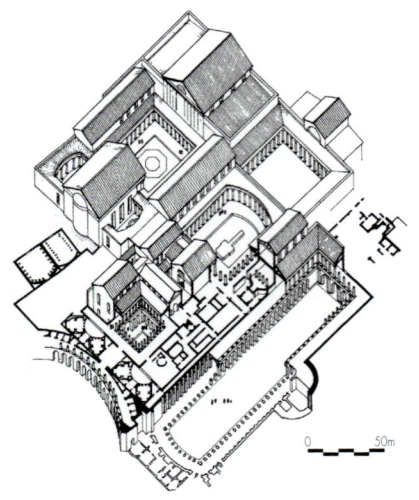

が有名だが（図3-22, 23），ポンペイでも触れたが，ほとんどの都市にあり，ヴェローナのアレーナのように，現代もイベント会場として活用されている例もある。これと並んでローマ人の心を燃え上がらせたのは，四頭立て二輪馬車のレース（戦車レース）だった。ローマでは，キルクス・マクシムス（図3-24）をはじめいくつかのコースが整備されていた。**劇場**もなくてはならない施設の一つだった。多くの都市で半円形の劇場が建設されたが，屋根はなく，必要に応じて天井の代わりに厚い布を張っていた。

　そして，古代ローマの人々の日常生活を考える際に，なくてはならないものは**浴場**である。ローマ人は冷水，温水，蒸気と3種類の入浴法を楽しんだが，浴場はそれだけではなく，運動，美容，飲食，集会，読書など様々な娯楽をも提供した。巨大娯楽施設ともいうべき浴場の中でも，最も壮大なものは，皇帝の命令で建設されたため「皇帝型浴場」と呼ばれる。おそ

3 古代ローマ

図 3-22 ローマのコロッセウム 外壁

図 3-23 ローマのコロッセウム 内部

図 3-24 キルクス・マクシムス周辺の復元模型

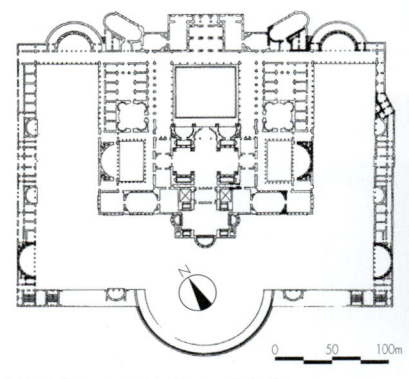

図 3-25 ローマのトラヤヌス帝の浴場

図 3-26 ローマのサンタ・マリア・デリ・アンジェリ聖堂（ディオクレティアヌス帝の浴場の中心部分）

らく最初の例は，トラヤヌス帝の浴場（104〜109年）（図3-25）で，巨大な庭園の中央にヴォールトを用いた壮大な建築を，先のアポロドーロスが提案した。有名なカラカッラ帝の浴場（212〜216年）や，後に教会に改装され建築空間が継承されたディオクレティアヌス帝の浴場（298〜305年）（図3-26）も，基本的にはこの後継者である。

5 住宅：ローマの夢

　古代ローマの人々は，どんな住宅に住んでいたのだろうか。様々な規模の住宅があったことがわかっているが，邸宅は**ドムス**といい，集合住宅である**インスラ**と区別されていた。

　ドムスは，他の地中海沿岸地域や中近東と同様，中庭を囲んで敷地いっぱいに立つ低層の建物が多かった（図3-27）。入口を入ると**アトリウム**がある(2, 9)。これはエントランスホールともいうべきもので，中央に天窓，その下に水盤が置かれており，周囲に寝室などの部屋が並んでいた(3〜5)。アトリウムの奥に**タブリヌ**

ム(6)という主人の書斎兼接客室や**トリクリニウム**という食堂(7, 8)が調えられた。そして，奥の中庭の脇にも美しい部屋がつくられている(13, 15)。

ローマなどのより稠密な都市では，インスラが一般的だった。ローマの外港であるオスティアから見つかった遺構は，5階前後の中層建築で，1階ないし2階を店舗，上階を住宅とし，中央の中庭を取り囲むように各部屋を配置していた（図3-28）。

こうした都市の住宅に対して，田園地帯では**ヴィラ**が建設された。もともとは農場経営の中心として整備されたが，やがて列柱で囲まれた中庭を中心に構成されるようになり，余暇を過ごすための別荘として整備されるようになった。

雑然とした市内を離れ，風光明媚な土地に趣向を凝らした別荘を用意したのは，皇帝も例外ではない。ハドリアヌス帝はローマ近郊ティヴォリに別荘を建設した（図3-29）。皇帝の趣味の趣くまま自由奔放に設計され，その着想の豊かさは見る者を驚嘆させるが，ここでも軸による全体の制御と複数の施設の統一という手法が用いられている。

ほかにも，シチリア島のピアッツァ・アルメリーナで発掘された宮殿建築（4世紀初め）は，多彩な要素が見られるが，いささか雑然としており（図3-30），スパラトのディオクレティアヌスの宮殿（295年〜）は，むしろ城塞か都市のようで（図

1 玄関　2 アトリウム　3-5 寝室　6 タブリヌム　7-8 トリクリニウム
9 第2のアトリウム（4本の柱のアトリウム）　10 廊下　11 浴室　12 厨房
13「イッソスの戦い」のモザイク（アレクサンドロス大王のモザイク）が敷かれていた部屋
14-15 夏の食堂

図3-28 オスティアのインスラの復元模型

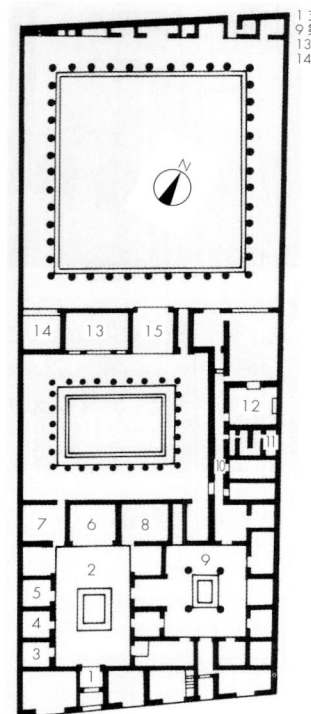

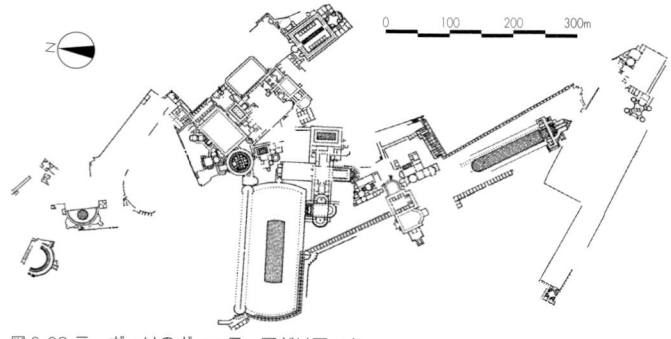

図3-27 ポンペイのファウヌスの家　　図3-29 ティヴォリのヴィラ・アドリアーナ

3 古代ローマ

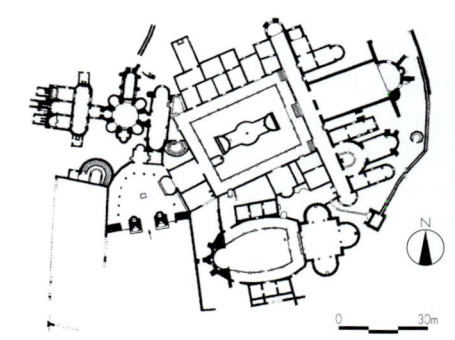

図3-30 ピアッツァ・アルメリーナの宮殿 配置図

3-31)，全く異なる趣きである。

6 計画都市

ローマ人は非常な情熱をもって，街道や水道といった**インフラストラクチャー**を整備した。ヨーロッパ各地に残る水道橋の遺跡は有名だし，当時の街道がそのまま今日の幹線道路となっている例も多い。

また，彼らは征服した地域に次々と新しい都市を建設した。これにはもちろん地域の発展を促す意味もあるが，同時に軍隊を支援するための基地や，街道の維持の拠点といった側面もあった。こうした都市には，例えばロンドン，パリ，ケルン，ウィーンなどのように，後の主要都市へと発展したものも少なくない。

ローマ帝国のどこであろうと，基本計画は共通だった。まず多くの場合，まちの周囲には城壁が築かれ，物理的にも精神的にも都市が特別な場所であることを示していた。そして都市の中軸となる2つの大通り，南北の**カルド**と東西の**デクマヌス**が作られた。この2つは，都市の中心で交差し，その周辺にフォルムや神殿など公共性の高い施設が整備された。

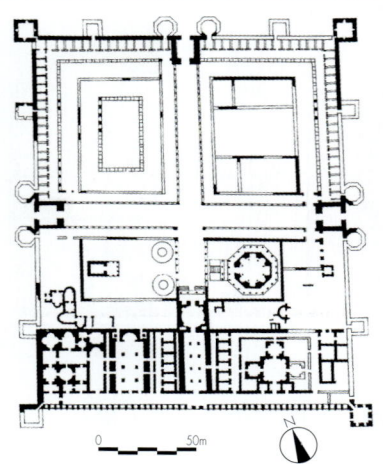

図3-31 スパラトのディオクレティアヌス帝の離宮 平面図

他の街路は2つの大通りを基準に，格子状に計画されていた(図3-32)。

こうした都市計画は，ヨーロッパなどの新しい都市だけでなく，例えばイェルサレムやシリアのダマスクスのような古い都市の再開発にも応用された。いずれの場合も，石畳による舗装道路や水道が整備され，ローマの土木技術の水準の高さを今日まで伝えている。

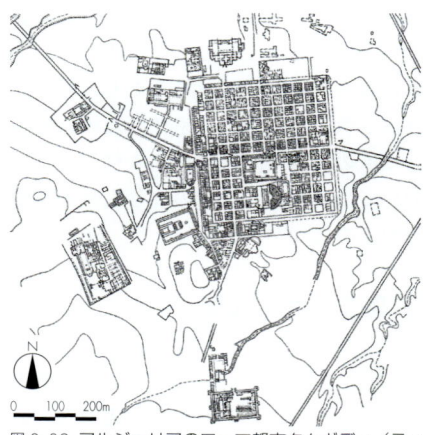

図3-32 アルジェリアのローマ都市タムガディ（ティムガッド）の全体図

II-4 教会建築の誕生

1世紀初め，パレスティナ地方で活躍した宗教家イエスの教えは，やがてキリスト教へ発展し世界中へ広まった。それとともにキリスト教文化は，ヨーロッパ文化を語る際になくてはならない主要な柱の一つになった。そして，教会建築は1500年以上の間，西洋建築をリードしていく重要な存在となる。本節では，この教会建築の誕生と展開を説明する。

1 ローマ帝国のキリスト教化

ギリシャやローマの多神教と比べたキリスト教の違いはどこか。数ある中で建築的に重要な点は，例えば毎日曜日のミサのような，信徒たちの定期的な集会を重んじることであろう。しかしローマの伝統的な宗教，特に皇帝崇拝がキリスト教の教えと相入れなかったため，ローマ帝国はキリスト教を禁止してきた。このため信者たちは，カタコンベと呼ばれる地下の墓所や，信者の邸宅などに密かに集まり宗教的な行事を行った。

313年にローマ帝国がキリスト教を公認すると，教会建築は重要なテーマとなり，初期キリスト教建築が始まった。これはローマ建築が培ってきたものを，キリスト教という新しい宗教のために応用したものといえ，建築技術や材料などにおいては，変化したものよりも継承された要素のほうが多かった。

2 集うための建築

さて信徒の集会という要求に応えようとしたのが，長方形の大きなホール型の施設だった。これを**バシリカ式聖堂**という。この呼び名は，古代ローマの公共施設，バシリカが原型になったとする説に基づいている。しかし，入口の位置などバシリカとは形の上で異なる点もあり，単に「長堂式聖堂」と呼ぶこともある。

数多くのバシリカ式聖堂が地中海沿岸を中心に建設されたが，だいたい同じ形式に従っていた。模式的に説明すると，以下のようになる（図4-1）。

建物は西側に正面を向けた長方形で，その手前に**アトリウム**という前庭が整備される。このアトリウムに面して**ナルテクス**，つまり左右に長い前室があり，その奥が聖堂の内部となる。ナルテクスまでは，信者以外の者も入ることができるが，それより先には洗礼を受けた正式の信者しか入れない。

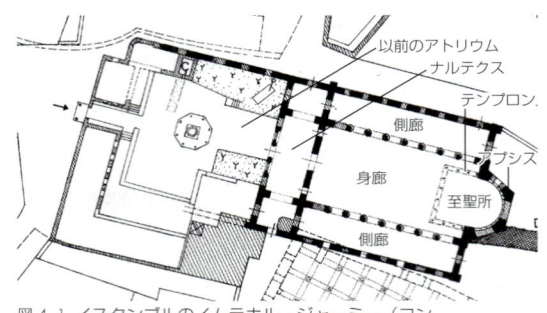

図4-1 イスタンブルのイムラホル・ジャーミー（コンスタンティノポリスのストゥーディオス修道院）（5世紀中頃）

4 教会建築の誕生

内部は中央の**身廊**と、左右の**側廊**の3つに分割される。身廊は側廊よりも天井が高く、この差を利用して高窓と呼ばれるハイ・サイド・ライトが設けられる。身廊と側廊の間には柱が並び、高窓が並ぶクリア・ストーリーという部分を支えている。身廊と側廊との間、また左右の側廊の間に、何らかの使い分けがあったといわれているが定かではない。

身廊の奥には、柵などで区切られた部分があり、その中央に祭壇がおかれている。この柵のことをテンプロン、その中を**至聖所**といい、聖職者以外は入ることができない。至聖所の前には、礼拝などの際に重要な役割を果たす説教壇が置かれている。至聖所の奥の壁は、半円形に外に張り出し、円筒形の空間を形づくっており、**アプシス（アプス）**と呼ばれる。アプシスの上部には半ドームがおかれ、宗教画が描かれた（図4-2）。

バシリカ式聖堂は規模に合わせて、建築全体の奥行と側廊の数を調整した。小規模なものは**単廊式**といい、身廊しかない。一般的なものは、先に述べた**三廊式**

図4-2 ラヴェンナ近郊クラッセのサンタポリナーレ聖堂内部（536～549年）

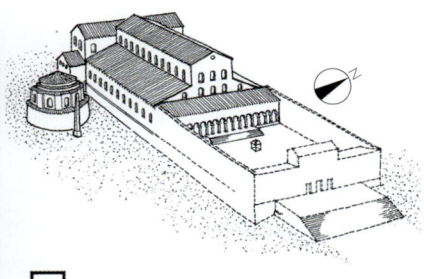

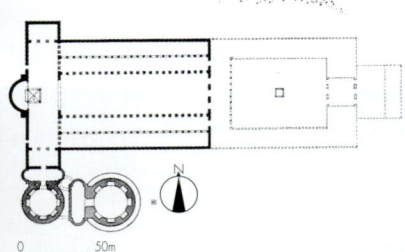

図4-3 ローマの旧サン・ピエトロ大聖堂 復元図・平面図（4世紀）

図4-4 テサロニキの聖デメトリオス聖堂 内部（5世紀末）

図4-5 ローマのサンタ・マリア・マジョーレ聖堂 内部（430年代）

である。巨大なものは**五廊式**といい，左右の側廊を2つずつに増やす（図4-3）。

ローマ帝国の広大な版図ゆえに，地域による差もあった。例えば材料は，シリアなどでは切石が使われたが，イタリアなどではレンガが一般的だった。東方では，側廊とナルテクスの上にコの字型に2階席（ギャラリー）を設けることが多いが（図4-4），西ではむしろ交差廊といって，身廊と側廊の奥，アプシス前の左右に直交して伸びる空間を整備する例が多い（図4-3）。

代表的な作品は枚挙に暇がない。ローマのサン・ジョヴァンニ・イン・ラテラーノ大聖堂（4世紀初め）は，おそらく最古の作例の一つであるが，度重なる改修によって大きく姿を変えてしまった。また同じローマのサンタ・マリア・マジョーレ教会は5世紀の作品で，内外装とも後世の手が大きく入っているが，アプシス周辺や堂内の列柱は，往時の雰囲気をよく残している（図4-5）。

3 記念するための建築

教会建築のもう一つの重要なタイプが，**集中式聖堂**である。典型的なものは円堂や八角堂，そして十字形だが，なかには中心の空間の周囲に，**周歩廊**という円環状の空間を付加したものもあった（図4-6）。いずれの場合も，中心には宗教上の重要なものがおかれることが多い。例えばイェルサレムの**聖墳墓教会**の円堂（アナスタシス・ロトンダ）は，中心にイエスの墓とされる遺構がくるように設計されている（図4-7）。

このように宗教上の重要な地点を記念するために，集中式聖堂は始まったとされる。その原型はおそらく古代ローマの，円形をした墓廟にさかのぼることができ（図4-8），そこから殉教者の慰霊堂（マルティリウム）や記念堂，洗礼堂などが発展したとされる。

図4-6 ローマのサンタ・コスタンツァ聖堂（350年頃）内部

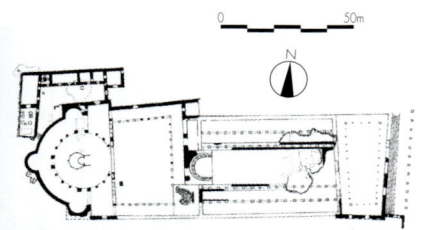

図4-7 イェルサレムの聖墳墓教会 4世紀の復元図

図4-8 テサロニキの聖ゲオルギオス聖堂（旧ガレリウス帝霊廟）外観（4世紀前半）

4 教会建築の誕生

建築形態的にバシリカ式は、大人数の集会に向いており、集中式は重要な事柄を記念することに向いている。また、そこから発展して、前者は定例的な日常的な礼拝の場となり、後者は臨時の特別な儀式の舞台となった、とする意見もある。

しかし、現実には数多くの例外が存在している。例えば、4世紀に建設され16世紀に建て替えられたヴァチカンの**旧サン・ピエトロ大聖堂**は、五廊式の巨大なバシリカ式聖堂だが、イエスの一番弟子聖ペテロの殉教を記念して建設された(図4-3)。サン・パオロ・フォーリ・レ・ムーラ(図4-9)も同様に、聖パウロの殉教を記念している。逆に4世紀末ミラノの宮殿そばに建設されたサン・ロレンツォ・マジョーレ聖堂は、正方形の各辺に半円形の張り出しが付いた四葉形という複雑な形で、高度に発達した集中式であるが、宗教的な特徴は薄い(図4-10)。

さて集中式とバシリカ式の二類型が登場すると、両方の特色を合わせもった建築が指向されるようになる。

例えば、イェルサレムの聖墳墓教会では、先に述べた円形の堂(アナスタシス・ロトンダ)が敷地の奥に、そして五廊式の巨大なバシリカ式聖堂が手前に、と2つの建築が併置された。4世紀中頃、ベツレヘムに建設された聖誕教会では、イエス生誕の場が中央にくるよう八角形の堂を整えたが、その手前にバシリカ式聖堂と同様の身廊と側廊がつくられた(図4-11)。5世紀末にシリアの砂漠に建てられたカラハト・セマンの聖シメオン聖堂は、より雄大で、聖シメオンゆかりの柱が中心にくるように八角堂が置かれ、そ

図4-9 ローマのサン・パオロ・フォーリ・レ・ムーラ聖堂(4世紀末) ピラネージによる18世紀の版画

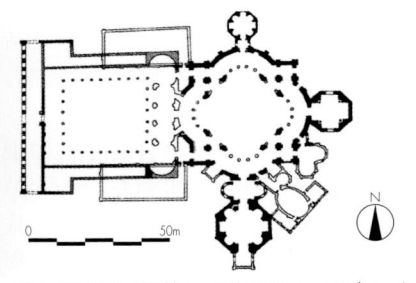

図4-10 ミラノのサン・ロレンツォ・マジョーレ聖堂 平面図

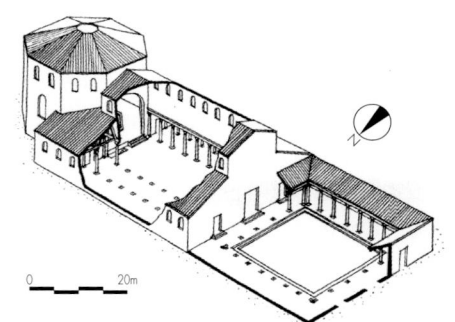

図4-11 ベツレヘムの聖誕教会 4世紀の復元図

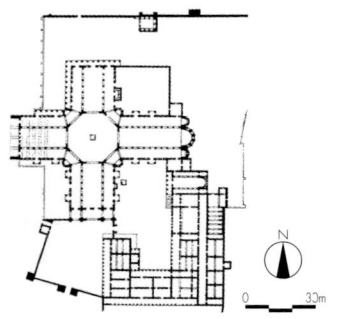

図4-12 カラハト・セマンの聖シメオン聖堂 平面図

こから四方に三廊式の腕が伸び，全体としては十字形となっていた（図4-12）。

4 修業のための建築

さてこの聖シメオンは，柱の上で苦行を行ったことで有名だった。他の宗教と同様にキリスト教においても，自分の存在を犠牲にし禁欲生活を行うことで宗教的な高みに到達しようとする人々がいた。

最初の修道士の多くは，極端な独居を旨とした。有名な聖アントニオスも，その好例である。他方，カリスマ的な指導者のもとに集まる者も現れた。例えば4世紀初めのパコミウスは，規律正しい共同生活を基にする組織を整えた。

こうして**修道院**が誕生したのは，おそらく3ないし4世紀のエジプトと考えられている。さらに少し後のパレスティナでは，修道士ごとの僧房の中心に共通の礼拝施設を置くことで，独居と共同生活の長所を組み合わせたラヴラ制も登場した。

シナイ山の**聖カテリネ修道院**は，3世紀に設立された最古の修道院の一つで，6世紀の建築を今日まで伝えている。施設の中心は大きなバシリカ式聖堂で，周囲三方を小さな礼拝用の部屋で囲まれている。特にアプシスの裏手に隣接した礼拝堂は，旧約聖書の伝える，モーゼが燃える柴から神の声を聞くエピソードを記念している。聖堂の内部は，6世紀の宗教画で装飾されているが，ビザンツ帝国は8世紀から9世紀にかけて，イコン破壊運動（イコノクラスム）を経験し，それ以前の宗教画のほとんどを失ってしまうため，非常に貴重なものといえる。施設全体は堅固な城壁で囲われ，その中に僧

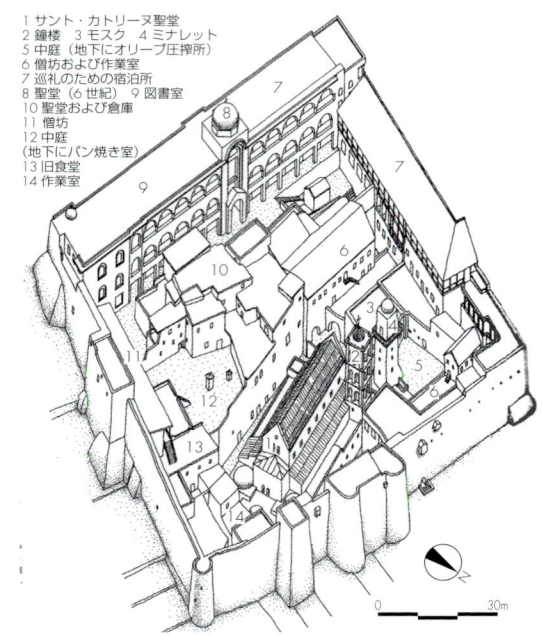

```
1 サント・カトリーヌ聖堂
2 鐘楼  3 モスク  4 ミナレット
5 中庭（地下にオリーブ圧搾所）
6 僧坊および作業室
7 巡礼のための宿泊所
8 聖堂（6世紀）  9 図書室
10 聖堂および倉庫
11 僧坊
12 中庭
   （地下にパン焼き室）
13 旧食堂
14 作業室
```

図4-13 聖カテリネ修道院 アクソメによる全体図

房や図書館，パン工場や厨房，そして修道院で働くイスラーム教徒のためのモスクまでもが用意されている（図4-13）。

5 西の混乱と東の繁栄

キリスト教の聖地といえば，もちろんイエスの活躍した都市イェルサレムだが，ユダヤ戦争（66〜78年）で徹底的に破壊され，キリスト教徒たちはエジプトのアレクサンドリアやシリアのアンティオキアへ逃れた。彼らの布教活動の最大の目的地は首都ローマで，ペテロやパウロといった重要な聖人の殉教の舞台となり，重要な聖地となった（図4-14）。コンスタンティヌポリス（コンスタンティノープル，現在のイスタンブル）は，330年に首都として整備され，帝都として急速に重要性を増していった。以上の5つの都市は，特に重要な都市と位置づけられ，そ

4 教会建築の誕生

れゆえに五大総主教座が置かれた。

やがてローマの総主教は,教皇(法王)として特別な地位を築いていき,ビザンツ帝国の都コンスタンティヌポリスとともに,東西の宗教的中心となる。これに対し,残りの3つの都市は,7世紀にイスラームの支配下に入り,キリスト教会における力を失っていく。

ローマで最初に建設された聖堂の多くは,都市の周縁部に位置していた。なぜなら重要な聖者のための大規模な建築が最初に整備されたが,彼らは都市の周縁部にある墓地に埋葬され,人々の崇敬を集めていたからである。続く5世紀になると教区の聖堂として,ティトゥルス(名義教会)という禁教時代から活動拠点が置かれていた場所に,より小規模な建築が整備された。

コンスタンティヌポリス(図4-15)は,4世紀後半から急速に発展し,市域も拡大し,5世紀には現在も残る三重の城壁が新たに建設された(図4-16)。6世紀に

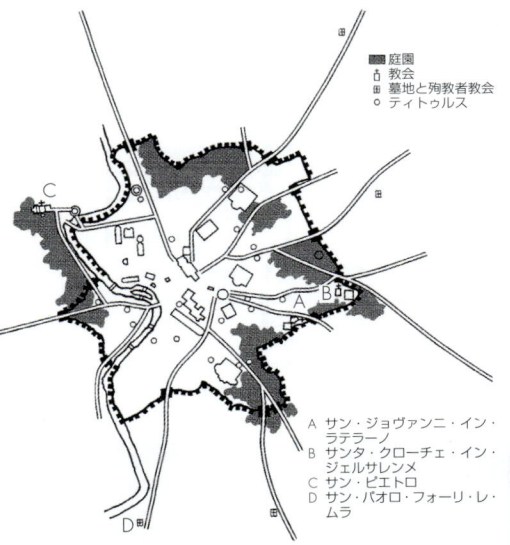

図4-14 ローマ4世紀の地図

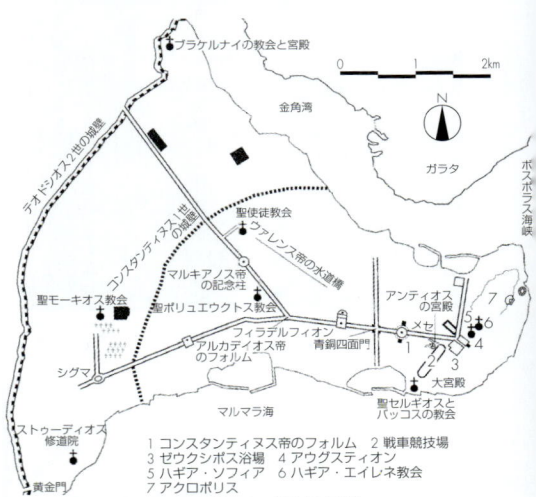

A サン・ジョヴァンニ・イン・ラテラーノ
B サンタ・クローチェ・イン・ジェルサレンメ
C サン・ピエトロ
D サン・パオロ・フォーリ・レ・ムラ

図4-15 コンスタンティヌポリス6世紀の状態

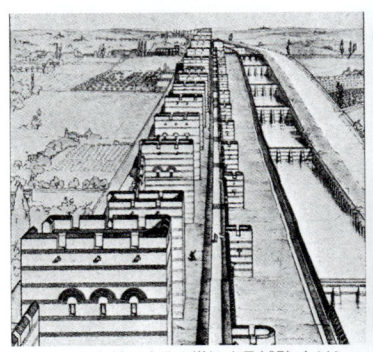

1 コンスタンティヌス帝のフォルム 2 戦車競技場
3 ゼウクシポス浴場 4 アウグスティオン
5 ハギア・ソフィア 6 ハギア・エイレネ教会
7 アクロポリス

図4-16 テオドシオス2世による城壁 クリシェンの復元

図4-17 コンスタンティヌポリスのハギア・ソフィア大聖堂(イスタンブルのアヤソフィア博物館)外観

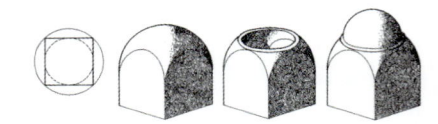

図 4-18 ペンデンティヴが作られる過程

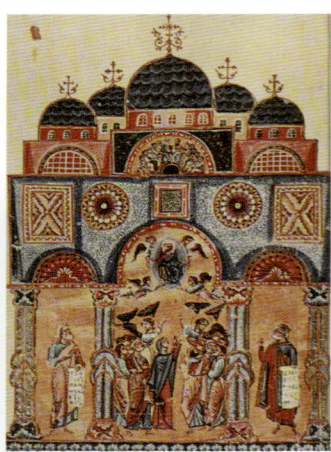

図 4-20 中世の写本に描かれた聖使徒教会

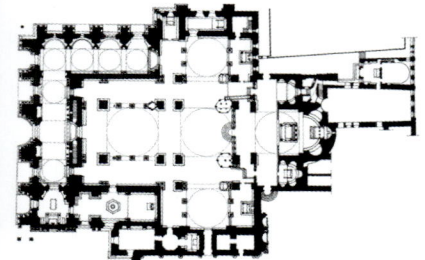

図 4-21 ヴェネツィアのサン・マルコ聖堂 平面図（11世紀後半）

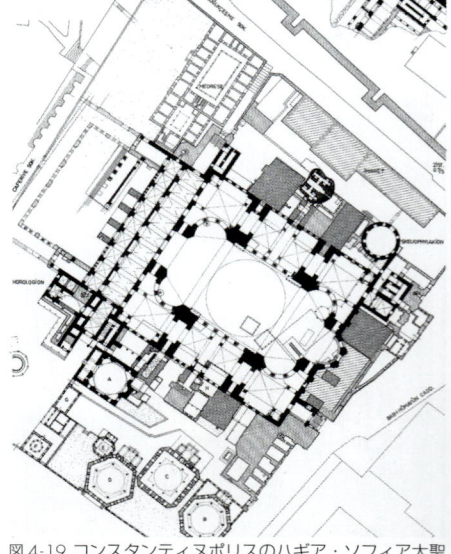

図 4-19 コンスタンティヌポリスのハギア・ソフィア大聖堂（イスタンブルのアヤソフィア博物館）内部・平面図

図 4-22 ラヴェンナのサン・ヴィターレ聖堂 内部

は皇帝ユスティニアヌス1世の下で繁栄を極め、建築においても実験的な作品が次々と建設された。

なかでも**ハギア・ソフィア大聖堂**（現在のアヤソフィア博物館）（532〜537年）は特に印象深い作品である（図4-17）。中央の大ドームは、直径が30mを超え、高さは50mに達する。

それまでドームは、円形ないし多角形の平面にしか用いることはできなかった。しかし、ドームを四方から大きなアーチで支え、アーチとドームの間にできる隙間を**ペンデンティヴ**という三角形に似た曲面でふさぐことで（図4-18）、正方形の床面上にもドームを用いることが可能になった。そしてバシリカ式聖堂のプランの上に、大ドームを中心とする集中式から発展した複雑な屋根を掛けることに成功したのである（図4-19）。

設計に当たったトラレスのアンテミオス（474〜534年）とミトレスのイシドロス（生没年不詳）は、先行する大作を参照しながら巧みに仕事を進めたが、エーゲ海沿岸をしばしば襲う大地震を考えるなら、いささか大胆すぎたかもしれない。562年の大ドーム崩落など、繰り返し大地震で大きな被害を受けている。

同じ首都の聖使徒教会（6世紀中頃）（図4-20）は、ドームをペンデンティヴで支えた平面図上正方形のユニットを、五つ十字形に並べたたいへん独創的な作品だったが、現存はしない。ヴェネツィアの**サン・マルコ聖堂**は11世紀の作品だが、聖使徒教会の面影がよく残っているという（図4-21）。

イタリア北部の小都市ラヴェンナは、まず西ローマ帝国の、次いで東ゴート王国の首都として栄え、ビザンツ帝国の総督府もおかれた重要都市だった。それゆえ集中式の**サン・ヴィターレ聖堂**（526?〜547年）（図4-22）や、すでに触れたサンタポリナーレ・イン・クラッセ聖堂（図4-2）など、美しい内装を残した作品が数多く存在している。

6 イスラーム建築

現在、イスラーム（神への帰依）として知られる教えは、7世紀初めのムハンマド（マホメット／モハメット）から始まり、急速に発展し、クルアーン（コーラン）がまとめられた7世紀中頃には、すでに中近東の大部分を支配し、なおも拡大中だった。

イスラーム最初の建築とされるのが、イェルサレムの「**岩のドーム**」（**クッバット・アッサフラ**）（690〜692年）（図4-23）である。ユダヤ教やキリスト教だけでなく、イスラームにとってもイェルサレムは聖地である。クルアーンによればムハンマドは、イェルサレムのソロモン神殿があった丘の岩から天へ昇る旅に出た。神聖な岩をドームが覆い、周囲を八角形の周歩廊が二重に取り囲む建築は、集中式聖堂を思い起こさせるが、事実キリスト教徒の職人たちが建設に協力した。

この「岩のドーム」以降、ドームはイ

図4-23 イェルサレムの「岩のドーム」外観

図4-24 アグラのタージ・マハル 外観

図4-25 イスファハンのマスジディ・ルトゥファッラー 内部

図4-26 イスタンブルのスレイマニイェ・ジャーミー 内部

図4-27 ダマスクスのウマイヤドモスク（大モスク）内部

図4-28 コルドバのメスキータ（大モスク）内部

スラーム建築の重要な要素となり，後にアグラの**タージ・マハル**（インド）（1632〜54年）（図4-24），イスファハンの**マスジディ・ルトゥファッラー**（イラン）（1601〜28年）（図4-25），イスタンブルの**スレイマニイェ・ジャーミー**（トルコ）（1551〜57年）（図4-26）といった大建築が誕生した。

しかし，イスラームが急速に発展した時代に重要視されたのは，多くの信者（ムスリム）が集う大空間だった。例えばシリアのダマスクスでは，洗礼者ヨハネの聖堂が**ウマイヤドモスク（大モスク）**に改装された（706〜715年）（図4-27）。これは現存する最古のモスクの一つである。

こうしたモスクに欠かすことのできない設えとして，礼拝の基準となるマッカ（メッカ）の方向（キブラ）を示す**ミヘラーブ**という壁龕，宗教指導者（イマーム）が会衆に語りかける**ミンバル**という説教壇，人々に礼拝の時間を告げる**ミナレット**という塔などがある。

8世紀にイベリア半島を征服したイスラームが，786年にスペインのコルドバに建設した**メスキータ（大モスク）**（785〜1101年）も，大会衆のための建築で，整然と並ぶ二重アーチを支える列柱が印象的である（図4-28）。

4 教会建築の誕生

10世紀になると，幾何学的な装飾で豪華に飾られた，イスラーム特有のドームが登場する。**ムカルナス**（図4-29）や**アーチネット**（図4-30）で飾られ，**スクィンチ**（図4-31）で支えられた大ドームが，徐々に展開し始めるのである。

そして15世紀に，オスマン・トルコがイスタンブルに遷都すると，ハギア・ソフィアなどの影響もあり，大胆な構造をもった大規模な建築が，皇帝以下有力者の喜捨を受けつつ，次々と建設されるのである（図4-32）。

図4-29 スレイマニイェ・ジャーミー入口上部のムカルナス

図4-30 コルドバのメスキータ（大モスク）ドームの見上げ

図4-31 スクィンチの概念図

図4-32 エディルネのセリミイェ・ジャーミー 外観（1569～74年）

173

II−5 ビザンツとロマネスク

かつて，一つにまとまっていた地中海沿岸地域は，ローマ帝国の分裂やイスラームの勃興といった大変動を受け，ローマを中心とする西欧カトリック圏，ビザンツ帝国に代表される東方の正教圏，そして中近東からアフリカ，さらにはイベリア半島まで広がったイスラームの3つに分裂していった。本節では，こうした状況を踏まえつつ，ビザンツとロマネスクという東西の2つの流れを，宗教建築を中心に説明する。

1 ビザンツ建築の変容

　6世紀の黄金時代の後，**ビザンツ建築**は困難な時代を迎える。7世紀の戦乱・天災・疫病といった苦難を乗り越え，8世紀のイコノクラスム（聖像破壊運動）を経て，首都を中心に建設活動が再び盛んになるのは，9世紀中頃のことである。

　特にこの時代を代表するのは，**内接十字形聖堂**である。880年に献堂されたコンスタンティヌポリスの「新（ネア）教会」は，この形式を採用した最初の作品の一つで，他に類をみない壮麗さだったが現存しない。現存する作品でいえば，リプス修道院聖堂（フェナリ・イサ・ジャーミー）（907年）（図5-1）やミュレライオン修道院聖堂（ボドルム・ジャーミー）（920年頃）（図5-2）を先駆とし，ビザンツ帝国内，さらには周辺諸国へと広がっていった。

　この小規模な聖堂の特徴は，以下の通りである。長方形の平面を縦横3つずつ9つに分割し，中央に4本の柱を立てドームを支える。天井高は，一番高い中央のドーム，そこから東西南北十字形に伸びるトンネル・ヴォールト，残りの四隅の部分，と段階的に低くする。聖堂の東端部は，アプシスが3つ並ぶ三室構成の聖所となる（図5-3）。

　こうした建築的な構成は，内壁に描かれた**イコン（聖像）**と連動する。ドーム中央一番高い所の万物の支配者（パントク

図 5-1　イスタンブルのフェナリ・イサ・ジャーミー（コンスタンティヌポリスのリプス修道院）

図 5-2　イスタンブルのボドルム・ジャーミー（コンスタンティヌポリスのミュレライオン修道院）

5 ビザンツとロマネスク

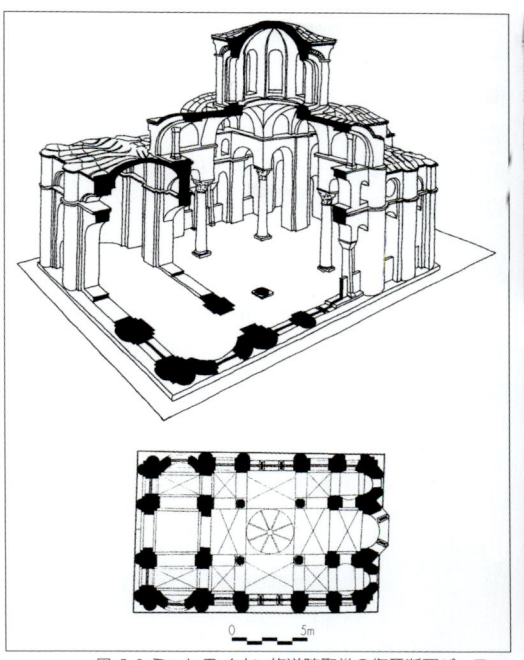

図 5-3 ミュレライオン修道院聖堂の復元断面パース

図 5-4 パレルモのマルトラーナ修道院 ドーム見上げ

図 5-5 エチュミアジン大聖堂 外観

ラトール）キリスト，アプシス半ドームの聖母子像，この2つを中心に堂内全体が，細密な宗教画で体系的に覆い尽くされたのである（図5-4）。

こうした変化を，**アルメニア建築**の影響である，と指摘する声も古くからある。301年に，世界で最初にキリスト教を公認したアルメニアは，7世紀以降，独自の技法による石造建築を発展させた。例えば，ゲガルト修道院（13世紀）やヴァガルシャパト（現エチュミアジン）のエチュミアジン大聖堂（7世紀）（図5-5）などは特に有名である。

さて当時の人々は，皇帝の業績として，ハギア・ソフィアなど古い建築物の修復に繰り返し言及している。これはビザンツ帝国の人々が，過去への強烈な憧憬(どうけい)をもっていたことの証(あかし)ともいえるだろう。

2 東方の修道院

ビザンツでは，私的修道院がもともと禁止されていたにもかかわらず，イコノクラスムの後，増加の一途をたどった。このことを如実に表す例としてアトス山がある。**アトス山**は，エーゲ海に突き出した険しい半島で，以前より修道の場として知られていた。ここに大ラヴラ修道院が設立されたのは963年のことで，以後，修道院活動の一大中心地となった。

大ラヴラ修道院は，周囲を城壁で囲い，その内側に関連する様々な施設を整備し，中央の空地に**聖堂（カトリコン）** と**食堂（トラペザ）** を整備した（図5-6）。設立者のアタナシオスは，都のストゥーディオス修道院で修行した高僧で，経済的には皇帝ニケフォロス2世の寄進で創建された。

10世紀以降，有力者たちは私財で修道

175

院を設立した。首都の中心にたつパントクラトール修道院（12世紀）（図5-7）は，皇帝ヨアンネス2世コムネノスが一族のためにつくったものだし，**カッパドキア**の聖堂の多くは，地元の有力者の寄進によるものである（図5-8）。創建以来たびたび修理を受け，14世紀の豪華な装飾で有名なコーラ修道院（カーリエ・ジャーミー）（図5-9）も，時の宰相テオドロス・メトキテスによるものである。

こうした私設修道院の増加と，先に述べた聖堂の規模の縮小とは深い関係があるだろう。聖堂は，都市などのより大きな共同体共通の財産としてではなく，有力者の一族とその取巻きたちのために整備されるようになったのだ。こうした修道院は，その立地に応じて，農業の中心，街区の要，福祉の拠点など，様々な社会的な役割を果たしていった。

さて少しずつ広がっていったローマを中心とするカトリックと，コンスタンティヌポリスを中心とする**正教会（オーソドックス）**の溝は，11世紀には決定的となった。これと前後して正教会は，徐々に東ヨーロッパに勢力を広げていった。その際に重要な役割を果たしたのは，や

図 5-6 アトス山の大ラヴラ修道院 空撮

図 5-7 イスタンブルのゼイレク・ジャーミー（コンスタンティヌポリスのパントクラトール修道院）

図 5-8 カッパドキア，ギョレメ地区，トカル・キリセ（9〜10世紀）内部

図 5-9 イスタンブルのカーリエ・ジャーミー（コンスタンティヌポリスのコーラ修道院）礼拝堂（パレクレシオン）内部

はり修道院であり，修道僧であった。ウクライナのキエフ郊外の洞窟大修道院（ペチェルシク修道院）やブルガリアのリラ修道院は，その好例である。

3 ロマネスクを準備したもの

東ローマ帝国が，ビザンツ帝国へと姿を変えるよりもはるか以前の5世紀，西ローマ帝国は滅亡した。それとともに，西欧の政治情勢は混迷の度を深め，建築活動も低迷した。

800年，ローマ皇帝に戴冠したフランク王カロルス（カール大帝/シャルル・マーニュ）は，文化政策に力を入れ，後世，**カロリング朝ルネサンス**と讃えられるようになる。建築では，ドイツ西部アーヘンの**宮廷礼拝堂**（796〜805年）（図5-10）が有名である。八角形の中心部を周歩廊で囲む構成は集中式だが，祭壇は聖堂の東端部に，そして西側入口の2階に皇帝の席が用意された。平面計画はラヴェンナのサン・ヴィターレ聖堂（図4-22）を想起させるが，高さを強調した内部の比例は，趣のまったく異なる空間を創り出した（図5-11）。

集中式の宮廷礼拝堂は，他の作品に影響を与えたが，当時の主流はバシリカ式聖堂で，特に修道院の施設が多かった。修道院は，西欧では6世紀の**聖ベネディクトゥス**の改革以後，「祈り働け」をモットーに自給自足の組織として整備され，宗教をはじめ様々な社会的活動の拠点となっていた。

当時の修道院を考えるうえで，スイスの**ザンクト・ガレン（サン・ガル）修道院**に伝わる9世紀初めの図面（図5-12）は重要である。聖堂は，東西両端に祭壇がある。その南側の**回廊に囲まれた中庭**の周囲には，西に倉庫，南に食堂と生活に必要な施設が手際よく配置されている。東側に立つ建物は，1階が暖房設備のある作業室で，2階が大寝室になっている。さらに周囲には，家畜小屋やパン焼窯など自給自足に必要な施設，そして学校や養老院までもが考えられたが（図5-13），残念なことに実現はしなかった。

この時代独自のものとして，教会建築の**西構え（ヴェストヴェルク）**がある。これは教会の西側正面，入口上部に建設された塔状の部分を指す。重厚で力強く，威厳ある佇まいが特徴的で，上階が皇帝の礼拝場所として整備された。確認できる最古の例は，ケントゥーラのサン・リキエ修道院（790〜799年）（図5-14）だが，

図5-10 アーヘン宮廷礼拝堂の復元模型

図5-11 アーヘンの大聖堂 内部 かつての宮廷礼拝堂の部分

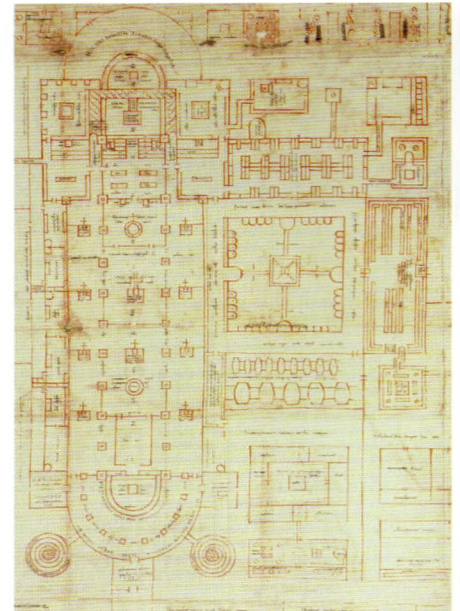

図 5-12 ザンクト・ガレン修道院（820年頃）計画図
現存しない。現存する作品では、ミンデン大聖堂が有名だが、後世の手がかなり入っている。

図 5-13 ザンクト・ガレン修道院 計画図に基づく復元模型

図 5-14 11世紀のサン・リキエ修道院 17世紀の版画による

4 11世紀の建設ブーム

　10世紀から11世紀にかけて、再び聖堂の建設が盛んになり、後世の人々は**ロマネスク建築**と呼んだ。当時、聖堂は「**神の家**」であり、「**天上の館**」だった。それゆえ既存の建築は、次々とより壮麗な聖堂に置き換えられた。しかし、ロマネスク建築は地方による違いが大きく、一言で特徴を説明することは難しい。

　多くの研究者が、注目すべき点として指摘するのが、それまでの木造天井に加えて**石造天井**の教会建築が登場することである。このとき構造的にも意匠的にも重要になるのが、**ピア**と呼ばれる支柱である。このピアは多くの場合、身廊を横断し、天井を支える大きなアーチ（**横断アーチ**）を支持している。その結果、聖堂の身廊全体は、ピアと横断アーチによって小さな区画（**ベイ**）へと分割される。逆からいうと、聖堂身廊は、ピアとピアに挟まれたベイが連続することで構成される。この結果、聖堂の内部空間は、それまでの高窓、アーケード、列柱などといった水平の区分よりも、ピアによる垂直の区分が支配的となり、より高さを実感させるようになった。

5 ビザンツとロマネスク

図 5-15 ヒルデスハイムのザンクト・ミヒャエル修道院聖堂 内部

図 5-16 ヴェズレーのラ・マドレーヌ修道院 西正面

図 5-17 ヴェズレーのラ・マドレーヌ修道院 内部

図 5-18 シュパイヤー大聖堂 内部

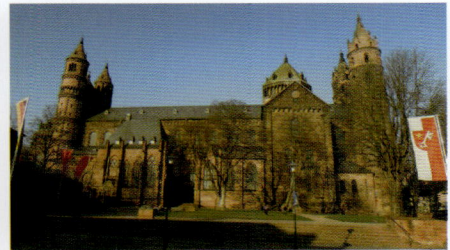

図 5-19 ヴォルムス大聖堂 南面

図 5-20 ミラノのサンタンブロージオ聖堂 内陣

　こうした変化を考えるうえで，11世紀初めのドイツ中部**ヒルデスハイムのザンクト・ミヒャエル聖堂**（1010〜33年）は大変興味深い。円柱の列に混ざった角柱は，平面図上，正方形の区画を作り出すが，高窓など壁面上部とはほとんど関連がなく，美しい宗教画で飾られた天井は，木造である。しかし，身廊の空間は天井が高く，ロマネスク的といえる（図5-15）。

　先述の身廊の分節化の好例はフランス，ブルゴーニュ地方，**ヴェズレーのラ・マドレーヌ聖堂**（1020〜32年）である。マグダラのマリアの遺物で有名なこの聖堂は，12世紀初めの作品で，豪華な彫刻装飾で飾られた正面（図5-16），横断アーチと**交差ヴォールト**が連続する身廊（図5-

17）など，ロマネスク建築の傑作の一つである。

　規模の点からいえば，ほぼ同じ時期にドイツのライン川流域に建設された，いわゆる**皇帝の大聖堂**が重要である。シュパイヤー（1024年頃～61年／1082～1106年）（図5-18），ヴォルムス（1171～1234年）（図5-19），マインツといった都市の大聖堂が，神聖ローマ皇帝の命令で建設された。これらの作品は，先に述べた交差ヴォールトをいただく正方形のベイを持つと同時に，外観上，数多くの塔を使用するという特徴もある。

　北イタリアでも，ロンバルディア地方を中心に，ロマネスクの教会が数多く残っている。ミラノのサンタンブロージオ聖堂（11～12世紀）（図5-20）やモデナ大聖堂（1099年～）など，いずれも均整のとれた空間と，豊かな装飾が印象的である。

　さらに南の作品は，むしろ古代の伝統を想起させる。斜塔で有名なピサの大聖堂（1063～1118年）（図5-21）は，横断アーチで支えられた木造の天井を持っている。聖堂正面の四段に重なった古典的な列柱は，他ではあまり例をみないが，斜塔でも使用されている。

　北フランス，ノルマンディー地方では，正面に塔を2基備え，リブ・ヴォールトを使用した聖堂が登場した（図5-22）。これは続くゴシック聖堂との関連がよく指摘される。

　ノルマンディーの影響を色濃く受けたのがイングランドで，ダラム大聖堂（1093～1133年）（図5-23）の太いピアとリブ・ヴォールト

図5-21 ピサ大聖堂

図5-22 カーンのラ・トリニテ聖堂（1062年頃～66年）内部

図5-23 ダラム大聖堂 内部

が伝える石の量感は，他に例を見ない。

5 修道院の時代

ロマネスクにおける最大の教会建築は，19世紀に取り壊されたクリュニー修道院第三聖堂といわれる。10世紀初め，聖ベネディクトゥスの理念に立ち返ることを目指して設立された**クリュニー修道院**は，しかし手仕事から離れ，貴族たちの祈りを代行する代祷（だいとう）によって発展した。12世紀初めには，1,300以上の子院を従え，ローマ法王を輩出する1,000人以上の修道士が集う大組織となった。

そして，その繁栄を反映したのが，10世紀の聖堂を建て替えた第三聖堂（1088～1130年）だった（図5-24）。この巨大な建築は，正面入口上に壮麗な彫刻を掲げ，長大な身廊には**円筒ヴォールト**をかけていた（図5-25）。代祷を行うために数多くの祭室が必要だが，2つの交差廊（こうさろう）を活用する従来の方法に加えて，内陣周囲に新たに**放射状祭室**を整備した。

クリュニー修道院は，聖俗いずれにも絶大な影響力をもっていた。それを活用して整備を進めたのが，スペインの西端**サンチャゴ・デ・コンポステラへの巡礼路**だった。当時スペインは，8世紀以来のイスラームの支配に対して，レコンキスタ（再征服）運動が勢いを増しており，巡礼路の整備はこれを支援する意味合いもあった。トゥールーズ（1080～96年），コンク（11世紀）（図5-26），そしてサンチャゴ・デ・コンポステラ（1078～1122年）（図5-27）と巡礼路沿いに次々と壮麗な教会が建設され，ヨーロッパ有数の巡礼路が整備された。

このような修道院のあり方に異を唱えたのが，**シトー派の聖ベルナルドゥス（聖ベルナール）**（1090～1153年）であった。第2回十字軍の提唱など情熱的な活動で知られた彼は，1024年に『告発』を公にし，巨大で絢爛豪華な修道院建築は，信仰生活の妨げ以外の何物でもないと批判した。彼の所属したシトー派修道会では，人物像はいうに及ばず，柱頭の彫刻さえも抑制された禁欲的な建築を残した（図5-28）。

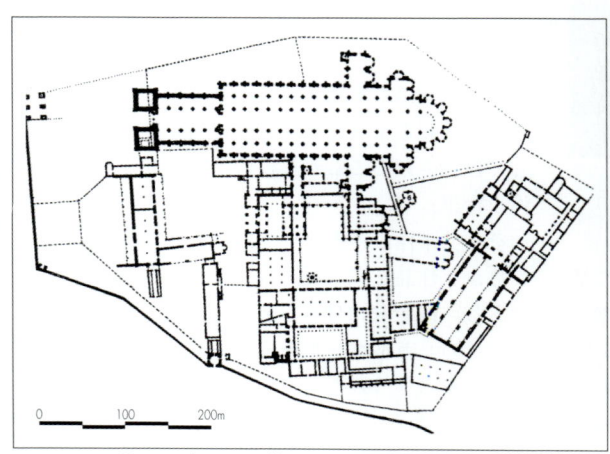

図5-24 クリュニー修道院第三聖堂 平面図

図5-25 クリュニー修道院第三聖堂 内部の復元

Ⅱ 西洋建築史

図 5-26 コンクのサント・フォワ修道院 外観

図 5-27 サンチャゴ・デ・コンポステラ大聖堂 内部

図 5-28 フォントネ修道院聖堂（1139〜47年）内部

世紀から11世紀にかけて、東西を結ぶ海運による繁栄から生み出された。

　同じ観点から注目に値するのは、**ヴェネツィア**だろう。水路が中心となった独特な都市構造が話題となるが、その繁栄を支えたのは東西を結ぶ交易だった。ヴェネツィアの象徴は、聖マルコの獅子であるが、聖マルコの遺骸がエジプトからヴェネツィアにもたらされ、また彼のために、壮麗な聖堂がビザンツ建築を範として建設されたことが、この都市の国際性を物語っている。

　そして東西の邂逅という点で、最も実り豊かな作品を残したのは、シチリア島である。12世紀には、**シチリア王国**は繁栄を極め、首都パレルモはヨーロッパ最大の都市の一つとなったが、多民族・多宗教・多言語の国家としても有名で、中世シチリアの建築には、西ヨーロッパの

6 地中海貿易と建築

　この時代、地中海の交易は少しずつ活況を取り戻しつつあった。その立役者となったのが、イタリアの海洋都市だった。

　アマルフィは、ソレント半島の崖と海に挟まれた狭い土地に立地する。非常に稠密で立体的な都市構造は（図5-29）、9

5 ビザンツとロマネスク

ロマネスク建築に，イスラームやビザンツの影響が加味されている。

モン・レアーレ修道院（12世紀後半）では，尖頭アーチが重なりあった複雑な装飾が使用されているが（図5-30），イスラーム建築の影響である。交差廊をもつ三廊構成のバシリカ式聖堂は，西欧的だが，絢爛豪華な金地モザイクは，ビザンツ的で見る者を圧倒する（図5-31）。

異文化との交流という点から無視できない作品が，もう一つある。イェルサレムの**聖墳墓教会**は，11世紀にビザンツ皇帝の寄進を受け，円堂を中心とした複合施設に改築されたが，**十字軍**のイェルサレム占領後，大々的に改築された。12世紀には，円堂の東側に西欧風の放射状祭室を増築した建築が完成し，これが現存する建築の母体となっている（図5-32）。

図5-29 アマルフィ市街と大聖堂

図5-31 パレルモ近郊のモン・レアーレ大聖堂 内部

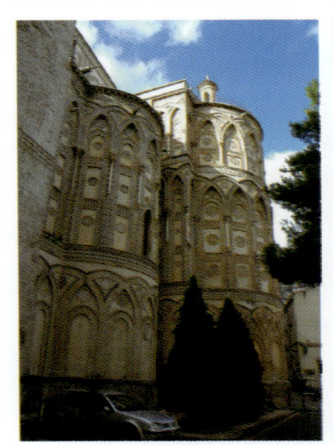

図5-30 パレルモ近郊のモン・レアーレ大聖堂 内陣外壁

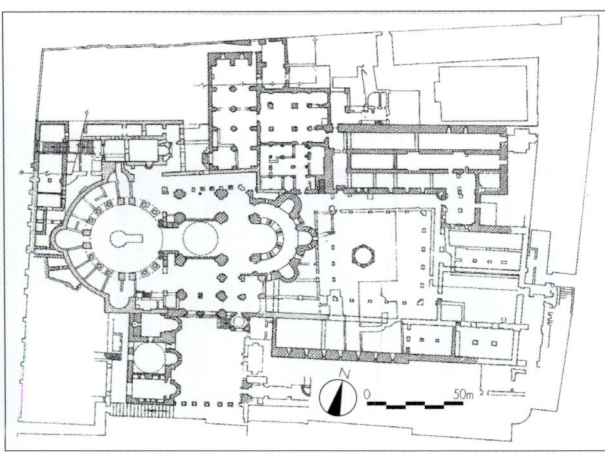

図5-32 イェルサレムの聖墳墓教会 12世紀の平面図

II−6 ゴシックと中世都市

ヨーロッパ文化を語る際に，アルプスを境に南北に分ける方法がある。地中海沿岸，ギリシャ・ローマの古典古代の遺産を受け継いだ南の文化と，アルプス以北のケルトやゲルマンの伝統に連なるものとにである。特にゴシック建築は，長い間，地中海沿岸とは異なる，アルプス以北の建築の代表例として取り上げられてきた。本節では，このゴシック建築とそれを取り巻く環境について説明する。

1 ゴシックの誕生

フランス，パリを中心とするイル・ド・フランス地方で，12世紀中頃，新しい建築様式が誕生した（図6-1）。最初は数ある地方様式の一つに過ぎなかったが，やがて他に類をみない特徴的な造形へと変化すると同時に，フランスの王権の伸長やイル・ド・フランスの経済的発展などと相まって，ヨーロッパ中が注目する重要な様式へと展開した。

当時，「フランス様式」や「新様式」と呼ばれたこの**ゴシック**様式の父ともいうべき人物が，**サン・ドニ修道院長スゲリウス**（シュジェール）である。彼は建築のみならず，彫刻やステンドグラスなどの装飾も含めた，教会建築を取り巻く壮大な象徴体系全体における変革者とみなすことができるだろう。

建築史においては，ゴシックとロマネスクとの重要な違いとして，形の上で特に**尖頭アーチ**（図6-2），**リブ・ヴォールト**（図6-3），**フライング・バットレス**（図6-4）の3点がよく指摘される。しかし，これらの技法は実は，いずれもロマネスク建築の中にすでに見ることができる。違うのは志向する建築で，ロマネスクでは壁体の存在感が重要だが，ゴシックではむしろ石材の重量感を否定した軽さが重要である。

ゴシックの大聖堂に入ると，ヴォールト天井，石壁，ステンドグラスによる窓，といった各部位が，束ね柱とリブが作り

図6-1 サン・ドニ修道院（1136〜44年）内陣

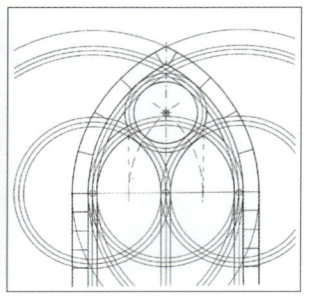

図6-2 尖頭アーチの作図法

6 ゴシックと中世都市

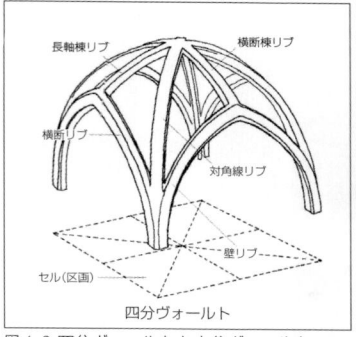

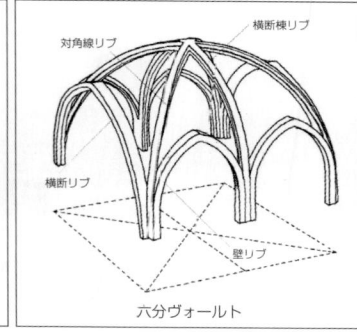

図6-3 四分ヴォールトと六分ヴォールト

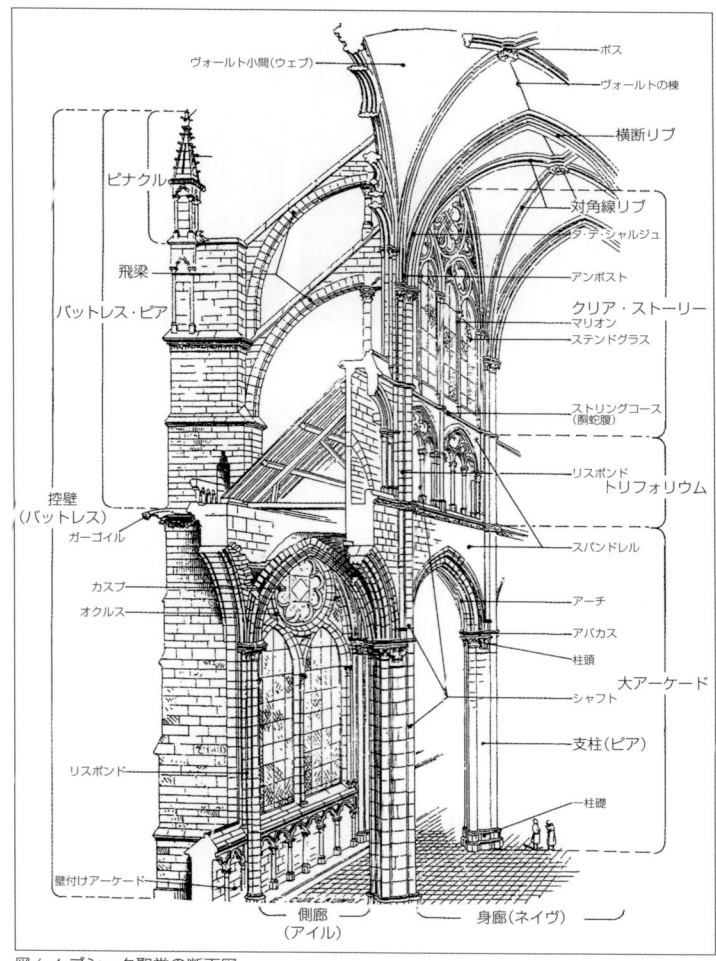

図6-4 ゴシック聖堂の断面図

図6-5 パリ大聖堂 外観

図6-6 ラン大聖堂 外観

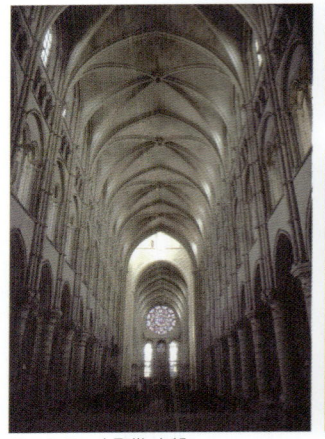

図6-7 ラン大聖堂 内部

図6-8 ラン大聖堂 天井見上げ

出すフレームの間にパネルのように嵌っているかのごとく見える。実は，これらはすべて造形上のレトリックだが，ゴシックの工匠たちが目指したものをわれわれに明快に示すものである。

12世紀後半のゴシック建築は，**初期ゴシック**と呼ばれる。**パリ**（1163〜1250年）（図6-5）や**ラン**（1160年頃〜1230年頃）（図6-6）の大聖堂が代表的な作例だが，まだいくばくかロマネスク的な雰囲気が残っている。

内部の壁面は**四層構成**（図6-7）で，上から順に高窓の並ぶクリア・ストーリー，アーケードのある通路状の凹み（トリフォリウム），側廊上の2階部分（トリビューン），側廊へ通じる大アーケードからなっている。

また身廊の平面は，正方形の区画（ベイ）に分割可能だが，この正方形はさらに2つの長方形に分割される。このため身廊の支柱（ピア）は，正方形の頂点の太いものと，辺の真ん中に位置する細いものの2種類があり，互い違いに支柱交替をおこす。天井はこれに対応して，正方形を6つに分割する**六分ヴォールト**となる（図6-8）。

2 盛期ゴシックとその後

13世紀初めに完成した**シャルトル**の大聖堂（1194〜1250年頃）（図6-9）は，初期ゴシックとは大きく異なる作品で，**盛期ゴシック**の最初の作品とされる。そして，続く**ランス**（1211〜1475年頃）や**アミアン**（1220〜1401年頃）の大聖堂は，洗練の

6 ゴシックと中世都市

度合いを増し、文字通りゴシックの高みへと到達した。2つの大聖堂は、それぞれゴシックの「女王」と「王」と讃えられる。

変化したのは具体的に、以下の点である。身廊内壁は側廊の上の2階部分がなくなり、**三層構成**となった（図6-11）。平面も長方形の区画が基準となり、そして同時に、天井も長方形の区画を対角リブで4つに分割する**四分ヴォールト**となった（図6-12）。天井はさらに高く、高窓の面積もさらに大きくなり、ステンドグラスが内部空間に及ぼす効果は支配的なものとなった（図6-13）。

これ以降も15世紀まで、フランスではゴシック建築がつくられ、**レイヨナン式**（図6-14）、**フランボワイヤン式**と徐々に装飾的傾向を強めていった。

やがてゴシック建築はヨーロッパ全体

図6-9 シャルトル大聖堂 外観

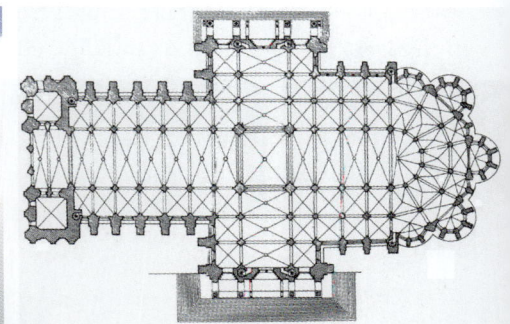

図6-10 シャルトル大聖堂 平面

図6-11 ランス大聖堂 内部

図6-12 ランス大聖堂 天井見上げ

図6-13 アミアン大聖堂 内部

に伝播していくが，決して全ヨーロッパ的な統一的な様式へと発展したのではなく，地方ごとの建築的伝統と混交しつつ広がっていった。

イギリスでは**カンタベリー大聖堂**（1174〜85年）（図6-15）以降，ゴシックは急速に広がり，後に国民的様式と認識されるほどの浸透をみせる。しかしイギリスでは，フランスほど高さは強調されない（図6-16）。外見的には身廊と交差廊の交差部分に大きな塔を設けるのが特徴で（図6-17），都市の大聖堂としてではなく，修道院として整備されたものが多い。そして垂直式，装飾式といった，独自の発展を遂げることになる（図6-18）。

ドイツでは，例えば**ケルン大聖堂**（1248〜1559年）（図6-19）は双塔式の正面で，フランスのレイヨナン式の影響下にあるが，むしろ西側に巨大な塔を一基備える単塔式が一般的だった（図6-20）。内部のリブ・ヴォールトも，時代とともに複雑かつ装飾的になり，網目状のデザインが好まれ

図6-14 パリのサント・シャペル（1243〜48年）内部

図6-15 カンタベリー大聖堂 内部

図6-16 ウェルズ大聖堂（1180年頃〜1435年頃）内部

図6-17 ソールズベリー大聖堂（1220〜66年）外観

図6-19 ケルン大聖堂 外観

図6-18 グロスター大聖堂（1351〜1421年）回廊

図6-20 ウルム大聖堂（1377〜1543年）外観

図6-21 ニュルンベルクのザンクト・ロレンツ聖堂（1439〜77年）内陣

図6-22 ミラノ大聖堂 内部

図6-23 フィレンツェのサンタ・クローチェ聖堂 内部

た（図6-21）。また，身廊と側廊の天井高が同じハレンキルヒェという作品も多数みられる。

　イタリアでは，**ミラノ大聖堂**（1386〜1577年）（図6-22）がゴシックの大作として有名である。しかし設計は難航し，外観も内部もあまりゴシックらしくない。むしろフィレンツェのサンタ・クローチェ教会（1294〜1443年）（図6-23）のように，ゴシックは托鉢修道会などの修道院を中心に導入されて定着していった。

3 中世の工匠たち

　中世の建設業は，数多くの専門職に細分化され，各職業は同業者組合（ギルド）を組織していた。職人たちは，親方の下で修行しつつ物を作る徒弟制が一般的で，多くの場合，工房として組織されていた。

　石工たちの中には，特にその力量を認められ，大きな作品を任された者たちもいた。彼らは関連する様々な職人をたばね，大規模かつ複雑な建設工事を推進した。手袋をはめ検尺を持ちマントを羽織って威厳を糺した肖像が残されており，人々の寄せた信頼と尊敬が垣間見える。また彼らの何人かは，スケッチ・ブックを残しており，13世紀の**ヴィラール・ド・オヌクール**（生没年不詳）のものが有名だ

189

が，当時の建築設計を考える上で貴重な資料となっている。

こうした職人たちの中には，各地を遍歴する者もいた。ゴシック建築がヨーロッパ中に広がる背景には，彼らの存在は無視できない。有名な例をあげれば，カンタベリー大聖堂建設をイギリスで指揮したウィリアム（ギョーム）は，フランスのサンス大聖堂でも仕事をしていたことがわかっている。

さて，ゴシックの大聖堂は年々巨大化したが，その背景に現代のような構造計画があったわけではない。すべての建築は，石工たちの既存の作品に対する理解と長年の実務経験，そして勘としか言いようのない能力をもとに設計された。このため時には，いくつかの錯誤の連鎖から，不幸な大惨事を招くこともあった。例えばボーヴェの大聖堂（1225〜72／1322年）（図6-24）は，当時最高ともいわれる天井高48mのヴォールト架構を持っていたが，二度にわたって倒壊事故を起こしている。

聖堂建設のマネージメントも，現代とは全く異なる方法で行われた。理想優先といえる計画がまずあり，後から施工，構造，予算などの現実的な問題が考えられた。この背景には，教会建築を「神の家」や「天上の館」とみなす考え方があるのだろう。このため工事は，経済的な理由などから度々中断された。シャルトル大聖堂の塔が，右と左とで建設時期とデザインが異なるのは有名で（図6-9），ケルンやウルムの大聖堂は，工事半ばで放置され，完成したのは19世紀のことだった（図11-21）。

4 城郭と宮殿：世俗の建築

文学や映画などの中世の描写に，城郭は欠かせない。しかし多くの場合，実用本位の作品で美的な配慮には乏しかった。

中世初期の城塞は，おそらく丘の上などに塔状の砦を築き，その周囲に壁と壕を巡らしたものだった。この形式は，立派な石造の天守（ドンジョン）を全体の中心に据える形式に変化する。こうした城郭はヨーロッパ中にあり，地域差も大きい。例えばロンドン塔（11〜14世紀）（図6-25）は，直方体のボリュームに白い漆喰仕上げだが，ドイツのライン川沿岸では，石材が剥出しになった円筒形の天守も多い。

さて時代が下ると，居住性と防御力という，相反する要求を満たすため，城郭の守りの中心は，天守から城壁そのものに移っていく。つまり天守を廃し，城壁に沿って要所要所に配される塔を充実させ，城壁に囲まれた内部全体を様々な施

図6-24 ボーヴェ大聖堂 内部

図6-25 ロンドン塔 外観

図6-26 カーナーヴォン城 城内

図6-27 パレルモのノルマン王宮 宮廷礼拝堂

サイユ宮のような政治的, 社会的, 文化的, そして建築的に絢爛豪華な宮廷の様子は, 中世においてはまだ発展途上であった。

中世初期には, 国王や皇帝は国内の必要とされる場所へ自ら赴き直接, 指示を与えることが多かった。このため王と廷臣たちは, 旅から旅の日々を送った。例えばカロリング朝やオットー朝では, 旅の途中で王が使用できる施設が各地に整備された。そんな時代にあって, コンスタンティヌポリスの大宮殿は, 残念ながら断片的な発掘結果しかないが, ローマ宮殿の流れを汲む壮大な建築であり例外といえる。

こうしたビザンツの宮殿と西欧の城塞とが組み合わさった稀有な例が, パレルモのシチリア王国の宮殿である。ルッジェロの間は, 当時の宮殿の様子を今日に伝える数少ない作例で, ビザンツ風のモザイク装飾が美しい。宮廷礼拝堂（カペラ・パラティーナ）（12世紀）（図6-27）はさらにモザイクに加え, 精緻なイスラーム式のムカルナスが天井に施されている。

設のために開放しようとしたのだ。

ヴィオレ・ル・デュクの修復で有名なピエルフォン城（1392〜1411年頃）（図12-10, 11）や, 英国皇太子ゆかりのウェールズ地方のカーナーヴォン城（1283〜1330年）（図6-26）は, その典型といえる。また中世も後半になると, 各地に城塞都市が建設されるようになる。南フランスにたくさんつくられた,「バスティード」と呼ばれる都市はよい例である。

さて, 王侯貴族のための建築といえば宮殿である。しかしながら, 後のヴェル

5 都市の空気

1000年頃, ヨーロッパで人口が数万人以上の, 都市らしい都市は, ビザンツ帝

国の首都コンスタンティヌポリス，シチリアのパレルモ，そしてイスラームの支配下にあったスペインのコルドバやトレド，セヴィリアだけだった。

それが13世紀には，イタリアとフランドルの都市が発展し始め，14世紀にはフィレンツェ，ヴェネツィア，ジェノヴァ，ミラノ，パリ，ヘントが5万人を超え，ロンドンやナポリなどがそれに続いた。

こうした中世ヨーロッパにおける都市の発展は，経済活動の活性化と密接に関係している。中世の都市は多くの場合，地域の経済活動の中心だった。このため経済活動の担い手である商人や手工業者が中心となって，市民の自治と既存権力からの治外法権を獲得し，経済活動を保護していった。

都市の周囲には**城壁と壕**がつくられ，周囲と市内を区切っていた。中には，封建領主とともに発展した都市もあり，ロンドンやパリがその代表例だが，王侯貴族の城館は市街の外れに位置していた。市民の代表として市長，参事会，裁判官が都市の政治の中心だった。古くからの名家や，経済力のある大商人，手工業者のリーダー，同業者組合といった存在が，都市の政治を担っていた。

建築的には，都市の政治の場として，**市庁舎**が整備された。通常，2階には会合を開くためのホールが設けられ，市の運営の中心となったが，同時に地下に牢屋がつくられたことからもわかるように，司法・警察も含め様々な機能をもっていた（図6-28）。

市庁舎前には**広場**が設けられ，市政に関する布告や罪人の処罰など，市庁舎と連動して使用された。シエナのカンポ広場（図6-29）は，このような広場の中でも

図6-28 ニュルンベルクの市庁舎（14世紀）断面図・立面図

図6-29 シエナのカンポ広場と市庁舎（1297〜1310年）　図6-30 ローテンブルク・オブ・デア・タウバーの地図

特に有名なものである。

　多くの都市では、市庁舎前の広場とは別に、町の中心部の大きな教会の前にも広場が設けられていた。広場では必要に応じて、あるいは定期的に市が立ち、相応の賑わいをみせていた。こうした仮設の店舗は、広場だけでなく、幅の広い街路や城門の前の少し開けた所なども利用した。

6 中世都市の光と影

　都市の復活は、それまで失われていた多くの公共施設を復活させた。病院などの福祉施設、浴場などの娯楽施設、そして大学に代表される教育施設などである。特にパリ、ボローニャ、パドヴァなどの大学は、12〜13世紀には各国から学生を集めた。しかし後のケンブリッジやオクスフォードのような専用の建築を調えるのは、まだ先の話である。

　しかし中世都市は、インフラストラクチャーの整備では、古代に遠く及ばなかった。細く曲がりくねった未舗装の街路が続き、いたるところに塵芥や汚物が遺棄されていた。

　住宅は1階の街路に面した分を店舗として使用し、中庭や後庭を整備した(図6-31)が、往々にして無秩序な増改築の結果、通風も採光も不十分だった。多くの住宅は、上階が街路や広場の上に迫り出し(図6-32)、幅の狭い街路の上では、向かい合った住宅の上階が接してしまうこともあった。当然、衛生状態は劣悪で、14世紀のペストをはじめ、中世ヨーロッパで伝染病が繰り返し猛威を振るったのは有名である。

　こうした環境に苦しんでいたのは、もちろん貧困層である。彼らの救済を使命としたのが托鉢修道会で、13世紀以降、活躍した。ドメニコ会とフランチェスコ会が有名で、活動資金を托鉢により集めたため、**托鉢修道会**と呼ばれる。

　多くの都市において、托鉢修道会は貧困層の集まる都市の周縁部に修道院をたて、活動の拠点とした。こうした施設は後に、さらなる市街地拡張の核となった。例えばフィレンツェでは、ドメニコ会のサンタ・マリア・ノヴェッラ(1448〜70年)(図7-8の5、図7-25)やフランチェスコ会のサンタ・クローチェ(図7-8の6、図6-23)などが、古い城壁の外に13世紀に建設され、後に市街に取り込まれ、ルネサンス芸術の舞台となるのである。

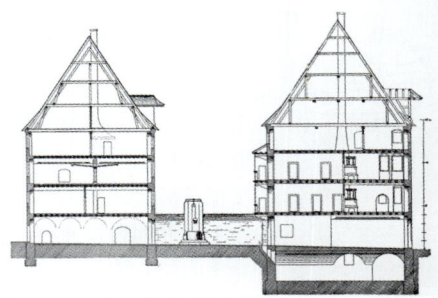

図6-31 ニュルンベルクの町家

図6-32 リーンブルクの町家

II-7 ルネサンスへ

ルネサンスとは、フランス語で「復活」や「再生」を意味する言葉である。中世から近世へと時代が変化していくなか、都市の発展とともに古代への関心が、イタリアを中心に高まっていった。そして、やがて様々な分野において、古代を手がかりに、人間を中心とした世俗的な文化が花開いていったのである。
ここでは、ルネサンスの下地となった中世都市の変容から説き起こし、フィレンツェにおけるルネサンス建築の隆盛までを取り扱う。

1 経済ネットワークと都市

中世都市はまず何よりも、経済活動の拠点だった。それゆえ都市と都市を結ぶ**ネットワーク**は重要だった。古い時代にあっては、安く大量に物品を輸送する効率の良い手段は**海運**だったため、当然、都市間の経済的なネットワークも海運による物流を支えとし、海岸や大きな河川の流域に展開していった（図7-1）。

図7-1 15世紀ヨーロッパの都市とネットワーク

中世から近世にかけて急速に変化したのは北海沿岸、特に現在の国名でいうオランダやベルギーであろう。ベルギーの沿岸部、いわゆるフランドル地方で毛織物業が盛んになったことが引き金であるとされ、**ブルッヘ（ブリュージュ）**や**ヘント（ガン）**といった都市が中心となった。運河や河川のネットワークを基盤に、貿易や金融の中心として発展し、初期フランドル絵画に代表される、文化的な活動を生み出していった。

バルト海の場合、状況は少し異なる。ここではリューベックやハンブルクといったドイツの港湾都市の商人たちが、組合的な組織を作ったのが始まりといわれ、これがやがて港湾都市が中心となった**ハンザ同盟**に発展し、経済的に未発達なバルト海沿岸部に展開して交易

7 ルネサンスへ

を独占した。ドイツの港湾都市**ハンブルクやブレーメン**は、現在でも正式名称として「**自由ハンザ都市**」を名乗っている。

これらに加えて、内陸部の都市もネットワークを形成し発展していった。パリやロンドンのように、海のネットワークから河川を遡行(そこう)して到達する場合や、またライン川やドナウ川のような国際河川流域のネットワークも重要だが、特筆すべきは北海・バルト海沿岸と地中海沿岸を結ぶ内陸の経路で、神聖ローマ皇帝と結びついて発展した**ニュルンベルク**や、フッガー家やヴェルザー家といった豪商の本拠地となった**アウグスブルク**は特に重要だった。

これに対して地中海は、古代においてはローマ帝国の内海であり、中世においても、すでに述べたように、経済活動の中心であることには変わりはなかった。

2 イタリアの都市国家

地中海の経済活動を支えた交易都市の一つに、**ヴェネツィア**がある(図7-2)。アドリア海北端の湿地に建設されたこの都市では、縦横に張り巡らされた水路網とそれに面して立つ邸宅群が、他に例をみない都市景観(図7-3)を生み出した。通常の都市ならば、中心の大通りに当たるのが**大運河**(図7-4)で、その海側の端に有名な**サン・マルコ広場**(図7-5)があり、サン・

図7-2 ヴェネツィアの地図

図7-3 ヴェネツィアの水路と住宅

図7-4 ヴェネツィアの大運河

図7-5 ヴェネツィアのサン・マルコ広場と総督宮(右)

図7-6 ヴェネツィアのサン・マルコ広場 行政館(左)と鐘楼(右)

マルコ聖堂や総督宮が立ち並んでいる（図7-6）。もちろんヴェネツィアは，世界的にみても特殊な例だが，しかし伝統的な都市において水路は，今よりもはるかに重要視されていたのではないか。

むしろイタリア全体でいえば，この時代，中部から北部にかけての都市の伸張は著しいものがあった。ピサやボローニャといった都市では，都市貴族たちが邸宅を構え，塔の高さを競い合った（図7-7）。

こうした都市の中でも，特に注目すべき発展を遂げたのは**フィレンツェ**（図7-8）だろう。中部イタリア，トスカナ地方のなだらかな丘陵地帯，アルノ川のほとりのこの町は，金融業と毛織物業を軸に，ヨーロッパ経済の中心となった。まちの中心はシニョーリア広場(図7-9)と市庁舎のパラッツォ・ヴェッキオ(図7-8の12)で，有名な大聖堂(図7-8の3)はやや離れている。

こうしたイタリア都市国家を支えていたのは，貿易や金融で財を成した都市貴族たちだった。彼らは都心に**パラッツォ**という邸宅を構えた（図7-10）。これは中世的な都市住宅とは異なり，重厚な外壁

図7-7 ボローニャ 12世紀初めのアシネッリの塔(右)とガリセンダの塔(左)

7 ルネサンスへ

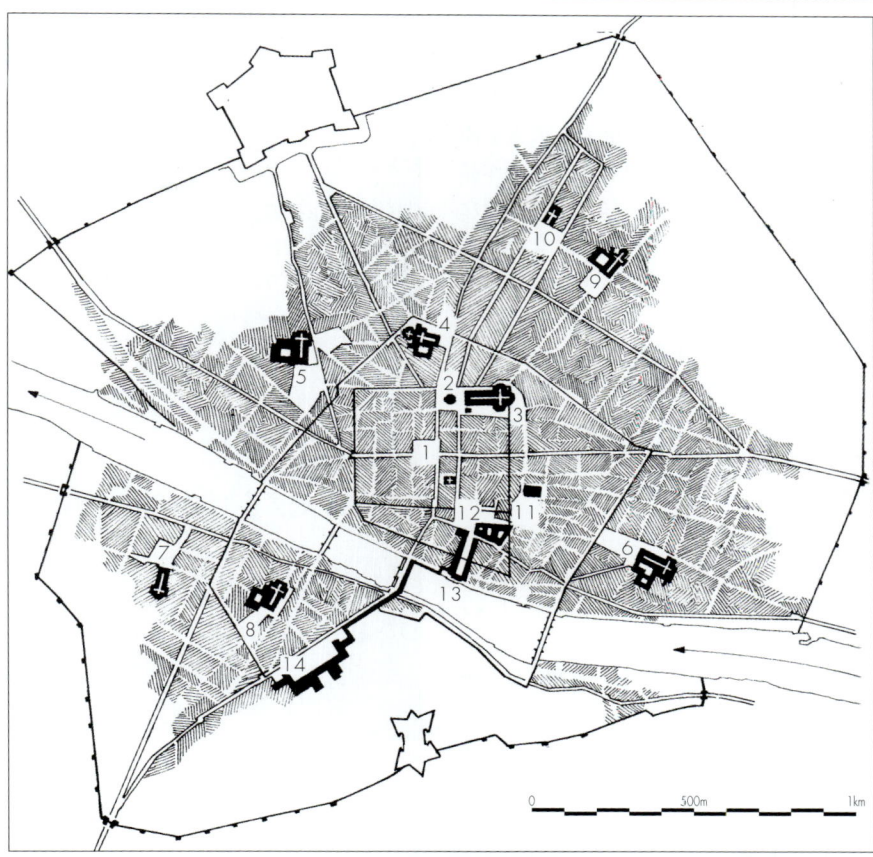

1 旧市場　2 サン・ジョヴァンニ洗礼堂
3 サンタ・マリア・デル・フィオーレ大聖堂　4 サン・ロレンツォ聖堂
5 サンタ・マリア・ノヴェッラ聖堂　6 サンタ・クローチェ聖堂
7 サンタ・マリア・デル・カルミネ聖堂　8 サント・スピリト聖堂
9 サン・ティッシマ・アヌンツィアータ聖堂　10 サン・マルコ聖堂
11 パラッツォ・デル・バルジェッロ　12 パラッツォ・ヴェッキオ
13 パラッツォ・デッリ・ウッフィーツィ　14 パラッツォ・ピッティ
図7-8 フィレンツェの地図

図7-9 フィレンツェのシニョーリア広場

図7-10 フィレンツェのパラッツォ・メディチ（ミケロッツォ・ミケロッツィ設計 1444〜59年）

で諸室を包み，持ち主の家柄を表すべく威厳を正したものだった。また彼らは，教区教会堂に礼拝堂を整備することなどで，神を讃(たた)え，同時に自分たちの富も誇示しようとした。建築を含めた芸術作品に投資することは，彼らにとって自分たちの富や名誉を表現するまたとないチャンスだった。こうして才能あふれる芸術家と，金離れもよいが口数も多い庇護者（パトロン）との関係が整っていった。

例えば金融で巨万の財を築き，コジモ（イル・ヴェッキオ），ロレンツォ（イル・マニフィコ）と事実上のフィレンツェの支配者を輩出した**メディチ家**は，ブルネレスキやミケランジェロといった巨匠の手を借り，菩提寺(ぼだいじ)ともいうべきサン・ロレンツォ聖堂（図7-18, 19, 20, 図8-11, 12, 13）の施設を次々と整備した。またメディチ家のライバルだった**パッツィ家**も，サンタ・クローチェ聖堂（図7-8の6，図7-21, 22）に礼拝堂を用意したが，これもブルネレスキの傑作として名高い。

3 人間と宇宙

こうした都市における経済的な発展の中で，新しい文化が育まれていった。その重要な要素の一つが，自然へのまなざしであろう。彼らは，まず人間そのものを高貴な存在として捉えた。そして合理的な秩序と調和に満たされた宇宙の中に，この人間を位置づけるとともに，宇宙の神秘を解き明かす存在であると自分たちを認識したのである。

その際，彼らに手がかりを与えてくれたのは**数学**だった。自然界の美も，数学的な比例関係と幾何学的な秩序によって説明できるのではないかと考えたのである。このことを端的に示しているのが，**人体比例**を表した図（図7-11）である。人体を美しいものと捉え，その美を円や正方形といった幾何学的な図形から説明しようとしたものである。

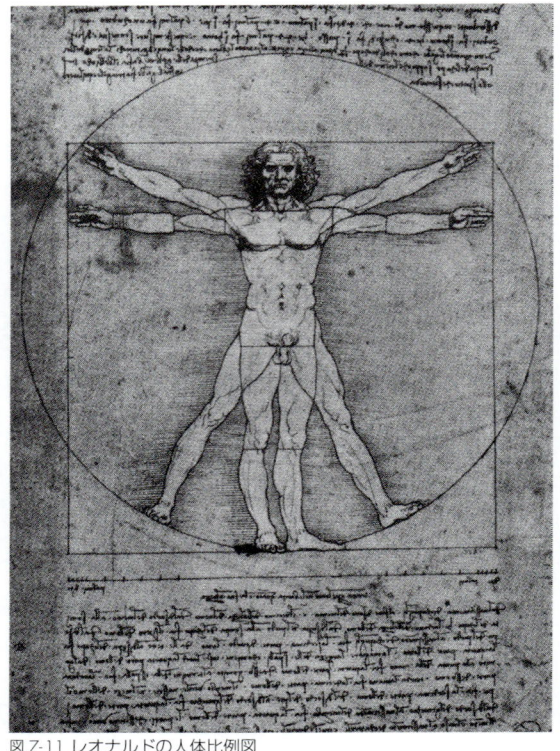

図7-11 レオナルドの人体比例図

このような幾何学的な秩序を重要視する考え方は，様々な建築家の提案にもみることができる。ブルネレスキの三次元格子の活用や，ブラマンテの集中式建築へのこだわりはその好例であろう。

都市計画においても，**ウィトルウィウス**の説をもとに，現実の都市とは無関係な幾何学的な理想都市が提案された。1460年にフィラレーテ（1400年頃〜69年頃）が，ミラノ公フランチェスコ・スフォルツァのために用意した**スフォルツィンダ**

7 ルネサンスへ

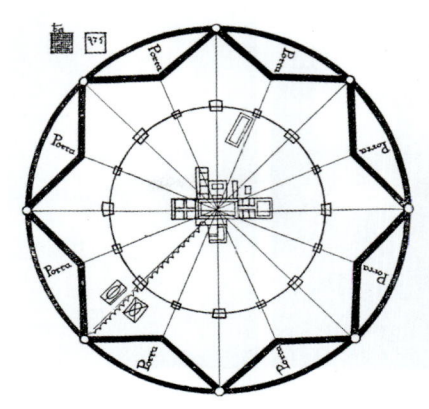

図7-12 フィラレーテのスフォルツィンダ計画図

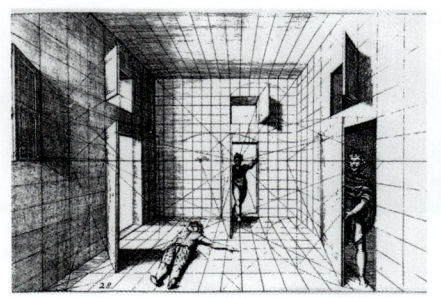

図7-13 ブルネレスキによるパースの解説図

は、円を基準とした八芒星形の中央に市庁舎・教会・広場をまとめ、そこから放射状に16本の街路を計画していた（図7-12）。

また、当時の建築家や画家がこぞって研究したテーマに**透視図法（パースペクティヴ）**がある。本来、三次元のものである立体や空間を、いかに巧みに二次元の平面上に写し取るかに、人々の関心が集まったのである（図7-13）。

4 古代からの遺産

しかし、ルネサンス建築をルネサンス建築たらしめている重要な要素として、古代ローマへの眼差しがあげられる。古代の書物は中世においても読まれてきたが、宗教的な文脈において聖職者たちが読むものであった。都市が発展すると、世俗的な立場から古代の書物に目を向ける人々が現れた。彼らはそこに記されていることに、来るべき社会のモデルを見たのである。

同時にローマ帝国の中心地だったイタリア半島では、古典古代の建築は非常に身近なものだった。例えば、パンテオンやディオクレティアヌス帝の浴場は教会に改装され継承された。また神殿や公共建築の部材は、転用材として教会等の一部となった。帝国の首都だったローマは、中世にヴァチカンが重要になるにつれ、中心がティベレ河沿いに移り、パラティウムの丘などかつての中心地には、古代の遺跡が点在したままだった。当然、古代への関心は、こうした中で自然に育まれたのである。

同時代に経済的に大躍進を遂げた他の地域と比較するならば、イタリアと好対照をなすのが、古典古代の遺産がほとんどない**フランドル地方**であろう。絵画の分野で、15世紀に初期フランドル絵画が誕生し、ゴシックで到達した表現をさらに進めて、よりリアルで繊細な寓意に満ちた表現を達成したが、イタリアと比べ古典古代からの影響は希薄だった。

5 ローマへのまなざし

フィリッポ・ブルネレスキ（1377～1446年）の名は、建築界では常に「**花の聖母教会（サンタ・マリア・デル・フィオーレ）**」ことフィレンツェ大聖堂（1296年起工）のクーポラ（1420～61年）（図7-14）と結びつけて語られる。

15世紀初め、それまでの無謀ともいえ

199

図7-14 フィレンツェ大聖堂（サンタ・マリア・デル・フィオーレ）

図7-15 フィレンツェ大聖堂 内部

図7-16 フィレンツェの捨子保育院

図7-17 捨子保育院 中庭

る設計が災いし，大聖堂の屋根には，差し渡し40mを超す巨大な八角形の開口が，55mほどの高さに放置されていた。ブルネレスキはこれを塞ぎ，頂部の高さが120mに達するクーポラを見事に完成させたのである（図7-15）。このとき彼が，壁体に空洞をつくることで自重を軽減したり，レンガの積み方を工夫し施工を容易にしたことは有名である。さらに続けて頂部のランタンを設計したが，完成は彼の死後となった。

彼はもともと金細工職人だった。金細工といっても教会の巨大な扉などを，貴金属を用いた彫刻などで飾るのが仕事で，むしろ彫刻家といったほうが近いだろう。彫刻家ドナテッロとローマに行き，古代の建築や彫刻を見て回ったという。それがパンテオンを超える巨大な架構として結実したのである。しかしながら大聖堂のクーポラは，意匠的には前任者のデザインと技術的な要請から決まったもので，必ずしも彼の好みではなかった。

彼が示したかった新しい意匠は，むしろ**捨子保育院（オスペダーレ・デッリ・イノチェンティ）**（1419～45年）に表現されている（図7-16）。これは児童福祉施設という用途からも，中庭が生み出す空間的な魅力（図7-17）からも興味深い作品だが，意匠的に重要なのは，正面の半円アーチが並んだロッジアである。古代の作品と比較した場合，考古学的な厳密さからは問題もあるが，アーケードの幾何学的な秩序は，古典的ともいえる美しさを生み出している。

ブルネレスキは考古学的な正確さよりも，むしろ幾何学的な秩序を重んじたよ

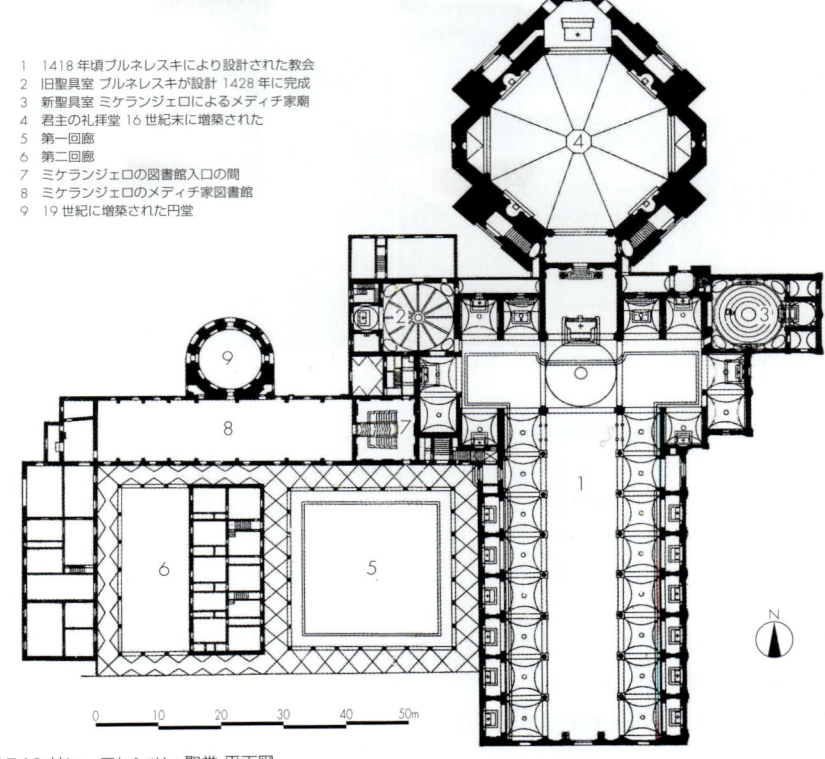

7 ルネサンスへ

1　1418年頃ブルネレスキにより設計された教会
2　旧聖具室 ブルネレスキが設計 1428年に完成
3　新聖具室 ミケランジェロによるメディチ家廟
4　君主の礼拝堂 16世紀末に増築された
5　第一回廊
6　第二回廊
7　ミケランジェロの図書館入口の間
8　ミケランジェロのメディチ家図書館
9　19世紀に増築された円堂

図7-19 サン・ロレンツォ聖堂 平面図

図7-18 フィレンツェのサン・ロレンツォ聖堂

図7-20 サン・ロレンツォ聖堂 旧聖具室

うである。彼の設計した**サン・ロレンツォ聖堂**（1420～60年）（図7-18）やサント・スピリト聖堂（1436～82年）では，半円アーチを多用した内部も含め，全体が立方体を基準とした三次元の格子に基づいて設計されている（図7-19）。同様な幾何学的秩序は，サン・ロレンツォ聖堂の旧聖具室(1421～28年)（図7-20）やサンタ・クローチェ聖堂付属の**パッツィ家礼拝堂**（1430～61年）（図7-21, 22）でも見ること

Ⅱ 西洋建築史

図7-21 サンタ・クローチェ聖堂付属パッツィ家礼拝堂　　　　　　　図7-22 パッツィ家礼拝堂 内部

ができる。

　彼のもたらした新しい建築は，他の建築家にも影響を与えた。ミケロッツォ・ミケロッツィ（1396〜1472年）などはその好例であろう。彼やフィラレーテはミラノで活躍し，ルネサンス建築を北イタリアへ広めていった。

6 理論へのまなざし

　レオン・バッティスタ・アルベルティ（1404〜72年）は15世紀を代表する建築家の一人だが，経験豊富な職人でもなければ，技を極めた芸術家でもなかった。彼は物づくりに関する専門的な訓練は受けておらず，逆にラテン語を中心とする学問を身につけた，典型的な人文主義者だった。建築に心を寄せたのも，古代の建築の美しさに惹かれたからで，美とは何かというすこぶる抽象的な疑問からだった。

　絵画・彫刻・建築という造形芸術の三本柱に関して，アルベルティは自分の考えをまとめようとした。『**絵画論**』についで完成した『**建築論**』（1452年）は，古代ローマのウィトルウィウスの『**建築十書**』を参考にしている。

　そこではオーダーのような古代の技法を整理する一方で，建築美は数学的な比例関係によって構築される，といった美学的な考察がなされている。おそらくアルベルティは，自分が理想とする作品を論理的に説明しようと試みた点で，画期的といえるのだろう。

　実作においても彼は，豊富な実務経験に基づくのではなく，古代に関する深い知識を建築設計の拠り所とした。古代ローマの偉大な作品を，自分が直面している設計上の課題に応用したのである。職人とも芸術家とも異なる彼独自のアプローチは，後の時代の建築家を先取りしたとみなされることが多い。

　最初の実作は，フィレンツェの**パラッツォ・ルチェライ**（1446〜51年）（図7-23）ではないか。内部の構成は伝統的なパラッツォだが，立面は柱とアーチによる装飾が全体を引き締めている。これはコロッセウムの立面（図3-22）からヒントを得たとされる。また，リミニにある**テンピオ・マラテスティアーノ（サン・フランチェスコ聖堂）**（1450〜68年）の正面（図7-24）は残念ながら未完だが，3つのアーチがそれぞれ身廊と側廊に対応して並んでいる。こちらはローマの記念門（図3-1）

7 ルネサンスへ

がモデルになった。

1470年に完成したフィレンツェの**サンタ・マリア・ノヴェッラ聖堂**(1448〜70年)の正面(図7-25)は,むしろ古めかしいものだが,整数比による構成が有名で,多くの建築家によって模倣された。

1470年頃に設計したマントヴァの**サンタンドレア聖堂**(1471〜1512年)(図7-26)は,ラテン十字形の平面の身廊に大規模なヴォールト架構を用いていることで有名である(図7-27)。この屋根架構は,ディオクレティアヌス帝の浴場(図3-26)やマクセンティウス／コンスタンティヌスのバシリカ(図3-6)といった古代ローマの大作を手本にしており,その重厚さ故に後の教会建築に大きな影響を与えた。

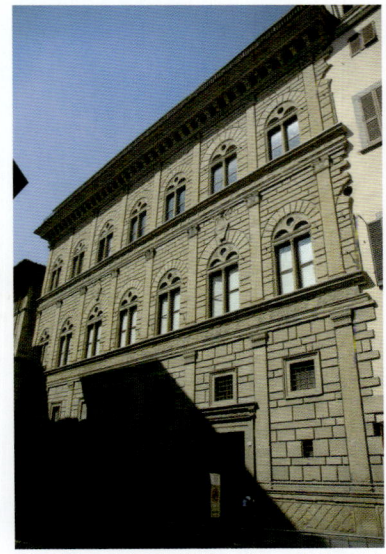

図7-23 フィレンツェのパラッツォ・ルチェライ

図7-24 リミニのテンピオ・マラテスティアーノ

図7-25 フィレンツェのサンタ・マリア・ノヴェッラ聖堂

図7-26 マントヴァのサンタンドレア聖堂

図7-27 サンタンドレア聖堂 内部

II-8 古典主義の興隆

15世紀にフィレンツェを中心に展開したルネサンス建築は、やがてミラノ、ローマ、そしてイタリア中へ、さらにはヨーロッパ中へと広がっていく。本節では、16世紀初頭におけるブラマンテやミケランジェロといった巨匠たちの活躍から始め、マニエリスム、そしてパッラーディオと彼の著作へと筆を進めていく。

1 古典の誕生

ドナト・ブラマンテ(1444～1514年)は、ルネサンス建築の完成者と讃えられる。前半生を過ごしたミラノの作品では、集中式聖堂への傾倒をみることができる。サンタ・マリア・プレッソ・サン・サティーロ聖堂(1482～86年頃)では、敷地の都合上、中央の祭壇から南北と西に腕が伸びるT字形の建築を建設したが(図8-1)、祭壇奥東側にも空間が伸びるかのように壁面装飾を施し、十字形の建築であるかのように見せている(図8-2)。

サンタ・マリア・デッレ・グラーツィエ修道院(1485年頃～97年)は、食堂にレオナルド・ダ・ヴィンチの「最後の晩餐」があることで有名だが、聖堂の内陣はブラマンテの増築である。ゴシックの身廊の東端に、ドームを頂く三葉形集中式の聖所を設計した(図8-3)。内部の構成は、ブルネレスキの聖具室を連想させるが、外観はむしろミラノ周辺ロンバルディア

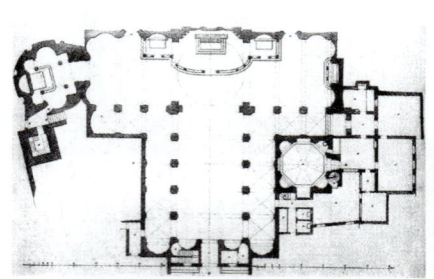

図8-1 ミラノのサンタ・マリア・プレッソ・サン・サティーロ聖堂 平面図

図8-2 ミラノのサンタ・マリア・プレッソ・サン・サティーロ聖堂 内部

図8-3 ミラノのサンタ・マリア・デッレ・グラーツィエ修道院聖堂 内部

8 古典主義の興隆

地方の伝統を感じさせる。

　フランス軍の侵攻を避けてローマに移ったブラマンテは，ルネサンス建築最大の巨匠の名をほしいままにすることになる。通称「**テンピエット**」という小礼拝堂（サン・ピエトロ・イン・モントリオ教会の殉教者記念堂）（1502〜10年）（図8-4），サンタ・マリア・デッラ・パーチェ修道院の中庭と回廊（1500〜04年）（図8-5），現存はしないが「**ラファエロの家**」（1510〜12年頃）と呼ばれた自邸（図8-6），いずれも古代ローマの傑作を超える完成度と絶賛され，後世の建築家に絶大な影響を及ぼした。その魅力は，寸法上の比例関

図8-4 ローマのテンピエット（サン・ピエトロ・イン・モントリオ教会の殉教者記念堂）外観

図8-5 ローマのサンタ・マリア・デッラ・パーチェ修道院中庭 横断面図

図8-6 「ラファエロの家」立面図

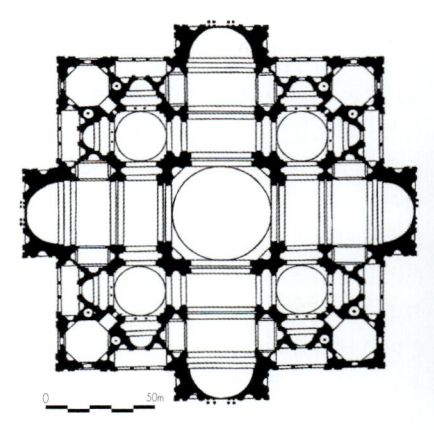

図8-7 ローマのサン・ピエトロ大聖堂 ブラマンテの案（1506年）

図8-8 工事中のサン・ピエトロ大聖堂 マールテン・ファン・ヘームスケルクのスケッチ（1530年代）

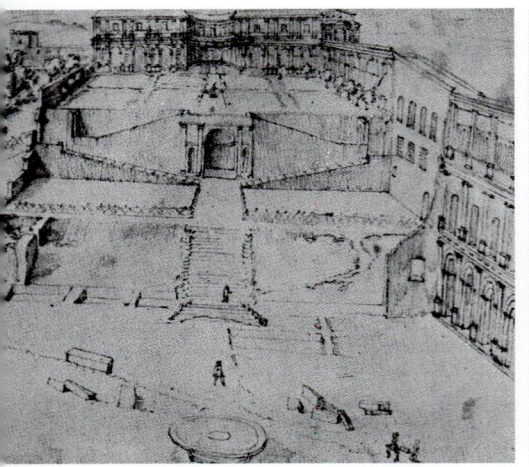

図 8-9 ローマのベルヴェデーレ宮 ジョヴァンアントニオ・ドーシオのスケッチ（1530年頃）

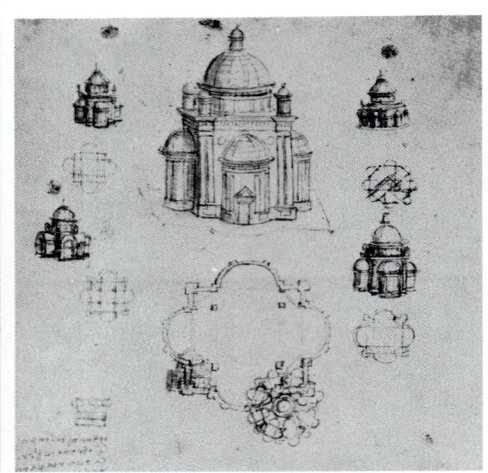

図 8-10 レオナルドの手稿に残る集中式聖堂のスタディ（1489年頃）

係の美しさ，各要素の対比的な取り扱い，基本となる要素の反復，などから生じた。

さらにブラマンテは，長年，懸案事項だった，**サン・ピエトロ大聖堂**新築計画（1503年〜）の責任者となった。そして，集中式聖堂研究の集大成ともいうべき，円・十字形・正方形を組み合わせた二軸対象の巨大な聖堂（図8-7）を提案したが，彼の死後，工事半ばで残された（図8-8）。同時に手がけた大聖堂脇のベルヴェデーレ宮（1503〜13年）は，美しい庭園をもつ宮殿だった（図8-9）が，後世の改築によりその大部分が失われてしまった。なおこの時，ブラマンテの下に多くの建築家たちが集まったことも，彼の影響力を考える上で重要である。

2 万能の人

レオナルド・ダ・ヴィンチ（1452〜1519年）は知らぬ者のない天才であり，その多才ぶりは「万能の人」（ウオモ・ウニヴェルザーレ）の典型といわれる。絵画・彫刻・音楽・医学・土木など活躍した分野は限りがない。彼のノート（手稿）には，建築や都市に関するアイディアもあり，例えば集中式聖堂に関してかなり詳しくスタディしている（図8-10）が，実作は残さなかった。

ラファエッロ・サンティ（1483〜1520年）は，画家として並ぶ者なき存在で，ルネサンスの巨匠たちの人脈の中心にいる人物である。絵画においては，レオナルドとミケランジェロの影響を受け，建築においてはブラマンテに師事し，ジュリオ・ロマーノを育てた。ブラマンテ亡き後，サン・ピエトロ大聖堂の責任者となったが，急逝した。

ルネサンスにおいては，建築家として知られる人の多くが，このような「万能の人」だった。造形芸術の頂点に立つ存在として建築が位置づけられたが，現在のような高度で複雑な工学技術の集大成という理解は希薄であった。また設計作業も，現在のような二次元の図面による作業よりも，模型や立体的なスケッチによることが多かった。

ミケランジェロ・ブオナローティ（1475〜1564年）もこうした「万能の人」の典型である。彫刻家としてメディチ家の英才教育を受け，画家，建築家として活躍し，合間に詩を書いた。建築においてはマニエリスムの創始者であり，バロックの先駆者と讃（たた）えられる。

3 マニエリスムの誕生

ミケランジェロの建築は，弟子ヴァザーリをして，伝統や規範とは無縁の造形と言わせしめた，独創的なものだった。例えば，フィレンツェの**サン・ロレンツォ聖堂の新聖具室**（メディチ家礼拝堂1521〜34年）では，南北の壁に向かい合わせて配置された二組の彫刻群と建築とが一体化し，堂内の壁体や窓などすべてが，この彫刻作品と関連づけて整えられている（図8-11）。また，同じサン・ロレンツォ聖堂の**付属図書館階段室**（1523〜52年）では，壁体にめり込んだペア・コラム，三つ又に分かれた階段など，多くの細部が造形的に考え抜かれていると同時に，常識的な建築の細部とは全く異なってい

図8-11 サン・ロレンツォ聖堂新聖具室 内部

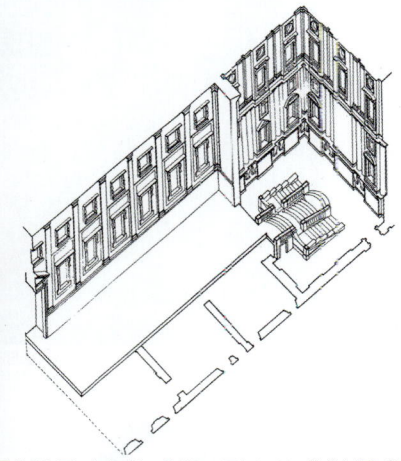

図8-12 フィレンツェのサン・ロレンツォ教会付属（ラウレンツィアーノ）図書館のアクソメ図

図8-13 フィレンツェのサン・ロレンツォ教会付属（ラウレンツィアーノ）図書館階段室

図8-14 マントヴァのパラッツォ・デル・テ 中庭

る(図8-12, 13)。

　こうしたあり方は，ブラマンテで古典建築の基本語彙は究められたと感じていたラファエッロ以降の建築家たちにとって，新しいあり方を示すものだったに違いない。彼らは古典的な手法（マニエラ）を究め，新しい刺激的な作品を生み出そうとした。すなわち**マニエリスム**である。

ラファエッロの弟子**ジュリオ・ロマーノ**（1499年頃～1546年）の作品は，マニエリスム建築の典型とされる。マントヴァのパラッツォ・デル・テ（1526～35年）（図8-14）や彼の自邸は，古典建築の基本から逸脱することの面白みに満ちているが，しかしそれは同時に，古典建築に通じたもののみが味わうことのできる悦楽でもある。知的な遊びに満ち，しかし鑑賞者をどことなく不安にさせるマニエリスム建築は，神聖ローマ皇帝によるローマ略奪（1527年）以後の，不安に満ちた時代の雰囲気と連動して広がったといわれ

図8-15 パラッツォ・デル・テ「巨人の間」内部

図8-16 ローマのカンピドリオ広場　エティエンヌ・デュペラックの銅版画（1568年）

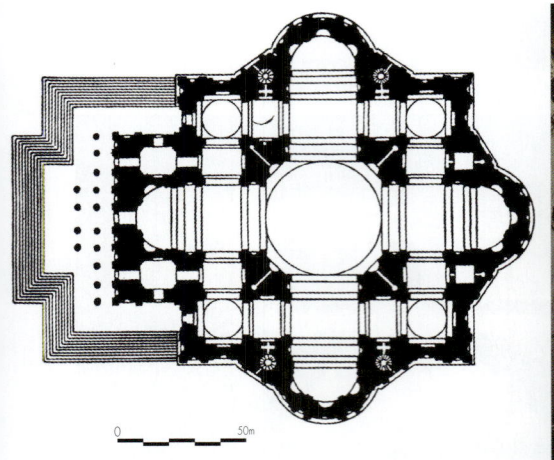

図8-17 ローマのサン・ピエトロ大聖堂　ミケランジェロの案

図8-18 ローマのサン・ピエトロ大聖堂 内部

さて、ミケランジェロの造形力は都市的なスケールでも発揮された。**カンピドリオ広場**（1536～1655年）の計画は、ローマのカピトリウムの丘の再整備だが、広場へと至る斜路、台形の広場、楕円形の敷石による模様、三方に立つ建築の立面、広場中央の彫刻、すべてが一つに調和している（図8-16）。

1546年、彼は数十年にわたって中断していた、**サン・ピエトロ大聖堂**の工事責任者となった。ブラマンテ案の問題点を改め、全体の規模を縮小し、壁の厚さを増し、ドームの形を変更した（図8-17）。大聖堂は、彼が亡くなったときにまだドームの工事の途中だったが、後継者たちによって完成された（図8-18）。

4 建築と書物

マニエリスムの画家として有名な**ジョルジョ・ヴァザーリ**（1511～74年）は、ミケランジェロの弟子で、やはり多彩な活動で知られる。建築ではヴィラ・ジュリア（1551～53年）（図8-19）やフィレンツェのウフィツィ宮（1560～81年）（図8-20）、ブルネレスキのクーポラの壁画などが有名である。しかし彼の名を不滅にしたのは、**『画家・彫刻家・建築家列伝』**（1550年）である。ルネサンスの芸術家たちの生涯をまとめたこの本は、憶測や伝聞による記述も多いが、同時代の貴重な記録である点は変わりない。

またこの本で彼は、古典古代が人類史上重要な繁栄の時代で、古代の文化に関心を寄せる彼の時代は、リナシタ（再生＝ルネサンス）であり、両者の間の中世は反ローマ的かつ野蛮であるか、ローマもどきにすぎない、という考え方を提示し

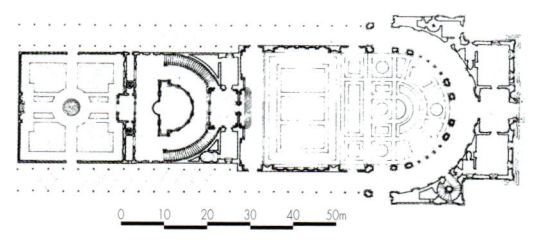

図8-19 ヴィッラ・ジュリア（ヴァザーリ／アンマナーティ／ヴィニョーラ）平面図

図8-20 フィレンツェのウフィツィ宮

た。これは主観的かつ一方的で，乱暴ともいえる意見だが，しかし古い建築を一貫した価値観で論じた点では，画期的だった。

また16世紀になると，様々な**建築書**が著されるようになった。もちろん手本となったのは，古代ローマのウィトルウィウスの『建築十書』である。これは15世紀末に原文（ラテン語）が，次いで16世紀初めにチェザリアーノ訳のイタリア語版が出版された。これより前に，アルベルティの『建築論』が発表されたことはすでに説明した（Ⅱ-7）。しかし，おそらく最初に広く重宝されたのは，16世紀中頃の**セバスティアーノ・セルリオ**（1475～1554年頃）の著作だろう。これは説明に図版を使用しており，設計資料集として非常に実用的な本だった。

ジャコモ・バロッツィ・ダ・ヴィニョーラ（1507～73年）は，ミケランジェロの影響を受けた建築家の一人である。代表作の一つイェズス会ゆかりのイル・ジェズ聖堂（1568～84年）（図8-21）は，正面のデザインが他の多くの教会建築に影響を及ぼしたことで知られる。彼の『**建築の五つのオーダーの規則**』（1562年）は，オーダーについて体系的に詳細な数値を示して説明したもので（図8-22），古典建築を設計する際になくてはならない書物となった。

こうした一連の建築書は，直接イタリアの建築に触れることができない他国の建築家にとって，貴重な情報源であり，ルネサンス建築の伝播を考える際に欠かせないものである。

なかでも重要なのが，**アンドレア・パッラーディオ**（1508～80年）の『**建築四書**』（1570年）で（図8-23），各国で広く読まれ，18世紀のイギリスでは「パッラーディアニズム」と呼ばれる大流行を巻き起こし，遠くアメリカまで影響を及ぼした。この著作は，古代の傑作，実務的な技術，オーダー等の意匠上の理論などを体系的に説明するだけでなく，パッラーディオの作品集としての側面ももっていた。

図8-21 ローマのイル・ジェズ聖堂 正面

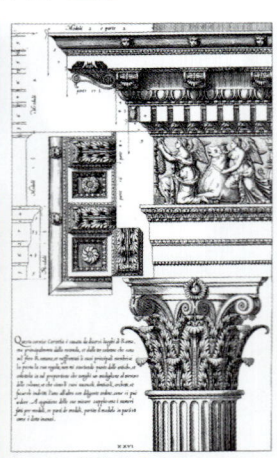

図8-22 『建築の五つのオーダーの規則』にみるコリント式柱頭とエンタブラチュア

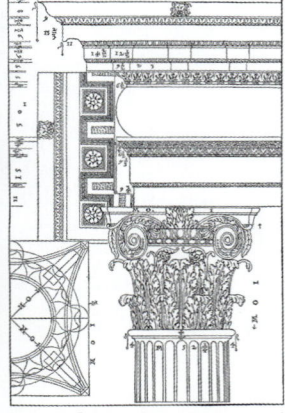

図8-23 『建築四書』にみるコンポジット式オーダーの柱頭，アーキトレーヴ，フリーズ，コーニス

5 都市・田園・邸宅

イタリアの都市貴族たちの生活の中心にあったのは、**パラッツォ**という邸宅だった。これは都心に立つ邸宅で、まず15世紀にフィレンツェで発展した。重厚かつ閉鎖的な外壁で守りをかためるが、その中には中庭や裏庭を配置し、豊かな空間を用意した。通常1階には、作業空間や使用人部屋、倉庫などをおき、2階を主階（ピアノ・ノビレ）とした。

フィレンツェのパラッツォ・メディチ（図7-10）やローマのパラッツォ・ファルネーゼ（1530〜46年）は特に有名である。通常は方形の整った平面をもつが、パラッツォ・マッシモ（1532〜36年）のように、不整形な敷地にうまく適応させた作品もある（図8-24）。

パラッツォに対して、**ヴィッラ**は郊外に立つ邸宅である。都心で日々の労働に精を出した後は、ヴィッラでゆっくりと余暇を過ごす、というのが古代ローマ以来の伝統とされた。16世紀イタリアの富裕層もこれに則り、都市の外にヴィッラを建設した。ヴィッラ・ファルネーゼ（1559〜73年）（図8-26）、そしてヴィッラ・ジュリア（図8-19）が有名である。

ローマやフィレンツェの近郊では、ヴィッラとともに、丘陵地の多いイタリアの自然を生かした**イタリア式庭園**が発達した。幾何学的に整形された小庭園が、水路や噴水と組み合わされつつ、地形の高低差にそって段状に連なる。一つ一つの小庭園の間は、高低差を利用して、人工の洞窟（グロッタ）や大階段が整備された。ヴィッラ・デステ（1550年着工）（図8-25）の庭園は特に有名である。

先に述べたパッラーディオは、ヴィッラの設計で有名で、均整のとれた比例、左右対称の構成、古代神殿風の正面を特徴とする。特に**ヴィッラ・ロトンダ**（1566〜69年）（図8-27）は有名で、理想の建築と賞賛された。正方形と円を組み合わせた二軸対称の整った平面構成で、四面に神殿風のポルティコを持っていた。

しかし、ヴェネツィアの後背地であるヴェネト地方で活躍した彼のヴィッラの多くは、こうした優雅で知的な余暇の舞台とは少し趣を異にする。海運で富を成したヴェネツィアの貴族たちは、16世紀後半になると農場経営に乗り出したが、その拠点となったのがヴィッラだった。例えばヴィッラ・バルバーロ（1554〜58年）

図8-24 ローマのパラッツォ・マッシモ　図8-25 ティヴォリのヴィッラ・デステ

図 8-28 マゼール近郊ヴィッラ・バルバーロ

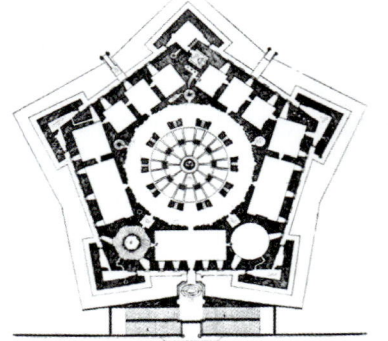

図 8-26 カプラローラのヴィッラ・ファルネーゼ（ヴィニョーラ設計）

図 8-29 ヴィチェンツァのバシリカ 外観

図 8-30 ヴェネツィアのサン・ジョルジョ・マジョーレ聖堂 正面

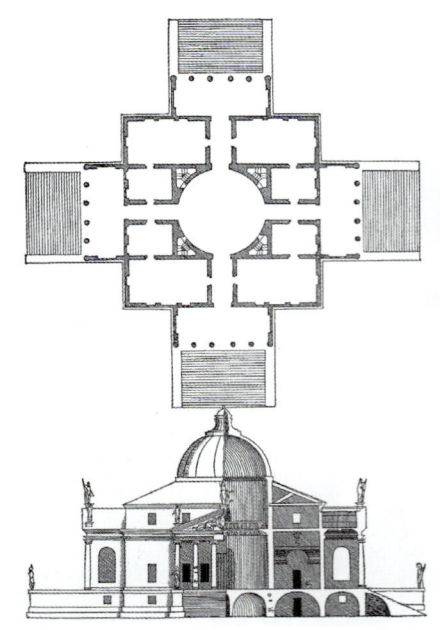

図 8-27 ヴィチェンツァ近郊ヴィッラ・ロトンダ

（図8-28）では，主屋の両側にアーケードが伸び，その端に付属屋が付くが，この翼部は納屋や作業場として使用された。

　パッラーディオは他に，**ヴィチェンツァのバシリカ**(1545～80年)(図8-29)，ヴェネツィアの**サン・ジョルジョ・マジョーレ聖堂**(1560～80年)（図8-30）やイル・レデントーレ聖堂(1578～80年)，そして

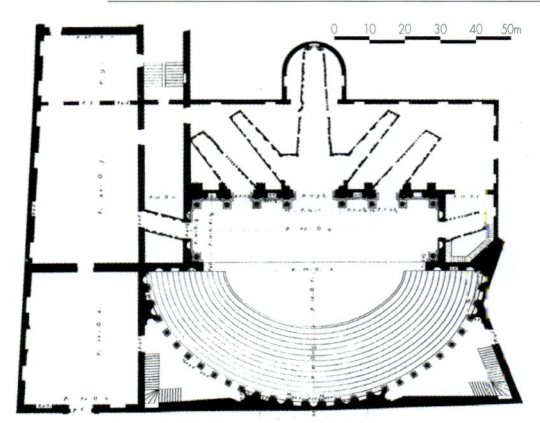

図8-31 テアトロ・オリンピコ

古代の劇場の復活を目指した**テアトロ・オリンピコ**（1580～83年）（図8-31）などで知られる。

6 ルネサンスの伝播

さて、イタリアで生まれ展開していったルネサンス建築であるが、他国へ伝わり受け入れられるには時間がかかった。例えばイギリスのゴシック建築の傑作、ケンブリッジ大学キングズ・カレッジ礼拝堂が完成するのは、ブラマンテが死んだあとである。イギリス最初の本格的なルネサンス建築は、グリニッジの慎ましやかなクィーンズ・ハウス（1616～35年）（図8-32）で、パッラーディオを詳細に研究したイニゴー・ジョーンズ（1573～1652年）の設計により、17世紀に完成した。

フランス国王フランソワI世は、人文学的な教育を受け、直接ルネサンス文化に触れていたため、積極的に芸術家をイタリアから招聘した。それゆえフランスのルネサンス建築は、ロワール川流域の城館に多く見られる。特にシャンボール城（1519～47年）やブロワ城（1515～25年）（図8-33）は有名だが、イタリアのルネサンスとフランス中世の城館が融合した、独特の味わいをもつ。

フランドルのアントウェルペン（アンヴェルス／アントワープ）市庁舎（1560～65年）やドイツのアウグスブルク市庁舎（1573～1646年）（図8-34）は、いずれもルネサンス的な要素を取り入れてはいるが、全体としては中世の面影を引きずっている。

図8-32 グリニッジのクィーンズ・ハウス 外観

図8-33 ブロワ城

図8-34 アウグスブルク市庁舎

II-9 バロックの展開

バロックの語源はバローコ，すなわち「歪んだ真珠」だという説がある。ルネサンスの美が静謐な調和の中にあるとするならば，躍動感あふれる劇的な力強さこそが，バロックの魅力である。ローマにカトリックの中心にふさわしい荘厳で神聖な都市空間を与えたバロックは，フランスではそれまでに例をみない壮大な宮殿建築を生み出した。こうした過程を本節では取り上げる。

1 対抗宗教改革と聖都ローマ

　16世紀，キリスト教は大きな転機を迎えた。それまでのローマを中心としたカトリックに対して，異議を唱える動きが表面化したのだ。特にドイツのルターやスイスのカルヴァンの運動は，**宗教改革**として無視することのできないもので，やがてプロテスタントとして，カトリックと袂を分かつ動きへと発展していった。

　これに対抗すべくカトリック内部でも，これまでの活動を反省し，改革を進める動きが生じてきた。これが**対抗宗教改革**である。例えば，イェズス会士フランシスコ・デ・ザビエルの日本布教のように，新しい土地へ宣教師として赴き教えを広めることも，その一環だった。

　建築を含む造形芸術の世界では，初期キリスト教時代以来の遺産を生かしつつ，カトリックの教義を目に見える形で賞揚する作品が模索された。これがバロック芸術を生み出す大きな原動力の一つとなった。

　また，この時代は自然科学の分野でも大きな発見が次々となされた。例えば，マゼラン（マガリャンイス）艦隊による世界一周は，地球が丸いことを示し，またコペルニクス（コペルニク）は，天動説にかわって地動説を唱えた。他にも様々な分野において，例えばデカルトのような哲学的認識も含め，それまでのキリスト教的な世界観・宇宙観に変更を迫る意見が，次々と公にされた。同時に複雑に見える世界が，実は単純な法則によってダイナミックに動かされている，という認識も広がっていた。

　こうした時代の大きな動きの中で，古代ローマを手本としたルネサンス建築は，絢爛豪華なバロック建築へと変化していった。

2 バロック建築の特徴

　バロック建築の誕生を語る際には，先述の対抗宗教改革を背景とした，16世紀後半における**ローマの整備**は避けて通れない（図9-1）。アルプスの北より訪れる人々を，聖都ローマの荘厳をもって出迎えようというのである。

　ローマの北の玄関だったポポロ広場，サンタ・マリア・マッジョーレ聖堂があるエスクィリーノ広場，そして最初に法王

9 バロックの展開

庁が置かれたサン・ジョヴァンニ・イン・ラテラーノ聖堂前の広場、これらが直線の道路で結ばれ、**オベリスク**とともに美しく整備されたのである(図9-2)。

その多くは、初期キリスト教時代にさかのぼる記念碑的宗教建築であり、キリスト教世界の中心として君臨する世界の都にふさわしい威容を誇っていた。同時に、これらの作品があったローマの東側は、中世から近世にかけて建物もまばらな都市の周縁だったため、このような大胆な再開発が可能だった(図9-3)。

バロックは後世につけられたものだが、「歪んだ真珠」を意味するバローコに由来する。ルネサンスの静謐な調和を真球の真珠に喩えるならば、ダイナミックな形を用いたドラマテックな演出を旨とするバロックは、歪んだ真珠というわけである(図9-4)。こうしたバロック建築の醍醐味は、空間演出にある。

図9-1 教皇シクストゥス5世によるローマの整備(ギディオンによる) 広場・道路・オベリスクの建設

図9-2 18世紀のローマ 16〜17世紀の道路を太線で示す

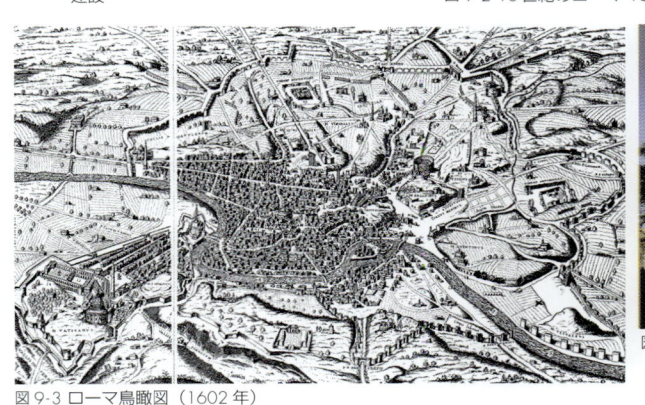

図9-3 ローマ鳥瞰図(1602年)

図9-4 ローマのサンタンドレア・アル・キリナーレ聖堂(ベルニーニ設計)外観(1658〜70年)

例えばファサードの列柱は、ルネサンスの場合、同じ柱が同じ間隔で整然と並ぶが、バロックではデザイン・大きさ・柱間距離・芯線の位置を操作し、変化を与える。かつてミケランジェロの作品で採用された、柱を2本セットにするペア・コラムや、複数階に一つのオーダーを与えるジャイアント・オーダーは、バロックでは一般的な手法となる。その結果、動きのある立面が作り出され、中心と周縁の差が際立っていく。

同様にして、円形のドーム天井は楕円形に、格子状の秩序は透視画法を応用した放射状の秩序へと、それぞれ置き換えられ、建築の中軸、そして中心へと人々の意識を導くのである。同時に絵画や彫刻は、建築的な全体構成の中に、役割を与えられ配置されていった。

こうした造形は、単体の建築には止まらず、建築物が面する広場や街路といった都市空間、また庭園へと展開した。そして、繰り返し述べたローマの計画が好例だが、都市は建築や広場を街路でつないだ美のネットワークによって再構成されていくのである。

こうしたバロックの造形は、造形芸術の頂点に立つ建築作品、そしてその内包する建築空間をもって、来訪者に抽象的なメッセージを発信することを目指していた。対抗宗教改革のうねりの中で生まれたローマのバロック教会が、カトリックの教義の無謬性、神の栄光とその代理人である教皇の偉大さをテーマとするのは論をまたないが、同じ建築手法は、例えばフランス王国においては、王権の絶対性や神聖にして不可侵な在り様を表現するよう整えられたのである。

3 ローマのバロック

バロック初期の建築家としては、17世紀初めにサン・ピエトロ大聖堂を増築し正面を設計した（図9-5）**カルロ・マデルノ**（1556～1629年）が有名で、**パラッツォ・バルベリーニ**（1628～38年）は様式的にも都市的にも重要な作品で、ベルニーニとボッロミーニが協力した点も興味深い（図9-6）。

バロックにおいて、様式の典型を示し後継者たちの手本となったのは、**ジャン・ロレンツォ・ベルニーニ**（1598～1680年）である。彼は天才的な彫刻家として頭角を現し、活動範囲を絵画や建築へと広げ、

図9-5 ローマのサン・ピエトロ大聖堂 正面 この部分の増築はマデルノ

図9-6 ローマのパラッツォ・バルベリーニ（マデルノ設計）平面図

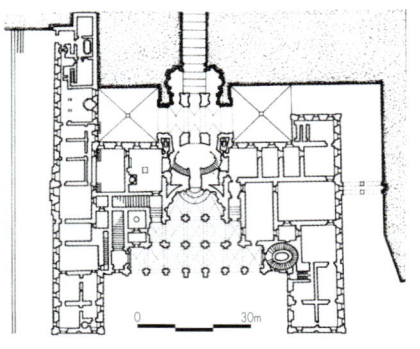

9 バロックの展開

さらに都市空間や演劇空間をも手がけるようになった。最も有名な作品は**サン・ピエトロ大聖堂前の広場**（1656〜67年）だろう（図9-7）。これは台形の広場と楕円形の広場の二つが重なり合った、独特な形をしており、台形の部分は建物に近づくほど、幅が広く高くなっている。こうすることで大聖堂は実際よりも、より近くより大きく見えるという。

こうした透視画法を応用した設計は、有名な**スカラ・レジア（王の階段）**（1663〜66年）（図9-8）でも見ることができる。ここでは、幅を狭めながら上昇する空間が、階段を実際よりも長く高く見せることで、その先に待つ教皇の崇高さを印象づけるのだ。

フランチェスコ・ボッロミーニ（1599〜1667年）は、ベルニーニのもとで修行を積んだが、二人はすべてにわたって対照的だった。活動分野もボッロミーニは建築に集中している。**サン・カルロ・アッレ・クワトロ・フォンターネ聖堂**（1638〜

図9-7 ローマのサン・ピエトロ大聖堂前の広場（ベルニーニ設計）

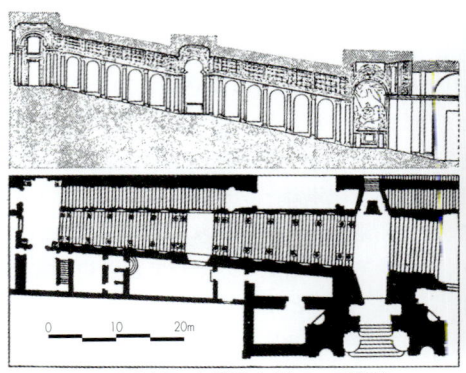

図9-8 ローマのスカラ・レジア（ベルニーニ設計）

図9-9 ローマのサン・カルロ・アッレ・クワトロ・フォンターネ聖堂（ボッロミーニ設計）

図9-10 サン・カルロ・アッレ・クワトロ・フォンターネ聖堂 内部

図9-12 ローマのサンティーヴォ・アッラ・サピエンツァ聖堂（ボッロミーニ設計）

図9-13 ローマのナヴォナ広場（サンタニエーゼ聖堂（1653～55年）はボッロミーニ設計，噴水（1647～57年）とオベリスクの台座はベルニーニ設計）

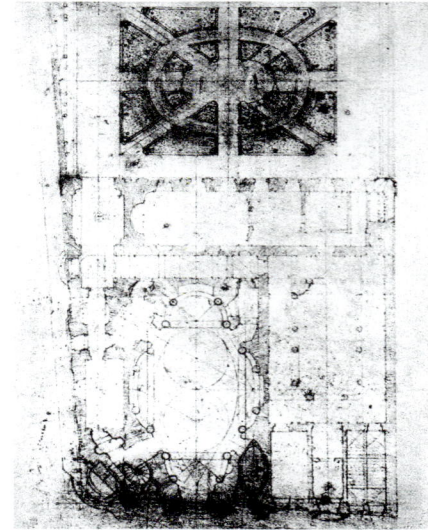

図9-11 サン・カルロ・アッレ・クワトロ・フォンターネ聖堂 ボッロミーニによる図面

46年）は，小さいが複雑で独創性に満ちた作品である（図9-9）。一見，幻想的で自由奔放な印象を与えるが（図9-10），実は幾何学的に秩序立った構成をもっている（図9-11）。他にも，サンティーヴォ・アッラ・サピエンツァ聖堂（1642～50年）（図9-12）などが有名である。

この二人の巨匠は，面白いことに歴代教皇に交互に重用されたため，教皇の交代と関連して，二人の仕事も変化した。こうした二人の対立を考えると，有名な**ナヴォナ広場**は，二人の作品を同時に見ることができる点でも注目に値する（図9-13）。

4 フランスでの展開

17世紀のフランスでは，王権神授説の擁護を受けた国王が，王権の伸長に努め，折からの人口増加・経済発展も追い風となって絶対王制の確立に成功する。「朕は国家なり」というルイ14世の言葉は，当時の王権のあり方を端的に示している。

16世紀以降，フランスは積極的にイタリア建築の導入を試みた。巨匠たちがイタリアから招かれ，そして若き建築家たちは，次々とイタリアへ赴いた。17世紀になると，フランス建築はイタリアの先達を横目で見つつ，独自の展開をみせる

9 バロックの展開

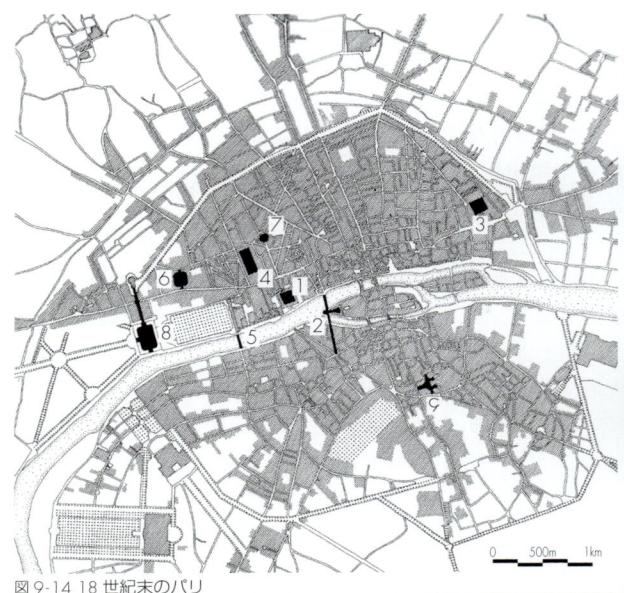

1. ルーヴルの中庭
2. ドーフィーヌ広場
3. ヴォージュ広場
6. ヴァンドーム広場
7. ヴィクトワール広場
8. コンコルド広場

図9-14 18世紀末のパリ

図9-15 パリのヴァンドーム広場

図9-16 パリの都市軸 コンコルド広場からルーヴル宮前まで

図9-17 パリの都市軸 コンコルド広場のオベリスクから凱旋門まで

ようになる．マンサール屋根にその名を留める，**フランソワ・マンサール**（1598～1666年）はその好例である．逆に巨匠ベルニーニが晩年に，ルーヴル宮の魅力的な増築案を提示するが実現しなかったことも，イタリアの影響下から脱しようとするフランス建築界の当時の状況を示すものであろう．

大まかにいって，バロック建築は，フランスでは絶対王制の王権と結びつき，宮殿建築の分野で重要な作品を残した．その頂点が**ヴェルサイユ**である．ヨーロッパの多くの都市では，中世において市民たちが中心となって発展した市街地のはずれに，君侯が城を構え，それがやがて宮殿に発展し，宮廷生活の舞台となった．フランスの場合，それまで宮廷があったルーヴル宮がそうであるが，ルイ14世は都市に隣接した環境を決して好まず，それまで狩猟用の城館にすぎなかったヴェルサイユに宮廷を移したのだ．

しかし，このことは首都の整備がないがしろにされたことを意味するものではない．17世紀初め，アンリ4世は国王広

219

場（現在のヴォージュ広場），ドーフィーヌ広場を整備し，ルイ13世はヴィクトワール広場とヴァンドーム広場（図9-14）を建設した。雑然としたとした中世的な都市空間に，整然とした広場を整備し，秩序をもたらそうとしたのである（図9-15）。

また17世紀後半，ルーヴル宮の西にあったテュイルリー宮の庭園の軸が，西に延長された。そして，この軸上にコンコルド広場，シャンゼリゼ通り，凱旋門(がいせんもん)などが，やがて整備されていくのである（図9-16, 17）。

5 宮殿建築の興隆

さて，フランス宮殿建築における最初の野心的な作品は，ルイ14世の宮殿ではなかった。財務卿ニコラ・フーケは，**ヴォー・ル・ヴィコント**（1657～61年）を建設した（図9-18）。これは豪壮な城館，広大な庭園，豪華な装飾を一つの作品としてまとめあげたもので（図9-19），当時のフランスを代表する俊才たち―建築家**ル・ヴォー**（1612～70年），造園家**ル・ノートル**（1613～1700年），画家**ル・ブラン**（1619～90年）―が呼び集められた。なかでも画期的だったのは，建築の軸を延長して，そのまま庭園の軸としたことで，構成的にも視覚的にも庭園と城館が一体化し，城館から見た庭園がバランスよく左右対称に整えられた（図9-20）。

1661年にフーケが失脚すると，ヴォー・ル・ヴィコントの芸術家たちは，そのままヴェルサイユの整備に腕を振るった（図9-21）。古い城館を取り囲むように，新しい宮殿が建設された。しかし，来訪者

図9-18 ヴォー・ル・ヴィコント城館 外観

図9-19 ヴォー・ル・ヴィコント 庭園 ペレイユによる版画

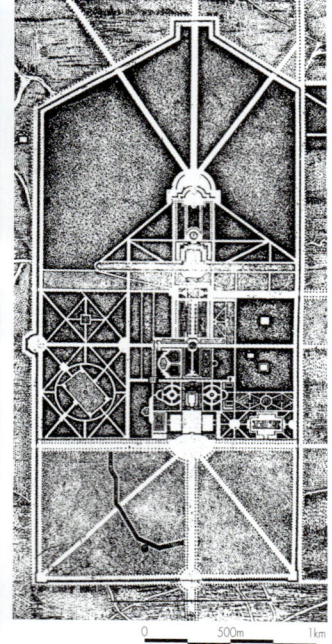

図9-20 ヴォー・ル・ヴィコント 配置図

9 バロックの展開

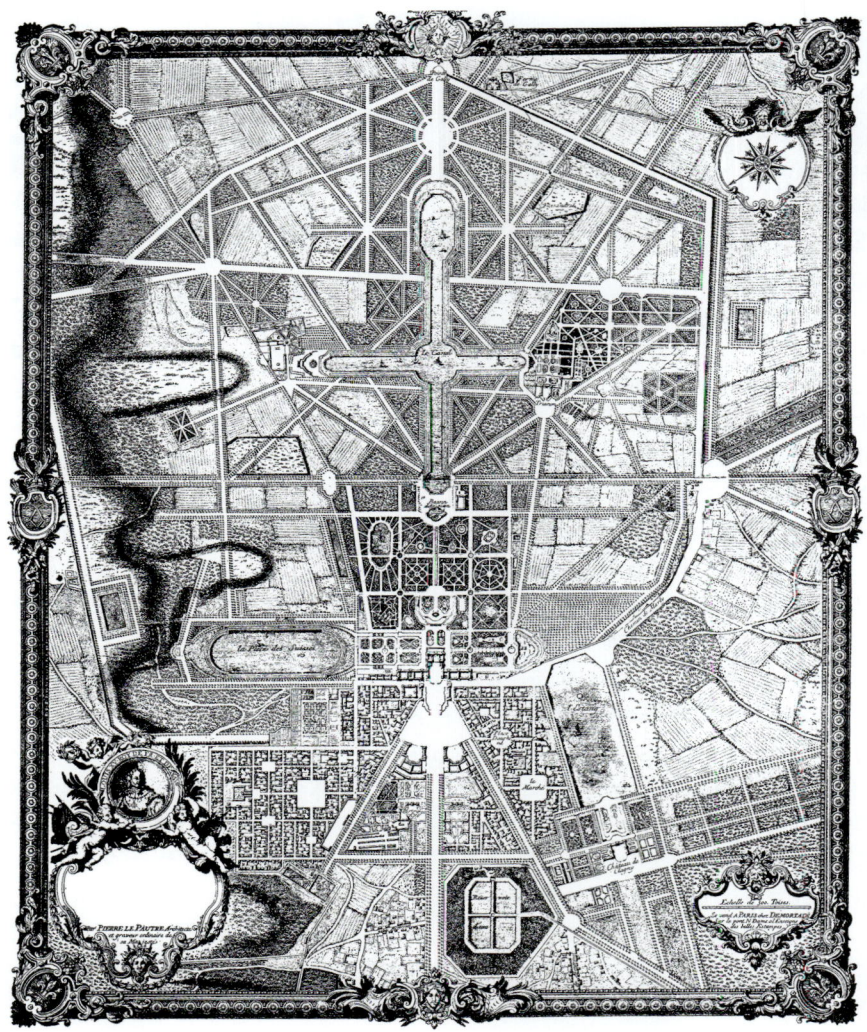

図9-21 ヴェルサイユ宮 平面図

図9-22 ヴェルサイユ宮の庭園

図9-23 ヴェルサイユ宮の鏡の間

221

図9-24 ヴェルサイユ宮のアポロンの噴水

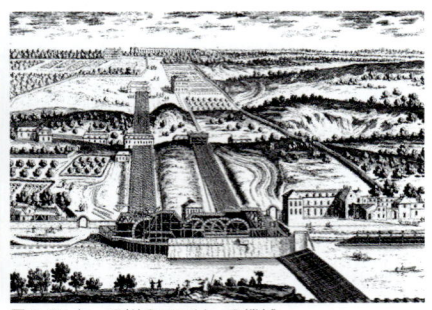

図9-25 セーヌ川のマロリーの機械

を圧倒するのは、宮殿そのものの壮麗さだけではない。宮殿の西に広がる庭園は、すべてにおいて空前絶後といえ、文字通りみわたす限り続く眺望は、他に例をみない(図9-22)。ここに**フランス式庭園**(幾何学庭園)が完成したのである。

宮殿や庭園は、その後も増改築を重ね、フランス革命まで変化し続けた。特に有名なのは、**ジュール・アルドゥアン・マンサール**(1646〜1708年)による、宮殿2階中央の**鏡の間**(1678〜84年)(図9-23)の建設であろう。

さて宮殿の各部屋は、それぞれテーマに従って絵画や彫刻で飾られ、また庭園にもそれぞれテーマをもった彫刻群と噴水が配置され、王を讃えていた(図9-24)。

なお、この噴水への水を確保するために、セーヌ川から庭園まで、巨大な揚水機(図9-25)の開発も含め、一大土木事業が行われた。さらにこの庭園では、仮設の舞台で、音楽・演劇・オペラ・バレエの大作が次々と上演され、フランスを代表する芸術家たちが腕を振るったという。

6 バロックの展開

イタリア、そしてフランスでこのように発展したバロック建築は、他の国々へ次第に波及していった。

例えばオーストリアの首都ウィーンは、この時代、神聖ローマ帝国の首都として、パリと並ぶ国際政治の中心だったが、ここで活躍したのが**フィッシャー・フォン・エルラッハ**(1656〜1723年)である。ベルニーニのもとで学んだ彼は、皇帝の離宮シェーンブルン(1695〜1713年)(図9-26)やカールスキルヒェ(1716〜37年)(図9-27)などの大作で知られる。

少し遅れて中部ドイツで活躍したのは**バルタザール・ノイマン**(1687〜1753年)である。彼はマインツ大司教やヴュルツブルク司教を輩出したシェーンボルン家との結びつきを通して、数多くの作品を実現させた。14聖人巡礼教会(フィアツェーン・ハイリゲン・キルヒェ)(1743〜72年)(図9-28)やヴュルツブルクの司教宮(1719〜44年)(図9-29)などが有名である。

これに対して同時代、イギリスで活躍したのが**クリストファー・レン**(1632〜1723年)である。今日でもイギリス最大の建築家と褒め讃えられる彼であるが、実は天文学者から建築家になった変わり種だった。ロンドンを襲った大火の復興計画(1666年)、それと連動するロンドン市内の30以上に及ぶ教区教会、さらにロンドンの顔ともいうべきセント・ポール大聖堂(1675〜1710年)(図9-30)、グリ

9 バロックの展開

ニッチの海軍病院（1696〜1814年）（図9-31）など、その業績はイギリス最大の巨匠に相応しいが、作風は典型的なバロックよりも、はるかに理知的な印象を与える。よりバロック的な作品で知られるのが、レンのあとグリニッチを受け継いだヴァンブラ（1664〜1726年）とホークスムーア（1661〜1736年）で、ブレニム宮（1705〜25年）（図9-32）は特に有名である。

図9-26 ウィーンのシェーンブルン宮（エルラッハ設計）庭園側外観

図9-27 ウィーンのカールスキルヒェ（エルラッハ設計）外観

図9-28 14聖人巡礼教会（ノイマン設計）内観

図9-29 ヴュルツブルクの司教宮（ノイマン設計）庭園側外観

図9-31 グリニッチの海軍病院（レン設計）テムズ川側の外観

図9-30 ロンドンのセント・ポール大聖堂（レン設計）側面外観

図9-32 ブレニム宮（ヴァンブラとホークスムーア設計）正面外観

223

II−10 古典主義の成熟

18世紀になると、人間の理性を重んじる啓蒙思想が、様々な分野で注目を集めるようになる。17世紀から引き続き古典主義が支配的だった建築界も例外ではなかった。そして、やがて理性的なアプローチは、古典主義建築に大きな疑問を提示するようになる。同じころ英国では、パッラーディアニズム、そしてピクチャレスクという、新しい流れが誕生した。ここでは、古典主義建築が成熟し、そこから新古典主義が登場するまでを説明する。

1 ロココのきらめき

17世紀にヴェルサイユで頂点を極めた宮殿建築は、18世紀になると、ドイツをはじめとする国々で、次々と傑作を生み出していく。ちょうど王権神授説に基づく絶対王制が支配した17世紀が終わり、人間の理性的な側面に光を当てた啓蒙思想の影響を受けた啓蒙君主の時代へと移り変わっていく時期である。

なかでも**ヨハン・ルーカス・フォン・ヒルデブラント**（1668〜1745年）が名将オイゲン公のためにウィーンに立てた、ベルヴェデーレ宮（1714〜24年）はよく取り上げられる。庭園をはさんで向かい合う二つの宮殿−特に複雑な全体構成が魅力的な上の宮殿−は、この時代の宮殿建築の最高傑作の一つとされる（図10-1）。前後してドレスデンに、マティウス・ダニエル・ペッペルマン（1662〜1736年）が設計したツヴィンガー宮（1709〜23年）は、後期バロック建築がもつ幻想的な性格をよく現している（図10-2）。前節で紹介したヴュルツブルクの司教宮（図9-29）も、この流れで取り上げることができるだろう。同じドイツでも、しばらく後にプロイセン王フリードリヒ2世が営んだポツダムの**サン・スーシ宮**（**無憂宮**）（クノーベルスドルフ設計、1745〜47年）は、階段状に重なったテラスの上に立つ、単層のこじんまりとした宮殿で、啓蒙君主の

図 10-1 ウィーンのベルヴェデーレ宮 上宮 外観

図 10-2 ドレスデンのツヴィンガー宮 外観

典型と讃えられる王の意見が随所に反映されている(図10-3)。

フランスでは,啓蒙思想の広がりとあいまって,時代の求める造形が,繊細で優美な洗練された輝きを帯びた心地の良い**ロココ**へと,それまでのバロックから変化していった。

ロココとはロカイユ,つまり岩や貝をモティーフにした装飾から生まれた呼び名である。ルイ15世と愛人ポンパドール夫人に始まり,マリー・アントワネットまで,フランス宮廷を中心に,貴族たちの邸宅の内装に多用された。淡い色調の美しく軽やかな装飾を生かすため,バロック建築で主流だった柱形などの建築的な装飾は控えめになり,威厳を正したたたずまいよりも,身体的な心地の良さが優先された。

南ドイツ,ミュンヘンの**アマリエンブルク**(フランソワ・キュヴィエ設計,1734〜39年)は,バイエルン王のニュンフェンブルク宮の庭園に立つ小さなパヴィリオンだが,大きな窓と鏡,そして繊細な装飾を生かしたロココの宮殿建築の魅力を伝えてくれる(図10-4)。この作品は,曲線を生かした優美な外観も魅力的である(図10-5)。

宮殿建築で発展したロココ的な特徴は,次第に教会建築にも影響を与えた。前節で述べたノイマンの晩年の作品もそうだが,アルプスの麓に立つ,ツィンマーマ

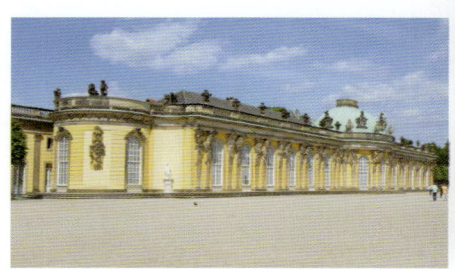

図10-3 ポツダムのサン・スーシ宮 外観

図10-4 ミュンヘンのニュンフェンブルク宮殿アマリエンブルク 内部

図10-5 アマリエンブルク 外観

図10-6 ヴィース巡礼教会 内部

ン兄弟（ヨハン・バプティスト1680～1758年, ドミニクス1685～1766年）の**ヴィース巡礼教会**（1745～59年）の内装に見られる淡く繊細な味わいは, その好例といえる（図10-6）。

2 貴族の邸宅

フランスでは, 王権の伸張とともに, 王を支える官僚として都市に住まう貴族が増えた。かれらは**オテル**という邸館を構え, 活動の拠点とした（図10-7）。オテルは通常, 前庭を三方から取り囲むように立ち, 中央に玄関と豪華な階段室, そして反対側の庭園に面してサロンと呼ばれる広間が整備された。左右両翼には, 主人のためのアパルトマンが, 夫婦それぞれ別々に用意された。

アパルトマンは, オテルの中央部から, 控えの間を経て寝室へと至る一続きの部屋によって構成される。この一連の部屋は, 貴族である主人の寝室と, 召使いの控えの間からなる構成が一般的で, 主人と召使いという社会的な身分の違いを反映していた。また, 夫婦で別のアパルトマンを構えるのも, 当時の貴族社会における家族のありようを反映したものである。

これに対してイギリスでは, 常に田園での生活に人気があった。貴族たちの間では, 16世紀イタリアの巨匠パッラーディオの作品が注目を集め, 新しい作品の手本とされた。**パッラーディアニズム**というこの流れは, やがて他国へも広がっていく。そのきっかけの一つは, 18世紀初めに出た『建築四書』の英語版だが, 正確な背景となると不明な点も多い。英国

図10-7 パリのオテル・ド・スービーズ 外観（ボフラン設計 1706～12年／1735～40年）

図10-8 チズウィック・ハウス 外観

図10-9 ホーカム・ホール 外観

最初の建築家として16世紀に活躍したイニゴー・ジョーンズは、すでにパッラーディオから多大な影響を受けていたし、直前の時代に主流であったレンやバロックへの反発もあっただろう。また王朝の交代などの政治的な理由も考慮すべきかも知れない。

この流れの立役者の一人が、**第三代バーリントン侯爵**ことリチャード・ボイル（1694〜1753年）であり、彼の親友の建築家**ウィリアム・ケント**（1685〜1748年）だった。二人の代表作であり、英国パッラーディアニズムの傑作が**チズウィック・ハウス**（1726〜29年）である（図10-8）。これは一見して明白なように、ヴィラ・ロトンダ（図8-27）をモデルとしている。二人はさらにホーカム・ホール（1735〜65年）を設計したが（図10-9）、こちらはパッラーディオの著作に忠実に、主屋とそれを取り巻く付属屋から構成されている。

3 オーダーをめぐる動き

1671年、**フランス王立建築アカデミー**が活動を始めた。これは後のいわゆるボザールへとつながる高等教育機関だった。

古典主義建築のオーダーは、バロック建築になって複雑化した。柱身ひとつ見ても、例えばねじり柱（トゥイステッド・コラム）のような変化に富んだものが登場した。柱の取扱いも、ペア・コラムやジャイアント・オーダーといった複雑な使用法が一般的になり、寸法体系もそれだけ複雑になった。そこで、これを整理し体系化することは重大なテーマだった。

同じころ、ヴェルサイユ宮の建設とそこを舞台とした多彩な文化的活動を通して、フランスの人々は、自分たちが古代ローマとは異なる新しい文化的伝統を創造しつつあるのだ、という認識をもつようになった。当時の代表的文化人ヴォルテールは、人類の歴史を振り返り、ルイ14世の時代は過去のどの時代をも凌駕すると主張した。そして文化全般において幅広く**新旧論争**が巻き起こった。これは一見すると、新しい時代＝ルイ14世の時代と、古い時代＝古代ローマとの優劣を論じているようにみえる。

建築においても、ローマを絶対とする「古代派」と、ルイ14世時代を評価する「現代派」が対立した。前者はニコラ・フランソワ・ブロンデル（1618〜86年）をリーダーに建築アカデミーを拠点とし、後者はクロード・ペロー（1613〜88年）をはじめルーヴル宮やヴェルサイユ宮で活躍した人々だった。

しかし、古典主義建築の基本であるオーダーに関する議論を例にみると、より深い立場の違いが明確になる。ブロンデルが最良のものを探ることで、絶対的な基準を見いだそうとしたのに対し、ペローは時代ごとの変化に注目し、一貫性の欠如を指摘し、オーダーは相対的な基準でしかないと主張した。

つまり新旧論争とは、古典主義の源泉となる絶対的な規範は存在するのか、それとも古代ローマ建築が優れているのは、あくまで相対的なものにすぎないのか、という論争である。もちろん、絶対的な規範は存在しないという結論になれば一大事である。しかし、それ以前に古典主義建築の在り方そのものを問題にし、古代ローマ建築のもつ絶対性に疑問をぶつけた、この論争自体が大事件だったのである。

Ⅱ 西洋建築史

4 考古学と建築

18世紀になると、**考古学**の発達と連動して、過去の作品を見る目に正確さが加わってくる。有名なポンペイの発掘調査が18世紀中頃に始まったことや、ローマ市内の古代遺跡を題材にした**ピラネージ**（1720〜78年）の版画作品が作成されたことは、こうした傾向の好例といえる（図10-10）。

こうした中、特に注目を集めるようになったのが、ギリシャである。この時代、建築以外の分野でも、ギリシャへの関心は高く、例えば彫刻作品に注目し、古代ギリシャの芸術に理想を見いだしたドイツの美術史家**ヨハン・ヨアヒム・ヴィンケルマン**（1717〜68年）などは重要である。

建築の分野では、こうした情熱が、東方のさまざまな建築の調査として実を結

図 10-10 ジョヴァンニ・バッティスタ・ピラネージ『共和制および帝政初期のローマの遺跡』に描かれたコンスタンティヌス帝の凱旋門

図 10-11 スチュワートとレヴェット『アテネの古代遺跡』によるパルテノンの立面

10 古典主義の成熟

んだ点も見逃せない。特に有名なのが、「アテネ人」と綽名されたイギリス人**ジェームズ・スチュワート**（1713〜88年）と**ニコラス・レヴェット**（1720〜1804年）によるパルテノンの調査であり（図10-11）、前後してバールベックやパルミュラなどの遺跡も紹介された。

　こうした考古学と建築学の邂逅から、古代の建築について、より正確な知識が得られ、そして成果が体系的に整理されるようになった。しかし皮肉なことに、それと同時に、古代ローマの建築がもっていた絶対的な権威は、段々と揺らいでいった。なぜなら絶対的な規範となる作品の不在が、徐々に明らかになってきたからである。

5 ピクチャレスク

　17世紀末にイタリア式庭園ともフランス式庭園とも異なる庭園が、イギリスで登場した。それまでの幾何学的な秩序ではなく、風景画のような美しさを、言い換えれば**ピクチャレスク**な趣味を追求した庭園は、**イギリス式庭園**と呼ばれる。

　作家のアレクサンダー・ポープとジョゼフ・アッディソンが、先駆的な役割を果たしたとされる。先にパッラーディアニズムとの関係で紹介した**ウィリアム・ケント**は、むしろこちらの分野で有名で、ラウシャム（1738〜41年）（図10-12）やストウ（1730年頃〜48年）（図10-13）の庭園は有名である。

　しかし特に重要なのは、**ランスロット・「ケーパビリティー」・ブラウン**（1716〜83年）だろう。他の造園家が、絵画や神話、

図10-12 ラウシャムの庭園

図10-14 スタウアヘッドの庭園

図10-13 ストウの庭園

229

伝説などに描かれた理想化された風景を念頭に置きながら作業を進めたのに対して、ブラウンは土地そのものの特性を生かすことを重視した。「ケーパビリティー（＝可能性）」というあだ名は、敷地のもつ可能性を繰り返し語った、彼の口癖（くちぐせ）からきたとされる。

景観デザインが風景画を意識した当然の結果として、絵画に描かれた建物にも注目が集まった。イギリス式庭園には、庭園の装置として建築が作られたが、周辺の環境との調和が求められたことはいうまでもない。さらに全体構成の核となる要素として、景観を制御し統（す）べ、見るものに過去を想起させる重要な役割を担うことになった（図10-14）。

庭園には通常、あずまやがつくられたが、時には**廃墟**（はいきょ）が選ばれることもあった。廃墟は時のうつろいを感じさせる、いささか感傷的で文学的な存在である。しかし同時に、通常、建築に求められる機能などの課題から解放され、建築のより本質的なものが露（あら）わになるとして注目された（図10-15）。

図10-15 サー・ウィリアム・チェンバースによるプリンス・オヴ・ウェールズのための霊廟案

図10-16 ヴェルサイユのラモー

図10-17 バースのロイヤル・クレセント

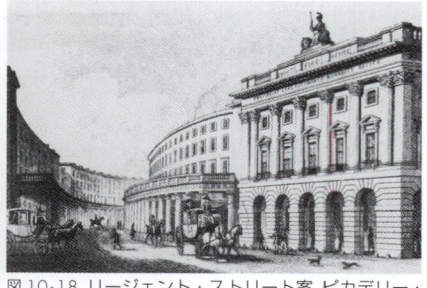

図10-18 リージェント・ストリート案 ピカデリー・サーカス付近

図10-19 カンバーランド・テラス 外観

図10-20 リージェント・ストリート　グラスハウス・ストリートとの交差点付近

　こうしたピクチャレスクな美しさへの関心は，やがてヨーロッパ全体に広がり，新古典主義建築を生み出す下地ともなった。また19世紀のリヴァイヴァル建築を考えるうえでも重要で，特にゴシック・リヴァイヴァルは，英国の庭園と邸宅をめぐる動きから生まれたといっても過言ではない。

　また風景画への関心は，それまで注目されなかった自然や民家へ，人々の目を向けることにもなった。マリー・アントワネットがヴェルサイユ宮の庭園に整備したラモーという農家風のパヴィリオン群は（ミーク設計，1782〜86年），その好例である（図10-16）。

　イギリスで面白いのは，バロック的な都市計画が基本であった他国とは異なり，都市景観においてもピクチャレスクな趣が追求された点である。バースの**ロイヤル・クレセント**（ウッド設計，1767〜75年）は集合住宅だが，緑地を囲むように湾曲して立つ（図10-17）。またロンドンの**リージェント・ストリート**（ナッシュ設計，1819〜25年）は，都市の周縁部の開発であるが，ピカデリー・サーカスから，新しい公園リージェント・パークと，それに面して立つ集合住宅カンバーランド・テラス（ナッシュ設計，1826〜27年）（図10-18）へ向けて，道路をあえて曲がりくねらせて整備している（図10-19, 20）。

6 理性の光

　1753年，**アントワーヌ・ロージェ**神父（1713〜69年）は『**建築試論**』という著作を公にし，古典主義への疑問を表明した。理性という言葉を拠り所に，知的な操作によって建築形態のあるべき姿に迫ろうとした点において，この本は画期的だっ

た。純粋な建築の姿を想定すること自体、理想主義的で、ある種の現実味のなさをともなう。彼の考えたそれは、著作の扉絵（第2版、1755年）に象徴的な姿で示されている。女神が指し示す理想の建築は、森の木が組み合わさった、壁も床もない、**「原始の小屋」**ともいうべきものなのである（図10-21）。

このロージェの考え方は、建築家たちに影響を与えた。例えば**ジャック・ジェルマン・スフロ**（1713〜80年）は、代表作**サント・ジュヌヴィエーヴ聖堂**（1751〜90年）において、極力装飾を排し、柱と梁による構造を明示した建築を提案した（図10-22）。ロージェの「原始の小屋」の古典建築版ともいうべき教会建築は、しかし現実的な理由から大幅な変更を余儀なくされた。さらに完成後、フランスの偉人たちを記念する建築に改装され、古代の傑作に因みパンテオンと名付けられた（図10-23, 24）。

こうした古典建築への新しい態度は、宮殿建築にも影響を及ぼした。ヴェルサイユの**プチ・トリアノン**（1761〜64年）は、ポンパドール夫人のために用意されたが、夫人の死後完成した。**アンジュ・ジャック・ガブリエル**（1698〜1782年）の設計で、単純だがよく整った寸法体系や、精密な細部など、新古典主義建築の先駆例とみなすことができるだろう（図10-25）。

このように18世紀後半から、バロックやロココとは異なる古典主義建築のあり方が模索されるようになる。これを**新古典主義建築**と呼ぶ。新古典主義建築の出発点は、古典主義建築のあり方をもう一度見つめ直すことだった。その背景には、

図10-21 ロージェの『建築試論』扉絵

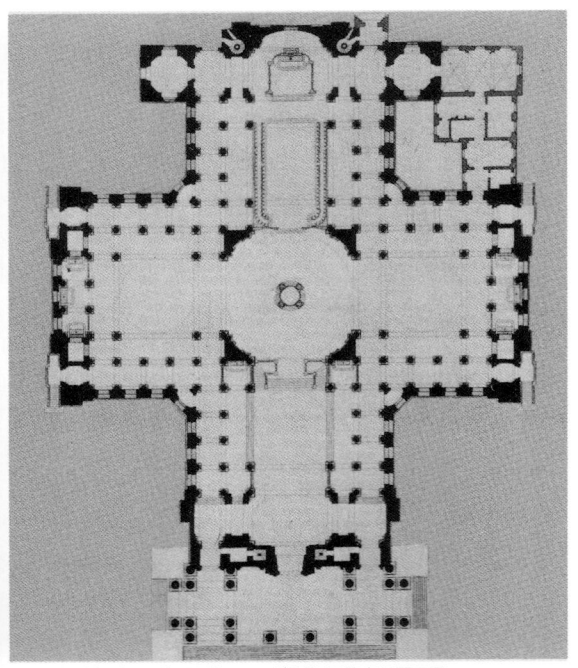

図10-22 サント・ジュヌヴィエーヴ聖堂 最終案の平面図

10 古典主義の成熟

古代の作品が考古学の成果を踏まえ，より高い精度で理解されるようになったことと，建築理念をより知的に追求するようになったことがある。

その結果，単純な幾何学的な形の組合せからなる全体構成や，簡素な細部を特徴とし，しばしば建築の用途に対する構造・構法や平面計画の合理性がテーマとなった。それゆえに，新古典主義建築に近代主義の萌芽をみる者も少なくない。

図 10-23 パリのパンテオン 外観

図 10-24 パリのパンテオン 内部

図 10-25 ヴェルサイユ プチ・トリアノン 外観

II-11 市民革命と建築

18世紀末から19世紀初めにかけて進行した，市民革命と産業革命は社会のあり方を大きく変えていった。社会の中核的存在が，王侯貴族から裕福な市民たちへと移り変わっていく中で，建築，建築家，都市，いずれもが大きな変化を遂げた。そしてその結果，徐々に現代社会を構成する様々な要素が用意されていくことになる。本節では，特に建築作品そのものについて，次節では周辺の関連する事柄を説明する。

1 近代の幕開け

1789年7月14日，パリ，バスティーユ監獄への襲撃事件から，**フランス革命**は始まった。この瞬間に新しい時代が始まったと考える歴史家は多い。民主政治，資本主義経済，工業化社会，……**近代**という時代の幕開けである。

もっとも君主制・貴族制から民主制へという政治体制の移行も，決して一直線に進んだわけではない。フランス以外の国の変化は，革命ではなくより緩やかだった。フランスでさえ，革命で成立した共和政が最終的に定着するのは，ナポレオン帝政や王政復古の後，ルイ・ナポレオンの第二帝政が崩壊した1870年以後である。

しかしこの間，フランス，イギリス，オーストリア，プロイセン（後のドイツ帝国の中心となる）といったヨーロッパの主要国では，裕福な**市民**（**ブルジョワジー**）たちが着実に力をつけていき，社会的・経済的に中心となった。こうした変化の背景には，産業革命と社会の工業化があり，また同時に科学技術の発展がある。そして，社会の在り方が大きく変わった結果，今日われわれが抱える多くの問題に，人々は直面するようになった。

当然，こうした変化は，建築そのものの在り方も，また建築を作り出す人々の在り方も大きく変えることになった。建築と社会との関係を重視するのであれば，18世紀末から近代建築が始まったといえるのかもしれない。

2 革命の建築：建築の革命

フランス革命を支えた思想の一つに，啓蒙主義思想に代表される理性の重視がある。これはすでに述べたように，新古典主義建築を生み出したが，フランス革命の前後になると，それまでの建築観を大きく揺るがす提案が，次々と作成された。

おそらく最も有名なものは，**エティエンヌ・ルイ・ブーレー**（1728～99年）の提案だろう。彼の作品は，ほとんどが図面から先に進展しなかったにもかかわらず，後世の建築家たちによって繰り返し言及されている。いずれも途方もない巨大さ

が，見る者に強烈な印象を与える。単純な幾何学的形態を使い，様式的な細部はほとんど顧みられていない。特に**ニュートン記念堂案**(1785年)の巨大な球体はよく知られている(図11-1)が，国立図書館案(1784年)のトンネル・ヴォールトの下，階段状に何段も何段も積み重なった本棚など(図11-2)，いずれも理念の追求が現実性を超越したという点は特筆すべきであろう。

前後して活躍した**クロード・ニコラ・ルドゥー**(1736〜1806年)もやはり理念的な作品を提案したが，幸いにも実現の機会に恵まれた。彼が革命前に計画した**アルケ・スナン(ショー)の製塩工場**(1775

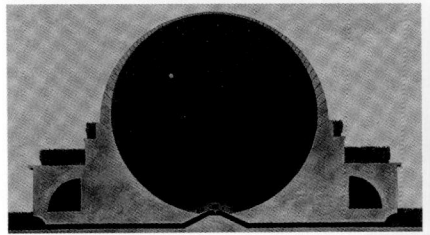

図11-1 ブーレーによるニュートン記念堂案 立面図・断面図

図11-2 ブーレーによる国立図書館案

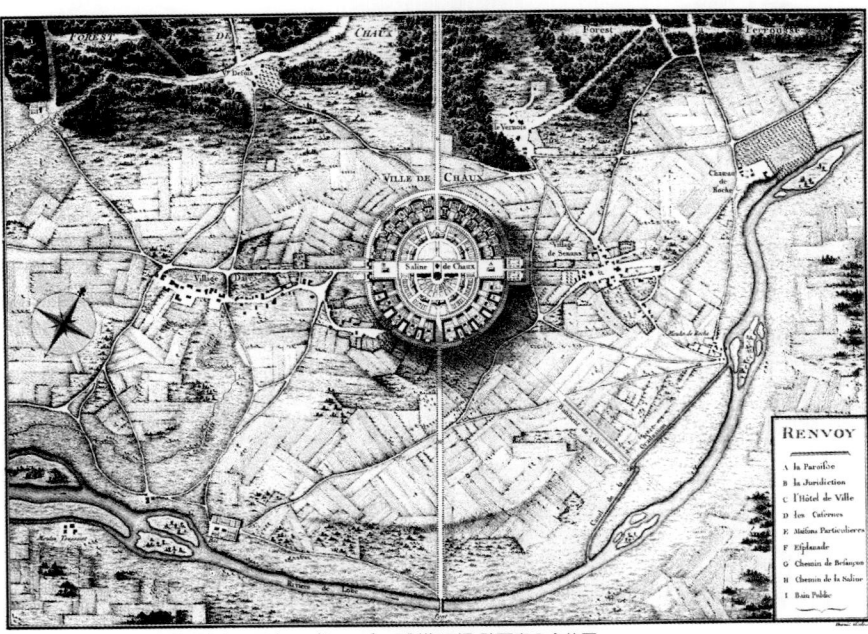

図11-3 ルドゥーによるアルケ・スナン(ショー)の製塩工場 計画案の全体図

II 西洋建築史

図11-4 アルケ・スナン（ショー）の製塩工場 中心部の外観

図11-5 アルケ・スナン（ショー）の製塩工場 正門　　図11-7 ラ・ヴィレットの税関 外観

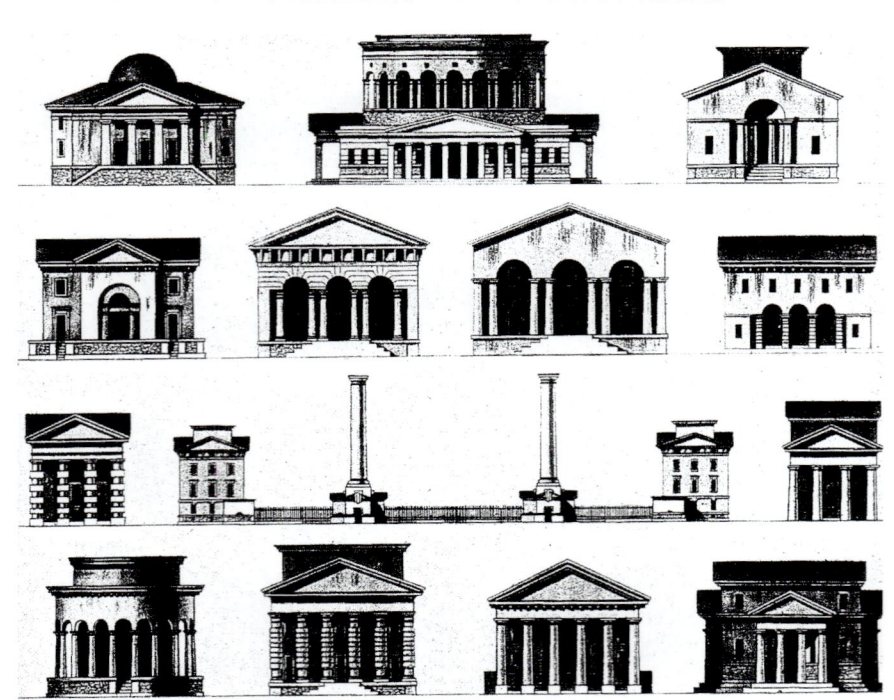

図11-6 ルドゥーが設計したパリの税関 立面図（部分）

236

図11-8 ジリーによるフリートリヒ大王記念碑案

図11-9 ガンディによる廃墟に模したイングランド銀行の鳥瞰図

〜79年)は，最初の円形の計画が変更され半円形となったが，施設(図11-3)の円弧の中心には，工場長の館(図11-4)が立っている。建築の細部には，正門奥の洞窟風の壁や，岩塩の溶液が流れ出る管を模した装飾など，マニエリスム的な遊びが随所に見られる(図11-5)。

また彼は，パリ市の税関(バリエール)(1785〜89年)を40以上設計した(図11-6)が，現存するのはラ・ヴィレットのものをはじめ数えるほどである(図11-7)。これも古典主義建築を下敷きとした，単純な幾何学的形態の組合せによる全体構成と，簡略化された細部が特徴的である。

幾何学的な全体の秩序にしたがって，様々な歴史的な意匠から巧みに構成された作品として有名なのが，フリートリヒ大王の記念碑案(1796年)である(図11-8)。フリートリヒ・ダフィト・ジリー(1772〜1800年)の提案は，ベルリンのポツダム広場に，古代エジプトのオベリスクに囲まれた重厚な基壇を築き，その上にギリシャ神殿が威厳を正すというものだったが，実現しなかった。

少し遅れてイギリスで活躍した**ジョン・ソーン**(1753〜1837年)は，より独創的な作品で知られる。代表作は，イングランド銀行(1788〜1835年)だが現存しない。J・M・ガンディによる廃墟に模した鳥瞰図(図11-9)が話題となったことは，いささか運命の悪戯めいている。独特なプロポーションのドームが架かったオフ

図11-10 イングランド銀行旧四パーセント利付公債課オフィス（ソーン設計 フランク・ヤーバリー撮影 現存せず）

図11-11 ロンドンのソーン自邸 朝食室

ィス（図11-10）など，機能と形・空間の関係はそれまでにないものだった。また，現在ジョン・ソーン博物館になっている自邸（1792〜1829年）は，各部屋が歴史的なテーマをもっており（図11-11），空間や形といった建築構成と，ソーンの蒐集した建築関連の展示物の組合せが，遊び心に富んだ世界を生み出している。

3 グリーク・リヴァイヴァル

19世紀になると，絵画や文学の世界では，ロマン主義が主流となった。古典主義的な整った形式，神話・伝説・歴史といったテーマ，そうしたものへの反発から，個人の内面にこそ語るべきものがあると主張する人々が現れたのだ。これは市民革命や産業革命と連動するものであり，また現代まで続く個人主義の幕開け，とみることもできるだろう。

ロマン主義は，建築様式を直接生み出すことはなかったが，文学や絵画を媒介として様々な時代の建築様式へと人々の関心を導いていった。その一例を古代ギリシャ復興様式，グリーク・リヴァイヴァルに見ることができる。

19世紀初めの人々にとって，ギリシャはヨーロッパ文明発祥の地であり，神話・伝説や歴史的な事件の舞台としてなれ親しんだ場所，まだ見ぬ憧れの国，理想郷アルカディアやエリシオンを連想させる想像力を刺激する土地だった。古代ギリシャ建築の質実剛健な味わいは容易に，新古典主義者が追及した「原始の小屋」や「高貴な単純さ」と結びついた。

そして19世紀前半，古代ギリシャに範を求めた作品が，各国で多数建設されることになるが，これを**グリーク・リヴァイヴァル**という。ロンドンの大英博物館（スマーク設計，1823〜47年）など，正にその好例といえる（図11-12）。

特に新興プロイセン王国の首都ベルリンは，建築的ストックが少なかったこと

11 市民革命と建築

図 11-12 ロンドンの大英博物館 外観

図 11-13 ベルリンのブランデンブルク門 外観

図 11-14 ベルリンのアルテス・ムゼウム 外観

図 11-15 ベルリンのシャウシュピールハウス 外観

図 11-16 ベルリンのノイエ・ヴァッヒェ 外観

もあり、グリーク・リヴァイヴァルの都のごとき様相を呈した。最初の重要な作品は、ラングハンス（1732～1808年）のブランデンブルク門（1789～93年）である（図11-13）。**カール・フリートリヒ・シンケル**（1781～1841年）は、博物館島の中心にして最初の博物館**アルテス・ムゼウム**（1824～28年）（図11-14）、シャウシュピールハウス（王立劇場）（1818～21年）（図11-15）、ノイエ・ヴァッヒェ（新衛兵所）（1806～16年）（図11-16）など数多くの作品を残したが、平面計画における実用性、構造と空間の直截的な関係など、20世紀の建築へと続く要素も多いとされる。

よく似た現象は南ドイツ、バイエルン王国でも生じた。こちらは**レオ・フォン・クレンツェ**（1784～1864年）を中心に、より徹底した形で古代ギリシャ建築が参照された。ケーニヒスプラッツを囲むプロピュライア（1846～60年）（市門）や**グ**

図11-17 ミュンヘンのプロピュライアとグリュプトテーク 外観

図11-18 ミュンヘンのルーメスハレ 外観

図11-19 レーゲンスブルクのヴァルハラ 外観

リュプトテーク（1816〜34年）（図11-17），今やオクトーバーフェストで有名なテレジエン・ヴィーゼに隣接するルーメスハレ（1843〜53年）（図11-18）などが首都ミュンヘンにつくられた。そしてオーバープファルツ地方の古都レーゲンスブルク近郊，ドナウ川を見下ろす丘の上に立つ**ヴァルハラ**（1830〜42年）（図11-19）は，ドイツの偉人たちを讃える施設でありながら，パルテノンをモデルにしている。

4 ゴシック・リヴァイヴァル

ゴシック建築への興味は，18世紀の英国でピクチャレスクな関心の中から生まれた。最初はあくまで一部の好事家の趣味でしかなく，例えば作家ホレス・ウォルポール（1719〜97年）は自邸を，ゴシックをはじめとする中世の様式で調え話題となった。

こうしたゴシック趣味は19世紀になると，一方ではロマン主義を背景に，また

図11-20 ロンドンの英国国会議事堂 外観

もう一方では民族主義的な動きとも関連して、古典古代とは異なるアルプス以北の独自の歴史や文化を育んだ中世へと、人々を誘うことになる。

それと同時に、建築様式としてのゴシックの取扱いも変化し、より建築的・考古学的に精密なものへとなっていった。イギリスの**ゴシック・リヴァイヴァル**の立役者となった**オーガスタス・ウェルビー・ノースモア・ピュージン**（1812〜52年）の作品は、その好例とされる。

ピュージンは教会建築で有名だが、関係した作品で一番の大作は英国の**国会議事堂**（バリー、ピュージン1836〜60年）である（図11-20）。ゴシックは教会建築以外にも活用されるようになったわけで、ウィリアム・バタフィールドやジョージ・エドマンド・ストリートの作品は、特に有名である。また前後して評論家**ジョン・ラスキン**（1819〜1900年）は『建築の七燈』（1849年）や『ヴェニスの石』（1853年）を著し、ゴシック建築を賞揚するとともに、倫理的ともいえる建築観を説いた。

精緻なゴシック研究という点では、**ユジェーヌ・エマニュエル・ヴィオレ・ル・デュク**（1814〜79年）を無視するわけにはいくまい。彼はフランスにおけるゴシック・リヴァイヴァルの推進者の一人であったが、彼の仕事を支えたのは、数多くの遺構に接して得た中世の建築に関する深い理解と知識だった。なお彼については、次のII-12で詳しく述べる。

ドイツでも民族意識の高揚とともに、未完のまま放置されたゴシックの大聖堂が人々の注目を集めた。そして、ケルン（完成1880年）（図6-19）やウルム（完成1890年）（図6-20）の大聖堂は、ドイツ文

図11-21 ケルンの大聖堂 16世紀の版画

化の象徴として数百年ぶりに工事が再開され完成されたのである（図11-21）。

5 市民と建築

19世紀に入り、**市民社会**が形を整えてくると、様々な新しい建築類型が誕生した。例えば、フランス革命で主を失ったルーヴル宮は、展示施設へと姿を変えた。

多くの都市で、美術館や博物館は王侯貴族が収集したコレクションを母体に整備された。評価の定まった展示物を、歴史的、地理的な広がりを念頭に置きつつ、体系的に陳列した。同様に図書館、劇場、オペラ座といった様々な**文化施設**が、時代を代表する建築家たちの手によって整備されていった。

こうした文化施設の先駆的な作品を追うならば、ルネサンスにまで遡る。例えば、ミケランジェロの設計したサン・ロレンツォ聖堂付属の図書館（図8-12、13）や、パッラーディオによるテアトロ・オリンピコ（図8-31）がそうである。そして背後には、モデルとなった、現存しない古代の建築がある。18世紀中頃になると、こうした施設が建築家を含め文化人たちの関心を集め、様々な施設がつくられるようになり、そして19世紀には貴族や一

図11-22 ドレスデンのオペラ座 外観

図11-23 パリのオペラ座 外観

部の文化人だけでなく，市民たちを対象にした**公共施設**が競って整備されるようになる。

その際に一つの建築タイプに関して，異なるアプローチが見られる点は興味深い。例えば，**ゴットフリート・ゼンパー**（1803〜79年）がドレスデンに設計したオペラ座（1838〜41年，再建1871〜78年）は，馬蹄形をした内部の観客席の形がそのまま外観に反映されており，オペラ鑑賞という建設目的に対する簡明直截な対応が注目を集めた。なお，現存する建物は，最初の建物が焼失した後，同じ建築家の設計で再建されたものである（図11-22）。これに対して，シャルル・ガルニエ（1825〜98年）のパリのオペラ座（1861〜74年）は，ネオ・バロックのモニュメンタルな外観に，エントランスから観客席に至る絢爛豪華な空間を合わせ，華やかな文化の香りを楽しむ市民のため夢の世界を作り出した（図11-23）。

6 様式の饗宴

19世紀のヨーロッパでは，材料や構法をはじめ現代を先取りする様々な要素が登場する一方で，建築意匠的にはそれぞれの時代の**建築様式**が注目を集め，時代を先取りする最新の作品が，過去の栄光に満ちた様式で次々と建設された。

先述のように，英国国会議事堂はゴシック・リヴァイヴァルだが，オーストリア＝ハンガリー帝国の議会（ハンゼン設計，1873〜83年）はグリーク・リヴァイヴァル（図11-24），そしてドイツ帝国議会（ヴァロット設計，1884〜94年）（これは20世紀末にフォスターが連邦議会としてリノヴェーションし話題になった）はネオ・バロック（図11-25）を，それぞれ採用した。またベルリン大聖堂（ラシュドルフ設計，1894〜1905年）もネオ・バロック（図11-26）だが，ウィーンの奉献教会（フェアステル設計，1856〜79年）はゴシック・リヴァイヴァル（図11-27），そしてロンドンのウェストミンスター大聖堂（ベントリ

図11-24 ウィーンのオーストリア国会議事堂 外観

図11-25 ベルリンのドイツ帝国議会 外観

11 市民革命と建築

ー設計，1895〜1903年)(英国におけるカトリックの中心であり，王家ゆかりのゴシックの名作にして国教会の中心であるウェストミンスター・アベィとは別の建物)はビザンツ様式で建てられた(図11-28)。このように，当時の大作と建築様式の膨大なリストができあがるが，そこに一貫性を読み取ることは難しい。

なぜ市民革命や産業革命を経た近代という時代の新しい建築に，歴史的あるいは伝統的な建築様式が採用されたのか。

その理由の一つには，依頼主の好みがある。19世紀の裕福な市民たちは，建築をはじめとする文化的な活動の多くを貴族たちから受け継いだ。彼らは新興勢力であるがゆえに，かえって歴史や伝統を感じさせるものを好み，伝統的な建築様式を常に格調高く，また刺激的な存在とみなしていた。同時に市民たちは，18世紀までの王侯貴族とは異なり，宗教，王権といった大きなテーマよりもむしろ，ロマン主義的な雰囲気の中，個人の趣味にもとづいて建築様式を選択していった。

また建築家にとっては，実務面からいえば歴史的な様式は，意匠設計上たいへん便利な道具である。ひとたび習得してしまえば，建築家の資質とは無関係に一定の水準の作品が設計でき，大規模な作品や新しい建築類型にも容易に応用が可能である。さらに細部の意匠の膨大なバリエーションなど，歴史的な様式がもっている豊かな体系には，過去の傑作やそれにまつわる歴史や伝説を連想させる力がある。そうした力は，何物にも代えがたい魅力である。

しかしながら，こうした様式の取扱いに対して批判もあった。例えば，様式は日々の営みの中から自然と生まれるものだ，と考えていたジョン・ラスキンなどはその好例といえよう。

図11-26 ベルリンの大聖堂 外観

図11-28 ロンドンのウェストミンスター大聖堂 外観

図11-27 ウィーンの奉献教会 外観

II-12

市民の台頭，そしてヨーロッパの拡大

資格試験，休日のショッピング，文化財建造物の保存，万博，建築部材の規格化……一見するとばらばらな言葉の羅列にみえるが，いずれも19世紀に登場したテーマである。社会構造の変化は，建築そのもののあり方だけでなく，建築を取り巻く様々なものにも大きな変化をもたらした。本節では，そうした19世紀の変化について特に重要と思われるものを取り上げていく。

1 都市の文化

19世紀に台頭した市民，つまりブルジョワジーたちは，その名称が端的に示すように，都市に住み，都市を活躍の舞台とした。そして19世紀は，都市のありようが大きく変わった時代でもあった（図12-1）。

19世紀初めのヨーロッパの都市は，混沌としていた。古代に重視された都市のインフラストラクチャーは，中世になると失われた。近世以降，目抜き通りや大きな広場は時代とともに整備されたが，大半の街区は中世のままで，密集して立つ住宅（図12-2），共同の水汲み場（図12-

図 12-1 パリのオスマン大通り（ブールヴァール）とラ・プランタン百貨店

図 12-2 シュトラスブールのプティット・フランス地区

図 12-3 モン・レアーレの街角

図 12-4 パリのリヨン駅 外観

図12-5 リヨン駅 ホームの様子

3)，細く曲がりくねった未舗装の路地，路肩に放置された塵芥と汚物といったものが，どうにかバランスを保っていた。

そこに産業革命以降，大量の労働者が流れ込み，衛生や治安における問題が一気に表面化した。19世紀ヨーロッパの都市は，スラム化の問題に直面していたのである。これに対処した結果，次章で詳しく説明するが（Ⅲ-5），都市は大きく生まれ変わった。そして現代的な問題，例えば馬車交通を優先すると歩行者が犠牲になるといった課題が浮上してきた。

19世紀後半，交通機関の発達は著しく，特に鉄道の整備は**駅舎**という新しい建築類型を生み出した（図12-4）。鉄道網はまず，都市間の遠距離交通として整備され，駅舎は都市の周縁にターミナル型で設けられた（図12-5）。

工業化が進むにつれて，商品の大量生産・大量消費といった，ヒトとモノとの新しい関係も生まれた。**百貨店**が誕生し，大空間に数多くの商品を陳列した（図12-6）。同様に，屋根の付いた歩行者専用の通りの，両側に店が並ぶ**商店街**（パサージュ）も登場した（図12-7）。こうした商業施設の発達は，散歩と買物を兼ねた新しい消費行動，ショッピングという楽しみをもたらした。カフェやレストランといった飲食店，流行のファッション，目を引く広告，消費や大衆といったキーワードで語られる新しい文化が誕生したのである。

2 建築家という職能

建築家という言葉の起源は，職人の長を意味するギリシャ語にたどりつく。しかし19世紀の建築家に求められたものは，

図12-6 パリのギャラリー・ラファイエット本店

図12-7 ミラノ ヴィットリオ・エマヌエーレ2世のガレリア

現場で経験を積んだたたき上げの職人ではなく，体系的な専門教育を受けた学識のある人物だった。こうした考え方は，ルネサンス以降広まるが，その実態は市民革命とともに変化した。

　それまで建築家は，貴族社会の中で，パトロンの庇護のもと仕事をすることが多かった。しかし市民中心の社会が整っていくと，建築家はむしろプロフェッションの一つとみなされるようになった。特殊な技術を身に付け，専門的な知識や判断を拠所に，依頼主のためにプロジェクトごとに仕事をする専門家である。言い方を換えるなら，職能としての責任感が重視されるようになった。

　19世紀には公共建築が整備され，新しい建築類型が次々と登場した。同時に，裕福な市民たちの個人住宅も見逃すことのできないテーマとなった。意匠設計のテーマも変わり，国家や社会，宗教といった大きなものを表現するのではなく，依頼主の好みを反映することに主眼が置かれるようになった。そして，要望に合わせて様々な様式を使いこなすことは，建築家にとって必要な能力となった。

　例えば，Ⅱ-11で紹介したクレンツェは，グリーク・リヴァイヴァルの建築家として有名だが，グリュプトテーク（図11-17）の設計に際し，ギリシャ案（図12-8），ローマ案，ルネサンス案（図12-9）を提案し，ギリシャ案の中央部とルネサンス案の翼部の折衷案で実施した。

　さらに自分の仕事内容を，依頼主など専門家以外の人々に説明することも重要になった。その背景には，一方では専門家としての説明責任があり，他方ではおそらく，当時の有名な批評家ジョン・ラスキンなども指摘する，人と物の一体感の喪失がある。

　専門知識をもたない人々の理解と共感

12 市民の台頭，そしてヨーロッパの拡大

図12-8 ミュンヘンのグリュプトテークのギリシャ風計画案

図12-9 ミュンヘンのグリュプトテークのルネサンス風計画案

を得るためには，客観性と論理性が拠所となるが，本質的に主観的・直感的なものである意匠面の説明には困難が伴う。そこで，社会や宗教といった建築の外にある議論から，作品の美しさを間接的に論じることが多くなった。

さて市民という不特定多数の人々を相手にする以上，自分の能力を保証し，身分を明らかにするものが必要となる。そこで，建築家という**資格**が整備された。すでに活動している建築家が若い新人を，建築家として相応しい能力があるか否かをチェックし，資格を与え登録するのである。

この制度は，19世紀前半の**英国建築家協会**が最初に作り上げたとされる。彼らは後に，王立の組織（王立英国建築家協会RIBA）として認められ，今日に至っている。

3 修復建築家の登場

先にゴシック・リヴァイヴァル（Ⅱ-11）で触れたヴィオレ・ル・デュクは，最初の**修復建築家**といわれる。かつては建築の修理に際し，その建築の以前の姿はあ

図12-10 ヴィオレ・ル・デュクの修復前のピエルフォン城

図12-11 ヴィオレ・ル・デュクの修復後のピエルフォン城

図12-12 ヴィオレ・ル・デュクの理想とするゴシック大聖堂

図12-13 ヴィオレ・ル・デュクのパリ大聖堂の理想化された修復案

まり注意が払われなかった。それに対してデュクは、修理の対象となった建築物を調査し、様式的に矛盾しない姿へ**修復**しようとしたのである。

パリ大聖堂(図6-5)を筆頭に、ヴェズレーのラ・マドレーヌ聖堂(図5-16, 17)やピエルフォン城(図12-10, 11)など、彼が手がけた作品は多い。そしてデュクは、その経験をもとに『中世建築辞典』(1854～68年)をまとめた。

彼の活動の背景には、時の流れの中で失われた建築作品の最良の状態を取り戻し維持しよう、という意識がある。しかしデュクは、しばしば歴史的な事実を超え、自分が理想とした建築の姿(図12-12)を修復案に盛り込んだ(図12-13)。こうした行き過ぎた復元は、後に修復ではないと批判されることになる。

さて歴史的建造物を修復し、保存しようとする動きは、イギリス、ドイツ、アメリカなどでも見ることができる。そして20世紀には、国家や地方自治体が主体となって、法制度も含め歴史的建造物への保存体制を整えていくようになる。そうした中、イギリスで始まった**ナショナル・トラスト運動**は、主体が民間のボランティア団体である点が意義深い。

なお、ヴィオレ・ル・デュクは続く著作『建築講話』(1863～72年)で、建築における合理性を説いた。建築を造形芸術の頂点に位置づけてきた人々にとって、構法や計画の合理性を論じる彼の意見は受け入れがたく、猛反発を招いた。しかし彼の見解は、多くの人々に影響を与え20世紀の建築論を導いたとされる。

4 異文化へのまなざし

18世紀の建築家フィッシャー・フォン・

12 市民の台頭, そしてヨーロッパの拡大

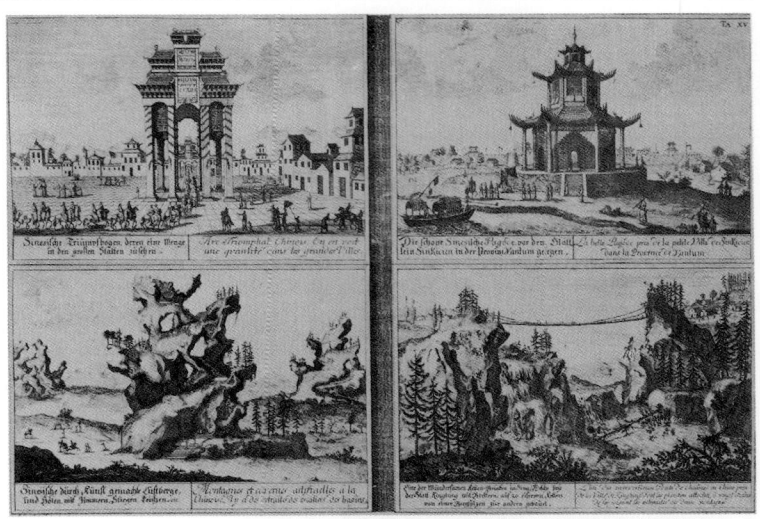

図12-14 フィッシャー・フォン　エルラッハの著作の一部 凱旋門をはじめとする中国の建築

図12-15 キュー・ガーデンのパゴダ

　エルラッハは,『歴史的建築の構想』(1721年) という著作で, 世界中の様々な建築を紹介している。そのいくつかは正確さに欠け空想の産物といえるものだが, 異文化に向けた好奇心がよくわかる (図12-14)。

　こうした動きは, **ピクチャレスク**な関心と結びついた。例えば, 庭園における中国風のパヴィリオンは, 陶器などを通して伝わった中国の風景を, ヨーロッパに再現しようとしたもので, 特にサー・ウィリアム・チェンバーズ(1723〜96年)が, キュー・ガーデンに設計したパゴダ(1757〜62年)は有名である(図12-15)。こうした異国情緒を求めた作品は, 中国だけでなく, インドやトルコ, 古代エジ

図12-16 ブライトンのロイヤル・パヴィリオン 外観

プト，そして同じヨーロッパ建築でも，まだ物珍しかった古代ギリシャやゴシックを題材とした。

　インドからの影響で有名なのは，英国のジョン・ナッシュ（1752〜1835年）がブライトンに設計したロイヤル・パヴィリオン（1815〜23年）であろう。ここでは，インドのイスラーム建築に特徴的（図4-24）なタマネギ型のドームが採用されている（図12-16）。

　19世紀になると，ヨーロッパ以外の建築に関して，単なる印象ではない正確な情報がもたらされるようになる。またこの時代，建築史の分野では，過去のすべての時代を網羅しようとする**通史**が盛んに書かれるようになる。ファーガソン（1808〜86年）やフレッチャー（1866〜1953年）による著作は有名で，特に後者は版を重ねて今日でも出版されている。

　こうした19世紀の通史は，多かれ少なかれ世界建築史を目指していた。偏見に満ちた記述もみられる不完全なものではあるが，非ヨーロッパ圏の建築を取り上げ，以前の好奇心に動かされただけのものではない，冷静かつ体系的に既存の建築を把握しようとする態度が見受けられる。これは同時期に万国博覧会が，世界中の珍しい文物を紹介しようとしたこととも，並行する現象といえるだろう。

　19世紀になり，産業革命とそれに続く工業化が進むと，それまでとは異なる側面もみられるようになる。つまり，失われていく手仕事への憧憬といった視点である。

　例えば日本の工芸や建築は，コンドルからライトまで，広く注目を集めた。その背景には，日本のデザインの魅力だけではなく，そこに生活と創作の一体化という理想を見ようとした欧米の人々の願望もあったのではないか。

　既存の作品に見る側の考えを託す，こうした方法は建築史の著作でもみられた。いつの時代でも建築史をまとめる際に，公正中立な叙述を保つことは難しい。しかし，あからさまに自分の考えを前面に押し出した叙述を数多く見ることができるのも，この時代の建築史の特徴であろう。

5 西洋建築の拡大

　16世紀，スペインとポルトガルは中南米の植民地に，ヨーロッパの建築や都市計画を持ち込んだ。この結果，中南米ではそれまでの伝統的な建築とは異なる建築が，数多く建設された（図12-17）。

　こうした植民地への建築の移植が大々的に行われたのは，英国支配下のインドであろう。ひとつ例をあげるなら，ムン

12 市民の台頭，そしてヨーロッパの拡大

バイのヴィクトリア駅（スティーヴンス 1878〜87年）は，ゴシック・リヴァイヴァルで設計されている（図12-18）。インドの豊かな建築文化は，英国の建築にも影響を及ぼしたが，もちろんインドにおいても面白い現象が見られた。コルカタのヴィクトリアン・メモリアル・ホール（エマーソン1905〜27年）はその好例で，ヨーロッパの古典主義建築にインドのイスラーム建築を思わせるドームや塔が乗った折衷様式である（図12-19）。20世紀最大の建築プロジェクトの一つに，ニューデリー（1911〜31年）の建設があるが，ラッチェンス（1869〜1944年）による新都市建設（図12-20）は，英国のインドにおける建設活動の頂点を示すものといえるだろう。

一方でイギリス人は，高温多湿な南アジアの気候に合わせた新しい邸宅を生み出した（図12-21）。居室の前面に，屋根の付いた吹き放ちの列柱を設け，風通しの良い日陰を用意するとともに，居室の日照を減じ室温を制御しようとしたのである。例えば，ベランダといった言葉は，こうした邸宅と関連してわが国まで伝えられたものである。

逆に非ヨーロッパ圏の国々においても，西洋建築を模倣する動きが広がっていっ

図12-17 メキシコ・シティーの大聖堂（アルシニエガ他，1537〜1813年）外観

図12-19 コルカタのヴィクトリアン・メモリアル・ホール 外観

図12-18 ムンバイのヴィクトリア駅 外観

Ⅱ 西洋建築史

図12-20 ニューデリーのインド副王宮(ラシュトラパティ・バヴァン)

図12-21 ゴアの住宅のベランダ

図12-23 サンクト・ペテルブルクの海軍省(コローボフ設計、1732〜38年)外観

図12-22 イスタンブルのドルマバフチェ宮 海側の外観

た。例えばイスタンブルのドルマバフチェ宮(バルヤン他,1843〜56年)は,当時のイスラーム圏の盟主,トルコ帝国のスルタンのために建設されたが,明らかにバロック宮殿の影響下にある(図12-22)。

こうした西洋建築の導入もまた,好奇心から始まったが,やがて西洋の伝統建築を立てること自体が重要視されるようになった。18世紀初め,ロシアのピョートル大帝によるサンクト・ペテルブルク建設なども(図12-23),こうした側面から読み解くことができるだろう。そして,もちろんわが国における西洋建築の受容も,同じ動きの極東における一例であり,最も組織的に効率良く成果を上げた例といっていいだろう。

6 大量生産と手づくり

さて,産業革命が工業化を導いたことはいうまでもない。建築界でも生産の現場において,大きな変化が生じた。例えば,刳型などの歴史的な装飾モチーフも,機械で削り出されるようになった。

12 市民の台頭，そしてヨーロッパの拡大

こうした変化を考えれば，ジョン・ラスキンが機械によるものづくりを批判し，手づくりを推奨したときの危機感も想像できるだろう。Ⅲ章で詳しく述べるが，ラスキンを受けて，その思想を実践したのがウィリアム・モリスであり，そのあとにアーツ・アンド・クラフツ運動が続く。そして，品質は優れているが高価な手づくりのものと，安価で質の劣る工業製品という図式は，20世紀初めのドイツ工作連盟やバウハウスまで続くことになる（Ⅲ-7）。

1776年の独立後，先住民族を駆逐しつつ，国土を西へ西へと拡大し，その過程で膨大な量の移民を受け入れ，爆発的な発展を遂げたアメリカ合衆国では，状況は全く異なっていた。建築界が直面したのは，巨大な需要と少ない専門家という問題だった。

そこで工業製品には，ヨーロッパとは全く異なる目線が向けられた。工業を活用した実利的で効率の良い建設方法が模索され，現代でも重視される手法が登場した。規格を統一し，部材を工場で大量生産し，現場では組立てのみを行う**プレファブリケーション**の手法である。

例えば，今日われわれが「**ツーバイフォー**」と呼び習わす住宅も，もともと北米で19世紀に発達した木造壁式の量産住宅が起源で，2インチ×4インチを基準寸法としたことが名前の由来となっている。同様に，現代の高層建築の礎となった**シカゴ構法**（図12-25）も，またその好例といえるだろう。こうした手法は徐々に改良，洗練され，やがて1920年代，ニューヨークの摩天楼建設へと至るのである。

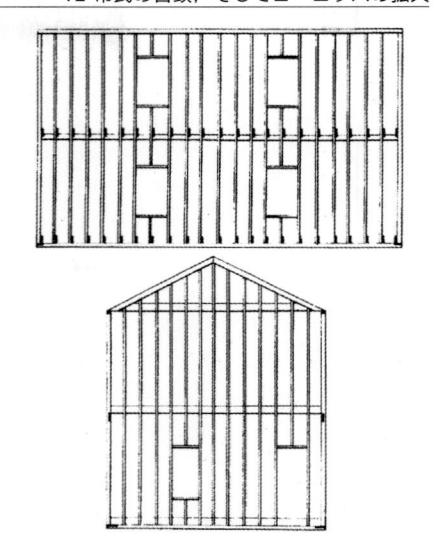

図12-24 ツーバイフォーの例 19世紀の本に載ったバルーンフレーム構法の図（ベル『簡略建築術』1858年）

図12-25 シカゴ構法の例 建設中のフェアストア（ル・バロン・ジェニー設計，1889～90年）

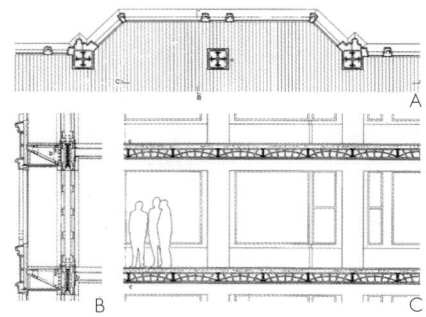

A いわゆる「シカゴ窓」部分の平面図　B 外壁を支える梁の断面図　C 床面の断面図
図12-26 リライアンスビル（バーナム＆ルート設計 1895年）の詳細図

III
近代建築史

Ⅲ–1 産業革命と博覧会

近代社会は，市民革命と産業革命という二つの革命を契機として誕生した。市民革命は各種の公共建築を生み出し，産業革命は社会や都市の在り方を変えると同時に，鉄・コンクリート・ガラスといった工業生産された建築材料をもたらし，大規模建築の大量生産を可能とした。本節では，19世紀に発生した鉄骨構造の大空間に焦点をあてながら，近代建築の出発点を概観していこう。

1 産業革命

社会の近代化に大きな影響を与えた二つの出来事が，**市民革命**（Ⅱ-11節）と**産業革命**である。

このうちフランス革命（1789年）などの市民革命によって民主政治が生まれ，一般庶民が日常的に用いる**公共建築**という存在を生み出した。さらに，民主政治を運営していくために設けられた様々な社会制度に対応するための**ビルディングタイプ**を創り出していった。

もう一つの産業革命は，18世紀後半から19世紀前半にかけてイギリスで発生した現象で，均質な性能をもつ工業製品の生産を動力機械の使用によって飛躍的に増加させた点に特徴がある。

産業革命は，科学に裏づけされた数々の発明品によって達成されたものである。皮切りとなった繊維産業では，紡績機に絶え間ない改良が行われ，動力源も人力から水力，そして**蒸気機関**へと移行することで生産量は急増した。この繊維産業とともに大きく躍進したのが，製鉄業である。

石炭を用いたコークス製鉄法が18世紀に始まって，大量生産と性能の安定化が達成され，19世紀に入るとより強い鋼の生産も本格化し，板ガラスも19世紀に入るころには大量生産が可能となった。

鉄やガラスは，中世以前の建築でもすでに用いられていたが，使用箇所は部分的なものに留まっていた。しかし，産業

図 1-1 コールブルックデール鋳鉄橋

図 1-2 クレイゲラヒー橋

1 産業革命と博覧会

革命に伴う大量生産によって、建造物の主要な構造材へと変化していったのである。また、性能の安定化や均質化が達成された鉄は、同時期に発達した**構造力学**に基づいた設計の対象となり、従来よりもはるかに巨大な建造物を大量かつ迅速に建設することが可能となった。

19世紀中に産業革命は、フランス・ドイツ・アメリカなどの西洋諸国でも始まり、19世紀末期には、明治維新を迎えた日本にも波及した。これらの国では、機械による大量生産を行う工場が急増した結果、資本主義に基づく市場経済が発達し、同時に農村から大量の人間が工場労働者として都市へ移動した。そして、少数の権力者や商業者が居住するコンパクトな中世都市は、桁違いに多い人口を収容し、巨大な公共建築や工場が建ち並び、鉄道や道路といった交通施設が貫通する近代都市へと生まれ変わっていった。

こうした近代都市の新しいタイプの建築で、鉄とガラスという新しい材料は積極的に用いられるようになったのである。

2 博覧会の衝撃

鉄を建造物の構造材として用いる動きは、イギリスにおける橋梁建設から始まった。約30mのスパンを持つ**コールブルックデール鋳鉄橋**(ジ・アイアンブリッジ、1779年)は、**鋳鉄**で作られた最初の橋梁である(図1-1)。

19世紀に入るころには、鉄製橋梁の建設は盛んとなり、鋳鉄から**錬鉄**、やがては**鋼鉄**に移行していく中で、様々な形状の鉄骨**トラス橋梁**が生み出されていった。

トーマス・テルフォード(1757〜1834年)は、初期の鉄製構造物の進歩に大きく寄与した技術者で、1814年に鋳鉄製トラス構造の**クレイゲラヒー橋**を架橋し(図1-2)、1826年には錬鉄を用いたスパン177mにも及ぶ吊橋である**メナイ橋**を建設した。さらに**イザムバード・ブルネル**(1806〜59年)が設計した**クリフトン橋**(1864年)は、鉄製ワイヤーケーブルを用いて200mものスパンを持つ吊橋となった(図1-3)。

鉄製橋梁はイギリス以外にも波及し、アメリカの**ブルックリン橋**(1883年)は、486mものスパンを持つものとなり(図1-4)、**ギュスターヴ・エッフェル**(1832〜1923年)設計のフランスの**ブリアール運河橋**(1896年)は、全長600mを越える水道橋という課題を達成するに至った。このように鉄製橋梁は、わずか百年の間に長足の進歩を遂げ、木造や石造の橋梁に取って代わり、鉄製構造物の信頼性を世

図1-3 クリフトン橋

図1-4 ブルックリン橋

に示した。

　続いて，鉄とガラスを組み合わせた建造物は，**温室**から導入された。世界各地に植民地を有していたイギリスでは，南方の植物を栽培するため，ガラスで覆われた温室が必要とされたからである。

　造園技師**ジョセフ・パクストン**（1803〜65年）と建築家**デシマス・バートン**（1800〜81年）が試みた**チャッツワースの温室**（1840年）は，木造の骨組にガラスをはめ込んだものであったが，同じくバートンと**リチャード・ターナー**（1798〜1881年）が設計した**キュー・ガーデンの温室**（1848年）では，鉄骨構造の骨組が用いられた（図1-5，6）。

　温室建設が盛んに行われた19世紀後半は，**博覧会**の黎明期にも該当している。なかでも世界各地から集めた様々な物品を展示した**万国博覧会**には，新規な発明品や海外の植民地からもたらされた文物が展示され，社会に大きなインパクトを与えた。その博覧会の施設に，温室で採用された鉄骨とガラスを組み合わせた空間が用いられることで，その効果が広く知れ渡っていったのである。

　第1回の万国博覧会は，1851年にロンドンの**ハイドパーク**で行われた（図1-7）。施設建設にあたっては，莫大な展示物を明るい室内に収容することに加え，短期間の工期と樹木に覆われ自然の地勢を残す公園を保護することが求められたために，鉄骨とガラスの建造物がパビリオンとして建設されることになった。

　このパビリオンは，チャッツワースの温室で経験を積んだパクストンの設計によるもので，**水晶宮**（**クリスタルパレス**）と呼ばれた（図1-8）。水晶宮は，約4,500tの鉄材と約30万枚のガラスを用いて作られ，その規模は正面約560m・奥行約120mにも及ぶ巨大な建造物であったが（図1-9），着工からわずか9ヵ月の短期間で竣工した。博覧会の入場者は，この水晶宮を通じて鉄骨とガラスが構成する空間を体験したのである。

　ロンドン万国博覧会の成功は，他の西洋諸国を刺激した。特にフランスでは，

図1-5 キュー・ガーデンの温室

図1-6 キュー・ガーデンの温室 内部

図1-7 ハイドパーク

1 産業革命と博覧会

19世紀中期以降に3回もの万国博覧会をパリで開催する動機となった。

その第1回目にあたる1855年のパリ万国博覧会で、メインパビリオンとなったのが**産業宮**である（図1-10）。これは、石造の壁体が鉄骨とガラスの大屋根を支える構造であったが、水晶宮を上回る規模となった。またこの博覧会では、産業品や植民地からの文物だけでなく美術品も展示された。

続く第2回目の1867年パリ万国博覧会の主な展示施設となったパビリオンは、水晶宮と同様に鉄骨とガラスのみを使用したものとなった（図1-11）。

その配置計画は、展示企画の責任者であった**ル・プレ**（1806～82年）の発案の下、中央に温室を置き、その周囲を楕円形の7つの回廊が拡がりながら巡り、中央から16本の放射線状の回廊が伸びる斬新な構成となった（図1-12）。このうち、楕円形の回廊は展示テーマを示し、放射線状の回廊は国や地域を表すもので、展示構成をそのまま建造物の平面形に反映させたものである。こうした歴史的な建築様式とは全く無縁な理念に基づいた造形は、後世に強い影響を与えることになった。

さらに第3回目となる1889年のパリ万国博覧会で建設された**機械館**は、**フェルディナン・デュテール**（1845～1906年）と**ヴィクトル・コンタマン**（1840～95年）が設計したもので、3ヒンジの115mにも及ぶアーチを採用した奥行450mの巨大な鉄骨構造の建造物であった（図1-13・14）。

また、同時に建設されたギュスターヴ・エッフェル設計の**エッフェル塔**は、パリ市街地の中心に聳え立つ高さ312mにも及ぶもので、賛否両論を巻き起こしながら、新たなパリのシンボルとなった（図1-15）。また、博覧会の諸施設で採用されたエレベーターやガス・電気の人工照明も大きな注目を集めた。

図1-8 水晶宮

図1-9 水晶宮 内部

図1-10 パリ万国博覧会（1855年）の産業宮

図1-11 パリ万国博覧会（1867年）のパビリオン

III 近代建築史

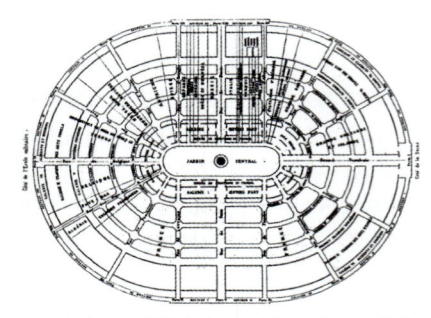

図 1-12 パリ万国博覧会（1867年）パビリオン構成

3 鉄骨構造の展開

　万国博覧会の入場者数は，1851年のロンドン博覧会で600万人を越え，さらに大成功を収めた1889年のパリ博覧会では3,240万人にも及んだ。この多数の入場者は，鉄とガラスが創り出す新しい空間を体験し，その可能性を強く認識したのである。

図 1-13 パリ万国博覧会（1889年）機械館

図 1-14 パリ万国博覧会（1889年）機械館 内部

　その結果，温室や博覧会パビリオンだけでなく，様々な常設の施設でも，鉄骨構造とガラスを組み合わせた建造物が採用されるようになる。

　1860年の**オックスフォード大学自然史博物館**のガラスの中庭は，細い鉄製柱によって支持されたアーチがガラス屋根を支えるものであり（図1-16），同様の発想はブリュッセルの**ギャラリーサンチュベール**（1830年代）や（図1-17），ミラノの**ガレリア・ヴィットリオ・エマヌエーレ2世**（1877年）など（図1-18），市街地のアーケードにも採用され，広く市民の目に触れるものとなった。

　こうした多数の人間が行き交う大空間を，鉄とガラスの建造物で覆うという発想は，近代を象徴する存在である鉄道関連の施設で，より広範囲に実践されていった。

　1769年にジェームズ・ワット（1736～1819年）が発明した蒸気機関は，19世紀初期には鉄道にも応用され，1825年には

図 1-15 エッフェル塔

1 産業革命と博覧会

図 1-16 オックスフォード大学自然史博物館 ガラスの中庭

図 1-17 ギャラリーサンチュベール

図 1-18 ガレリア・ヴィットリオ・エマヌエーレ 2 世

イギリスで世界初の商用鉄道が出現した。それ以降，イギリスでは急速に鉄道網の拡張が行われ，19世紀の百年間を通じて，欧州各国とアメリカで鉄道の延長距離は急伸していった。

鉄道の敷設に伴って各地で建設されることとなった鉄道駅舎は，それまで存在していなかった新しいタイプの建造物で，多数の乗降客を効率よく収容することを使命としていた。そこで，長大なプラットホームの上を，鉄骨造の大屋根で覆う方法が考案され，普及していった。ロンドンの**セントパンクラス駅舎**(1874年)は，**ジョージ・ギルバート・スコット**(1811～78年)らが設計したもので，線路とプラットホームの両方を覆う74mのスパンを持つ建造物であった(図1-19・20)。

鉄骨構造が可能とする大空間の可能性は，近代社会を牽引する原動力となった資本主義が要請する新たなタイプの建造物にも応用され始める。

例えば，**ジェームズ・バニング**(1802～63年)設計の**ロンドン石炭取引所**(1849年)は，蒸気機関や鉄工業の発達によって消費量が膨れあがった石炭の商取引を行うために建設されたもので，鉄骨ドームを持つ大空間として建設された(図1-21)。**カスバート・ブロドリック**(1821～1905年)設計の**リーズ穀物取引所**(1863年)も同様に，鉄骨ドームに覆われた大空間である(図1-22・23)。また，**ヴィクトール・バルタール**(1805～74年)設計の**パリ中央市場**(1866年)は，総面積5万m²にも及ぶ鉄骨構造体の建造物で，急増した都市人口の消費をまかなうために建設された(図1-24)。

一方，近代化の原動力となった工場をみると，19世紀中には煉瓦造の壁体の上に，木造トラスを架けて屋根を支えるものが主流であった。しかし，イギリスの**スタンレイ紡績工場**(1813年)は，主要な構造部材として鉄を用い(図1-25)，さらに**ジュール・ソルニエ**(1817～81年)が設計したパリの**ムニエチョコレート工場**(1872年)は，鉄骨の構造体に**カーテンウォール**を取り付けた建造物であった(図1-26)。

こうした先駆的な事例のほかに，木造トラスを鉄骨造トラスに置換するものも現れるが，構造体に鉄を用いる工場は，20世紀以降になって本格的に普及していくことになる。

図1-19 セントパンクラス駅舎　　図1-20 セントパンクラス駅舎 内部

1 産業革命と博覧会

このように，水晶宮に代表される鉄とガラスの博覧会パビリオンは，明るい大空間という従来の建造物には見られなかった性格をもち，様々な用途の施設に応用された。そして，博覧会パビリオンがもっていたもう一つの性格である，何の制限も受けず自由に回遊しながら展示物を鑑賞できるという性質も，**百貨店**や**博物館・美術館**といったビルディングタイプの形成に大きな影響を与えた。

例えば，第3回パリ万国博覧会の直前にあたる1887年に開業したパリの**ボン・マルシェ百貨店**は，**ルイ・シャルル・ボワロー**（1837～1914年）とエッフェルが

図 1-21 ロンドン石炭取引所

図 1-22 リーズ穀物取引所

図 1-23 リーズ穀物取引所 内部

263

図1-24 パリ中央市場

設計したもので、博覧会パビリオンと類似した鉄骨造の巨大な空間の中にあふれる商品を、自由に見て回りながら購買できる新しいタイプの商業建築空間を実現し（図1-27）、西洋諸国ばかりか日本にも大きな影響を与えた（Ⅲ-8節）。

こうした空間の性格は、常設の博覧会場ともいうべき博物館・美術館、あるいは**図書館**にも適用され、新しいビルディングタイプの発達を促していった。**アンリ・ラブルースト**（1801～75年）設計によるサント・ジュヌヴィエーヴ図書館（1850年）や（図1-28・29）、**シドニー・スマーク**（1798～1877年）設計の**大英博物館図書閲覧室**（1857年）などは（図1-30）、その先駆的な事例である。

近代社会では、プロフェッショナルとしての職業的能力をもった個人のもつ意味が大きい。医師・弁護士・建築家といった以前から存在していた職業人に加え、工学的知識を駆使する**技術者**という存在も重要度を増してくる。パクストンやエッフェルはそうした技術者であり、歴史的な様式に習熟した建築家とは異なる存在であった。

19世紀の西洋社会では、建築家と技術者は互いに協力をしながらも、明快に棲み分けを行っていた。すなわち工学的な知識に基づいて構造体を設計する技術者と、その表面を歴史的な様式で飾る建築

図1-25 スタンレイ紡績工場

図1-26 ムニエチョコレート工場

図1-27 ボン・マルシェ百貨店

1 産業革命と博覧会

家という役割分担が行われていたのである。

以上，近代化を果たしたイギリスやフランスを中心に，18世紀から19世紀にかけて発生した状況の変化をみてきた。一方，同時期の日本は，明治維新を挟んだ激動の時代を迎えていた。

明治維新後の日本は，西洋諸国を目標として近代化を目指していく。そこでは，西洋諸国で発生した現象を少し遅れて体験する部分と，西洋諸国とは全く異なる現象を体験する部分の両方が並存している。次節以下で，その詳細について検討していこう。

図 1-28 サント・ジュヌヴィエーヴ図書館

図 1-30 大英博物館図書閲覧室 内部

図 1-29 サント・ジュヌヴィエーヴ図書館 内部

265

III-2 日本の近代化

江戸時代後期の日本社会は，西洋社会とは異なる独自の近代性をもっていた。しかし，阿片戦争（1839～42年）と黒船来航（1853年）によって，西洋諸国からの侵略の危険性を自覚した日本人は，明治維新（1868年）を実行して，西洋社会をモデルとしながら独自の社会制度を構築し，その中で西洋の建築技術を選択的に導入していった。本節では，この間の状況を概観してみよう。

1 石橋と洋館

江戸時代までの日本の建築は，木造の**柱梁構造**が主流であったために，石材や煉瓦といった小さなピースを積み上げていく**組積造**の技術は発達しなかった。

しかし，海外との窓口となった長崎では，幾度となく木造橋が洪水で流されてしまったため，17世紀中期に組積造の技術を中国から導入して頑強な石橋群を建設した。長崎市の中島川に架かる**眼鏡橋**（1634年）は，その代表的な遺構である（図2-1）。

新たに導入された組積造の技術は，頑強で耐久性に優れていたために広く受け入れられ，九州一円に組積造の技術が伝播し，専門の職人集団も形成された。19世紀に熊本や鹿児島で多数の組積造の橋梁を建設した**種山石工**は，その代表的な存在である。

熊本県にある**霊台橋**（1847年）と**通潤橋**（1854年）は，種山石工が建設した代表的な遺構で，霊台橋は渓谷を挟んだ山間の集落と街道を結びつけた橋梁（図2-2），通潤橋は台地上の開墾を目的とした水路橋である（図2-3）。

ほかにも種山石工は，鹿児島城下の**甲突五橋**（1846年の**西田橋**ほか）など膨大な数の石橋を建設し，明治維新後には，東京で**皇居正門石橋**や**万世橋**を建設するなど長期にわたって活躍した（図2-4）。

江戸時代中期以降には，ほかにも中国や西洋から新たな技術の導入が行われて

図2-1 長崎眼鏡橋

図2-2 霊台橋

2 日本の近代化

図2-3 通潤橋

いる。蘭学に代表される西洋からの技術導入は書物を通じて行われ，建設関連の技術では干拓や埋立，あるいは測量など治山治水の技術が主であった。こうした技術は，城下町の臨海部分の干拓や埋立等に応用され，東京湾防備のための砲台を据え付けた**御台場**（1854年）の建設にも用いられた（図2-5）。

江戸時代に行われた技術導入の経緯をみると，その対象は橋梁などの公共財であり，社会が必要とするものを認識した後に，必要な技術を選択して導入し，その上で技術者集団を育成するという順序で行われている。こうした技術導入のパターンは，明治維新後の本格的な近代化にあたっても繰り返し行われていくことになる。

一方，組積造や土木関係技術の導入が行われていた19世紀中期には，日本を巡る国際情勢が大きく変化していた。長く東アジアの中心であった中国が，西洋諸国に敗北した阿片戦争（1839〜42年）は，日本に大きな衝撃を与えた。西洋諸国に敗れた中国の状況を察知した日本では，植民地となってしまうかもしれないという危機感が高まったのである。

図2-4 皇居正門石橋

図2-5 御台場

そうしたなか，ペリー（1794～1858年）率いるアメリカ艦隊が1853年に来航し（黒船来航），紆余曲折の後，1859年に江戸幕府はイギリス・アメリカ・フランス・オランダ・ロシアの5国と**安政五ヵ国条約**を締結した。この条約によって，長く続いた鎖国体制は幕を閉じ，横浜・長崎・函館・神戸・新潟の5港が開港されることになった。

ここで開港した港湾都市の様子を神戸で確認してみると，**港湾施設・居留地・雑居地**という3地区から構成されていることを確認できる。

港湾施設に隣接する居留地は，格子状の街区から構成された外国との交易専用エリアで，外国人商人が営む商館などが建設された。アメリカ領事館として建設された**神戸居留地十五番館**（1881年頃）は，居留地の状況を伝える遺構である（図2-6）。

一方，雑居地は，外国人と日本人の両者が居住するエリアで，居留地に隣接した山手側の傾斜地に設けられた。**北野町山本通**周辺では，雑居地時代の景観を確認することができる（図2-7）。

開港した港湾都市に建設された外国人の住宅は，それまでの日本の住宅とは全く異なる形式が用いられた。長崎の**グラバー住宅**（1863年）はその最初期の事例で（図2-8），板敷きの部屋が並ぶ室内の周囲に広いベランダが巡っている（図2-9）。

図 2-6 神戸居留地十五番館

図 2-8 グラバー住宅

図 2-7 北野町山本通

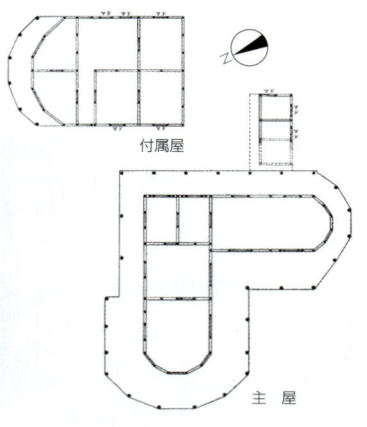

図 2-9 建設当初のグラバー住宅 平面図

2 日本の近代化

図2-10 ハッサム住宅

図2-11 ハッサム住宅 細部

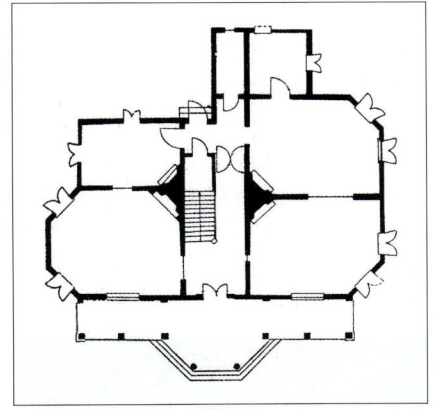

図2-12 ハッサム住宅1階平面図

張りの外壁にはペンキが塗られている(図2-11)。間取りは，玄関ホールを中心に数個の個室が並ぶもので(図2-12)，建具は扉とガラス窓，板床を張る室内には暖炉などが設けられ，椅子とテーブルが置かれている。こうした特徴は，それまでの日本の住宅とは全く異質なものである。

開港の結果，海外との窓口となった神戸や横浜では，こうした洋館が数多く建設され，新しい建築文化の発信拠点となった。

こうした形式は，西洋諸国の植民地となった東南アジアからもたらされたものである。そのため日本の気候には適合しておらず，また広い敷地を必要とする平屋の建築であった。しかし，外国人数の増加に伴い，次第に日本の気候や敷地条件を考慮した**洋館**と呼ばれる形式へと変化し，外国人だけでなく，一部の日本人も居住するようになった。

少し後の事例であるが，神戸市の**ハッサム住宅**(1902年)を例にとって洋館の特徴をみてみよう(図2-10)。まず外観は2階建で，上下にベランダを持ち，**下見板**

2 西洋技術の導入

開港は日本社会に大きな影響を与えた。外国人の日本国内での行動は，生麦事件(1862年)のような波紋を呼び，海外貿易に伴う諸物価の高騰は一般庶民の生活を直撃した。

この時期には攘夷と呼ばれる外国排斥運動が巻き起こったが，同時に日本を守るためには西洋の先進技術，とりわけ軍事関連技術の導入が必要という認識も広まった。攘夷思想の持ち主であった吉田松陰(1830～59年)が海外渡航を企てた事実は，この二面性を物語っている。

269

軍事関連技術の導入を推進したのは，江戸幕府のほかに鹿児島藩・山口藩・佐賀藩などで，兵器製造・造船・製鉄などが企画され，それらの施設に附随する工場などの建設技術も導入された。技術導入の担い手は，日本人の**洋学者**で，主に書物を通じて新しい技術を手探りで実現していった。江戸幕府の**長崎製鉄所**(1861年)や**韮山反射炉**(1857年)(図2-13)，鹿児島藩の総合工業施設であった**尚古集成館**(1865年)は（図2-14)，日本人洋学者が中心となって建設した施設であり，隣接して紡績所も建設された(図2-15)。

これらの施設では，それまでの日本建築には欠けていた不燃性や頑強性，あるいは大型化が求められたため，西洋で発達していた組積造と**トラス構法**の技術が採用された。

不燃性と頑強性を備える組積造の技術では，すでに用いられていた石材に加え，新たに**煉瓦**が導入され，使用と生産の技術が急速に成熟していった。

煉瓦の使用方法は，木造骨組に充てん材として用いる場合と単独で構造材料として用いる場合がある。技術的に容易な前者の事例としては，官営の生糸製造工場として建設された群馬県の**富岡製糸場**(1872年)や(図2-16)，長崎の**旧羅典神学校**(1875年)など明治初期の事例があげられる。

一方，開口部に**アーチ構法**を用いなければならない後者は，技術的に高度であったが，1880年代頃までには各地に普及していった。東京の**教育博物館書籍閲覧所書庫**(1880年)は，上下階に連続するアーチ窓を持つ事例である(図2-17)。

煉瓦造では，煉瓦長手面の倍数で表記される壁の厚さや，表面の煉瓦の現れ方で積み方に各種のバリエーションが存在している。また開口部のアーチ周辺では，**要石（キーストーン）**と呼ばれるアーチ頂部のデザインや石材との組合せ方で様々

図2-13 韮山反射炉

図2-14 尚古集成館 機械工場

図2-15 鹿児島紡績所技師館

2 日本の近代化

図2-16 富岡製糸場

図2-17 教育博物館書籍閲覧所書庫

図2-18 煉瓦造のアーチ

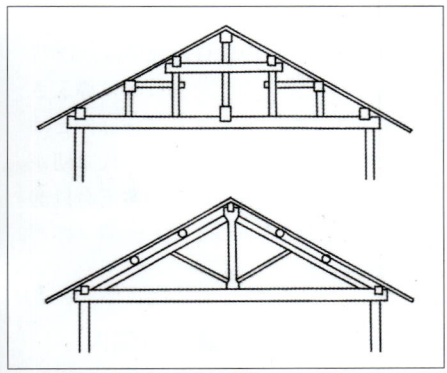

図2-19 和小屋(上)と洋小屋(下)

現在と同じサイズ（210mm・100mm・60mm）に統一され，同一規格で大量生産される近代的な建築材料の先駆けとなった。なお，煉瓦を接着するための**セメント**生産も当初輸入に頼っていたが，1875年に国産化が実現した。

続いて大型化のための技術が，トラス構法である。**洋小屋**とも呼ばれたトラス構法では，部材に加わる力は引張・圧縮力のみであるから，梁材が受けるせん断力に頼る**和小屋**と比較すると，細い材料でも容易に長いスパンを獲得できる（図2-19）。しかし，力学的な知識が普及する以前には，形は似ているが実際にはトラスではないものも建設された。また，洋小屋の普及に伴い，釘などの金物や製材用の鋸なども，西洋からの影響で変化した。

このように，江戸時代末期から明治初期の日本では，煉瓦積とトラス構法という二つの技術が急速に普及した。普及の背景には，優れた技能をもつ工匠と，新しい知識の伝達を行う大工書（I-12節）の存在，あるいは瓦生産の実績があった。江戸時代の高度な社会組織の存在が，西洋技術の導入に果たした役割は極めて大

な形態が可能で，意匠的なポイントとなった（図2-18）。

明治初期の煉瓦は，扁平で大きさも定まっていなかったが，1890年代頃には，

きいのである。

　一方，建造物への鉄材の使用は，1872年に開業した鉄道などで部分的に導入されたが（Ⅲ-4節），同時代の西洋諸国とは大きな隔たりがあった。江戸時代末期から明治中期までの日本は，産業革命以前の西洋の状況に追いつくことが精一杯だったのである。

3 擬洋風建築とお雇い外国人

　1868年に明治維新を迎えると，文明開化の名のもとに，西洋を模範とした新たな社会制度が続々と作られ，それを反映した建築形式の登場を促した。例えば，政治行政制度は庁舎や議事堂，教育制度は学校，経済諸制度は銀行や事務所，信教の自由はキリスト教会というビルディングタイプをもたらしたのである。

　これらに類似した社会制度は，江戸時代にも緩やかに存在し，武家屋敷や寺院本堂，あるいは大型の農家や町家といった施設が一定の機能を担っていた。しかし明治維新後には，新しい制度に対応した新しいビルディングタイプが出現し，大きな衝撃を与えたのである。

　明治の初中期には，これらの新しいタイプの建築の多くは，洋館の特徴を部分的に引用しながら，基本的にはそれまでの日本建築の技術を用いて建設された。そのため，和洋の要素が各所に混在する不思議な形態となり，**擬洋風**建築と呼ばれている。

　なかでも，1878年から施行された地方行政制度に基づいた庁舎建築では，擬洋風が数多く採用されている。**東山梨郡役所**（1885年）は，山梨県令であった**藤村紫朗**（1845～1908年）の指揮の下に建設された代表的な擬洋風建築で（図2-20），正面側にベランダを配して左右対称に構成する方式は（図2-21），その他の県庁舎や郡役所に共通し，木造建築でありながら，組積造に特有なアーチ形や石積を模した意匠が施されている。山形県令の**三島通庸**（1835～88年）が主導した**西村山郡役所及び議事堂**（1878年）も，典型的な擬洋風の庁舎である（図2-22）。

　1872年に始まった**学制**に基づいた学校建築にも擬洋風は数多い。長野県の**開智学校**（1876年）はその典型例で，下見板張り・寄棟屋根の洋館風の本体の中央部分から，塔屋と車寄せが突き出す構成を採用し，組積造を模した表現のほかに，唐

図2-20 東山梨郡役所　　　　　　　図2-21 東山梨郡役所 ベランダ

2 日本の近代化

図 2-22 西村山郡役所

破風と天使を組み合わせた類例のない意匠が施されている(図2-23)。

ほかに学校建築では，東京都の**慶応義塾三田演説館**(1875年)のように，伝統的な土蔵の構法を用いながら，新しい用途に対応したものも存在している(図2-24)。

この他に，円形の回廊が付属する病院建築の**済生館**(1879年)(図2-25)，西洋建築のペディメントと入母屋の大屋根が合体した**鶴岡警察署**(1885年)(図2-26)，あるいは神社の門に組積造の意匠を組み合わせた**尾山神社神門**(1875年)など(図2-27)，様々なビルディングタイプで擬洋風建築は採用されている。

擬洋風建築の多くは，横浜や神戸などの洋館を参考にして，日本人の工匠が建設した。これが不思議な意匠を生み出した要因である。

しかし，明治の初中期には，擬洋風とは異なるタイプも，外国人の手によって建設されている。**プチジャン神父**(1829〜84年)が関与した長崎県の**大浦天主堂**(1864年)や(図2-28)，**トーマス・ウォートルス**(1842〜92年)が設計した大阪市の**造幣寮鋳造所**(1871年)は(図2-29)，そうした事例に当てはまる。前述した富岡

図 2-23 開智学校

図 2-24 慶応義塾三田演説館

273

図2-25 済生館

製糸場の設計者も**エドモンド・バスチャン**（1839～88年）である。

　ウォートルスやバスチャンは，明治政府に雇用された人物で，**お雇い外国人**と呼ばれている。明治初期のお雇い外国人は，母国で正規の建築教育を受けたわけではなく，土木建築以外に鉱山開発，さらには造船などまで対応できるいわば何でも屋の技術者であった。そのため，歴史的様式や先端技術を駆使した当時の西洋諸国の水準からみると，その作品はかなり見劣りがするものだった。

　1880年代に入ると，洋行する日本人の数も増え，ロンドンやパリで目にした本格的な西洋建築と，日本で建設されていた擬洋風建築やお雇い外国人が設計した

図2-26 鶴岡警察署

図2-27 尾山神社神門

建築との落差を実感することになる。
　そこで明治政府は，何でも屋の人物に代わる土木建築の専門家を雇用する方針に切り替え，**工部大学校講堂**（東京都・1877年）を設計したフランス人の**ボワンビル**（1849年〜不詳）や，**海軍兵学校生徒館**（1893年）（図2-30）を設計した**ダイアック**（1828〜1900年）を雇用した。そして，1876年にはイギリス人の**ジョサイア・コンドル**を招聘(しょうへい)して，本格的な西洋建築の導入を推進することとなる。

図2-28 大浦天主堂

図2-29 造幣寮鋳造所

図2-30 海軍兵学校生徒館

Ⅲ-3 様式建築の受容

19世紀の西洋諸国では，歴史的な様式を組み合わせた様式建築が主流であり，その設計が建築家の職能であった。そして，明治維新から10年を経過した日本でも，本格的な西洋の様式建築の導入が行われ始め，日本人建築家の養成が始まった。本節では，建築家養成のための教育機関に注目しながら，西洋の様式建築がいかにして日本国内に受容されたかについて概観してみよう。

1 コンドルと工部大学校造家学科

Ⅲ-2節でみたように，江戸時代末期から西洋の各種技術導入が始まり，**横須賀造船所**（1866年）や**沼津兵学校**（1868年）では，建築技術の教育も始まった。しかし，これらの施設は造船技術者や軍人の養成を目的としたものであり，建築の専門家を養成する教育機関としては，1876年の**工部大学校造家学科**の開学を待たなければならなかった（図3-1）。

工部大学校は，富国強兵のための国内産業育成を推進した**工部省**が，近代産業に従事する技術者を養成するために1873年に設立した高等教育機関で，後の東京帝国大学工学部・東京大学工学部の母体となった。

工部大学校を企画した中心人物は，イギリス人の**ヘンリー・ダイエル**（1848～1918年）である。19世紀末は，西洋諸国でも工学という学術分野の確立期であり，ダイエルは最先端の新しい理想を日本に持ち込んで工部大学校を設立し，その中に造家学科を設けた。

造家学科の初代教授として，1876年にイギリスから招聘されたのが，**ジョサイア・コンドル**（1852～1920年）である（図

図3-1 工部大学校校舎

図3-2 コンドル銅像

3 様式建築の受容

3-2)。コンドルは，サウスケンジントン美術学校とロンドン大学で建築を学び，当時の若手建築家の登龍門であったソーン賞を受賞した人物である。この経歴から理解できるように，コンドルはイギリスでも将来を嘱望された建築家であり，彼以前のお雇い外国人とは決定的に異なっている。

当時のイギリスで流行していた**シナワズリ**（中国趣味）や**ジャポニズム**（日本趣味）への関心が，コンドル来日の要因であったらしく，事実，コンドルは浮世絵師の河鍋暁斎に弟子入りするなど日本文化に傾倒し，死去するまで東京で暮らした。

来日したコンドルには，建築家としての役割と教育者としての役割の二つが期待されていた。そこで，まず建築家としてのコンドルの活動をみてみよう。

まずコンドルの初期の建築作品を確認すると，国家を代表するような重要な施設の設計を任されていることが指摘できる。**開拓使物産売払所**（1880年）や**帝室博物館**（1882年）などがこの時期の代表作である（図3-3）。次いで，中期の作品にはロシア正教会の**東京復活大聖堂（ニコライ堂，**1891年）や（図3-4），日本で最初のオフィスビルである**三菱一号館**（1894年）などがあり，後期の作品では，財閥資本家の邸宅である**岩崎邸**（1896年）（図3-5，6），同じく財閥の迎賓館である**綱町三井倶楽部**（1910年）などが代表作としてあげられる（図3-7，8）。

コンドル設計の建築は，同時代のイギリス建築の考え方を忠実にトレースしたものが大部分で，西洋社会の中で発達したビルディングタイプを日本に根づかせる上で大きな影響を与えたが，Ⅲ-1節でみたような新しい素材や技術の応用には積極的でなかった。

続いて，教育者としてのコンドルをみると，最大の功績は工部大学校造家学科のカリキュラムを編成し，多くの建築家を養成したことにある。

コンドルが関与した造家学科カリキュラムの初期の構成をみると，術・式（テクニック）を中心に材料学を追加したもので，洋画の技術を修得するための**工部美術学校**を併置している点に特徴があった。これは，美術品としての建築を重視し，そこに材料特性を活かすための知識を加味することを重視していたのである。

こうした教育カリキュラムは，造家学科開学後10年を経た段階で6分野に整備され，そこからさらに細分化されていった。その初期の6分野とは，①**建築史**で，

図 3-3 帝室博物館

図 3-4 東京復活大聖堂（ニコライ堂）

これは最初期の**西洋建築史**に加え，**日本建築史**が追加されている。続いて②**材料学**で，ここから**構造学**が分離した。③**実務**は施工法と法規に分かれ，④**家屋配置**は**建築計画学**と環境工学に分化した。実技科目である⑤**製図**は，建築教育カリキュラムの中核として現代まで継続されているが，当初重視されていた⑥**装飾**は，昭和初期までに消滅した。

このように工部大学校造家学科の初期のカリキュラムは，現代の感覚では工学的とは言いにくい実学的な色彩が強いものだった。そして，その時間配分の中で，重点が置かれていたのは建築史と製図であった。

19世紀の西洋諸国では，過去の歴史的な様式を細部の形状も含めて覚え込み，それを再構成して設計を行うのが建築家

図 3-5 岩崎邸 正面玄関側

図 3-6 岩崎邸 ベランダ側　　図 3-7 綱町三井倶楽部　　図 3-8 綱町三井倶楽部 内部

の職能とされていた。そのため、装飾が重視され、ビルディングタイプに即した建築計画や構造計画、あるいは環境的工夫も、歴史的な建築を通じて修得されるべきものとみなされていたのである。コンドルは、この**様式主義**と呼ばれる考え方を日本に導入し、この方向性に沿って建築家の養成を始めたのである。

2 日本人建築家の誕生

工部大学校造家学科は、1879年に最初の卒業生を送り出している。この第一期卒業生は、**辰野金吾**(1854～1919年)・**片山東熊**(1854～1917年)・**曾禰達蔵**(1853～1937年)・**佐立七次郎**(1857～1922年)のわずか四人であるが、この四人の進路は、その後の日本における建築家像を暗示するものとなっている。

まず辰野金吾は、造家学科を主席で卒業した後にイギリスに渡り、コンドルの師であるウィリアム・バージェス(1827～81年)の事務所やロンドン大学で学んだ後に帰国し、1884年から1902年までは母校の教授となり、その後は教え子の**葛西萬司**(1863～1942年)や**片岡安**(1876～1946年)と共同で設計事務所を主催した。

工部大学校・帝国大学の教授としての辰野は、教育カリキュラムの改編はもとより、卒業生の進路割振りや学術情報等の伝達機関である**造家学会**の設立(1886年、1897年に建築学会、1947年に日本建築学会と改称)、あるいは建築生産に関係する社会制度の確立など多岐に渡って活躍した。

建築家としての辰野は、**日本銀行本店本館**(東京都・1896年)や(図3-9)、**東京駅舎**(東京都・1914年)など国家的な規模の大建築のほかに、**第一銀行京都支店**(1906年)や(図3-10)、**日本生命九州支店**(1909年)など民間の事務所建築も数多く手がけている(図3-11)。

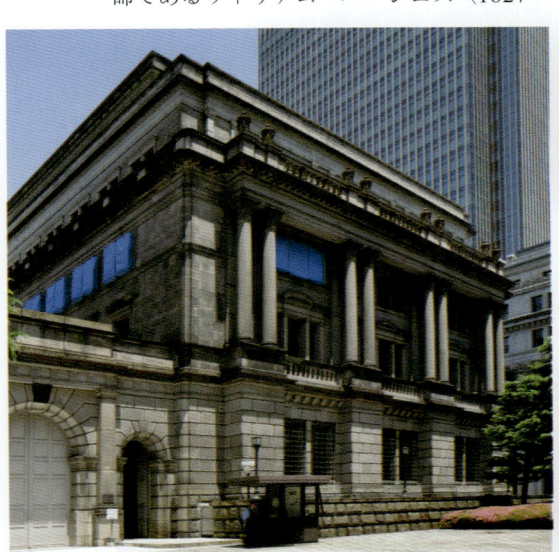

図 3-9 日本銀行本店本館

図 3-10 第一銀行京都支店

図 3-11 日本生命九州支店

III 近代建築史

図 3-12 京都帝室博物館本館

辰野のように，大学で教鞭をとりながら建築家として活動する人物を**プロフェッサーアーキテクト**と呼ぶが，こうした存在は他の工学分野ではあまりみられないもので，その先鞭をきって定着させたのが辰野だったのである。

続く片山東熊は，設計者としての才能をコンドルに高く評価されていた人物である。卒業後は宮内庁に就職し，**京都帝室博物館本館**(1895年)(図3-12)・**東京帝室博物館表慶館**(1908年)(図3-13，14)・**赤坂離宮**(1909年)(図3-15)・**竹田宮邸**(1911年)など(図3-16)，皇室と関係する

図 3-13 東京帝室博物館表慶館

図 3-14 東京帝室博物館表慶館 内部

図 3-15 赤坂離宮

280

3 様式建築の受容

豪華な建築を数多く設計した。

片山が選んだのは，官庁の営繕部門に所属する建築家という進路である。その当時，莫大な経費が必要とされる本格的な西洋様式建築を建設できたのは官庁のみだったことが，その要因として指摘できよう。佐立七次郎も，基本的には片山と同じく工部省・鉱山局・逓信省といった官庁営繕の建築家として歩んだ人物で，**日本水準原点**（1891年）などの作品を残している（図3-17）。

最後の曾禰達蔵は，コンドルを助けて東京丸の内の三菱財閥関係のオフィスビルを数多く手がけた後に，**中條精一郎**（1868〜1936年）とともに設計事務所を開業して活躍した。

曾禰が選んだ道は，組織設計事務所と自営の建築家であり，**三菱銀行神戸支店**（1900年）のような民間の事務所建築や銀行建築を手がけたほか（図3-18），ゴシック様式を基本とする**慶応義塾図書館**（1912年）のような私立大学の校舎を設計して

図 3-16 竹田宮邸

図 3-18 三菱銀行神戸支店

図 3-17 日本水準原点

図 3-19 慶応義塾図書館

図 3-20 慶応義塾図書館 内部

いる点に(図3-19, 20)、彼の経歴が反映している。

このように第一期生は、それぞれ教育者・官庁営繕・組織事務所・自営の建築家といった異なる道を選択した。そして、これらは建築の高等専門教育を受けた者の典型的な進路となっていったのである。

3 造家から建築へ

明治期には、本格的な西洋様式建築を必要とする民間需要は、一部の財閥を除けば低調で、一般の住宅や商店は、江戸時代からの伝統を受け継ぐ工匠が従来の構法で建設していた。

そのため、工部大学校などを卒業した建築の専門家は少数であり、各種の公共建築や華族や資本家の大邸宅などの設計が主な業務内容だった。

なかでも、西洋から社会制度とともに持ち込まれた各種の公共建築は、特定のビルディングタイプをもち、その確立が日本人建築家の中心的な課題となった。こうした各種の公共建築を建設したのは、社会制度を所管する官庁の営繕組織で、明治大正期を通じて旺盛な建設活動が継続して行われた。

図3-21 横浜正金銀行本店

図3-22 第五高等中学校本館

図3-23 東京音楽学校奏楽堂

3 様式建築の受容

　官庁の営繕組織に所属した建築家には、前述した片山東熊や佐立七次郎のほかに、妻木頼黄(1859～1916年)、山口半六(1858～1900年)、松室重光(1873～1937年)などがあげられる。

　妻木頼黄は、アメリカのコーネル大学を卒業後に、東京府や大蔵省に所属し、官庁集中計画(Ⅲ-5節)に参加したほか、東京府庁舎(1894年)や横浜正金銀行本店(1904年)などの作品を残した(図3-21)。山口半六は文部省に長く在籍し、第五高等中学校本館(1889年)や(図3-22)東京音楽学校奏楽堂(1890年)など学校建築に尽力し(図3-23)、同僚であった久留正道(1855～1914年)とともに、初等中等学校の建築設計方針を策定するなど、近代的な学校建築の普及に貢献した。松室重光は京都府の技師として、京都府庁舎(1904年)を設計するなど(図3-24, 25)、擬洋風建築を脱した時期の庁舎建築の確立に寄与した。

　この他に、裁判所など司法省関係のものでは、官庁集中計画を担当したドイツのエンデ・ベックマン事務所が設計した司法省本館(1895年)や(図3-26)、司法省技師の河合浩蔵(1856～1934年)が設計した神戸地方裁判所(1904年)、司法省営繕による名古屋控訴院地方裁判所区裁判所庁舎(1922年)などが現存している(図3-27, 28)。

　このように、西洋諸国よりも遅れて近代化の道を歩み始めた日本では、官庁の営繕組織が中心となり、とりわけ大蔵省・文部省・郵政省の営繕組織は、日本の建築活動を牽引していくことになる。

　以上のような明治期の建築の意匠を俯瞰してみてみると、いずれも19世紀の西洋で一般的だった様式主義に基づいているが、日本に特有な一定の傾向も見出せる。

　西洋諸国で一般的だった石材をファサードに用いているものは、辰野の日本銀行本店本館や、住友財閥の営繕組織を確立した野口孫市(1869～1915年)が設計した大阪府立図書館(1904年)などがあげられるが(図3-29)、建設費用が多額となるためにその数は少なく、古典主義を基本としながらも、廉価な赤煉瓦を外観意匠に用いているものが多数を占めている。

　特に赤煉瓦を主体としながら、オーダ

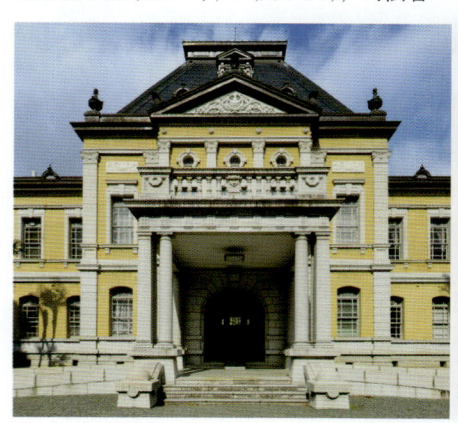

図 3-24 京都府庁舎

図 3-25 京都府庁舎 内部

283

ーやアーチ，あるいはコーナー部に白色の石を用いるタイプの建築が極めて多い。この手法は，前述した第一銀行京都支店や日本生命九州支店のほかに，**日本銀行京都支店**(1906年)(図3-30)など，辰野金吾が好んで用いたために**辰野式**と呼ばれ，広く流布した。

こうして19世紀末頃には，西洋の様式主義に基づく建築が日本に相次いで建てられ，都市部では伝統的な都市景観が失われ始めた。こうした中，国力が次第に向上し，自らの文化に対する自信を回復しつつあった状況を反映して，民族固有の建築表現を求める動きが始まった。

イギリス留学中の辰野金吾が，イギリス人から日本建築について問われた際に，自分が何一つ日本建築について知らないことを恥じ，帰国後の1889年に，京都の工匠家に生まれた**木子清敬**(1845〜1907年)を帝国大学造家学科に招聘して，日本建築史の講義を開始したというのは有名な逸話である。

図3-26 司法省本館

図3-27 名古屋控訴院地方裁判所区裁判所庁舎

図3-28 名古屋控訴院地方裁判所区裁判所庁舎 内部

3 様式建築の受容

木子の講義が開始された直後の1892年に帝国大学造家学科を卒業したのが、**伊東忠太**(いとうちゅうた)（1867〜1954年）である。伊東は在学中から日本建築の研究を開始し、1893年に発表した「**法隆寺建築論**」では、西洋の様式概念に沿った形で、法隆寺の建築を各部のプロポーションに分解して分析し、日本最古の建築と断定するに至った（図3-31）。

伊東の研究は、日本建築研究の出発点であると同時に、日本建築を世界中に存在する数多の歴史的様式と関連させながら位置付けることに成功した。彼の業績によって、様式主義の設計手法を用いて日本的な建築を設計することが可能となったのである。

さらに伊東は、英語の**アーキテクチャー**の訳語として、造家という即物的な表現に代わって、**建築**という造語を用いることを提案し、建築がもつ理念や文化性を建築界に広くアピールした。われわれが用いている建築という言葉は、これ以降普及した新しい概念なのである。

伊東のような人物の出現によって、日本の近代建築界は、西洋の模倣の段階を脱し始め、20世紀に入るころには、西洋の動向を観察しながらも独自の方向性を獲得し始める。その一つがⅢ-10節で詳述する日本的な表現の模索であり、もう一つが次節で検討する構造学への傾斜である。

図3-29 大阪府立図書館

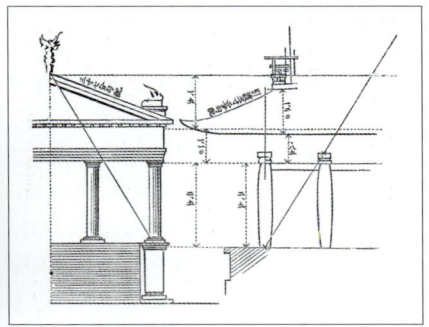

図3-31 「法隆寺建築論」

図3-30 日本銀行京都支店

Ⅲ-4 新構造の導入

19世紀後半から20世紀初頭にかけて，西洋諸国では鉄骨構造が広く普及し始め，同時に鉄筋コンクリート構造（RC構造）も実用化された。一方，同時期の日本では，文明開化の象徴であった組積造の建築が，地震などの災害に脆いことが明らかとなり，新しい構造技術を採り入れながら，都市や建築の安全性を追求していく動きが芽生えてきた。本節ではこうした状況を概観していこう。

■ 鉄筋コンクリート構造の誕生

西洋諸国では，19世紀中期までに，大空間を必要とする施設を中心に鉄骨構造が広く普及していった（Ⅲ-1節）。一方，**鉄筋コンクリート構造（RC構造）**の誕生は，鉄骨構造よりも50年以上遅れた。

RC構造に不可欠な**ポルトランドセメント**の発明は1824年になされていたが，19世紀中期にその大量生産が始まり，フランス人の**ジョセフ・モニエ**（1823～1906年）が大型植木鉢や貯水槽などで，鉄筋と組み合わせて強度を高める工夫を発明し，RC構造が実用化した。

そして，1876年にはアメリカ人の**ウィリアム・ウォード**が，独自のRC構造理論に基づいた**自邸**を建設するに至り（図4-1），19世紀の末期までに，フランス・アメリカ・ドイツを中心に様々な実験が繰り返され，その後のRC構造の基礎的な技術が確立され，各種建造物への応用が始まった。

フランス人の**フランソワ・エヌビク**（1842～1921年）は，多くのRC構造建築を設計すると同時に，その普及のための雑誌を発刊するなどの功績を果たした（図4-2）。フランスの**トゥールコワンの紡績工場**（1895年）はその代表作である。

さらに20世紀に入ると，フランスでは

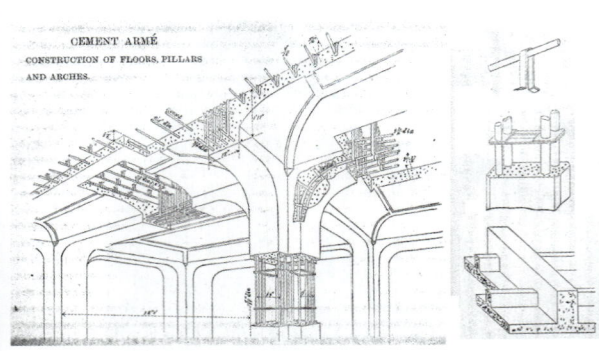

図4-1 ウォード自邸　　　図4-2 エヌビクの鉄筋コンクリート構造体

図4-3 オルリー空港飛行船格納庫

図4-4 フォード・ハイランドパーク工場

ウジェーヌ・フレシネー（1879〜1962年）が**プレストレストコンクリート**を考案し、**オルリー空港飛行船格納庫**（1916年）のような80mスパンで高さ50mを越える巨大なRC構造物を設計した（図4-3）。

また、アメリカでは、**アーネスト・ランソム**（1844〜1917年）設計の**ケリー・アンド・ジョーンズ工場**（1902年）を経て、工場で多く採用されるようになった。とりわけ、自動車産業の本拠地**デトロイト**を中心にして活動した**アルバート・カーン**（1869〜1942年）は、カーンシステムと呼ばれる独自のRC構造を駆使して、**フォード・ハイランドパーク工場**（1909年）や**パッカード自動車工場**（1910年）など大型機械を収用する大空間を設計し（図4-4）、自動車の大量生産拠点を提供した。なおカーンは、アメリカのみならずソビエトでも数多くの工場建設に携わり、近代的な工場建築の普及に大きく貢献した。

このように、19世紀中期から20世紀初頭にいたる短期間の間に、RC構造の技術的な開発は急速に進み、その利点は広く認識されるようになった。しかし、この時期の鉄骨構造やRC構造は、石材に代わる廉価な素材と認識され、その外観は歴史的な様式で飾られることが一般的であった（図1-19、22参照）。

一方、同時代の日本は、組積造の建築にようやく習熟し始めた段階に過ぎなかった。しかし、逆に組積造の伝統をもたなかったために、西洋諸国の最先端の技術である鉄骨構造やRC構造に敏感に反応し、日本に特有な災害、特に地震への対応と関連して積極的に受け入れていくことになる。

2 日本における構造学の発展

日本近代は、災害に見舞われ続けた時代である。特に**濃尾地震**（1891年）と**関東大震災**（1923年）の被害は甚大で、その後の建築の在り方に大きな影響を与えた。

このうち中部地方を襲った濃尾地震の被害は、死者7,000人余・全壊家屋14万棟余にも及んだ。なかでも煉瓦造建築の被害は甚大であったため、組積造への不安が生じる要因となった。また関東地方を襲った関東大震災の被害はさらに大きく、死者は14万人余、全壊家屋も12万棟余に及び、建築と都市の防災性能の低さを露呈することとなった（図4-5）。

図4-5 関東大震災の被害（東京有楽町）

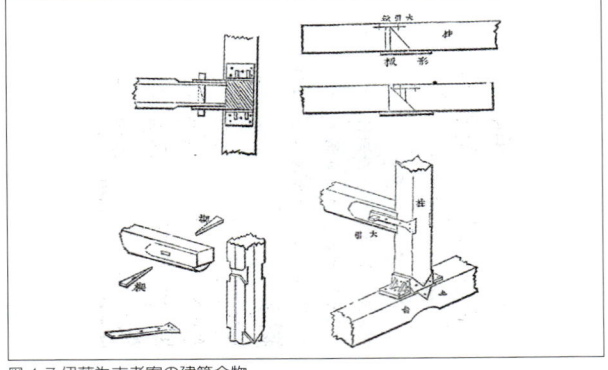

図4-6 佐藤勇造考案の耐震煉瓦　　図4-7 伊藤為吉考案の建築金物

こうした地震災害に対応するために，生まれたばかりの日本の建築学は再編成を迫られる。日本の気候風土や社会の在り方を前提として，建築と都市の安全性を向上させる取り組みが必要となったのである。

そこで大きな役割を果たした人物が**佐野利器**(1880〜1956年)である。1900年に東京帝国大学建築学科に入学した佐野は，西洋の様式建築を模範とする教育に疑問をもち，構造理論に進路を定めたと伝えられている。

彼の在学時代は，濃尾地震から得られた教訓を基にして，耐震性能の向上に取り組み始めた時期に該当している。例えば，鉄筋や鉄骨を用いて補強した煉瓦造や食い違いで水平力に耐える煉瓦の提案などがなされ(図4-6)，木造建築では和小屋に代わってトラスが推奨され，**筋交**や**金物**を用いた補強(図4-7)，あるいは材料の断面欠損の減少，基礎の強化などが強調されるようになった。しかし，いずれの対策も，理論面での裏づけが乏しいものであった。

また，西洋諸国で発達しつつあった鉄骨構造やRC構造も，地震力のような水平に作用する力を十分には考慮していなかったため，関東大震災の際に，アメリカの基準に則って建設された鉄骨構造の建築は大きな被害を被った。

こうした状況の中，佐野は「**鉄骨構造強弱論**」(1905年)・「**家屋耐震構造論**」

図4-8 弾正橋

（1915年）を著し，地震力を水平方向の加速度で表すことで，耐震建築を設計する理論を表明した。そして，この理論を実現するために，鉄骨構造やRC構造の必要性を訴えていった。

佐野は母校の教授を長く勤めることで，多くの構造設計者を養成し，耐震理論を広めたばかりか，明治末期以降に増加した各大学の建築学科に建築構造の講座を設ける上で大きな役割を果たした。また，関東大震災からの復興事業を指揮する**帝都復興院**の理事などに就任することで政府の政策に関与し，近代日本の建築を方向づける役割を果たした。

3 新構造の登場と普及

佐野の登場によって，日本にも本格的に鉄骨構造やRC構造の建築が広まっていったが，それ以前から，交通施設や土木施設では新しい構造技術がすでに採用されていた。

例えば，東京の運河上に架けられた**弾正橋**（1878年）や（図4-8），兵庫県の生野鉱山に附随して建設された**神子畑鋳鉄橋**（1883～85年）は，その先駆的な遺構である（図4-9）。

新構造の普及に大きく貢献したのは，鉄道建設である。1872年に新橋・横浜間で開業した鉄道は，1880年代には全国に拡がり，多くの鉄製橋梁が敷設されるに至った。そして，1885年には，鉄製鉄道橋梁の規格化が実施され，**長浜駅舎**（滋賀県・1882年）では無筋コンクリートの構造が採用されている（図4-10）。

また，1885年に始まり1912年まで継続した**琵琶湖疎水**の建設では，土木技師**田邊朔郎**（1861～1944年）の指揮の下，大量のコンクリートや鉄材が使用され（図4-11），ローマ時代の水道橋を思わせる**水路閣**（1890年）のほかに（図4-12），1903年には最初のRC構造の橋梁も建設されている。

なお，この琵琶湖疎水は，上水道・発電・灌漑・工業用水など多目的に用いられ，

図4-9 神子畑鋳鉄橋

図4-10 長浜駅舎

図4-11 琵琶湖疎水

日本最初の電気鉄道の動力源となるなど, 京都の近代化に大きな役割を果たした。

このように土木分野では, 19世紀末頃から新しい構造技術は日本でも急速に普及を始めた。そして, 材料生産でも1875年にセメント国産化が始まり, 1901年の**官営八幡製鉄所**の操業開始に伴って鉄材の国産化も実現した。

一方, 土木分野よりも少し遅れて, 建築分野でも新しい構造技術が採用され始める。日本最初の鉄骨構造建築である**秀英舎印刷工場**(1894年)は(図4-13), 海軍造船技師の**若山鉉吉**(1856〜99年)が設計したもので, フランスからの輸入鉄材を用いていた。建築家による鉄骨構造の採用はさらに遅れ, その最初期の事例である**横河民輔**(1864〜1945年)設計の三井銀行本店(1902年)も, 純粋な鉄骨構造ではなく, 煉瓦との混構造であった(図4-14)。

これら初期の鉄骨構造の建築は, 西洋諸国で開発された理論に基づいていたが, 1909年に佐野利器が設計した**丸善書店**は, I形鋼の鉄骨フレームと, コンクリートと煉瓦を用いた壁面や床面を持つもので, 耐震性を考慮した最初の鉄骨構造建築となった(図4-15)。

また同年には, 佐野の理論に基づいて, **辰野金吾**と**葛西萬司**が設計した鉄骨構造ドームの**両国国技館**も建設され(図4-16, 17), 1914年には鉄骨の構造体に大量の煉瓦を充てんする構法で**東京駅舎**も建設され, 首都東京のシンボルとなった(図4-18, 19)。

こうして20世紀に入る頃には, 鉄骨構造は建築にも急速に普及していった。RC構造についても, アメリカで学んだ**酒井祐之助**の助力を得た**遠藤於菟**(1866〜

図4-12 琵琶湖疎水水路閣

図4-13 秀英舎印刷工場

図4-14 三井銀行本店

4 新構造の導入

1943年)の設計で,1911年に**三井物産横浜支店**が建設され(図4-20),関西でも**日比忠彦**(びただひこ)(1873〜1921年)設計の**高島屋京都店**が1912年に建設された。遠藤と日比はRC構造の先駆者として,多くのRC構造建築に関与している。

図4-15 丸善書店

図4-18 建設中の東京駅舎

図4-16 両国国技館

図4-17 両国国技館 内部

図4-19 東京駅舎 ドーム内部

西洋諸国では、RC構造は石造の廉価な代用品として普及したが、日本では佐野の主張に沿って、耐震・耐火性能に秀でたものとみなされた。貴重な図書を火災から守るために、私財を投じて個人が建設した**鈴木信太郎旧居書斎**(1928年、大塚泰設計)は、そうした認識を裏づけるものである(図4-21)。

しかし、当時の日本にあっては、鉄骨構造やRC構造の建設費は非常に高く、

図4-20 三井物産横浜支店

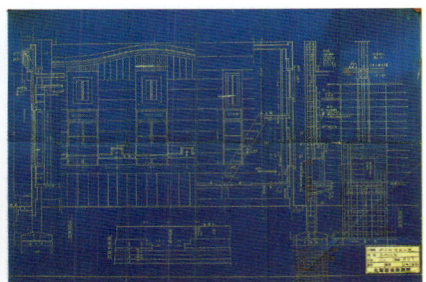

図4-21 鈴木信太郎旧居書斎設計図

図4-22 清洲橋

図4-23 勝鬨橋

また施工も困難であった。そうした中で，新構造のさらなる普及の契機となったのが，関東大震災からの復旧事業である。

1923年の関東大震災で，東京を東西に分かつ隅田川の木造橋梁は全て崩壊した。そこで復興事業では，鉄製橋梁が採用され，震災直後から1930年代初頭にかけて急ピッチで架橋された。1927年の**清洲橋**はその一つであり（図4-22），1940年の**勝鬨橋**は，上方に橋桁を跳ね上げる開閉式のものとなった（図4-23）。また鉄道駅舎でも，**上野駅舎**（1932年）のように，ホーム上を覆う鉄骨トラスの大屋根に加え，駅舎屋でも鉄骨構造が採用された（図4-24, 25）。

RC構造の普及については，**復興小学校**が果たした役割も大きい。関東大震災によって，総数の3分の2以上が倒壊・焼失した東京の小学校の復興にあたって，耐震・耐火のためにRC構造が積極的に採用されたのである。**泰明小学校**（1929年）はその代表的な事例である（図4-26）。また，近畿一円に大きな被害をもたらした1934年の**室戸台風**からの復興事業でも，神戸や大阪を中心に，RC構造の小学校建築が大量に建設され，これを契機として近畿地方でもRC構造が普及していった（図4-27, 28）。

こうして大量に建設された小学校に同

図4-24 上野駅舎

図4-25 上野駅舎 内部

図4-26 泰明小学校

潤会アパート（Ⅲ-5，6節）なども加わって，施工者の習熟度は向上し，1930年代にはRC構造は本格的に普及し始めた。

4 建築生産体制の充実

19世紀後半から20世紀初頭にかけての短期間に，日本の建設界は，組積造・鉄骨構造・RC構造という新しい技術を矢継ぎばやに習得した。この新しい技術の担い手となったのは，大学で建築教育を受けた建築家・技術者である。しかし，彼らが担当したのは設計と監理のみであったから，実際の施工を行う民間組織の成長が欠かせなかった。

後に**ゼネコン**（**総合建設業者**）と呼ばれるようになる施工組織の多くは，江戸時代末期に設立されたものである。

清水建設の前身である**清水組**は，江戸幕府や大名家の仕事を請け負っていた清水喜助（1783〜1859年）が創業したもので，開港に伴って横浜に進出し，跡を継いだ**二代目清水喜助**（1815〜81年）の時代に，横浜での経験を活かして，**築地ホテル館**（1868年・ブリジェンス設計）・**第一国立銀行**（1872年）（図4-29）・**為替バンク三井組**（1874年）（図4-30）などの擬洋風建築の施工を相次いで請け負った。

その後も清水組は，三井財閥や渋沢栄一（1840〜1931年）を通じて大規模な建設事業を請け負い，煉瓦造の本格的な建築へと対象を拡大し，さらには大学で学んだ技術者を雇用することで，新しいビルディングタイプや構造技術にも対応した。前述した鉄骨構造の丸善書店を施工

図4-27 神戸北野小学校

図4-28 神戸北野小学校 内部

したのも清水組である。

これに対して、大成建設の前身（日本土木会社・大倉土木組など）は少し異なっている。創業者の**大倉喜八郎**（1837〜1928年）は、各種事業を興した実業家である。その事業範囲は多岐に及ぶが、土木建築関係では、鉄道建設のほかに**銀座煉瓦街**（Ⅲ-5節）や文明開化の象徴となった**鹿鳴館**（1883年・コンドル設計）などを経て（図4-31）、大阪紡績などの工場群や、前述した琵琶湖疎水あるいは佐世保・横須賀・呉などの軍港建設を受注し、RC構造の普及にも大きく貢献した。

この他に**鹿島建設・竹中工務店・大林組**などが、江戸時代末期から明治初期にかけて、新しい技術を吸収しながら、総合建設請負業者として成長した組織である。

これらの組織は、1890年代までに導入された**契約制度**や**競争入札制度**に対応して近代的な会社組織へと変貌し、江戸時代以来の高い水準を維持した多くの職人や中小工務店を下請として囲い込みながら、同時に大学を卒業した技術者を雇用することで、いかなる建築であっても設計から施工までを一括して実施できる能力を獲得していった。

こうした建設請負業者の成長によって、組積造や鉄骨構造・RC構造の建築生産量が飛躍的に増加してくると、建築学を学んだ技術者の需要も高まり、建築教育機関の増設が求められるようになる。

そこで、中堅技術者養成のための教育機関である工手学校（後の工学院大学）が1888年に創立されると、明治期の間に、東京高等工業学校（東京工業大学・1902年）、東京美術学校（東京藝術大学・1902年）、京都高等工芸学校（京都工芸繊維大学・1902年）、名古屋高等工業学校（名古屋工業大学・1905年）、京都帝国大学理工科大学（京都大学・1909年）、早稲田大学（1909年）などが建築教育を開始し、さらに昭和初期までに約20の建築高等教育機関が設けられた。それらの卒業生によって、鉄骨構造やRC構造は着実に普及の道を歩み始めるのである。

図4-29 第一国立銀行

図4-30 為替バンク三井組

図4-31 鹿鳴館

III-5 近代都市の変貌

西洋諸国や日本では，19世紀から20世紀にかけて進行した近代化によって，都市の在り方が大きく変化していった。社会構造の変化と人口の絶え間ない流入によって，既存の都市は限界を迎えたのである。そうした動きに対して，西洋諸国と日本はいかに対応したのかを，都市の改造と郊外住宅地，法規の制定に焦点を当てて検討していこう。

1 西洋諸国における都市の改造

　イギリスなどの西洋諸国では，近代化とりわけ産業革命の進行に伴い，18世紀以降に都市の在り方が大きく変化した。

　西洋諸国の**中世都市**は，**城壁**で囲まれた狭い範囲に展開し，貴族や商人などに限定された数万人以下の小規模なものだった（II-6節）。

　しかし，産業革命によって近代工業が進展すると，広大な工業用地と大量の労働者が居住する場所が必要となり，中世都市は限界を迎えた。この傾向は，**国民国家**の首都となった都市で特に顕著となり，都市の拡大と改造が課題となった。この課題に応えることで他の大都市に大きな影響を与えたのが，19世紀の**パリ改造**である。

　古代ローマの都市として出発したパリでは，中世にも城壁を拡張して都市を拡大してきたが，19世紀前半に新たな城壁建設を行って都市域を飛躍的に拡張し（図5-1)，さらに19世紀後半には，ナポレオン三世（1808〜73年）とセーヌ県知事の**ジョルジュ・オスマン**（1809〜91年）によって，都市全体の大改造が試みられた。

　オスマンのパリ改造は多岐に及んでいる。中心部では，複雑な街区は整理され，格子状と放射状の整然とした街路に変更された（図5-2）。この街路に沿っては，壁面と高さを揃えた建築群が配置され（図5-3），街路の延長には，**シャルル・ガルニエ**（1825〜98年）設計の**オペラ座**（1874年）のようなモニュメンタルな建築が置かれ，**ヴィスタ**（見通し・見晴し）を重視した都市景観が生まれた。また周辺部では，ブローニュやヴァンセンヌの森が**都市公園**として開放され，後にオリンピックや万国博覧会の会場ともなった。

　このパリ改造は，実現された都市の姿だけでなく，**都市計画**という発想や，各種法規の駆使，あるいは収用した土地を

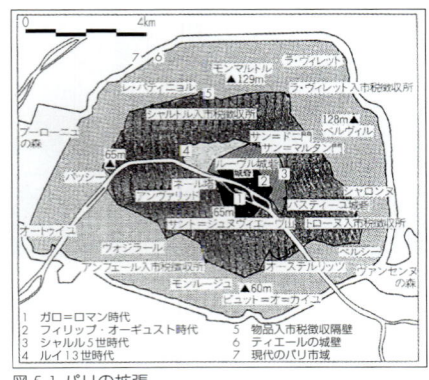

図5-1 パリの拡張

5 近代都市の変貌

図5-2 パリ市街地 航空写真

再開発して販売する手法など、各種ソフト面でも世界中に大きな影響を与えた。

例えば**ウィーン**では、1857年から都市を巡っていた環濠と城壁は撤去され、**リングシュトラーセ**と呼ばれる環状道路が新たに建設され、その周囲に数々のモニュメンタルな建築が配置された(図5-4)。

パリやウィーンの改造は、都市の近代化に対応したものであったが、用いられたのはイタリアなどで先行していた**バロック的手法**を応用したものであった(Ⅱ-9節)。このバロック的な都市設計という手法は、**ワシントンDC**やニューヨークの**マンハッタン**都市計画など(図5-5)、アメリカあるいはアジア・アフリカの植民地都市でも用いられ、時代は降るが日本の支配下にあった満洲(現中国東北部)の都市でも採用された。

このように、西洋諸国の大都市は、18世紀以降に改造と拡張を続けた。しかし、近代化の先陣を切ったロンドンのように、都市の拡張を上回る人口急増と工業施設の建設により、労働条件と生活環境は著しく悪化した。

こうした傾向に対して、18世紀から19世紀にかけての社会改良家は、数々の**理想都市案**を提示している。

例えば、フランスの**クロード・ニコラ・ルドゥー**(1736〜1806年)が発案し、1773年に建設が始まった**ショー**は、同心円と放射線状の街路からなる街区の中に、

図5-3 パリの都市景観

III 近代建築史

図 5-4 リングシュトラーセ 航空写真

図 5-5 マンハッタン 航空写真

工場と住宅などが計画され，内部で完結した生活が目指された（図5-6）。イギリスの**ロバート・オーエン**（1771〜1858年）が経営した**ニューラナーク**（1816年）も，工場と労働者用住宅に各種公共施設を組み合わせた共同体である（図5-7）。

また，フランスの**シャルル・フーリエ**（1772〜1837年）は，無秩序な都市に対する**建築規制**の必要を主張し，1,800人程度から構成される協同体を核とする生活を提案した。企業家**バティスト・ゴダン**（1817〜68年）による**ファミリステール**（1859年）は，フーリエの発想に基づいて，工場と共同住宅に学校や公衆浴場などを組み合わせて作られたもので，平等な構成員による理想的コミュニティを目指した。しかし，これらは実験的な試みに留まり，広く普及することはなかった。

2 江戸から東京へ

ここで，明治維新直後の日本の大都市に目を転じると，西洋諸国の大都市とは少し異なった状況が確認できる。

明治初期には，武士の没落によって城下町の人口は著しく減少し，中心部には大量の遊休地が発生した。特に**東京**と名を変えた旧江戸では，江戸時代末期に百万人を越えていた人口が，一時的に60万人程度にまで減少し，発生した多くの空地は治安上の問題となった（図5-8）。そこで，1869年には，空地となった旧武家屋敷を桑畑に転用することを目指した**桑茶令**が発令されるに至った。

また，都市周辺に立地していた寺社も疲弊し，境内の大部分は政府に収用された。そして，収用された旧寺社境内のうち，大規模なものは西洋諸国を模範とし

図 5-6 ショーの製塩工場

図 5-7 ニューラナーク

5 近代都市の変貌

図5-8 明治初期の東京（旧江戸城常盤橋周辺）

図5-9 浅草公園第六区

た都市公園に転用された。東京の**上野公園**や**浅草公園**（図5-9），大阪の**天王寺公園**，京都の**円山公園**（図5-10）などが，旧寺社境内を転用して設立された都市公園である。

こうした都市公園は，万国博覧会を模倣した**内国勧業博覧会**（第1回は1877年に東京の上野公園で開催）に用いられるなど（図5-11），文明開化を象徴する空間となったが，賑わいの場であった寺社境内の性格を継承したため，様々な施設や商店などが乱立し，西洋諸国の都市公園とは異なる性格となった。

一方，城下町の旧町人地では，明治維新後も町家が並ぶ状況を維持していたが，江戸時代に維持されていた消防や上水道，ゴミ処理のシステムが破綻したため，明治以後に火事や疫病が頻発するに至った。

そこで東京の銀座では，1872年の火災を契機として街区割の変更を伴う大がかりな改造が施され，**銀座煉瓦街**に生まれ変わった。**ウォートルス**（Ⅲ-2節）の設計による新しい町並みは，格子状の幅広の街路によって区画され（図5-12），防火性能の高い煉瓦造2階建の洋風建築が建ち並ぶものとなり（図5-13），文明開化を象徴する存在となった。

さらに，1879年には東京の中心部に，日本近代初の建築法規である**屋上制限令**が発令された。これは街路の拡幅と耐火的な建築材料の採用を求めたもので，これ以降，瓦葺で外壁を漆喰で塗る形式が東京に普及し，やがて地方にも波及していった。埼玉県の**川越市川越地区**は，こうした明治の防火的な町並みの事例である（図5-14）。

このように明治維新後もしばらくの間は，基本的には江戸時代以前の都市骨格は維持され，防火を目的とした部分的な対応が実施されたに過ぎない。

図5-10 円山公園

図5-11 第1回内国勧業博覧会会場（上野公園）

III 近代建築史

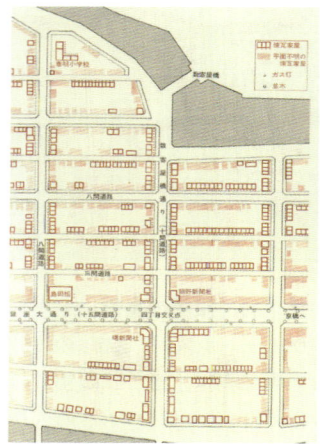

図 5-12 銀座煉瓦街（部分）

しかし、19世紀末期に入ると、東京や大阪の周辺では、大型の工場建設が進行し、労働者の流入に伴って人口は一転して急増し始めた。その結果、都市環境は悪化し、劣悪な**スラム**が形成され始めた。

これを改善するために、東京では**市区改正**という名の都市改造計画が、1884年から検討され始めた。1889年の第一次市区改正案は実施されなかったが、街路拡幅・路面電車敷設・上水道整備を軸とした1903年の計画は、1914年までに実現し、衛生・防火・交通という問題に一応の解決が図られた。

また市区改正と連動して、東京では首都機能の中核である官庁街の整備と港湾整備も課題となった。このうち、霞が関の官庁街では、1886年にドイツ人建築家エンデとベックマンが**官庁集中計画**を提案し（図5-15）、司法省本館（III-3節）などが建設された。この計画も結局は途中で放棄されたが、パリなどで試みられていたバロック的な都市計画手法を念頭に置いたものだった。

3 田園都市と郊外

以上のように、19世紀末には西洋諸国でも日本でも、人口増加による大都市の

図 5-13 銀座煉瓦街模型（江戸東京博物館蔵）

5 近代都市の変貌

図 5-14 川越市川越地区の町並み

図 5-15 官庁集中計画

環境悪化は大きな問題となっていた。その解決案として提示されたのが，イギリス人の**エベネザー・ハワード**（1850〜1928年）が1898年に発表した**田園都市**（**ガーデンシティー**）構想である。

　ハワードの構想は，飽和状態にあったロンドンから，生産と居住をセットにして切り離して，田園都市と呼ばれる多くの小都市を新たに建設するというものであった（図5-16）。この構想自体はルドゥーの思想と近かったが，運営会社を含めた綿密な計画が行われていたために現実性が高く，いくつかの田園都市が実現に至った。

　1903年に事業化された**レッチワース**は，ハワードの構想を最も忠実に実現した田園都市である（図5-17）。ロンドンの北方約50kmの地に立地したレッチワースは，面積約1,500ha，3万人の人口を想定したもので，工場や住宅のほかに，広大な農地や商店・娯楽施設なども設けられ，農

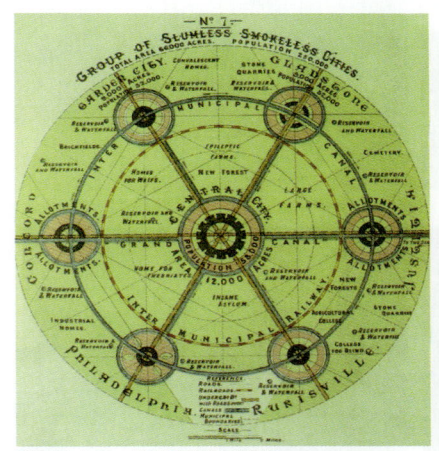

図 5-16 ハワードの田園都市構想図

図 5-17 レッチワース西部 航空写真

図 5-18 レッチワース

工業生産から生活・消費までの全てを賄うことを目指していた。

レッチワースの設計を行った建築家**レイモンド・アンウィン**（1863～1940年）は、整形で画一的な街区構成の住宅地ではなく、自然地形を活かしてカーブする街路を採用して、景観に配慮すると同時に、**コミュニティ**の形成を促そうとした（図5-18）。さらに、全体を緑地帯で囲んで、都市の無秩序な拡大を防止するなどの配慮も行っていた。

ハワードの田園都市は、日本を含む世界各国に紹介され大きな影響を与えた。しかし、生産から消費までの全てを賄うような田園都市は普及せず、大都市への通勤者のための専用住宅地である**郊外住宅地**のほうが広く普及していった。そして、大都市と郊外住宅地とを結ぶ鉄道と自動車道路網が発達していったのである。

郊外住宅地建設の動きは、都市の住環境が悪化し始めた20世紀初頭の日本にも波及した。東京や大阪の周辺では、19世紀末から路面電車が敷設されたことで段階的に住宅地が拡がり、さらに鉄道の延

図 5-19 池田室町

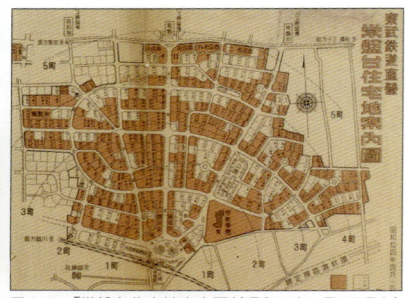

図 5-21 「常盤台住宅地案内図」（昭和14年4月1日現在）

図 5-20 玉川田園調布 航空写真

図 5-22 玉川田園調布 放射状街路から駅を望む

5 近代都市の変貌

図 5-23 玉川田園調布 同心円状街路

図 5-24 板橋常盤台のクルドサック

伸によって，従来の都市域の外側に郊外住宅地が形成されていったのである。

日本において計画的な郊外住宅地建設に大きな役割を果たしたのは，関西の私鉄会社である。阪急電鉄を創業した**小林一三**(1873～1957年)は，大阪-神戸間の鉄道敷設に併わせて，良好な住環境の提供を標榜しながら，**池田室町**(1910年)など多くの郊外住宅地を建設した（図5-19）。少し遅れて東京近郊でも，東急電鉄による**玉川田園調布**(1922年)や（図5-20），東武鉄道による**常盤台**(1935年)などが建設されるに至った（図5-21）。こうして通勤通学手段である鉄道の建設と郊外住宅地の開発を組み合わせて行う手法が確立したのである。

玉川田園調布や常盤台は専用住宅地であり，ハワードの構想した田園都市とは異なる郊外住宅地である。しかし，その街区構成は単純な矩形ではなく，円形と放射状街区の組合せや（図5-22, 23），**クルドサック**（袋小路）などを用いて（図5-24），景観面での演出やコミュニティの形成に配慮している。

これらは明らかにレッチワースの構成を参照したものであり，ハワードの田園都市構想からは，その理念や思想よりも，実際の形態の面で影響を受けていることを確認できる。また玉川田園調布で，敷地内の建物の位置や大きさ，街路との間に塀を設けない，といったルールが設定されたことも特筆に値する。

4 震災復興と建築法規

関東大震災(1923年)は，東京・横浜など関東地方の都市に壊滅的な打撃を与えた。地震と火災による被害は甚大で，東京の中心部から東側にかけての地域では，ほとんどの建築が倒壊ないしは焼失した。

震災の発生直後に設けられた**帝都復興院**が作成した復興計画は，議会による予算削減を受けて事業規模が縮小されたが，1930年頃までに実施された。

復興計画では，不完全に終わった市区改正事業の反省から，**昭和通**に代表される都市内貫通道路が設けられ，**隅田川の橋梁群**も鉄骨構造に置き換えられた（Ⅲ-4節）。そして，被害が大きかった密集市街地では，道路拡幅とともに**区画整理**が実

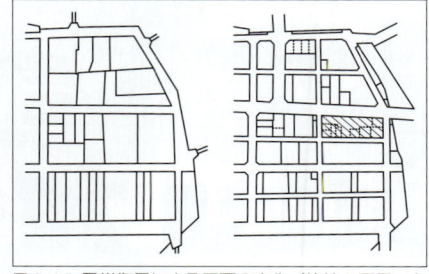

図 5-25 震災復興による区画の変化（築地7丁目，左が区画整理以前，右が以後）

施され，それまでの間口が狭く奥行の長い敷地の形状は，ほぼ矩形なものに変化した（図5-25）。これによって伝統的な町家の形式は廃れていった。

さらに，震災の翌年にあたる1924年に設立された**同潤会**は，応急的な仮設住宅建設を皮切りに，**普通住宅**と呼ばれた木造長屋住宅，防火性能の高いRC構造の**同潤会アパート**の建設，一戸建住宅の分譲と，段階的に事業を進め，震災復興に大きな役割を果たした。

このうち同潤会アパートについては，

図5-26 同潤会青山アパート

図5-27 同潤会青山アパート

図5-28 同潤会清砂通アパート

青山(図5-26, 27)、代官山、清砂通(図5-28, 29)、江戸川など16地区に、計100棟余建設された。実数ではわずかなものであったが、都市の将来像を実際に提示した意味は大きかった。なお、同潤会アパートの住棟・住戸の特徴については、Ⅲ-6節で詳述しよう。

こうした帝都復興院や同潤会の活動の後に本格化したのが、法規を用いた建設活動の総合的なコントロールである。

法規に定められたルールを用いて、膨大な数の建築に一定以上の安全性を与える試みは、前に述べた屋上制限令など散発的には試みられていた。しかし、建築の強度や都市全体の環境にまで配慮を行った法規の出現は、1919年の**都市計画法**と**市街地建築物法**まで遅れる。

西洋諸国の都市建築関係法規を参照しながら作成されたこの二つの法規は、互いに密接な関係をもちながら運用されていた。

まず都市計画法は、都市の内部を、その**用途**に応じて住宅・商業・工業などの地域に区分し、それぞれの特性に応じた建築の規模を定め、加えて十分な道路幅員を確保することで、都市の効率と環境を保持しながら、安全性を高めようとしたものである。

一方、市街地建築物法は、都市計画法で定めた地域(住居・商業・工業)や構造種別(木造・組積造・鉄骨造・RC構造)ごとに、仕様や構造計算方法を提示すると同時に、建築の高さを制限し(表5-1)、外壁の位置や開口部の面積にも制限を加えている。こうした内容は、都市内部の建築密度を抑制することで住環境を良好に保ちつつ、建築の強度と防火性能を向上させようとしたものである。

この二つの法規が施行されたのは、関東大震災以前であったが、震災によって規定内容の一時停止や変更があり、太平洋戦争が本格化した1943年から48年の間には運用が停止され、1950年には**建築基準法**に衣替えしているから、実際に効果を発揮した期間は長いとはいえない。

しかし、短期間ではあったが、都市と建築の双方の在り方に大きな影響を与え、法規に基づいて建築行為をコントロールしていく手法が提示された意味は大きい。

図5-29 同潤会清砂通アパート

表5-1 市街地建築物法(大正9年)が規定する建築物の高さ制限

○建設地域による高さ制限
・住居地域内
　高さ65尺(約19.7m)以下
・住居地域外
　高さ100尺(約30.3m)以下

○構造種別による高さ制限
・煉瓦造及び石造建築物
　高さ65尺(約19.7m)以下
　軒高さ50尺(約15.2m)以下
・木造建築物
　高さ50尺(約15.2m)以下
　軒高さ38尺(約11.5m)以下
　階数3階以下
・木骨煉瓦造および木骨石造建築物
　高さ36尺(約10.9m)以下
　軒高さ26尺(約7.9m)以下

III-6 住宅の変化

社会の変化に即応する公共建築に対して、連続性の強い文化や慣習が色濃く反映する住宅の変化は緩やかである。日本近代の住宅は、江戸時代の伝統を継承しつつも、新たに受け入れた西洋の住文化から影響を受けて徐々に姿を変えていった。本節では、江戸時代末期から昭和初期に至る長期間のスパンの中で、緩やかに進行した住宅の変化を検討していこう。

1 中廊下型住宅と和洋折衷住宅

日本の近代住宅は、江戸時代の武士住宅をベースとしながら、そこに洋館（III-2節）の要素が加わることで誕生した。

武士住宅は、接客を重視した書院造から発生したもので、畳敷きの部屋が連続する続間座敷によって構成されていた（I-9節）。この形式は、襖で各部屋を仕切るために使い方の自由度が高く、様々な用途に対応するが、家族間のプライバシーを守るには不向きだった。

江戸時代中期以降、武士住宅は徐々に変化していった。台所の周辺には**茶の間**と呼ばれる家族の空間が出現し、移動のための専用空間である**廊下**を設けることで、各部屋の役割が明確化していったのである。

明治維新によって武士は失業したが、その多くは官吏・教員・警察官・会社員に転身し、俸給で生活を行うサラリーマンに生まれ変わりながら、その生活スタイルを維持し、武士住宅に住み続けた。そのため明治大正期の住宅は、続間座敷や台所・茶の間が、板張りの廊下で繋がれる形式が主流となった。専用通路の廊下は、縁側を兼ねて外側に設けられる場合もあったが、多くの場合には屋内の中心部に設けられたため、この形式は中廊下型住宅と呼ばれている（図6-1）。

明治期から20世紀中期までの都市部では、持家よりも借家が多く、1922年の段階で、東京の住宅の90%以上は借家であった。中廊下型住宅の多くも借家として建設されたもので、サラリーマン家庭に

図6-1 中廊下型住宅（1909年）平面図

図6-2 森鷗外・夏目漱石住宅

6 住宅の変化

図6-3 ハンター住宅

顕著だった頻繁な引越を通じて，普遍的な住宅の形式として普及していった。文豪の森鷗外・夏目漱石が一時期暮らした住宅（1887年頃）も，中廊下型住宅の借家であった（図6-2）。

中廊下型住宅が普及していった時期には，それとは全く異なる**洋館**（Ⅲ-2節）も，一層の拡がりを見せ始めている。

江戸時代末期に外国人住宅として導入された洋館は，ペンキ塗の下見板張りの外壁を持ち，屋内には各部屋ごとに異なった役割をもつ個室が並び，板張りの床となる室内には，テーブルや椅子などの**家具**あるいは**暖炉**などの固定された設備が施されるなど，明治初期の日本では全く異質な存在だった。

しかし19世紀の末期頃には洋館も変化し始める。特に大きな変化は，日本の気候に適合するように，ベランダ部分が屋内に取り込まれたことである。神戸の事例でみると，1902年の**ハッサム住宅**では全面開放されていたベランダは，1907年に**ハンター住宅**が改修された際には，前面にガラス窓が入れられて室内に取り込まれている（図6-3）。また，密度の増加に伴って，洋館の規模も縮小していった。

このようにして洋館は日本に根づき，開港地以外の都市でも建設されるようになった。東京の**雑司ヶ谷宣教師館**（1907年）や青森県の**東奥義塾外国人宣教師館**（1900年）などは（図6-4），そうした事例である。さらに，日本人の富裕層の中にも，洋館を建設する者が現れる。1880年

図6-4 東奥義塾外国人宣教師館

307

代に東京に建設された西郷従道住宅は、その早い時期の遺構で(図6-5)、広いベランダが設けられている(図6-6)。

西郷従道住宅を設計したのはフランス人だったが、工部大学校の開学に伴って誕生した日本人建築家も、大規模な洋館の設計を手がけるようになる。片山東熊設計の仁風閣(1907年・鳥取県)や、木子

図6-5 西郷従道住宅

図6-6 西郷従道住宅 ベランダ

図6-7 トーマス住宅 外観・内部

6 住宅の変化

幸三郎（1874〜1941年）設計の天鏡閣（1908年・福島県）は，その代表的な事例である。

さらに明治末期には，石・煉瓦・木の混構造である神戸市の**トーマス住宅**（風見鶏**の家**）（1909年・デラランデ設計）や（図6-7），**ハーフティンバー**の外観を持つ福岡県の**松本家住宅**（1910年・辰野金吾他設計）といった，豪華で上質なものも現れた。

洋館を建設した富裕な日本人は，都市に暮らす華族や資本家であった。彼らは，日常は中廊下型住宅で生活しながら，社交や儀礼の場面で洋館を使用していた。明治大正期の富裕層の間では，こうした

図6-8 岩崎家住宅 日本間縁側

図6-9 無鄰菴 和館・洋館

図6-10 前田侯爵邸 和館・洋館

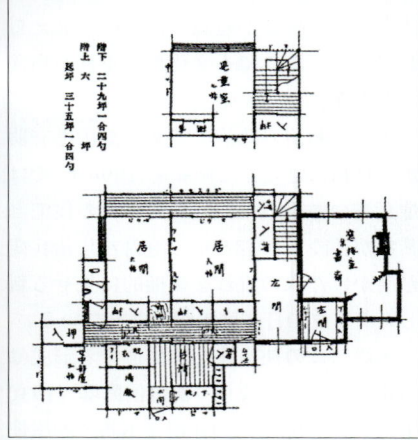

図6-11 洋風応接間付き中廊下型住宅
（保岡勝也「欧化したる日本住宅」）

図6-12 洋風応接間付き中廊下型住宅

二重生活が当然のことであり、その結果、二つの要素を備えた大邸宅が多く建設された。

三菱財閥の岩崎家が建設した東京の**岩崎家住宅**(1894年)は、広大な敷地の中に、上下に広いベランダを持つ洋館のほかに(図3-5、6参照)、書院造の和風住宅も併設されている(図6-8)。二つのうち洋館は**コンドル**が設計したものであるが、和風住宅は大工棟梁が建設したものと伝えられていて、ここでも文化の二重性を指摘できよう。

また、明治の政治家であった山県有朋が、京都に建設した無鄰菴(1896年)では、煉瓦造の洋風応接空間に、和風の住宅と茶室が併設され(図6-9)、庭師小川治兵衛が手がけた水の流れを積極的に見せる新しいタイプの日本庭園が配されている。

和洋二つの住宅建築を併置する形式は、昭和初期まで継続し、**前田侯爵邸**(1930年)では、RC構造の洋館と木造の和風住宅が併置されている(図6-10)。

一方、経済的な余裕の少ない中産階級の住宅にも、洋館の影響は及んでいる。明治末期以降の中産階級の住宅をみると、中廊下型住宅を基本としながらも、いくつかの相違点が生じている(図6-11)。

まず、第一に**板床**で仕上げ、テーブルや椅子などの家具を備える**応接間**が普及している点である。これは洋館の性格を一つの部屋に凝縮したものといえよう。**子供部屋**の登場も、洋館にみられた個室の性格を踏襲したものとみなせるであろう。また、続間座敷が**居間**と呼ばれる家族の空間となっている点も重要である。居間や茶の間には、収納可能な簡易テーブルである卓袱台が置かれ始めるのも、見過ごせない傾向の一つである。

以上のような洋館の性格を部分的に採

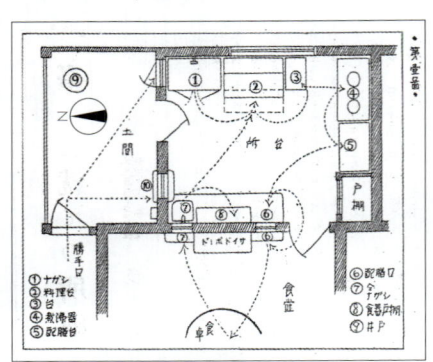

図6-13 台所周辺の動線分析図
(浅野繁「台所に就いての所感」)

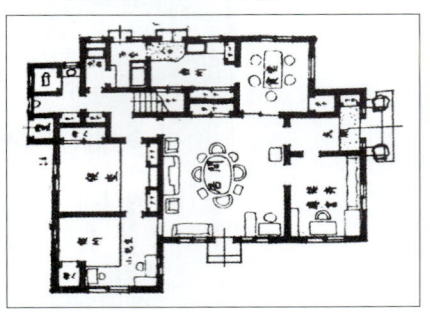

図6-14 居間中心型住宅の平面図(『文化村の簡易住宅』)

6 住宅の変化

用した中廊下型住宅は，日本近代の典型的な住宅形式となった（図6-12）。20世紀に入ってから建設が始まった**郊外住宅地**でも，多くの住宅はこの形式をもつものだったのである。

2 文化住宅

明治期の中廊下型住宅は，伝統的な技術を継承した工匠が設計と施工を行っていた。そのため，一部の洋館を除けば，建築家が住宅に関わる機会はほとんどなかった。

しかし，19世紀末頃から伝統的な住宅を批判して，その改善を図ろうとする**住宅改善運動**が，一部の官僚や教育者・建築家の間で始まる。

この運動をリードした**住宅改善調査会**が1920年に提案した内容は，椅子式の生活を導入すること，接客を重視する書院造ではなく家族本位の間取りとすること，衛生と防火のために設備や材料を変更すること，観賞用の庭園ではなく実用の庭園を設けること，家具の実用性を重視すること，集合住宅を推進すること，など多岐に渡っているが，いずれの内容も西洋の住宅を理想として掲げ，伝統的な住宅を批判するものであった。

また建築家の側からも，佐藤功一（1878～1941年）や武田五一（1872～1938年）など積極的に住宅を研究する者が現れ，家事労働の分析を行った**クリスティーン・フレデリック**（1887～1970年）の研究や，居住者の**動線**を図面上に表示する**アレキサンダー・クライン**の分析手法などが紹介され（図6-13），住宅内での行動と空間の関連性を評価する研究姿勢が生まれた。こうした研究は，後の**建築計画学**に影響を与えた。

以上のような住宅改善運動の成果として提案されたのが，**居間中心型住宅**である（図6-14）。これは，中廊下型住宅の特徴であった廊下を廃し，家族共有の広い**居間**を中心に据えて，そこから個室が展開していく構成をもつものであった。

居間中心型住宅は，1922年に東京で行われた**平和記念東京博覧会**の住宅展覧会で実物が展示され，さらに同年に大阪府箕面市で開催された**住宅改造博覧会**では

図6-15 箕面住宅改造博覧会場

図6-16 あめりか屋設計施工の川上貞奴邸 内部・外観

III 近代建築史

図6-17 聴竹居

図6-19 店蔵

25棟も建設され，博覧会の終了後に販売された（図6-15）。居間中心型住宅のような新しいタイプの住宅は，**文化住宅**と総称され，都市の中産階級の間で一定程度受け入れられた。

この文化住宅の普及に大きく貢献したのが**あめりか屋**である。あめりか屋は，橋口信助（1870～1928年）の経営の下，建築家の山本拙郎（1890～1944年）が中心となって運営された会社組織で，工業化されたアメリカの住宅をベースにしながら，住宅改善運動の提案内容や日本人の嗜好にも配慮した住宅を，比較的安価で提供した（図6-16）。

また，藤井厚二（1888～1938年）は，数々の実験住宅を建設した建築家である。その一つ聴竹居（1928年）は，中廊下型住宅に大きめの居間を加えた間取りを採用し，併せて**環境工学**の視点から住宅を捉え直したものである（図6-17）。

このように1920年代頃には，それまで伝統と習慣の延長上にあった住宅に対して，建築学の視点から新しいアプローチが行われるようになり，建築家によって実験的な試みがなされるようになった。

図6-18 三井越後屋呉服店模型（江戸東京博物館蔵）

図6-20 出桁造（吉田屋）内部・外観

3 都市居住の変化

これまでみてきたのは、武士住宅に端を発する住宅の変化であったが、明治以後に町家（Ⅰ-11節）もまた変化している。

すでに江戸時代後期には、**三井越後屋呉服店**などの大型小売業では、それまでの町家とは異なる形式が出現している（図6-18）。こうした事例は居住部分を切り離した単独店舗であり、前面に間口いっぱいに土間を設け、その奥の床上部分に商品を並べて店員が客と対応する間取りであり、外観は漆喰で塗り込めた店蔵や（図6-19）、軒を深く差し出す出桁造となっていた。こうした形式は、中大型の商店などで明治以降に広く普及した（図6-20）。

一方、一般の町家でも2階建が主流となり、トオリニワは姿を消し、1階の正面側を土間として店舗に用い、その奥は茶の間や台所などの居住部分、2階は畳敷きの続間座敷とするものが普及していった（図6-21）。

さらに関東大震災後の東京では、区画整理によって敷地形状が変化したために、建築の奥行が短くなり（Ⅲ-5節）、市街地建築物法の規定に従うことで出桁造が廃れ、フラットな正面ファサードを持つタイプが普及していった。こうした新しいタイプの町家の中には、正面側に陸屋根風のファサードを取り付けて、西洋建築を模したものも多く、**看板建築**と呼ばれている（図6-22、23）。

一戸建の住宅や町家は、官吏やサラリーマン、あるいは商工店主といった都市の中で安定した立場にある者の住宅で、明治から昭和初期までの間、一定の質的水準を保っていた。しかし、都市に流入してきた大量の労働者の住環境は極めて

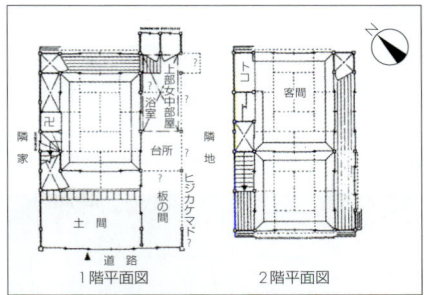

図6-21 東京都中央区の近代町家 平面図

図6-22 看板建築（村上精華堂）

図6-23 看板建築（植村邸）

劣悪であった。

　江戸時代にも，町家に住むことのできたのは一握りに過ぎず，多くの労働者は，町家が建ち並ぶ表通りから一本入った裏路地に建設された裏長屋に居住していた。

図6-24　裏長屋模型（江戸東京博物館蔵）

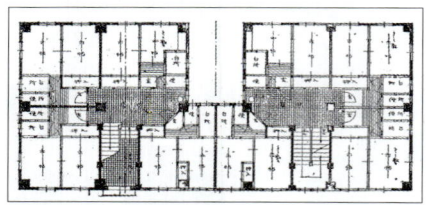

図6-25　東京市営古石場住宅

　江戸時代の標準的な裏長屋の住戸は，九尺二間と呼ばれる間口9尺（約2.7m）・奥行2間（約3.6m）のものだった（図6-24）。この形式は明治以降も継承され，東京や大阪周辺の工業地帯に数多く建設された。兵庫県尼崎市に1900年頃に作られた長屋をみると，一つの住戸は四畳半と二畳の部屋に，小型の土間と便所が付くだけの極小住宅だった。

　こうした劣悪な住環境は，人道上あるいは都市防災上の問題であったばかりか，社会不安の基でもあったため，明治中期以降その改善が課題となり，1920年代には労働者向けの公営住宅の建設が試みられるようになった。

　RC構造で建設された東京市営の古石場住宅（1923年）は，その先駆的な事例で，住戸は食事室と寝室からなる最小限の構成で長屋の空間を置き換えたものに近いが，台所や風呂などを共有として，労働

図6-26　東京市営古石場住宅　　図6-27　日東アパート

6 住宅の変化

図6-28 同潤会代官山アパート配置図

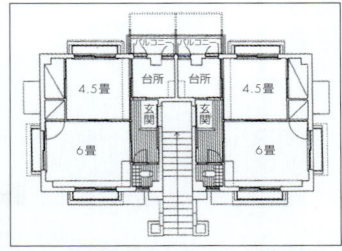

図6-29 同潤会代官山アパート住戸平面図
（に号住戸2階）

図6-30 同潤会代官山アパート

者の生活を念頭におきながらも、一戸完結でないコミュニティを指向したものであった（図6-25, 26）。大阪市営の下寺町アパート（1931年）や日東アパート（1933年）も、同様の試みである（図6-27）。

こうしたRC構造の集合住宅は、大震災以後に復興事業を推進した同潤会（Ⅲ-5節）によって本格的に展開していった。同潤会が建設したRC構造の集合住宅は100余棟・2,500戸以上にも及び、住棟の配置や住戸の間取りなどで様々なバリエーションをもっている。

その一つ代官山アパート（1925年）をみると、一住戸は食事室と寝室に台所を加えたものとなり、食事室と寝室の分離が行われている。また住棟の配置計画も、日照や外部空間を意識した上質なものになっていることを理解できる（図6-28, 29, 30）。しかし、不燃化のため採用されたRC構造は非常に高価で、昭和初期には大量供給は不可能であった。そのため、当時の都市・住宅問題を解決する切り札とはならなかった。

この時期には、都市内の高額所得者を対象として、先進的な設備を備えたワンルーム形式の住戸を持つ**文化アパート**（1925年）も建設されたが、こちらも同様に普及することはなかった。同潤会も大量に建設したのは、普通住宅と呼ばれた木造の住宅であった（図6-31）。

しかし、昭和初期の段階で、RC構造の都市内集合住宅を一定数建設した意味は大きい。1960年代以降に、**nLDKタイプ**の集合住宅がまたたく間に普及していく下地となったからである（Ⅲ-11節）。

図6-31 同潤会東十條普通住宅

315

Ⅲ-7 新しい造形の出現

19世紀の西洋諸国では，歴史的な様式を組み合わせて設計を行う様式主義が主流であったが，社会の近代化を背景にして，新しいビルディングタイプと工業生産された材料を用いた構造が出現してくると，それに適した建築造形を求める動きが活発化していった。本節では，建築運動と総称されるこうした動きはどのようなものだったのか，そして日本はそれをどのように受け止めていったのかについてみてみよう。

1 新しい造形の模索

Ⅲ-1節で述べたように，19世紀の西洋諸国では，鉄骨構造によって巨大空間を容易に造ることが可能となり，多人数が使用できる新しいビルディングタイプも出現した。しかし，その表面は組積造の時代に発達した歴史的な様式で覆われていた。

19世紀の様式主義では，**ジョン・ナッシュ**（1752〜1835年）の**ブライトン宮**（1823年）などのように（図7-1），中東やインドといった非西洋圏のものも用いられたが，主流となったのはギリシャ・ローマ建築に源流をもつ**古典様式**である。古典様式は，ルネサンス期以降にオーダーに基づく造形手法が整理されていたため，西洋社会で普遍的なものとして受け入れられていたのである。

一方，中世キリスト教会で発達した**ロマネスク**や**ゴシック**は，地域の伝統に根ざしたバリエーション豊かな造形をもつため，近代化の中で進行する画一的な大量生産品に対するアンチテーゼとして受け入れられていた（Ⅱ-12節）。Ⅲ-1節で紹介したセントパンクラス駅舎は，ゴシック様式を近代的なビルディングタイプに用いた事例である。

イギリスでゴシックの再評価を行った**オーガスタス・ピュージン**（1812〜52年）や**ジョン・ラスキン**（1819〜1900年）の言説は，画一化が進む近代社会への批判を通じて，**アーツ・アンド・クラフツ運動**

図7-1 ブライトン宮

図7-2 赤い家

7 新しい造形の出現

という全く新しい造形運動を生み出す契機となった。

アーツ・アンド・クラフツ運動の中心となった**ウィリアム・モリス**(1834〜96年)は、近代産業が生み出す粗悪な機械生産品を否定し、職人による手仕事を評価すると同時に、日常生活に根ざしたデザインの価値を評価した。

モリスの自邸である**赤い家**(1860年)は、建築設計を**フィリップ・ウェッブ**(1831〜1915年)、ガラスを**エドワード・バーン・ジョーンズ**(1833〜98年)、家具をモリス自身が担当するという共同作業で実現したもので、赤煉瓦を外観に露出させた簡素な建築であり、表面を華麗な歴史的モチーフで覆う建築とは一線を画すものとなった(図7-2)。

このように、アーツ・アンド・クラフツ運動は、作り手と使い手の関係の中で、手作業による造形と生産を重視するものであり、本来の意味を失った歴史的様

図7-4 タッセル邸 内部

図7-5 オルタ自邸

図7-3 グラスゴー美術学校

図7-6 メトロ入口

式を否定した点で、その後に始まる近代の建築運動の萌芽となったが、庶民には手の届かない少量で高価なものしか生産できないという側面をもっていた。

一方、アーツ・アンド・クラフツ運動から大きな影響を受けた**チャールズ・レニー・マッキントッシュ**(1868～1928年)は、拠点としたグラスゴーの伝統に共感を示しつつも、近代の機械生産品を否定しない立場をとった。代表作である**グラスゴー美術学校**(1909年)では、学校の機能と構造に即したデザインが指向され、歴史的なモチーフにとらわれない形態が実現した(図7-3)。

さらに、19世紀末以降にフランスやベルギー・ドイツを中心に展開した**アール・ヌーヴォー**や**ユーゲントシュティール**は、歴史的な様式の模倣ではなく、自然界に存在する形態などに基づいて、反転曲線を多用する自由な形態を創造した。

画家の**ジェームズ・ホイッスラー**(1834～1903年)が描いた**孔雀の間**(1877年)は、東洋趣味の文様をちりばめてアール・ヌーヴォーの先駆けとなったものであり、**アウグスト・エンデル**(1871～1925年)の**エルヴィラ写真工房**(1896年)は、平滑な壁面に自在に曲がる波形のレリーフを施したものである。

こうした平面的な意匠を建築空間に応用したのが、ベルギーの**ヴィクトール・オルタ**(1861～1947年)で、**タッセル邸**(1893年)や(図7-4)、**自邸**(1898年)などを設計した(図7-5)。さらに、**エクトール・ギマール**(1867～1942年)の**メトロ入口**(1901年)は、強くしかも自由に曲げることができるという鉄の素材特性を活かした造形となり(図7-6)、近代社会が生み出しつつあった工業製品の特性を活かすデザインを指向していた。

またスペインのバルセロナでは、**アントニ・ガウディ**(1852～1926年)が、風土に根ざした形式や素材、あるいは人物や自然物の形態を尊重しつつ、構造を重視した放物線カーブなど湾曲する曲面を使用した独自な造形を展開した。**カサ・ミラ**(1910年)(図7-7)・**グエル公園**(1914年)・**サグラダ・ファミリア教会堂**(1884年～)はその代表作である(図7-8)。

以上のように、19世紀末から20世紀

図7-7 カサ・ミラ

図7-8 サグラダ・ファミリア教会堂

7 新しい造形の出現

初頭にかけては，アーツ・アンド・クラフツ運動を出発点とする新しい建築造形運動が欧州各地で花開いた。ここで生み出された造形は多種多様であるが，歴史的な様式への反発という点で共通した傾向をもち，同時に近代化が進む社会に対する提案を含み，いずれもが個人の造形を重視していた。

2 セセッションと表現主義

19世紀末に始まった建築運動は，20世紀に入ると，オーストリアやドイツを中心にさらに加速していく。

都市改造を推し進めていたウィーンでは，19世紀の最末期に，画家の**グスタフ・クリムト**（1862〜1918年）を中心として，歴史的な様式にとらわれない造形を標榜した**セセッション**（ウィーン分離派）と呼ばれる総合的な芸術運動が開始された。

セセッションにおいて，建築の中心人物となったのが，**オットー・ワーグナー**（1841〜1918年）である。彼は，ウィーンの都市計画や古典様式に基づく建築設計を経た後にウィーン美術学校の教授となり，1895年に著した『**近代建築**』で，建築設計における機能の追求や，構造や経済性の重視を提起した。**ウィーン郵便貯金局**（1906年）はその思想を具体化したもので，多くの人と物資が集まる機能に合致したプランと，鉄骨構造を採用した明快な内部空間を実現した（図7-9, 10）。

こうしたワーグナーの主張に加え，マ

図7-9 ウィーン郵便貯金局

図7-10 ウィーン郵便貯金局 内部

ッキントッシュなどの影響を受けたセセッションの建築は，幾何学的な図形を用いながら，輪郭線を強調した凹凸の少ない平面で構成されている点に特徴がある。**ヨゼフ・オルブリッヒ**（1867〜1908年）の**セセッション館**（1898年）（図7-11）や**結婚記念塔**（1908年），あるいは**ヨーゼフ・ホフマン**（1870〜1956年）が設計し，内装をクリムトなどが仕上げた**ストックレー邸**（1911年）などがその代表作であり（図7-12），いずれも重厚な古典様式とは異なる軽さや明るさが強調された造形となっている。

セセッションの建築家は，歴史的な様式を否定したが，装飾という行為を否定したわけではない。それに対して**アドルフ・ロース**（1870〜1933年）は，自著『**装飾と犯罪**』（1908年）で，建築において装飾は不要というよりも犯罪であると主張し，あらゆる装飾を廃した**シュタイナー邸**（1910年）や**ロースハウス**（1911年）を設計した（図7-13）。

図7-11 セセッション館

図7-12 ストックレー邸

図7-13 シュタイナー邸

7 新しい造形の出現

　こうした造形運動が盛り上がる中で勃発したのが**第一次世界大戦**（1914〜18年）である。欧州全土が舞台となったこの戦争で、戦場となった国土は荒廃した。また戦争の最中、1917年にはロシア革命が勃発し、ドイツでは帝政が崩壊するなど社会は大きく変動した。

　そうした中、敗戦国となったドイツで花開いたのが**表現主義**である。セセッションと同様に、表現主義も文学・美術・音楽・映像など様々な領域を含む総合芸術運動で、個人の感情を作品に反映させる点に特徴がある。

　表現主義を代表する建築家である**ブルーノ・タウト**（1880〜1938年）が設計した**ガラスパビリオン**（1914年）（図7-14）は、菱形に割り付けられたガラス屋根のドームで覆われた建築で、様式的なモチーフに代わる幾何学的図形の使用とともに、新しい技術や工業生産された材料からの発想を重視するものである。また、アルプス山脈を覆い尽くすクリスタルの建築をイメージした**アルプス建築**（1917年）は、非現実の世界ではあるが、形態の自由度を追求したものとして注目された。

　エーリヒ・メンデルゾーン（1887〜1953年）の**アインシュタイン塔**（1924年）

図7-14 ガラスパビリオン

図7-15 アインシュタイン塔

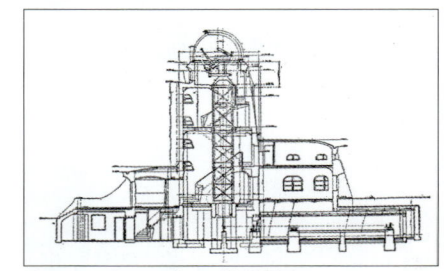

図7-16 アインシュタイン塔 断面図

図7-17 ベルリン大劇場 内部

III 近代建築史

図7-18 海運ビル

図7-19 デ・ダヘラート集合住宅

図7-20 パークメールウクの住宅群

図7-21 福島邸 立面図

は，塊をえぐり取ったような曲面で構成された造形を，コンクリートを用いて実現し，外観と内部空間の両者における建築造形の自由度を示した(図7-15，16)。また**ハンス・ペルツィヒ**(1869〜1936年)の**ベルリン大劇場**(1919年)は，小型の半円アーチの繰り返しによる表現で，観客の眺望を劇的に盛り上げる効果を狙ったものである(図7-17)。

表現主義の建築家は，アルプス建築のように，実現を期待しない提案や映画や舞台のセットにも手を染め，ここで示された新しいイメージは世界中に影響を与えた。さらに，表現主義の影響を受けて，オランダで展開したのが**アムステルダム派**である。

ファン・デル・メイ(1878〜1949年)の**海運ビル**(1916年)は，コーナーに配された塔屋や垂直線の強調などの特徴をもち(図7-18)，**ピエト・L・クラメル**(1881〜1961年)の**デ・ダヘラート集合住宅**(1923年)は，平滑なファサードの中に彫塑的な曲面が付加されたもので(図7-19)，両者ともに比例を重視する古典様式の建築とは一線を画していた。また，**パークメールウクの住宅群**(1918年)は，民家を思わせる藁葺屋根を用いるなど，伝統的な材料を尊重したものである(図7-20)。これも，古典様式がもつ世界性とは対照的である。

このように，19世紀末から第一次世界大戦後に至る一連の流れの中で，産業化・民衆化という近代社会の特徴を受け入れる傾向が強まり，その中で，歴史的な様式で表面を装飾することは否定され，それに代わる新しい造形手法の開発が進んでいった。

7 新しい造形の出現

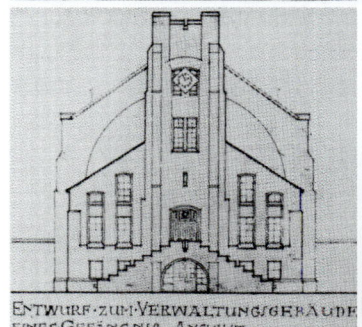

図7-22 豊多摩監獄 内部透視図・立面図　　図7-23 西陣電話局

3 日本人建築家の解釈

　こうした欧州における建築運動を，同時代の日本はどのように受け止めたのだろうか。

　19世紀中の日本人建築家は，導入したばかりの西洋様式建築を学習するのに手一杯の状況であった。しかし，20世紀に入ると，様式主義の学習に加えて，同時代の欧州の動向にも関心を向け始める。マッキントッシュの影響を受け，外観・内部ともに平面で構成された簡素な装飾をもつ武田五一の福島邸（1905年）は，その初期の事例である（図7-21）。

　さらに大正期に入ると，日本の国際的な地位向上に伴って，欧州各地への留学生が増加し，新しい造形手法の開拓という課題を共有するようになった。

　野田俊彦（1891～1932年）の『建築非芸術論』（1915年）は，実用品としての建築を強調し，様式主義的な建築装飾を否定しようとしたもので，明らかに同時期の

図7-24 大阪市中央公会堂　　　　　　　　図7-25 横浜市開港記念会館

323

図7-26 一畑鉄道出雲大社前駅

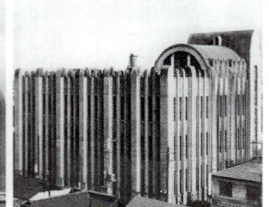

図7-27 東京中央電信局(左)・東京中央電話局牛込分局(右)

ワーグナーやロースの主張が反映している。そして1920年には、大学を卒業したばかりのメンバーによって、**分離派建築会**が設立され、欧州の建築運動に影響を受けながら活発な活動を開始した。

分離派という名称は、セセッションの日本語訳であるが、その活動内容はセセッションに限らず、19世紀末から継続した様々な建築運動から影響を受けている。これは分離派に属さなかった建築家も同様で、各個人がそれぞれ建築運動の成果を咀嚼して多様な造形を試みたのである。

ここで、建築運動の影響が見られる大正期の作品をみてみよう。

後藤慶二(1883〜1919年)の**豊多摩監獄**(1915年)は、ゴシックや古典主義のモチーフを一度解体して、用い方やスケールを変形させたものである(図7-22)。**中條精一郎**(1868〜1936年)らによる**如水会館**(1919年)や**岩元禄**(1893〜1922年)の**西陣電話局**(1920年)は、セセッションの影響が強い作品である(図7-23)。特に後者のファサードは、印象的な3本の柱と大きなアーチ形に特徴がある。

岡田信一郎(1883〜1932年)設計の**大阪市中央公会堂**(1918年)も、内部空間と対応した大型アーチや細部にセセッションからの影響をみることができる(図7-24)。**横浜市開港記念会館**(1917年、福田重義ほか設計)も同様の特徴をもち(図7-25)、二つの放物線カーブをもつドームを直交して連結させた**一畑鉄道出雲大社前駅**(1930年)からは、セセッションの影響を読み取ることができる(図7-26)。

図7-28 聖橋

図7-29 小菅刑務所

7 新しい造形の出現

図7-30 東京市政会館

図7-31 魚崎小学校校舎

　一方，**山田守**（1894〜1966年）の**東京中央電信局**（1923年）などは，連続する放物線で構成され（図7-27），表現主義の影響が顕著である。同じく山田守の**聖橋**（1927年）も，表面を平滑に仕上げることで組積造の表現を排除して，RC構造であることを直截に表現している（図7-23）。

　また，様式に基づかないシンボリックなタワーを持つ**小菅刑務所**（1930年・司法省営繕課）や（図7-29），**堀口捨己**（1895〜1984年）の**平和記念大正博覧会施設**（1922年）などには表現主義の影響を読み取ることができ，垂直線を強調した**佐藤功一**の**東京市政会館**（1929年）では，メイの海運ビルからの影響を指摘できる（図7-30）。

　この他に，円形塔屋とキャンチレバーの水平面をもつ**魚崎小学校校舎**（1930年・清水栄二設計）や（図7-31），軍艦からの連想で作られた**三菱倉庫**（1930年・竹中工務店）など（図7-32），昭和初期にはRC構造ならではの自由な造形が試みられるようになった。またこの時期から，建築を面の集合体として捉える考えから，内部に創られる**空間**を重視する考えへと変化している点も重要である。

　このように，20世紀に入ったころの日本では，依然として様式主義的な建築が大勢を占めているが，同時代の欧州の動向と歩調を合わせるように，新しいタイプの公共建築を中心に，新しい造形が試みられるようになった。

図7-32 三菱倉庫

III-8 都市建築の展開

人口と産業の都市への集中は、近代の大きな特徴である。高層建築を生み出し、郊外住宅地を発展させることで、近代的な都市の在り方をリードしたのは、歴史的な伝統の弱いアメリカであった。本節では、シカゴを中心とした高層建築発展の軌跡とライトの活動に焦点をあててアメリカの状況を概観した後に、同時代の日本の都市建築がどのように変貌したのかについてみていこう。

1 高層建築の登場

近代社会にとって資本主義の市場システムは必要不可欠であり、その円滑な運用には、膨大な数の事務所建築が必要となる。資本主義が徹底したアメリカでは、19世紀に労働力が慢性的に不足し、加えて歴史的な伝統とは無縁であったため、鉄骨構造を用いた事務所建築の高層化が実現した。

特に、工業の集積地であった**シカゴ**では、1871年の大火以後、短期間に高層化が進み、19世紀末には高さ100mに達する事務所建築も出現した。その結果シカゴは、高層建築が聳え立つアメリカ型都市の雛形となった。

シカゴにおいて、鉄骨構造の高層建築に大きく貢献したのが**ウィリアム・ル・バロン・ジェンニー**（1832〜1907年）である。ジェンニーは、**ホーム・インシュアランスビル**（1885年）で（図8-1）、鉄骨の構造材を煉瓦で包み込むことによって耐火性を獲得し、**セカンドライタービル**（1891年）では（図8-2）、均等に配置された柱と梁でガラス窓を強調する造形手法を生み出した。

この造形手法は、**ダニエル・バーナム**

図8-1 ホーム・インシュアランスビル　図8-2 セカンドライタービル

(1846～1912年)と**ジョン・ウェルボーン・ルート**(1850～91年)に継承され，煉瓦の格子のみで構成される**モナドノックビル**(1891)の外観では(図8-3)，歴史的な様式は完全に排除されている。また**リライアンスビル**(1895年)では(図8-4)，**ブレース**で補強された鉄骨フレームに，耐火性の高いテラコッタ製の外装を張り付ける構法や，中央嵌め殺しで左右を開閉できる**シカゴ窓**が採用され，その後の高層建築に大きな影響を与えた。

「形態は機能に従う」という発言で有名な**ルイス・サリヴァン**(1856～1924年)が設計した**オーディトリアムビル**(1889年)は，事務所・ホテル・劇場の集合体であり，高層建築の可能性を提示した作品となった(図8-5, 6)。この建築はロマネスク的なアーチを用いていたが，白色タイルを全面に用いた**カーソン・ピリー・スコット百貨店**(1904年)では，歴史的な様式は完全に姿を消している(図8-7)。

シカゴを拠点として高層建築を進展させた建築家達は，**シカゴ派**と総称され，構造や構法の工夫のほかに，**人工照明**の活用や，水回り・階段あるいは**エレベーター**といった垂直方向の要素を一箇所にまとめる**コアシステム**を考案し，その後の高層建築の発展に大きく寄与した。

しかし，シカゴ派の方向性は，**シカゴ・コロンビア万国博覧会**(1893年)以降に停滞してしまう。博覧会を主導したバーナムは，一転して古典様式に回帰し，**ホワ**

図8-3 モナドノックビル

図8-4 リライアンスビル

図8-5 オーディトリアムビル

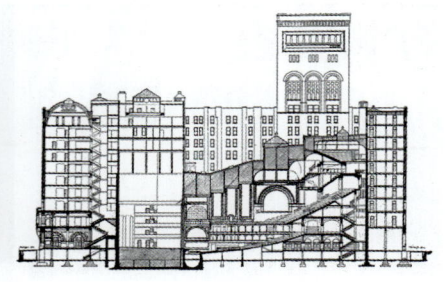

図8-6 オーディトリアムビル 断面図

イトシティと呼ばれた統一感のある景観を創り出し，これが広く市民の支持を得たからである（図8-8）。

　ギリシア・ローマ建築に由来する古典様式をアメリカで駆使した建築家達は，フランスの芸術家養成機関である**ボザール**に倣って**アメリカンボザール**と呼ばれている。その代表的な存在が**マッキム・ミード＆ホワイト事務所**で，**ペンシルバニア駅舎**（1910年）など多くの公共建築を設計し，巨大設計事務所の祖となった。

　一方，事務所建築の高層化の動き自体は，20世紀初頭にアメリカ各地に波及し，高さ200mを突破するものも建設され，**摩天楼**（**スカイスクレイパー**）と呼ばれるようになった。

　この時期に，シカゴ派のような無装飾のデザインは影を潜め，**キャス・ギルバート**（1859～1934年）設計の**ウールワースビル**（1910年）のように，ゴシック聖堂を模した外観デザインが主流となった（図8-9）。

　そして，**パリ装飾美術博覧会**（1925年）の影響を受けて，様々な地域や時代から

図8-7 カーソン・ピリー・スコット百貨店

図8-8 シカゴ・コロンビア万国博覧会

図8-9 ウールワースビル

図8-10 クライスラービル（左）・エンパイアステートビル（右）

引用した装飾を行う**アール・デコ**のデザインも用いられるようになった。アメリカの繁栄を象徴するシンボルとなった**ウィリアム・アレン**（1883〜1954年）設計の**クライスラービル**（1930年）や、シュリーブ・ラム・アンド・ハーモン設計の**エンパイアステートビル**（1931年）は、その代表的な事例である（図8-10）。

　大規模で技術的な課題が多い高層建築の進展に伴って、建築設計事務所の組織化が進行し、施工面でも建設機械の導入や厳格な工程管理が行われるようになり、さらには経済原理との整合性も課題となった。高層建築の出現に伴い、建築界は大きく変貌したのである。

2 ライトの設計手法

　19世紀から20世紀にかけて、アメリカの都市は急速に発展し、市街地の高層建築群とともに、大都市の周辺には数多くの郊外住宅地が生まれ、都市に通う勤労者の住宅が建設された。

　多民族国家アメリカには、欧州各地の住宅形式が持ち込まれていたが、象徴的な暖炉を持ち、屋外空間を重視する傾向は共通していた。19世紀末には、その傾向を継承しながら、新しい動きが模索されるようになる。その代表的な建築家が**フランク・ロイド・ライト**（1867〜1959年）である。

　ライトの活動は長期間かつ広範囲に渡

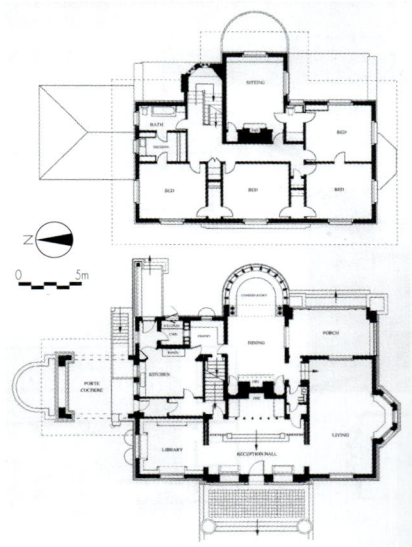

図8-11 ウィンズロー邸 平面図

図8-12 ロビー邸

図8-13 帝国ホテル 内部・外観

るが,まず初期の活動を代表する**プレーリーハウス**の一群からみてみよう。

ウィンズロー邸(1894年)は,左右対称の箱型ヴォリュームに,水平の軒線をもつ寄棟屋根を載せたもので,アメリカ的伝統を継承して中心に暖炉を配置しているが,暖炉の周囲に上下レベル差をもつ空間が展開するため,暖炉周辺で動線が交錯するものとなっている(図8-11)。さらに**ロビー邸**(1909年)では,左右対称を崩し,屋内外の空間が相互に貫入する構成が採用され,室内空間の単位とは無関係に屋根が架けられ,箱型のヴォリュームは完全に姿を消している(図8-12)。

こうしたライトの建築設計手法は,個性的な装飾細部や,構造部材のユニット化,あるいは独自のブロックの使用といった構法的提案とあいまって高い評価を受け,アメリカ国内の住宅のみならず,作品集を通じて,欧州の建築運動にも大きな影響を与えた。

1911年にライトは,設計事務所兼教育機関である**タリアセン**を開設し,多くの建築家を受け入れ,さらに日本に渡って,1923年には**帝国ホテル**の設計を行った(図8-13)。そして,ライトの協力者となった**遠藤新**(1889~1951年)らを通じて,その建築手法は日本にも導入され,**自由学園明日館**(1922年)(図8-14)・**山邑邸**(1924年)・**甲子園ホテル**(1930年)(図8-15)などが相次いで建設された。

1930年代以降のライトは,上下も含めた屋内外空間の相互貫入や,キャンチレバーを応用した水平面の構成を徹底した**カウフマン邸**(落水荘)(1936年)で再び脚光を浴びた(図8-16)。この建築にみられる特徴は,それまでのライトの方向性に加え,**モダニズム**(Ⅲ-9節)の考え方を吸収したものである。

3 日本の都市建築

アメリカで事務所建築が高層化してい

図8-14 自由学園明日館

図8-15 甲子園ホテル

図8-16 カウフマン邸

8 都市建築の展開

図8-17 三菱一号館

たのと同時期、日本の事務所建築はどのような状況にあったのだろうか。

江戸時代にあっても、事務所機能は多数必要であり、大型の武家屋敷や町家・農家がその機能を担っていたが、明治に入ると、擬洋風建築(Ⅲ-2節)を経た後に、本格的な西洋風の事務所建築が導入され始めた。コンドルの**三菱一号館**(1894年)や(図8-17)、エンデ・ベックマンの**司法省本館**(1895年)はその最初期の事例である(図3-26参照)。

組積造の事務所建築は、廊下で個室を繋げる形式や棟割長屋形式を採用し、構造的な要因と採光や通風のために、高さは3階程度、奥行も15m以下に止まり、敷地の利用率も低いものだった。組積造の事務所建築は、霞が関の官庁街や三菱財閥が開発した**丸の内地区**などを中心に普及し、なかでも丸の内地区には、組積造の事務所建築が軒を連ね、**一丁ロンドン**と呼ばれるまでに至った(図8-18)。

20世紀に入ると、日本でも民間企業が成長したために事務所建築の需要が増大し、Ⅲ-4節でみたような試行期を経て、鉄骨構造を用いた建築の高層化が進展していった。

図8-18 一丁ロンドンと呼ばれた丸の内地区

図8-19 三井貸事務所

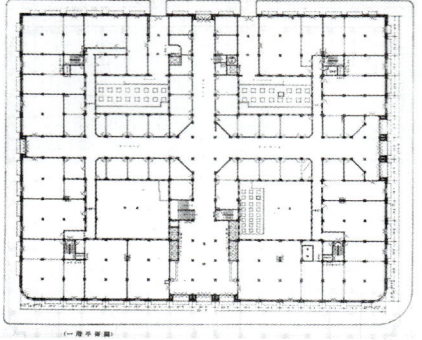

横河民輔設計の三井貸事務所(1912年)はその初期の事例で(図8-19)、日本最初の貸事務所建築であったばかりでなく、装飾を控えた外観にも先駆性が窺える。また辰野・葛西事務所の**第一生命保険本館**(1921年)は、本社機能と貸事務所・貸店舗を上下に配置した計画を採用したものとなった。

こうした試みの後に、アメリカ式の事務所建築の導入が開始される。なかでも重要なのが**丸の内ビルヂング(丸ビル)**(1923年)と**三井本館**(1929年)である。

丸ビルは、三菱とアメリカの**フラー社**が共同で建設したもので、東京駅前に1923年に竣工した(図8-20)。当初は鉄骨構造8階建で、エレベーターなど縦方向移動部分を集約化し、事務所用の基準階を積み上げる平面計画をもち、敷地全体を利用した配置を採っていた。

丸ビル建設では、フラー社を通じて、建設機械の活用・厳格な工程管理・工費の精算方式といったノウハウが日本にももたらされた。しかし、竣工直後の丸ビルは、関東大震災に被災し、復旧補強工事(1923〜26年)によって変貌を余儀なくされた。ここで、構造は**鉄骨鉄筋コンクリート構造(SRC)**へと変更され、商業空間の低層部への集中など建築計画の変更も行われ、日本的な高層事務所建築のモデルとなった。

一方、三井本館もアメリカの**トロブリッジアンドリビングストン社**が担当したものである(図8-

図8-20 丸の内ビルヂング 外観・1階平面図

図8-21 三井本館

図8-22 地下鉄銀座線(稲荷町昇降口) 図8-23 地下鉄御堂筋線駅

図 8-24 明治生命館

21)。外観デザインは、アメリカンボザール流の古典様式に基づいたもので、ジャイアント・オーダーを用いた中間部を基軸として、水平線によって上下に3つの部分に分かれる**三分割構成**で設計されている。

この三分割構成は、強い水平線とともに、オーダーの垂直線も浮かび上がるもので、世界中で事務所建築の典型的なファサードデザインとして普及したものである。

4 昭和初期の都市の繁栄

1920〜30年代は、現代まで続く都市文化が定着した時期である。この時期に東京では、震災後の復興事業によって、縦貫道路や鉄道が整備され、**地下鉄**銀座線も1927年に開業した（図8-22）。同様に大阪でも1927年に**御堂筋**が拡幅され、同時に地下鉄御堂筋線も1933年に開業し（図8-

23）、都市構造が大きく変化した。こうした変化に伴い、勤務地や消費地としての都市中心部と、居住地としての郊外（Ⅲ-5節）という構図が鮮明となった。

図 8-25 日本郵船横浜支店

図 8-26 第一生命館

東京・横浜や大阪の中心部では，1920年代の半ばから民間大企業によって中高層の事務所建築が多数建設された。

このうち厳格な古典様式のオーダーをもつ事例としては，東京の**明治生命館**（1934年，**岡田信一郎**設計）や（図8-24），横浜の**日本郵船横浜支店**（1936年，**和田順顕**設計）があり（図8-25），特に前者は戦前の事務所建築の最高峰と位置づけられるものである。また，古典主義に基づきながらもオーダーを省略したものとしては，太平洋戦争後にアメリカ占領軍の本部が置かれたことで著名な**渡辺仁**（1887～1973年）設計の**第一生命館**（1938年）があげられる（図8-26）。

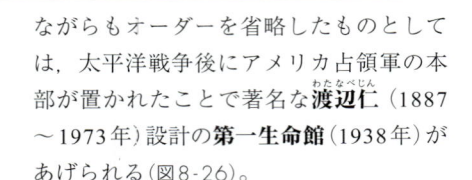

古典主義以外にも，ゴシックやロマネスクといった歴史様式を用いたものや，19世紀末以降の建築運動に影響を受けたものも存在している。例えば，**松井貴太郎**（1883～1962年）設計の**三信ビル**（1929年）は，表現主義のモチーフを折り込んだ外観を持ちながら，ロマネスク教会を彷彿とさせるアーケードを設けていた（図8-27）。

地震国としての特異性から，これらの事務所建築は，市街地建築物法（Ⅲ-5節）で高さの上限を**100尺（約30m）**に抑制されていた。結果として，総高100尺の事務所建築が東京の中心部に並び建つことになり，東京の**日比谷通**沿いなどでは，統一感のある都市景観が実現された（図8-28）。

この時期には，事務所建築だけではなく，商業建築も大きく変貌している。**店蔵**（Ⅲ-6節）から出発した日本近代の大型商業建築は，自由に回遊できる博覧会的な空間を導入した後に高層化して，

図8-27 三信ビル 外観・アーケード

図8-28 100尺制限

図8-29 三越本店

図8-30 南海ビルディング

百貨店（デパート）へと変質していった。古典主義のデザインをもつ東京日本橋の**三越本店**（1935年，横河工務所設計）は，その代表的な事例であり（図8-29），商品の品揃えの豊富さとともに，各種イベントの開催を通じて都市文化の発信地となった。

百貨店の建設は都市中心部から始まったが，郊外住宅地と都市中心部を繋ぐ要となった**ターミナル駅**周辺にも波及していった。東京では新宿・渋谷・池袋，大阪では梅田・難波といったターミナル駅周辺は，かつては都市と農村の境界部分であったが，新たな繁華街へと変質したのである。新宿の**伊勢丹**（1933年，清水組設計施工）は，ゴシック様式を基本としながらアール・デコの要素を導入したもので，難波の**南海ビルディング（高島屋）**（1932年，久野節設計）は，駅と百貨店を融合させたターミナル駅ならではの事例である（図8-30）。

事務所建築や大型商業建築以外でも，県庁舎や市役所，あるいは大学などの高等教育機関でも，新構造を用いながら各種の歴史的様式と西洋建築運動を引用した造形をもつ建築が造られている。**東京大学キャンパス**の建築群はその代表例であり，ゴシック的な**法文経1・2号館**（1929年，内田祥三設計）のほかに（図8-31），シンボリックなタワーの造形をもつ**安田講堂**（1925年，岸田日出刀設計）（図8-32），アムステルダム派の影響が指摘できる**龍岡門**（1933年）などから構成され（図8-33），現在でも統一感ある景観を保っている。

図8-31 東京大学法文経1・2号館 アーケード

図8-33 東京大学龍岡門

図8-32 安田講堂

III-9 モダニズム

19世紀末に欧州各地で始まった建築運動は，第一次世界大戦の後に，未来派やロシア構成主義，あるいはデ・スティルなどを経てモダニズム建築に収斂していった。こうした動きをリードしたのが，ミース・ファン・デル・ローエやル・コルビュジエなどで，彼らの造形は，国家や民族を越えて世界中に波及した。本節では，20世紀に展開したモダニズム建築の特徴を概観してみよう。

1 第一次大戦後の欧州

　第一次世界大戦（1914～18年）の終末期には，ロシア革命（1917年）とドイツ革命（1918～19年）が相次いで起こった。その中で，それまでの社会体制や文化は否定され，建築造形でも歴史的な様式を否定する動きがより一層加速した。

　第一次世界大戦中に結成され，総合的な芸術運動を目指したイタリアの**未来派**は，そうした動向を如実に現したものである。**アントニオ・サンテリア**（1888～1916年）による**新都市ドローイング**（1914年）（図9-1）は，無装飾の高層建築群とその間を抜ける道路や鉄道といった未来都市のイメージを表現した。未来派は建築の実作を少数しか残さなかったが，機械の精密感や自動車のスピード感などを賛美する方向性を示した意義は大きい。

　一方，ロシア革命で誕生したソビエト連邦では，大衆性や平等性に根ざした芸術運動が始まり，1920年代には**ロシア構成主義**と呼ばれる造形上の動きが活発化した。

　ロシア構成主義の建築造形は多岐に及

図9-1 サンテリアの新都市ドローイング

図9-2 第三インターナショナル記念塔

んでいる。例えば**ウラジミール・タトリン**(1885〜1953年)の**第三インターナショナル記念塔**(1920年)は、二重螺旋の構造体の内部に、幾何学的な形態をもった建築が吊り下げられるもので(図9-2)、**コンスタンチン・メーリニコフ**(1890〜1974年)の**ルサコフ・クラブ**(1929年)は、せり上がる観客席の構成が外部に露出するなど、構造・機能・形態を一致させたものとなっている。また、**エル・リシツキー**(1890〜1941年)の**雲の支柱**(1925年)は、高層建築のイメージを提供したものであり(図9-3)、エレベーターが強調される**ヴェスニン兄弟**の**プラウダ・モスクワ支局案**(1924年)では、明快な構成と機械を指向する美学が示されている(図9-4)。

このように、未来派やロシア構成主義は、新しい技術と幾何学的形態に依りながら、機械を理想とした機能的な建築を目指し、その斬新なフォルムで建築造形の可能性を提示した。この方向性は、同時期のオランダで発足し、実用的な建築やデザインを指向した**デ・スティル**のメンバーによってさらに展開していく。

ピエト・モンドリアン(1872〜1944年)は、水平線と垂直線を用いた抽象化を行った画家であり、その手法を建築に応用すると、水平面・垂直面といった単純な要素の組合せによって、建築を構築していくものとなる。

この考え方を如実に示しているのが、**ヘリット・リートフェルト**(1888〜1964

図9-3 雲の支柱

図9-5 シュレーダー邸

図9-4 プラウダ・モスクワ支局案

年）の作品である。色の塗り分けがなされた直線材と平面のみで構成される**赤と青の椅子**（1918年）を出発点として，その手法を建築に応用したのが**シュレーダー邸**（1923年）である（図9-5）。シュレーダー邸は，鉄骨構造に煉瓦を充てんしたもので，外観は箱状の立体から水平面と垂直面が突き出す形状をもち，上下の水平面の中に，自由に垂直面とガラス窓を配置して造られる空間に特徴がある。

2 ドイツ工作連盟からバウハウスへ

　以上のように，第一次世界大戦後には，各地で未来のイメージが視覚的に表現され，RC構造を前提とした建築造形が提案されるようになった。こうした状況を受けて，ドイツでモダニズム建築が本格的に展開していく。

　ドイツでは19世紀末以降に，アール・ヌーヴォーや表現主義の興隆があったが（Ⅲ-7節），同時に機械生産品の質を向上させる動きも広まり，企業と連携しながら近代社会との融合を目指すことを目的として，1907年に**ドイツ工作連盟**が結成された。

　ドイツ工作連盟の中心人物であった**ヘルマン・ムテジウス**（1861〜1927年）は，機械生産される製品の品質改善と同時に，その形態（フォルム）の重要性を主張した。この主張を実現したのが**ペーター・ベーレンス**（1868〜1940年）である。

　ベーレンスの**AEGタービン工場**（1909年）（図9-6）は，鉄骨トラスアーチの大空間を用いて工場の機能と空間を合致させると同時に，ガラス壁面と妻面を平滑に納めた全く新しい造形を用いるなど，モダニズム建築の出発点となっている。

　ベーレンスの下には，**ヴァルター・グロピウス**（1883〜1969年）や**ミース・ファン・デル・ローエ**（1886〜1969年），あるいは**ル・コルビュジエ**（1887〜1965年）などが集い，ここを起点としてモダニズム建築が一気に開花していった。

　まずグロピウスは，**アドルフ・マイヤー**（1881〜1929年）と共同して，機械生産された規格材料を前提とした建築設計を追求し，経済性と大量生産を可能とする建築造形手法を模索した。隅柱を見せない，ガラスのカーテンウォールを用いた**ファグス靴工場**（1911年）（図9-7）や，上下移動を視覚的に表現するガラスの階段室を採用した**ドイツ工作連盟モデル工場**

図9-6 AEGタービン工場

図9-7 ファグス靴工場

図9-8 ドイツ工作連盟モデル工場

(1914年)(図9-8)など,機能性の追求と同時に,新素材や新構造が可能とする様々な造形的な提案が行われたのである。

こうした設計活動のほかに,グロピウスは1919年に設立された**バウハウス**の初代校長となって,建築を核とした教育プログラムをもつ造形教育を開始した。

バウハウスの教育内容は『**バウハウス叢書**』の発刊を通じて世界中に発信された。この叢書の第一巻となった『**国際建築**』(図9-9)は,近代工業が生み出した素材や技術を用いて機能性を追求することが,民族や地域を問わない建築の普遍的な在り方であると主張し,モダニズムの理論的な柱となった。

この理念を端的に表現したものが,グロピウス設計の**デッサウのバウハウス校舎**(1926年)(図9-10)である。この校舎は,それぞれの機能に応じたヴォリュームをもつアトリエ棟・学生寮・職能学校・管理棟・食堂ホールなどから構成され,各棟の機能の連携は配置に反映し,職能学校とアトリエ棟を繋ぐ管理棟の下部は,壁を持たない**ピロティ**となっている(図9-11)。

グロピウスの跡を継いで,1930年にバウハウスの第三代校長となったミースは,後述するコルビュジエと並ぶモダニズム建築の巨匠である。

1929年の**バルセロナ万博パビリオン**は,細い鉄骨が支える水平屋根の中に,自立する壁面や窓を配置することで室内外に流動的な空間を構成したもので,モダニズム建築を代表する作品となっている(図9-12, 13)。この発想は,**ファンズワース邸**(1950年)(図9-14)や,**イリノイ工科大学クラウンホール**(1956年)でさらに展開

図9-10 デッサウのバウハウス校舎

図9-9『国際建築』

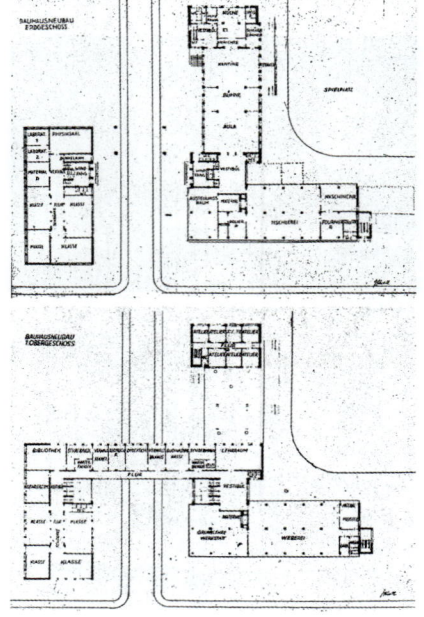

図9-11 バウハウス・デッサウ校舎 平面図

をみせ，**ユニバーサルスペース**と呼ばれる概念に到達している。

ユニバーサルスペースは均質な大空間を指し，その内部に間仕切りを自由に配置することで，様々な機能に対応しようとするもので，後に様々なタイプの建築に応用されていくことになる（Ⅲ-12節）。

構造や機能に忠実で余計なものを省こうとするミースの理念は「Less is more」（少ないことは豊かなこと）という発言に要約される。ただし，実際の作品では，素材へのこだわりや，本当の構造体を隠しながら，見せかけの構造を露出させる手法も指摘されている。

3 ル・コルビュジエ

バウハウスが主張した構造と機能の重視は，建築形態を決定するものではなく，無装飾の平滑な平面によって構成された**RC構造**の**白い箱**は，その一つの解答例に過ぎない。しかし，その形態の可能性を提示して，世界中に波及させたのがコルビュジエである。

柱で支えられた水平スラブの構造体を示す**ドミノシステム**（1914年）は，コルビュジエの発想を端的に表現した建築のモデルである（図9-15）。このモデルに自由に壁面を配置することで，機能に応じた様々な建築空間が造形可能となる。これはRC構造を前提とした建築造形の手法を提示したものである。コルビュジエに師事した**坂倉準三**（1904～69年）が設計した**日仏学院**（1951年）は，ドミノシステムをそのまま具体化した作品である（図9-16）。

ドミノシステムを採用することで実現できる建築造形を具体的に示したのが，コルビュジエの**五原則**（1925年）である。五原則は，①**ピロティ**，②**屋上庭園**，③**自由な平面**，④**水平連続窓**，⑤**自由なファサード**からなり，いずれも建築設計の自

図9-12 バルセロナ万博パビリオン

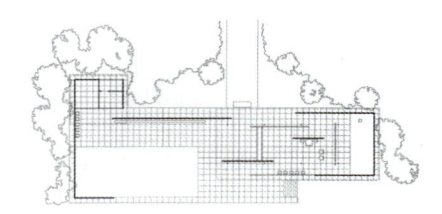

図9-13 バルセロナ万博パビリオン 平面図

図9-14 ファンズワース邸

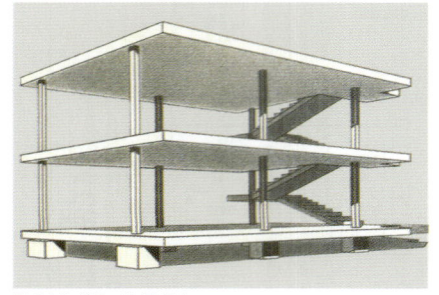

図9-15 ドミノシステム

9 モダニズム

由度を高める内容であった。これらに加え、人間の大きさと黄金比をベースとした基準寸法体系である**モデュロール**の提案も、コルビュジエの発想の特徴となっている。

初期のコルビュジエの作品の多くは住宅で、約7.5mの立方体で造られた**クック邸**(1927年)は、まさしく白い箱であり、スロープを用いて上下階の連続を果たした**サヴォア邸**(1931年)は、五原則全てを用いた初期コルビュジエの代表作である(図9-17、18、19)。

次いで、より規模の大きな集合住宅への応用事例には、**スイス学生会館**(1932年)や**ユニテ・ダビタシオン**(1947年)があり(図9-20)、**メゾネット方式**を採用した後者では、**ブリーズソレイユ**と呼ばれる日除(ひよけ)装置によって日照をコントロールしている。

「**住宅は住むための機械である**」という発言から窺(うかが)われるように、コルビュジエの発想は機能性を重視したバウハウスからの影響が大きい。しかし、彼が活動の基盤としたフランスという環境のもつ意味もまた大きい。

フランスでは、19世紀末以降にエヌビク(Ⅲ-4節)らによるRC構造の工学的検証があり、**アナトール・ド・ボド**(1834～1915年)の**サン・ジャン・ド・モンマルトル教会**(1904年)(図9-21)など、RC構造の造形的実践が早くから行われていた。

コルビュジエが師事した**オーギュスト・ペレ**(1874～1954年)もRC構造を駆使した建築家で、**ル・ランシーのノートルダム教会**(1923年)は、ゴシックの空間を直線的なRC構造で実現した作品となっている(図9-22)。なお**アントニン・**

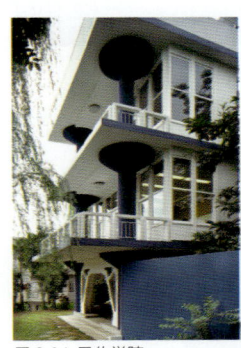

図9-16 日仏学院　　図9-17 サヴォア邸

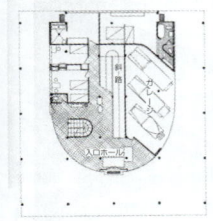

図9-18 サヴォア邸 内部　　図9-19 サヴォア邸 平面図

341

III 近代建築史

図9-20 スイス学生会館

レーモンド（1888〜1976年）設計の**東京女子大学礼拝堂**（1934年）は，この作品をモデルとしたものである（図9-23）。また，RC構造の集合住宅である**フランクリン通のアパート**（1904年）は，屋上庭園やガラスブロックを採用するなど，コルビュジエの発想の原点となっている。

コルビュジエの提案は，単体の建築に留まらない。『**輝く都市**』（1930年）は，稠

図9-21 サン・ジャン・ド・モンマルトル教会

図9-22 ル・ランシーのノートルダム教会

図9-23 東京女子大学礼拝堂

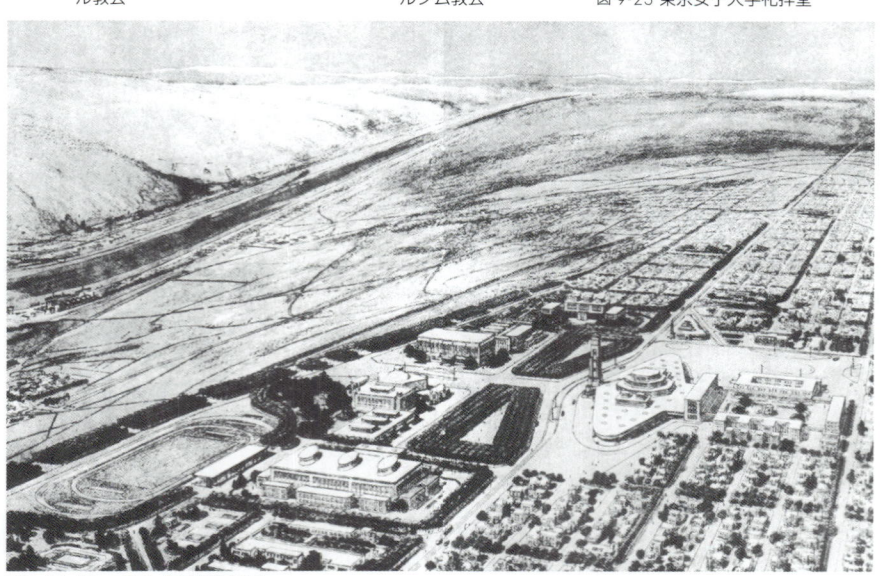

図9-24 ガルニエの『工業都市案』

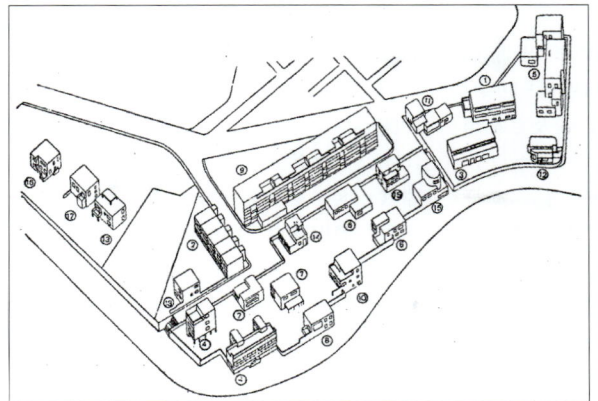

9 モダニズム

図9-25 ワイゼンホフジードルンク 配置図

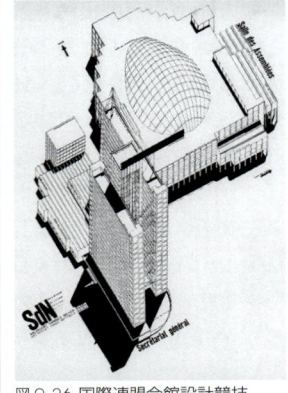

図9-26 国際連盟会館設計競技
（ハンネス・マイヤー案）

密な都市環境の改造案で，そこでは各種の公共施設や住宅を高層化することで，都市内に広大なオープンスペースを設けて良好な環境を確保し，高層建築群の間を貫く幹線道路によって，歩行者と自動車を分離しようとしている。この提案は，マルセイユで部分的に実現され，世界中の都市計画に影響を与えた。こうした都市に対する提案にも，**トニー・ガルニエ**（1869〜1948年）の『**工業都市案**』（原案1904年）からの影響を読み取ることができよう（図9-24）。

4 日本への影響

モダニズム建築は，ドイツ工作連盟主催の実験住宅展示会であった**ワイゼンホフジードルンク**（1926年）や，各種の設計競技を通じて，国際的に認知されていった。

ミースが全体計画を行ったワイゼンホフジードルンクは，様々な国の建築家17人が33戸の住宅を建設したもので，モダニズム建築の展開に大きな意味をもった（図9-25）。

また，**国際連盟会館設計競技**（1927年）や**ソビエト宮設計競技**（1932年）に代表される国際設計競技では，様式建築とモダ

図9-27 木村産業研究所

図9-28 水戸測候所

343

III 近代建築史

ニズム建築が比較検討され，大きな論議を呼んだ（図9-26）。また建築家の国際団体として結成された**CIAM**（1928〜59年）の提言も，モダニズム建築の普及と都市計画に大きな影響を与えた。

こうしたなかで行われたのが，ニューヨーク近代美術館が主催した**近代建築展**（1932年）である。この企画の中心となった**フィリップ・ジョンソン**（1906〜2005年）と**ヘンリー・ヒッチコック**（1903〜87年）は，バウハウスなど欧州の建築運動の背後にあった理念よりも，白い箱に代表される造形上の特徴に着目して，**インターナショナルスタイル**（国際様式）と命名した。

同じ時期に日本でもモダニズム建築への関心は高まり，刊行物を通じた摂取のほかに，**水谷武彦**（1898〜1969年）・**山脇巌**（1898〜1987年）はバウハウスに入学し，**前川國男**（1905〜86年）や坂倉準三も，1930年前後に相次いでコルビュジエの事務所に入所した。

ここで，戦前の日本におけるモダニズム建築をみてみよう。

前川國男の処女作である**木村産業研究所**（1932年）は，ピロティや入口部分の吹き抜け空間，円弧を描く突出部など，コルビュジエの五原則を用いた作品である（図9-27）。

分離派建築家協会に属していた**堀口捨**

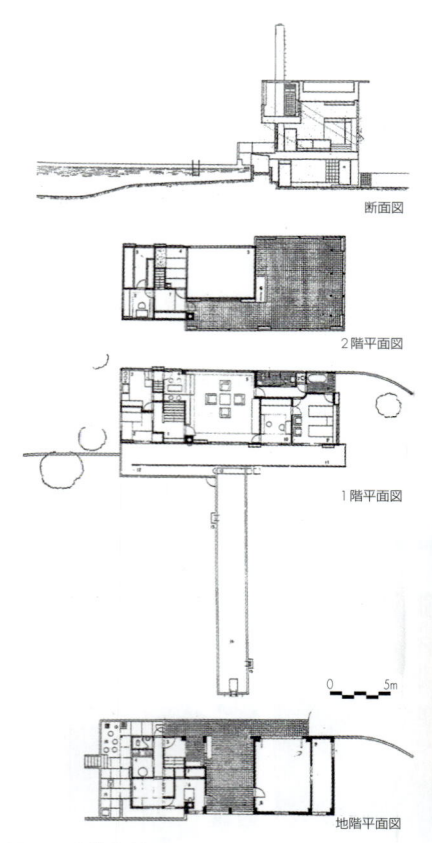

図9-29 若狭邸 断面図・平面図

図9-30 慶應義塾幼稚舎 手工室内部

図9-31 東京逓信病院 鳥瞰図

9 モダニズム

図9-32 土浦亀城自邸

図9-33 土浦亀城自邸 居間

己(Ⅲ-7節)も，1930年代半ばからモダニズム建築の実験を始め，**水戸測候所**(1935年)(図9-28)や**大島測候所**(1938年)で，それぞれ異なる機能と大きさをもった無装飾の立体を繋いでいくバウハウス流の建築を実現し，**若狭邸**(1939年)では，コルビュジエの五原則を意識した造形を行っている(図9-29)。

また，ドイツ派遣を経験した**谷口吉郎**(1904〜79年)や**山田守**(1894〜1966年)は，**慶応義塾幼稚舎**(1937年)(図9-30)や**東京逓信病院**(1937年)(図9-31)でモダニズム建築を導入し，普及の兆しをみせていたRC構造の学校など各種公共建築に影響を与えた。

モダニズム建築は，鉄骨やRCといった構造形式を前提としたものである。しかし，日本では少し異なった現象を見ることができる。

土浦亀城(1897〜1996年)の**自邸**(1935年)(図9-32，33)は，突き出した庇や水平窓を持つ白い箱状の中に，それぞれ機能を担った空間が吹き抜けを介して繋がるものであるが，構造は木造である。**山口文象**(1902〜78年)の**小林邸**(1936年)も同様である。これらは，RC構造を前提とした造形を木造で実現したものであり，白い箱といった造形上の特徴に関心を向けていたことが窺える。

これは，歴史的様式の巧みな使い手であった**渡辺仁**(1887〜1973年)が，モダニズムも数ある様式の一つとして理解して，**原邸**(1938年)を設計した立場と相通じるものがあろう(図9-34)。

図9-34 原邸

345

III-10 日本的な表現

明治維新以後の近代化の中で新たに導入された西洋建築は急速に日本に普及し、大都市の中心部では伝統的な日本建築が失われていった。こうした中、相次ぐ戦争の中で高揚する国家意識を背景に、日本をどう表現していくのかが建築界の課題となった。本節では、明治から昭和初期にかけて、様々な立場から試行された日本的な表現について概観してみよう。

1 日本的表現の出現

和風という概念は、江戸時代以前には存在していない。明治維新以後に**洋風**が現れた後に、その対立概念として登場したものである。

江戸時代末期から明治初期の日本は、強大な軍事力をもつ外国の植民地にならないために、西洋文明を積極的に導入する必要があった。しかし、完全に西洋と同化することも望まれず、自らのアイデンティティーを保持していくことが課題となった。これは日本だけでなく、全ての非西洋諸国が近代化にあたって直面する問題でもある。

明治初期の段階では、西洋化は至上命題であり、また本格的な西洋建築も極めて稀であったため、日本をどのように表現するかという問題は顕在化していない。むしろこの時期には、日本的要素と西洋的要素をミックスする**和洋折衷**が盛んに試みられている。

西洋建築を目指しながらも、随所に日本的な技術や意匠が残存する**擬洋風建築**はその代表例であり、III-2節で取り上げた実例のほかに、外国人向けホテルであった**日光金谷ホテル**(1893年他)では、洋館を基本としつつ、日本的な意匠を細部に用いて、日本情緒を演出している(図10-1)。また逆に、日本建築を基本としつつ、西洋建築の要素を吸収したものも存在している。西洋のビルディングタイプである教会を、日本の伝統的な構法で実現した**大明寺聖パウロ教会**(1879年)は、その代表的な事例である(図10-2)。

近代の日本的な建築表現をどうすべきかを意識する最初の契機となったのは、1888年の**明治宮殿**造営である。東京遷都に伴って、新たに建設されることになった宮殿を、どのような形態とするべきかが問題となったが、工部大学校に赴任したコンドルが提案した西洋建築案は却下され、京都の名門大工家出身の**木子清敬**の案が採用された。

図 10-1 日光金谷ホテル

10 日本的な表現

図10-2 大明寺聖パウロ教会 外観・内部

　明治宮殿(図10-3)をみると，構造は伝統的な木造で，室内も**折上格天井**(おりあげごうてんじょう)を持つ日本的な意匠で構成された。しかし，洋風家具が置かれ，シャンデリアが吊されるなど，西洋的な要素も加味されている。

　この手法も和洋折衷ではあるが，どの部分で，どのようにミックスするかが強く意識されている点に特徴がある。この明治宮殿の手法は，**書院造**(Ⅰ-9節参照)の室内に洋風家具を置くものとして，明治の上層階級の大邸宅に普及していった。セメント製造などの実業家として財を成した**浅野総一郎の自邸**(あさのそういちろう)は，その代表的な事例である(図10-4)。

　明治宮殿は，伝統的な技術を継承した大工によるものであるが，正式な西洋建築の教育を受けた建築家の作品にも，同様の手法を用いたものが存在している。**妻木頼黄**(つまきよりなか)の**日本勧業銀行本店**(1905年)(図10-5)や**辰野金吾**(たつのきんご)の**奈良ホテル**(1909年)(図10-6)は，その代表的な事例で，全体骨格は木造の日本建築でありながら，平面計画や室内意匠では西洋のビルディングタイプを参照したものとなっている。

　また，コンドルの**開拓使物産売捌所**(かいたくしぶっさんうりさばきしょ)(1880年)(図10-7)や**帝室博物館**(1882年)(図3-3参照)は，日本を意識した建築であるが，西洋よりも日本に近い中近東の様式がふさわしいという判断から，イスラム建築風の意匠が採用された事例であ

図10-3 明治宮殿正殿謁見所

図10-4 浅野総一郎邸

り、**関野貞**(1868〜1935年)の**奈良県物産陳列所**(1902年)も同様の傾向をもっている(図10-8)。

以上のように、明治期には日本的な表現を巡って様々な試行錯誤が行われた。しかし、日清・日露戦争での勝利によって、国家としての自負が強まってくると状況が変化し始める。西洋化は見直され、日本を強調する傾向が次第に強まっていったのである。また建築家の側でも、西洋の様式建築に習熟すると同時に、新しい構造技術や西洋の建築運動が紹介され始め、さらに**古社寺保存法**(1897年)による歴史的な建造物の修理が開始されると、日本建築の正確な知識が蓄積普及されるようになった(図10-9)。その結果、伝統の継承でも和洋折衷でもない手法で、近代日本にふさわしい建築をどう表現するかが新たな課題となっていったのである。

図10-5 日本勧業銀行本店

図10-6 奈良ホテル

図10-7 開拓使物産売捌所

図10-8 奈良県物産陳列所

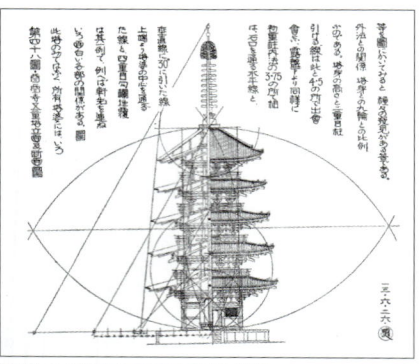

図10-9 古社寺調査に基づいた分析
(天沼俊一『日本建築史要』)

図 10-10 国会議事堂

図 10-11 日本橋高島屋

2 様式論争

1889年の大日本帝国憲法制定によって立憲国家となった日本では，国家のシンボルとなる**国会議事堂**の建築はどのようであるべきかが課題となり，1938年に現在の国会議事堂が完成するまで（図10-10），様々な立場からの取り組みが行われることとなる。

議事堂建築を念頭において，1910年に行われた「**我国将来の建築様式を如何にすべきか**」（**様式論争**）と題された討論会では，それまでの取り組みを基本とした以下のような四つの立場が表明された。

まず第一は，西洋の議会制度を導入したのだから，建築も西洋の様式建築をそのまま採用すべきという意見である。二番目は，明治宮殿で見られたような和洋折衷論であり，そのミックスの方法が課題となった。三番目は伊東忠太が主張した**建築進化論**で，あくまでも日本建築の形態を基本としつつ，新技術や新素材を用いようとするものである。しかし，議事堂のような大空間の規範となる日本建築は存在しておらず，日本建築の細部意匠を別の素材で置き換えることの意味も問題となった。四番目が鉄骨構造やRC構造，あるいは新しい機能に適合した新しい様式を創造すべきとした関野貞の主張であるが，具体的な方策は示されなかった。

この様式論争を通じて，それぞれの立場は明確となり，1930年代までに様々な作品の設計が行われるようになった。

まず和洋折衷的なものでは，西洋の様式主義建築を基本としながら，同様の意味をもつ日本建築の細部ディテールに置き換えていく試みがなされている。**高橋貞太郎**（1892〜1970年）の**日本橋高島屋**

図 10-12 震災記念堂

図 10-13 震災記念堂 内部

III 近代建築史

(1933年)は，オーダーの柱頭飾を組物に置き換えたものであり(図10-11)，伊東忠太の震災記念堂(1930年)は，身廊と側廊からなるキリスト教会の空間構成を，日本の寺院建築の細部意匠を用いて造形したものである(図10-12, 13)。

また，逆に日本建築の空間構成に他の様式のディテールを加えることも行われた。伊東忠太の築地本願寺(1934年)は，外観は仏教の源流であるインド風とされているが，内部空間構成は江戸時代の巨大な寺院本堂そのものであり(図10-14, 15)，真宗信徒生命保険会社(1912年)もインド中近東風の外観である(図10-16)。

次いで，RC構造や鉄骨構造を用いて日本建築を作る試みも開始された。岡田信一郎の東京歌舞伎座(1925年)(図10-17)や，伊東忠太の祇園閣(1927年)は，その代表事例である。

一方，日本建築のディテールを用いながら，それを大胆に再構成した大江新太郎(1876～1935年)の明治神宮宝物館(1921年)のような作品も存在している(図10-18)。この建築は，RC構造でありながら，校倉を連想させる表面仕上げや組物を使用し，反りをもつ大屋根が架けられ，内部は宝物の展示に対応するように，ヴォールト天井の大空間となっている。こうした手法は，欧州の建築運動，特にセセッションが用いた手法と近似している(III-7節)。

このように，1930年代までに各種の日本的な表現が試され，その中で新しい構造や素材にどう対応するか，新しい機能とそれに伴う大型化と日本建築との齟齬をどう調整するか，そもそも様式的なディテールの集合という捉え方で日本的な表現を獲得できるのか，という疑問が共有されるに至った。西洋と同様に日本の建築家も，日本的な表現を通じて様式主義の行き詰まりを実感したのである。

図10-14 築地本願寺

図10-15 築地本願寺 内部

図10-16 真宗信徒生命保険会社

3 昭和初期の展開

1931年に満州事変が起きると、日本では国家のアイデンティティーを示す必要性がより強まっていった。そうした中、多用されるようになったのが**帝冠様式**である。

これより前、1919年に**下田菊太郎**（1866〜1931年）が発表した**帝国議会案**は、西洋様式建築の頂部に日本の城郭風の大屋根を載せたもので（図10-19）、当初はあまり注目されなかったが、戦時下のムードと合致し、かつ一般に理解しやすかったために徐々に浸透していった。そして、日本建築の大屋根を頂部に載せる形式は帝冠様式と呼ばれるようになり、昭和初期に各種の公共建築で大流行した。**川元良一**の**軍人会館**（1934年）（図10-20）、**西村好時**（1886〜1961年）と**渡辺仁**の**愛知県庁舎**（1938年）などがその代表事例である（図10-21）。

帝冠様式が流行し始めた1930〜40年代には、戦勝祈願や出征祈願の場として神社の地位も高まり、神社境内の整備も盛んとなった。1940年に**紀元2600年奉**

図10-17 東京歌舞伎座

図10-18 明治神宮宝物館

図10-19 下田菊太郎帝国議会案

図10-20 軍人会館

III 近代建築史

祝式典の場として整備された橿原神宮(図10-22)や，1940年創建の近江神宮(図10-23)，あるいは各地の護国神社などがそうした事例にあてはまる。

神社の整備では，建築と一体化した大規模な苑地が創設され，装飾を排した比例と素材の美を追求する神社建築の磨き込みが行われた。来日したタウトが，伊勢神宮を高く評価したこともあって，モダニズムの美学とも調和する神社建築へ

の関心も急速に高まった。

この時期には，神社境内の整備以外にも，国威発揚を目的とした巨大な事業が多く企画され，新たな日本的表現を模索する場となった。

1931年に行われた東京帝室博物館設計競技では，その要項に東洋趣味の一文が加えられ，結果として渡辺仁による帝冠様式の案が採用されて，1937年に建設された（図10-24）。一方，前川國男はモダ

図10-21 愛知県庁舎

図10-22 橿原神宮（紀元2600年奉祝式典会場）

図10-23 近江神宮

図10-24 東京帝室博物館本館

ニズム建築で応募するも落選したが(図10-25)、モダニズム建築の評価や日本的な表現を巡っての論争が巻き起こった。

そして、1941年の**在バンコック日本文化会館設計競技**では、前川國男や**丹下健三**(1913〜2005年)は、モダニズム建築の考え方と日本建築、特に神社建築を融合したものを示し、戦後の日本的な表現に繋がる道筋を示した(図10-26)。

4 モダニズムと日本表現

細部意匠の具体的な造形にこだわった様式主義の建築家に対して、モダニズムの建築家は日本的な表現を別の側面から取り上げた。それは、欧州のモダニズム建築では顧みられなかった木造による表現の模索である。

コルビュジエのドミノシステムは、RC構造を前提とする太い柱と水平スラブの性格が顕著であり、梁の存在は弱く、陸屋根でキャンチレバーを多用する点に特徴があった。一方、木造では、比較的細い多くの柱や梁が存在し、スラブという概念は弱く、傾斜屋根でキャンチレバーは困難である。こうした日本的な木造の特性を活かしながら、モダニズムの考えを実現することが試みられたのである。

坂倉準三による**パリ万国博覧会日本館**(1937年)は、細い鉄骨構造を用いて、外観と内部に軽い柱列を残し、障子やなこ壁を連想させる意匠を施すことで、様式的な細部意匠を用いないで日本的な表現を実現した(図10-27)。また、**吉田鉄郎**(1894〜1956年)の**大阪中央郵便局**(1939年)は、均等に並ぶRC構造の柱・梁の列と深い軒に特徴があり、日本的な表現と機能主義との合致を達成したもので、大きな影響を与えた(図10-28)。

さらに、戦争が激化した1940年頃から、建設資材の不足によって、鉄やコンクリートの使用が大きく制限されたために、木造での表現を模索せざるを得ない状況となった。

1942年の**前川國男自邸**は、切妻の大屋根で囲われた木造建築であるが、中二階

図10-25 東京帝室博物館本館前川國男案

図10-26 在バンコック日本文化会館設計競技案(上：丹下健三案・下：前川國男案)

図10-27 パリ万国博覧会日本館

III 近代建築史

図10-28 大阪中央郵便局

を持つ吹き抜けの中央部分と両脇の個室に内部を分割することで、モダニズムの理念を実現している（図10-29, 30）。丹下健三も、**岸記念体育館**（1941）で木造によってパリ万国博覧会日本館と同種の表現を試みている（図10-31）。こうした木造に由来するモダニズムは、日本人建築家のオリジナリティとなり、戦後に一層の発展をみせることとなる。

日本的な表現を巡っては、国家の顔ともいうべき大型の公共建築以外に、生活に密着した別の視点からも模索された。

柳宗悦（1889〜1961年）らによって20世紀初頭から始められた**民芸運動**は、実用性の高い民衆の芸術を高く評価するものである。これに**柳田国男**（1875〜1962年）らの民俗学研究が加わり、農家・町家など一般の住宅に対する関心が建築家の間で高まった。さらに、地域性を重視したアムステルダム派の動向や、タウトによる桂離宮や白川郷の農家への高い評価も加わり、日本的な住空間とは何かを考える傾向が生まれたのである。

堀口捨己は、**小出邸**（1925年）（図10-32）や**紫烟荘**（1927年）で、瓦葺や草葺といった日本民家の材料や畳敷きの座敷を積極的に用いながら、欧州の建築運動とも合致する造形を試行した。

そして**吉田五十八**（1894〜1974年）は、柱を見せない大壁を多用しつつ、建具ディテールを改良することで空間の連続と分断を図り、日本建築、特に数寄屋の空間概念を継承しながら、そこにモダニズムの空間を導入していった。**自邸**（1944年）や**猪股邸**（1967年）など吉田の住宅作品は（図10-33）、畳と椅子が並存する近代の日本人の住文化によく適合し、**新興**

図10-29 前川國男自邸

図10-30 前川國男自邸 内部

10 日本的な表現

図 10-31 岸記念体育館

図 10-32 小出邸

数寄屋と呼ばれ，戦後の和風一戸建住宅の原型となった。

　このように1940年代には，日本的な表現を巡る思考と解釈は広がりをみせ，その中で，様式的な細部ではなく空間的な特質として日本を理解しつつ，近代的な機能と合致させる方向性が確立していった。

図 10-33 猪股邸

III-11 建築の戦中戦後

昭和初期の日本は戦争の時代であった。長期間の戦争とその後の混乱期を加えた約20年間、日本の建設活動は沈滞した。しかし、この間の社会変動の中でなされた各種の提案は、戦後の建築界を変えていくものとなった。特に住宅に関する試みは、住宅政策を通じてnLDKプランへと結実し、日本の住空間を根底から変貌させた。本節では、住宅の変化を中心にしながら、戦後復興の中で誕生した各種建築の姿をみていこう。

1 建築の戦時体制

1931年の満州事変勃発から始まった戦争は、1945年の太平洋戦争終結まで継続し、日本の社会は、全ての資源を戦争に費やす非常時の戦時体制となった。

この間、建築生産は国家によって統制された。例えば、1937年に50t以上の鉄鋼を用いる工事は許可制となり、1939年には100m²以上の木造建築も許可制へと移行し、1943年には50m²以上の全工作物が許可制となった。このため、1937年以降に民間の建築需要は激減した。一方、軍需物資生産のための工場建設は逆に増加し、資材不足の中で労働者用の住宅を大量に生産する必要が生じ、1941年に**住宅営団**が設立された。

5年間で30万戸の住宅生産を目標とした住宅営団は、効率的な生産のために新たな手法を導入した。それは、住宅群を一つの**団地**として捉え、**日影線**等を用いて全体配置計画を作成し（図11-1）、個々の建築では、家族数に基づいた**標準設計**に則って建設資材を標準化して大量生産するというものであった（図11-2）。

当初の住宅営団の標準設計では、1人当たり10m²としていたが、戦火の拡大に伴って実現は困難となり、さらなる小型化が課題となった。この問題に対して、住宅営団の**西山夘三**（1911～94年）は、極小住宅から構成される農漁村の調査を通じて、寝室と食事室を別にすることを主張し（**食寝分離論**）、戦後まで続いた住

図11-1 日影による隣棟間隔の設定

図11-2 住宅営団の住宅平面

11 建築の戦中戦後

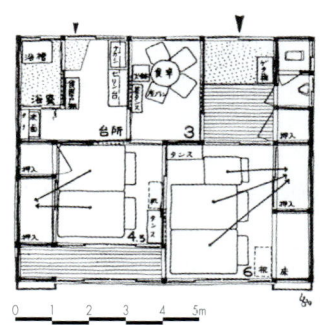

図11-3 住宅営団の食寝分離型住宅

宅難の中で大きな影響を与えた(図11-3)。

2 戦後住宅の展開

太平洋戦争の被害は甚大で、度重なる空襲の際に投下された焼夷弾によって、東京や大阪など主要都市の中心部は焼失した(図11-4)。

戦後に**戦災都市**に指定された都市は115、家屋を失った人々は1,000万人にも及び、これに外地からの引揚げ者も加わって、住宅不足は深刻なものとなった。1945年の冬を乗り切るための**越冬住宅**や、バスの住宅への転用などは、この状況下での対応策であった。

逼迫した資材不足の中、建築統制は戦後も継続され、1946年には一般住宅の面積を50m²(15坪)以下に制限する**臨時建築制限令**が公布された。同年の**鈴木信太郎旧居茶の間及びホール**は、この制限内で建設された事例である(図11-5)。

住宅を大量かつ早急に生産することは、建築界の至上命題となり、極小でも快適に暮らせる**最小限住宅**と**工業化・プレファブ化**の追求が行われた。

最小限住宅については、1940年代後半に多くの設計競技が実施され、1960年代まで各種の提案がなされた。**池辺陽**(1920～79年)の**立体最小限住宅**(1948年)はその代表事例で(図11-6)、片流れの屋根を利用した吹き抜けの居間を中心とした極小住宅でありながら、居間中心の新しい生活像を提示した。コルビュジエに師事した**吉阪隆正**は、**浦邸**(1956年)や**ヴィラクウクウ**(1957年)で、RC構造での小型住宅の形態を追求し、**東孝光**(1933年～)の**塔の家**(1967年)(図11-7)は、建具を廃して上下に空間を繋ぐ手法を用いて、稠密な都市内の住宅像を提示した。

このように多様な展開をみせた最小限住宅は、単なる極小住宅ではなく、それ

図11-4 空襲後の東京(東京都豊島区)

図11-5 15坪制限住宅(鈴木信太郎旧居茶の間及びホール)

までの住宅改良やモダニズムの思想を取り込んで,家族の生活の場である居間(**モダンリビング**)を中心に据えるという点で共通の傾向をもち,戦後住宅の出発点となった。

最小限住宅の試みの中で,床の間など は封建制の象徴として否定された。しかし,**清家清**(1918〜2005年)の**森博士の家**(1951年)では,ミースのユニバーサルスペースを参照しつつ,障子や畳がもつ可変性を用いて,平屋の中に居間・書斎・縁側が緩やかに繋がる空間を創り上げた(図11-8)。日本的な伝統の継承は,**吉村順三**(1908〜97年)の**軽井沢山荘**(1962年)でも指摘でき,RC構造の基準階の上に建つこの住宅は,空間の大きさや繋がりで日本らしさを表現している(図11-9)。

一方,大量かつ迅速な建設を可能とする工業化では,木質パネルや木造軸組を用いた構法が先行した。**棚橋諒**(1907〜74年)研究室の**桐二号**(1946年)や,前川國男・小野薫・山陰工業の**プレモス**(1946年)がその代表例で(図11-10),後者は約1,000棟ほど建設された。また,最小限住宅を試みた建築家も工業化に取り組み,**広瀬鎌二**(1922年〜)の**SH-1(自邸)**(1953年)は,軽量鉄骨など規格化された材料を積極的に使用したものとなっている(図11-11)。

工業生産を前提とするプレファブ化については,終戦直後から各種試みられた

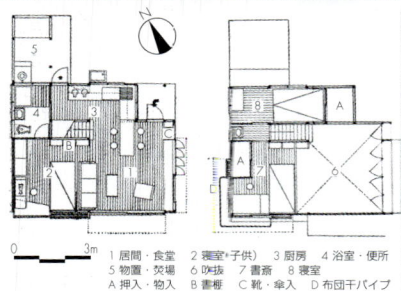

図11-6 立体最小限住宅 外観・平面図

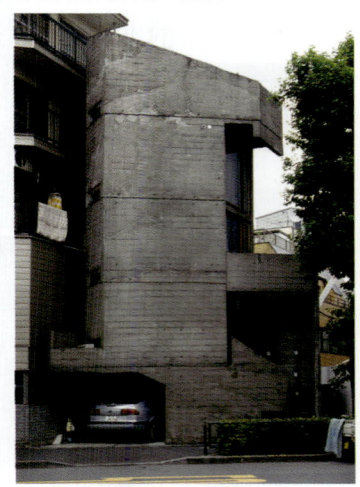

図11-7 塔の家

図11-8 森博士の家 投影図

が，本格的な展開は1950年代末まで遅れた。しかし，1955年設立の**大和ハウス**が1959年に発売した**ミゼットハウス**は，爆発的に普及し（図11-12），これを契機として，積水ハウス（1960年），ミサワホーム（1967年），旭化成ホームズ（1972年）など，自社固有の素材や構法を用いた住宅メーカーの設立が相次ぎ，住宅生産の主役の地位を占めるようになった。

3 nLDKプランとニュータウン

住宅の工業化は，戦後の世界的な現象であり，アメリカではプレファブ住宅の大量生産が実践され，**レヴィットタウン**（1947年〜）に代表される大型の住宅地建設が民間の手で展開された。一方，戦場となった欧州諸国では，日本同様に住宅が不足し，ソビエト連邦などでは，国家が主体となった積極的な住宅供給が推進された。

1950年代に入ると，日本でも住宅を大量に供給するための**住宅政策**が，国や地方自治体によって本格化し，1950年に低利資金を融資する**住宅金融公庫**が設立されたのを皮切りにして，1951年には**公営住宅法**が制定され，1955年には**日本住宅公団**が設立された。

公営住宅の多くや日本住宅公団が標準

図11-9 軽井沢山荘

図11-11 SH-1 鉄骨架構図

図11-10 プレモス（７型，鳥取進駐軍将校宿舎）

図11-12 ミゼットハウス

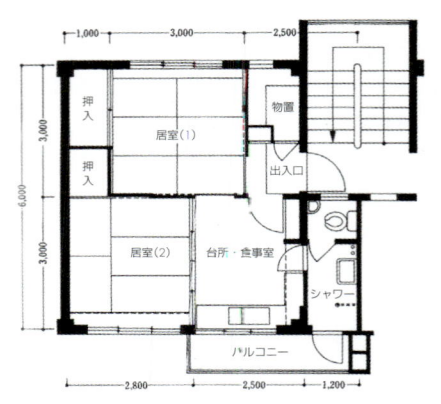

図11-13 51C型

図11-14 星型住棟（広島市営住宅）

設計として採用したのが**51C型**（図11-13）である。**吉武泰永**（1916〜2003年）と**鈴木成文**（1927〜2010年）が設計した51C型は、**ダイニングキッチン（DK）**と畳の二室から構成される約35m²の住戸である。この間取りは、昼間はDKと一室が合わさって家族の居間となり、夜間には二室がそれぞれ夫婦と子供の寝室となることを想定したもので、畳室を利用して、食寝分離とともに夫婦と子供の寝室の分離も狙ったものだった。

51C型は、片廊下型・中廊下型・星型など様々な住棟タイプに適用可能で（図11-14）、構造面でも柔軟性があったため、**台所シンク**や**洋式便器**といった住宅設備とともに広く普及し、その後の集合住宅住戸の原型となった。

51C型では、DKは独立した一室として機能することは想定されていなかったが、住戸の全体面積拡大とともに大型化して、**リビングダイニングキッチン（LDK）**と呼ばれる単独の居間となり、そ

図11-15 マンションの3LDKプラン　図11-16 千里ニュータウン 航空写真

こにn個の個室を付加した**nLDK**という形式へと変質していった。このnLDKプランは，1970年代には公営住宅や民間不動産会社が建設する**マンション**(図11-15)，さらには住宅メーカーの一戸建住宅でも採用され，日本全国に深く浸透し，現代日本の標準的な住宅形式となった。

この時期には，住宅地の様相もまた変化が著しい。戦前の郊外住宅地が，一戸建住宅が並ぶ小規模なものだったのに対して，中高層の集合住宅が建ち並ぶ巨大な**ニュータウン**が相次いで建設されるようになったのである。

1960年代に大阪北部に開発された**千里(せんり)ニュータウン**は，約1,150haの敷地の中に，15万人が生活する集合住宅群に加え，ショッピングセンターや各種公共建築などを完備するものとなった(図11-16, 17)。また名古屋近郊の**高蔵寺(こうぞうじ)ニュータウン**(1962年)(図11-18)では，低層・高層，あるいは賃貸・分譲といった様々なタイプの住宅が組み合わせて計画され，**ペデストリアンデッキ**を用いて歩

図11-17 千里ニュータウン

図11-18 高蔵寺ニュータウン

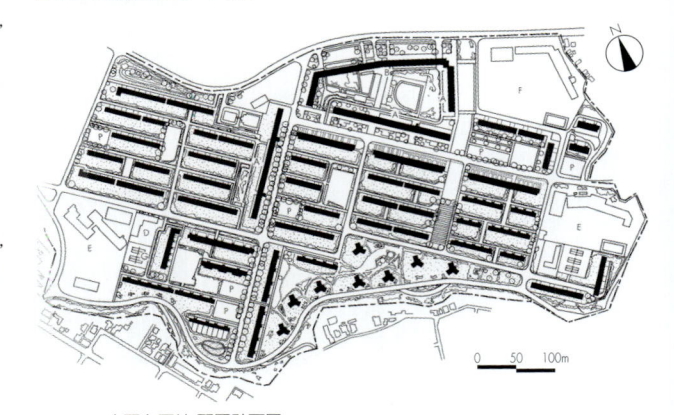

図11-19 赤羽台団地 配置計画図

III 近代建築史

行者と車の分離も図られている。東京周辺でも、**赤羽台団地**(1952年)以降に数多くのニュータウンが建設され（図11-19）、1971年の**多摩ニュータウン**は約3,000haにも及ぶ巨大なものとなった。

1960年代から始まった**高度経済成長**に伴って、農村から都市へと大量の人々が移動していった。この新たな都市民の多くは、ニュータウンや郊外住宅地に建設されたnLDKプランの住宅に居を構えていったのである。

4 戦後復興の終了

長期間の戦争は、公共建築や民間の商業建築にも大きな打撃を与えた。建築統制によって約15年間、鉄骨構造やRC構造の大規模建築の生産が中断したからである。

この間、細々と建設されていたのは、比較的小規模な木造の建築である。前川國男の**紀伊國屋書店**(1947年)は、片流れの屋根を利用して吹き抜けの大空間を作りながら、ガラスを多用する正面ファサ

図11-20 紀伊國屋書店

図11-21 東京逓信病院高等看護学院

図11-22 リーダーズダイジェスト社 テラス・外観

図11-23 井上邸

362

ードは、陸屋根を思わせるものとなっている（図11-20）。また郵政省技師の**小坂秀雄**が設計した**東京通信病院高等看護学院**（1951年）も、軒の出が小さい寄棟屋根を用いて、バウハウス流の白い箱を連想させる建築となっている（図11-21）。これらは、戦前から継続した木造モダニズム建築の系譜に連なるものである。

1950年代に入ると、**朝鮮戦争**（1950～53年）による特需の発生で日本経済は立ち直り、1950年には市街地建築物法に代わる**建築基準法**も制定され、ようやく本格的な建築生産が再開される環境が整った。

その先駆けとなったのが、1951年に建設されたアントニン・レーモンド設計の**リーダーズダイジェスト社**である（図11-22）。キャンチレバーを利用して突き出したスラブと、ガラスで覆われたパビリオンのような外観に特徴があるRC構造2階建のこの建築は、皇居近くという立地もあって、戦後建築の始まりを強く予感させた。レーモンドは、戦前に来日したチェコ人の建築家で、東京女子大学礼拝堂（図9-23参照）や、日本の木造モダニズムに影響を与えた**自邸**（1951年）・**井上邸**（1952年）などの作品を残した（図11-23）。

次いで1952年には、地下4階・地上9階でホテルと事務所が複合した**日活国際会館**が竹中工務店によって建設され（図11-24）、全溶接による鉄骨構造建築の**日本相互銀行本店**も前川國男によって設計された（図11-25）。

ここで日本全体の着工延べ面積をみると、1950年には3,600万m²だったものが、1960年には6,500万m²、さらに1970年には20,400万m²となるなど、1950年以

図11-24 日活国際会館 内部・外観

図11-25 日本相互銀行本店

図11-26 NCRビル

降に急増している。このように1950年代の半ばには、戦後復興は軌道に乗り、鉄骨構造やRC構造の中高層建築が、民間の手で数多く建設されるようになった。

そして1960年代に入ると、可動間仕切りを用いて変化に対応し、空調負荷を低減するための構法的な対応も行った、吉村順三の**NCRビル**（1963年）といった新しい課題に挑戦するものも現れ（図11-26）、1966年にはガラスのカーテンウォールに包まれた基準階とRC構造の円筒形コアが鮮やかに対比する**パレスサイドビル**が、日建設計の林昌二によって設計され大きな影響を与えた（図11-27）。

1960年代には、復興段階を脱して高度経済成長に突入した日本では、大都市中心部における建築容積の不足が課題となった。そこで、建築基準法に**容積率**という新たな概念が加えられ、市街地建築物法から継続していた100尺（約30m）の高さ制限が撤廃された。これを受けて、高さ147m・36階建の**霞ヶ関ビル**（三井不動産・山下寿郎）が建設され、日本も超高層建築の時代に突入した（図11-28）。

一方、公共建築については、戦後に発足した**地方自治体**の果たした意味が大きい。財源とともに自立性をもった地方自治体が施主となって、独自に公共建築を作り始めたのである。

まず庁舎建築では、丹下健三の功績が顕著である。**倉吉市庁舎**（1957年）や**香川県庁舎**（1959）（図11-29、30）は、開放的なピロティやホールなど市民に開かれた空間を重視することで、新しい時代の庁舎建築像を提示すると同時に、RC構造を用いながらも、骨格となる柱や梁、そこから突き出す小梁や縁が伝統的な日本の木造建築を連想させるものとなり、以

図11-27 パレスサイドビル

図11-28 霞ヶ関ビル 外観・内部

後の庁舎建築の雛形となった。

一方，**白井晟一**（1905～83年）の**松井田町役場**（1956年）は，列柱に支えられた神殿のような外観を持つが，こちらも半屋外の開かれた空間を重視した形態となっている。全体を地面から浮かせて，広場との一体性を狙った吉阪隆正の**江津市役所**（1962年）も同様の意味をもつものである（図11-31）。

1950年代以降には，庁舎建築以外に，美術館や図書館・ホールなど，市民に開かれた公共建築が登場し始める。典型的なモダニズム建築でありながら，庭園や池と深い関係をもつことで，日本的な伝統を窺わせている坂倉準三の**神奈川県立近代美術館**（1951年）（図11-32）や，前川國男の**神奈川県立図書館・音楽堂**（1954年）は，その先駆的な事例である。

地方自治体が重要視した小中学の校舎では，愛媛県八幡浜市の技師を勤めた**松村正恒**（1913～93年）が設計した**日土小学校校舎**（1956年・58年）のように，木造モダニズムの思想と戦後の教育理念が合致した建築もあったが（図11-33），RC構造の全国的な普及とともに，すでに定式化していた片廊下に面して教室が並ぶ形式が中心となった。そうした中，扇型の教室を環状に配して，中央に廊下や階段室を設ける**円形校舎**も1950年代に多く建設され，異彩を放った。

図11-29 香川県庁舎

図11-30 香川県庁舎 ロビー

図11-31 江津市役所

図11-32 神奈川県立近代美術館

図11-33 日土小学校校舎

Ⅲ-12 現代の建築と都市

第二次世界大戦が終了した20世紀の中盤に,建築と都市計画の両方で,モダニズムは世界中に波及し,新たに開発された構造技術も加わって,世界各地で多様な展開をみせた。一方,戦後復興を達成した日本では,1960年代にオリンピックや万国博覧会,あるいは大規模な国土開発が実施され,環境や景観は一変した。本節では,こうした戦後から1960年代に至る建築と都市の変容を概観してみよう。

❶ 戦後モダニズムの展開

第二次世界大戦が終了した20世紀中盤は,迅速さと廉価さを求めた戦後復興の時代であり,その動向と合致したモダニズム建築が世界中に普及していった。

ガラスのスカイスクレーパー案(1927年)で高層建築のイメージをすでに完成させていたミースは(図12-1),アメリカに渡った後,ユニバーサルスペースの概念を実際の高層建築に応用し,集合住宅の**レイクショアドライブアパート**(1951年)や事務所建築の**シーグラムビル**(1958年)を完成させた(図12-2)。

この手法は,SOM(1936年〜)の**レヴァーハウス**(1952年)にも引き継がれ(図12-3),ガラスの**カーテンウォール**に覆われた高層事務所建築の展開を促した。さらにウォーレン・ハリソンの**国際連合本部**(1953年)(図12-4)は,高層の事務所棟と低層の会議場を組み合わせて一連の施設を構成したもので,大規模庁舎建築のモデルとなった。

当初のモダニズム建築は,直線と平面のみから構成されていたが,その普及と同時に,異なる表現を模索するものも現れ始めた。

図12-1 ガラスのスカイスクレーパー案(ミース)

図12-2 シーグラムビル

図12-3 レヴァーハウス

図12-4 国際連合本部

ライトは、傘状に広がる**プレキャストコンクリート**の柱の間から採光する**ジョンソンワックス本社**(1939年)(図12-5)や、内側に開かれた螺旋状の通路を基軸に構成された**グッゲンハイム美術館**(1959年)(図12-6)によって、初期のモダニズム建築とは異なる造形を提示した。初期モダニズムの旗手だったコルビュジエも、**ロンシャン礼拝堂**(1955年)(図12-7)で、後述するRCシェル構造を駆使した彫刻的な表現を行い、**ルイス・カーン**(1901〜74年)は、**イェール大学アートギャラリー**(1953年)や**ソーク研究所**(1965年)(図12-8)で、モダニズム建築が否定した左右対称性や幾何学的形態の繰り返しを用いながら、モニュメント性を演出した。

日本でも、Ⅲ-10・11節で述べたように、木造の伝統を意識した造形が各種試みられ、北欧諸国では地域の固有性や自然との調和を重視した造形を試みる建築家が現れた。スウェーデンの**グンナール・アスプルンド**(1885〜1940年)の**森の火葬場**(1940年)は、民族の精神性にまで踏み込んだ造形を行ったもので(図12-9)、フィンランドの**アルヴァ・アアルト**(1898〜1976年)は、**ヴィープリの図書館**(1935年)で、伝統的な木材を積極的に使用すると同時に、環境と調和した印象的な曲線を好んで用いた(図12-10)。

このように戦後の世界各地で、モダニズムは多様な展開をみせながら定着していった。

2 構造の表現

モダニズムが変容した背景には、1920年代以降の構造技術の発展も指摘できる。**シェル構造・吊構造・折板構造**といった新しい技術が開発され、大空間を必要とする建築を中心に新しい造形表現を獲得していったのである。

スペインの**エドゥアルド・トロハ**(1899〜1961年)は、様々なタイプのシェル構造を追求した構造家である。**アルヘシラ**

図12-5 ジョンソンワックス本社

図12-6 グッゲンハイム美術館

スの市場（1933年）は，八角形の市場全体をRCの球状のシェルで覆ったもので（図12-11），**マドリッド競馬場**（1935年）は，連続する薄膜のシェル構造を用いた大屋根が，観客席全体に被さるものである（図12-12）。

イタリアの**ピエール・ルイージ・ネルヴィ**（1891〜1979年）は，**ローマの格納庫**（1936年）で，リブを持つ薄膜のシェル構造を採用して，約40mものスパンを実現した（図12-13）。トロハの影響を受けたスペインの**フェリックス・キャンデラ**（1910〜97年）は，鞍型のHPシェル構造を用いた**ソチミルコのレストラン**（1958年）で，構造と外観内部のデザインが融合した作品を創り出し，アメリカの**バックミンスター・フラー**（1895〜1983年）は，球面に近似した正20面体を用いた**ジオデシックドーム**を考案した（1947年，実用化は1953年）。

図12-7 ロンシャン礼拝堂

図12-8 ソーク研究所 中央コート

図12-9 森の火葬場

図12-10 ヴィープリの図書館

このような技術的な開発を基に，新しい構造を用いた建築作品が戦後に展開していく。シェル構造を用いて，帆船を思わせる形態を獲得した**ヨーン・ウッツォン**（1948〜2008年）の**シドニーオペラハウス**（1972年，原案1957年）はその代表的な事例である（図12-14）。

新しい構造を使用して斬新な造形を行った建築家として，**エーロ・サーリネン**（1910〜61年）もあげられよう。シェル構造を組み合わせて用いた**JFK空港TWAターミナル**（1962年）（図12-15）や，RC構造のアーチの左右から曲面の大屋根をケーブルで吊る構造を採用した**イェール大学ホッケーリンク**（1958年）などがその代表作である（図12-16）。

このように1960年代には，新しい構造技術が可能とした造形を強調する作品が相次いで生み出された。これは，戦後の大衆社会が大空間を数多く必要としたことを背景にした現象であったが，同時に技術革新による経済成長を賛美した時代のムードとも合致していた。

3 1960年代の都市・建築の思潮

機能性を重視したモダニズムの思想は，戦後の都市計画にも反映している。

コルビュジエはマルセイユにおいて，集合住宅であるユニテ・ダビタシオン（Ⅲ-9節参照）の設計を行ったばかりでなく，都市計画にも深く関与し，インドに建設された新都市**チャンディガール**（1951年）では，全体のマスタープラン作成に関与した（図12-17）。

図12-11 アルヘシラスの市場 外観・内部

図12-13 ローマの格納庫

図12-12 マドリッド競馬場

図12-14 シドニーオペラハウス

図12-15 JFK空港 TWAターミナル

図12-16 イェール大学ホッケーリンク

ルシオ・コスタ（1902〜98年）の発案に基づくブラジルの新首都**ブラジリア**の都市計画（1957年）は、全体として飛行機を連想させる形状を採用しているが、各部は機能的なゾーニングがなされ、**オスカー・ニーマイヤー**（1907〜2012年）設計のシンボリックな外観をもつ**国会議事堂**（1960年）などの建築で構成された（図12-18）。日本でも、丹下健三らによって原爆で多大な被害を被った広島の都市計画が行われ、その中核となる**広島平和記念公園**（1955年）は、都市計画と深く関わりをもった（図12-19、20）。

CIAM（Ⅲ-9節）に所属したモダニズムの建築家や都市計画家は、建築と都市の機能性を追求し、世界中に普遍的なモデルをあてはめようとした。しかし、実際の戦後復興では、破壊された歴史的建造物の再現など、地域の伝統や歴史性、あるいはシンボル性が評価されると同時に、既存の都市の在り方を前提としながら、そこに改造を加えて更新していく現実的な方向性が採用された。

こうした状況の中で行き詰まりをみせたCIAMは、1956年には活動を停止し、都市計画の策定は建築家の手を離れ、行政と密接な関係をもつ実務的な組織に委ねられるようになった。

一方、次世代の建築家を中心に結成された**チームテン**は、機能性を重視し、完成された静的な状況を理想とするモダニズムの思想に反発し、変化し増殖を続ける都市像を打ち出した。**アーキグラム**は、移動可能な都市である**ウォーキング・シティ案**（1964年）など、実現不可能ではあ

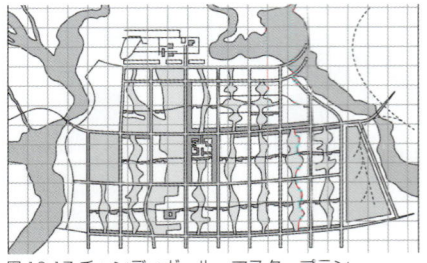

図12-17 チャンディガール・マスタープラン

12 現代の建築と都市

図12-18 ブラジリア

るが先鋭的な提案を行った(図12-21)。

同時期には，都市を体験する居住者の視点を強調した**ケヴィン・リンチ**（1918～84年）の『**都市のイメージ**』（1960年）や，従来の都市計画を批判した**ジェイン・ジェイコブズ**（1916～2006年）の『**アメリカ大都市の死と生**』（1961年）なども現れ，都市に対する発想の転換が迫られるようになった。

こうした転換は日本にも即座に波及し，都市や建築の変化にどのように対応していくかが課題となり，新陳代謝を意味する**メタボリズム**と呼ばれる建築運動が発生した。

菊竹清訓（1928～2011年）は，自邸の**スカイハウス**（1958年）で，夫婦のための空間を空中に立ち上げ，成長に応じて変化する子供室をそこに吊り下げるという斬新な構成を用いた（図12-22）。菊竹はほかにも，縄文時代を思わせる原始的表現を用いた**出雲大社庁の舎**（1963年）など，様々な造形的な提案を行ったほかに（図12-23），**塔状都市**（1958年）などの都市的な提案も行っている。

また**黒川紀章**（1934～2007年）は，垂直のコアに取り外し可能な住宅ユニットを付加した**中銀カプセルタワー**（1972年）などで注目を集めた（図12-24）。この発想は，鉄骨構造のユニットを前後左右に結合して作る工業化住宅である，積水化学工業と**大野勝彦**（1944～2012年）の**セキスイハイムM1**（1971年）とも相通じるものである（図12-25）。

1960年代の日本の大都市では，戦後に応急的に建設された劣悪な建築が密集する中心部と，人口流入によってスプロールした周辺部の両方に問題が発生し，周辺部を含めた都市の再開発が課題となった。

図12-19 広島平和記念公園 航空写真　図12-20 広島平和記念資料館

この問題に対して，黒川紀章や磯崎新(1931年〜)が所属した丹下健三研究室が発表した**東京計画1960**（1960年）は，無限の成長を可能とする人工地盤から構成される都市像を提示した(図12-26, 27)。この構想が実現されることはなかったが，発想自体は，建築の不燃化促進や市街地改造に係る法律等の整備とあいまって，各地の都市再開発に影響を及ぼした。

大高正人（1923〜2010年）が計画した香川県坂出市の**坂出人工土地**（1968年）は，人工地盤を用いて都市構造を上下に重ねることで都市問題を解決しようとしたものである(図12-28)。同じく大高正人による**広島基町長寿園高層住宅**（1976年）は，バラック街の再開発計画で，高層住宅棟のピロティに人工地盤を組み合わせて用いることで，広い公共空間を創り出した(図12-29)。**大谷幸夫**（1924〜2013年）の**川崎河原町団地**も，高層の住棟下部に地面に隣接した巨大な公共空間を設定したもので，都市再開発の実例となった。

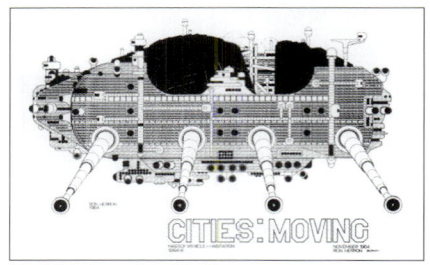

図12-21 ウォーキングシティ

図12-22 スカイハウス

図12-24 中銀カプセルタワー

図12-23 出雲大社庁の舎

図12-25 セキスイハイムM1（販売当初のパンフレット）

12 現代の建築と都市

図12-26 東京計画1960 全体図 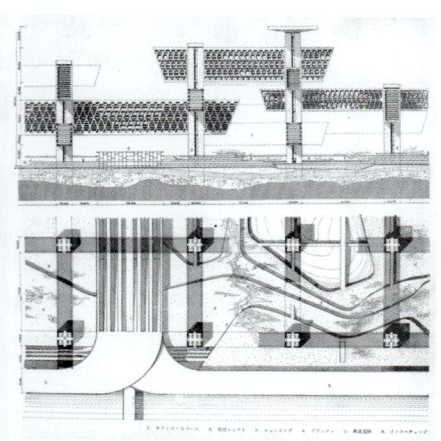　　図12-27 東京計画1960 詳細図

4 オリンピックと万博

　高度経済成長の結果，1968年に日本は国民総生産（GNP）で世界第二位となった。こうした経済成長を背景として，戦前の1940年に開催が予定されながら戦争によって断念したオリンピックと万国博覧会を開催することが決定した。

　1964年に開催された**東京オリンピック**では，駒沢と代々木の2会場を中心とした都市的な規模をもつ巨大な施設が計画された。このうち駒沢会場では，**高山英華**（1910～99年）を中心に配置計画が策定され，**芦原義信**（1918～2003年）によって，日本の仏塔を思わせるシンボリックな形状をもつ**管制塔**（1964年）などが建設された（図12-30）。

　一方，代々木会場では，**愛媛県民会館**（1953年）や**香川県立体育館**（1964年）で（図12-31）シェル構造を実践した丹下健三が，構造家の**坪井善勝**（1907～90年）と共同して，二つの**屋内総合競技場**（1964年）を設計した（図12-32）。吊構造を基本とする二つの体育館は，日本建築の軒線を思わせる緩やかな曲線をもつ第一体育館と，巻貝のように上昇していく第二体育館から構成され，将来の変化に対応が可能なように，周囲には都市に対して開かれた空間が設けられた。

図12-28 坂出人工土地 地盤上部・下部 　　図12-29 広島基町長寿園高層住宅

373

III 近代建築史

図12-30 駒沢オリンピック会場

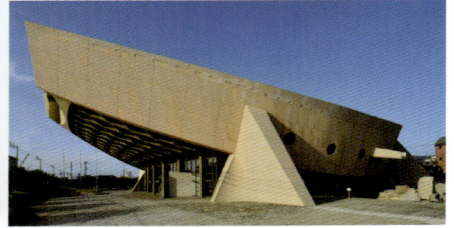

図12-31 香川県立体育館 内部・外観

　東京オリンピックが戦後復興の象徴であったとすれば，期間中の総入場者が6,400万人余となった1970年の**大阪万国博覧会**は，「人類の進歩と調和」というテーマが示しているように，科学技術に支えられた輝かしい未来を展望するイベントであった。

　スペースフレームで覆われた**お祭り広場**（図12-33）を中心とする会場には，**岡本太郎**（1911〜96年）によるシンボリックな**太陽の塔**や高さ127mにも及ぶ菊竹清訓の**エキスポタワー**，あるいは黒川紀章の**タカラビューティーリオン**など，メタボリズムの建築家による建築が軒を連ねた（図12-34）。

　このように大阪万国博覧会は，20世紀に開発された新しい構造技術を駆使した巨大なパビリオンを中心としたもので，戦後建築界の総決算となった。

　オリンピックと万国博覧会の狭間にあたる1960年代は，都市部だけでなく，国土全体が大きな変容をみせた時期でも

図12-32 代々木屋内総合競技場

12 現代の建築と都市

ある。

太平洋ベルト地帯に属する都市部とその他の農村部との間に生じた経済格差を解消し、地域間の均衡ある発展を目指したのが、**下河辺淳**(1923年〜)を中心に策定された**全国総合開発計画**(1962年)である。この計画に基づいて、新産業都市や工業整備特別地域が指定され、重化学工業の分散が図られた。続く第二次全国総合開発計画(1969年)では、鉄道・道路・通信の全国的なネットワーク構築が掲げられ、巨額な費用が投じられた。

すでに、東京オリンピックの開催に間に合わせるように、東京と大阪では都市内の環状高速道路（首都高速道路・阪神高速道路）が建設され、都市の景観は一変した（図12-35）。また、1964年に東海道新幹線、1968年には東名高速道路が開通し、その後も新幹線と高速道路は延長され、日本列島を縦断する高速移動手段が整備された。

こうして1960年代末には、全国に散らばった工業施設と、それらを繋ぐ交通手段、さらにはテレビ・ラジオといったマスメディアの発達によって、農村部と都市との距離は急速に縮まったが、同時に首都圏への**一極集中現象**が顕在化していった。

万国博覧会に象徴された科学技術万能の未来観は、高度経済成長という名の繁栄に裏づけられたものだった。しかし、1970年代半ばには、**公害問題**や**エネルギー危機**を経験することで、際限のない経済成長という幻想は打ち砕かれ、低成長下における建築と都市の在り方が模索されるようになったのである。

図12-33 大阪万国博覧会場お祭り広場

図12-34 太陽の塔（左）とエキスポタワー（右）

図12-35 日本橋上に架かる首都高速道路高架

[図版出典・撮影者]

I 日本建築史

図1-1	土肥博至監修『建築デザイン用語辞典』井上書院，2009年，68頁
図1-6	宮本長二郎『日本原始古代の住居建築』中央公論美術出版，1996年，143頁，図2
図1-8	前掲書，177頁，図7下右
図1-11	前掲書，175頁，図5
図1-14左	http://maps.loco.yahoo.co.jp/
図1-20	奈良文化財研究所編「出雲大社社殿等建造物調査報告書」大社町教育委員会，2003年，4本殿平面図
図1-22	住吉大社歴史的建造物調査委員会編「住吉大社歴史的建造物調査報告書（図版編）」住吉大社奉賛会，2009年，①第一本宮背面図・①第一本宮平面図
図2-1	「国宝法隆寺廻廊他五棟修理工事報告書」奈良県文化財保存事務所，1983年，第一図法隆寺廻廊平面図
図2-10	東京大学所蔵
図2-23	浅野清『古寺解体』学生社，1969年，87頁下図・89頁下図
図2-24	「国宝新薬師寺本堂他修理工事報告書」奈良県教育委員会，1996年，巻頭カラー写真
図2-25	「国宝新薬師寺本堂修理工事報告書」奈良県教育委員会文化財保存事務所，1996年，第一図本堂平面図・第六図本堂梁行断面図
図2-27	「国宝唐招提寺金堂修理工事報告書 本編3 図版」奈良県教育委員会，2009年，第6図（竣工梁行断面図）
図3-1	日本建築学会編『日本建築史図集 新訂第三版』彰国社，2012年，1頁，4図
図3-4	前掲書，24頁，4図
図3-6	奈良国立文化財研究所・朝日新聞大阪本社企画部編『平城京展 図録』朝日新聞社，1989年，18頁上図
図3-7	奈良文化財研究所・朝日新聞社事業本部大阪企画事業部編『飛鳥・藤原京展』朝日新聞社，2002年，97頁，72図
図3-8	奈良国立文化財研究所・朝日新聞大阪本社企画部編『平城京展 図録』朝日新聞社，1989年，19頁下左図
図3-11	前掲書，19頁上左図
図3-12	前掲書，19頁上右図
図3-18	奈良文化財研究所・朝日新聞社事業本部大阪企画事業部編『飛鳥・藤原京展』朝日新聞社，2002年，166頁下図（イラスト：早川和子）
図3-19	撮影：光井渉
図3-20	奈良国立文化財研究所・朝日新聞大阪本社企画部編『平城京展 図録』朝日新聞社，1989年，43頁上図
図3-21	前掲書，43頁下図
図3-25	http://maps.loco.yahoo.co.jp/
図3-31	小松茂美編『日本絵巻大成8 年中行事絵巻』中央公論社，1977年，35頁上図（田中重所蔵）
図4-1	太田静六『寝殿造の研究』吉川弘文館，1987年，349頁，図71
図4-2	撮影：光井渉
図4-3	小松茂美編『日本絵巻大成8 年中行事絵巻』中央公論社，1977年，18頁上図（田中重所蔵）
図4-4	前掲書，17頁下図（田中重所蔵）
図4-9	太田静六『寝殿造の研究』吉川弘文館，1987年，319頁，図58
図4-10	「延暦寺防災施設工事・発掘調査報告書（防災施設の部）」滋賀県教育委員会，1990年，88頁，第33図
図4-13	撮影：光井渉
図4-14	太田博太郎編『日本建築史基礎資料集成五 仏堂II』中央公論美術出版，2006年，107頁，1図
図4-16	「国宝三佛寺奥院（投入堂）ほか三棟保存修理工事報告書」文化財建造物保存技術協会，2006年，巻頭カラー写真（奥院全景）
図4-18	「国宝鶴林寺本堂ほか三棟保存修理工事報告書」文化財建造物保存技術協会，2009年，巻末図面（7太子堂平面図）

図4-21	太田博太郎編『日本建築史基礎資料集成五 仏堂Ⅱ』中央公論美術出版，2006年，137頁上図，1図
図4-22	日本建築学会編『日本建築史図集 新訂第三版』彰国社，2012年，32頁，5図
図4-25	太田博太郎編『日本建築史基礎資料集成十二 塔婆Ⅱ』中央公論美術出版，1999年，137頁図
図4-27	日本建築学会編『日本建築史図集 新訂第三版』彰国社，2012年，35頁，3図
図4-28	太田博太郎編『日本建築史基礎資料集成五 仏堂Ⅱ』中央公論美術出版，2006年，119頁下図，5図
図5-3	「国宝浄土寺浄土堂修理工事報告書(図版編)」国宝浄土寺浄土堂修理委員会，1959年，35図
図5-4	前掲書，370図
図5-5	「国宝浄土寺浄土堂修理工事報告書(本文編)」国宝浄土寺浄土堂修理委員会，1959年，巻頭カラー写真
図5-8	日本建築学会編『日本建築史図集 新訂第三版』彰国社，2012年，43頁，1図
図5-9	「神奈川県建築史図説」神奈川県建築士会，1962年，129頁図
図5-12	神奈川県教育委員会『国宝円覚寺舎利殿』1970年
図5-23	「重要文化財長寿寺弁天堂修理工事報告書」滋賀県教育委員会社会教育課，1957年，九平面図・一三梁行断面図
図5-24	「国宝西明寺本堂及塔婆修理工事報告書」滋賀県国宝建造物修理出張所，1939年，二〇西明寺本堂平面図
図5-25	「国宝西明寺本堂他一棟修理工事報告書」滋賀県教育委員会，1982年，カラー5頁，5図
図5-30	太田博太郎編『日本建築史基礎資料集成七 仏堂Ⅳ』中央公論美術出版，1975年，121頁，6図
図6-1	太田博太郎『新訂 図説日本住宅史』彰国社，1971年，26頁下左図(提供：太田静六)
図6-2	前掲書，26頁上右図(提供：太田静六)
図6-3	小松茂美編『続日本絵巻大成1 法然上人絵伝 上』中央公論社，1981年，3頁下図・4頁上図(知恩院所蔵)
図6-4	太田静六『寝殿造の研究』吉川弘文館，1987年，613頁，図136
図6-5	川上貢『日本中世住宅の研究』墨水書房，1967年，114頁，第39図
図6-6	太田博太郎『新訂 図説日本住宅史』彰国社，1971年，37頁下右図(提供：鈴木充)
図6-8	「国宝慈照寺東求堂修理工事報告書」京都府教育委員会，1965年，一竣工平面図
図6-11	「重要文化財龍源院本堂附玄関・表門修理工事報告書」京都府教育庁文化財保護課，1966年，図面一竣工平面図
図6-18	「国宝慈照寺銀閣修理工事報告書」京都府教育庁文化財保護課，2010年，1階平面図・2階平面図
図6-27	小松茂美編『続日本絵巻大成1 法然上人絵伝 上』中央公論社，1981年，51頁上図(知恩院所蔵)
図6-29	川上貢『日本中世住宅の研究』墨水書房，1967年，352頁，第100図
図7-1	小松茂美編『日本絵巻大成8 年中行事絵巻』中央公論社，1977年，101頁下図(田中重所蔵)
図7-2	前掲書，86頁上図(田中重所蔵)
図7-3	前掲書，61頁下図(田中重所蔵)
図7-5	高橋康夫「辻子－その発生と展開」『京都中世都市史研究』思文閣，1983年
図7-7	横井清「京都－名所と町組の成立」『京都の歴史4 桃山の開花』学芸書林，1969年
図7-8	奥平俊六『名宝日本の美術 第25巻 洛中洛外図と南蛮屏風』小学館，1991年，21頁，図16
図7-9	奥平俊六『名宝日本の美術 第25巻 洛中洛外図と南蛮屏風』小学館，1991年，20頁，図15
図7-12	高橋康夫・吉田伸之編『日本都市史入門Ⅰ 空間』東京大学出版会，1989年，193頁，3・4図
図7-13	前掲書，193頁，1図
図7-14	渡辺定夫編『今井の町並み』同朋社，1994年，51頁，図2.2.33
図7-19	豊田武『中世の武士団 豊田武著作集6』吉川弘文館，1982年
図7-20	藤井恵介・玉井哲雄『建築の歴史』中央公論社，1995年，168頁(原典：水野和雄「町をつくる」(小野正敏・水藤真編『よみがえる中世6』平凡社，1990年)
図7-21	亀井伸雄『日本の美術402 城と城下町』至文堂，1999年，27頁，第38図
図8-2	高橋康夫・吉田伸之・宮本雅明・伊藤毅編『図集 日本都市史』東京大学出版会，1993年，171頁，3図
図8-6	高橋康夫・吉田伸之編『日本都市史入門Ⅰ 空間』東京大学出版会，1989年，171頁，1図
図8-9	『写真集 甦る幕末』朝日新聞社，1987年，15頁，9図
図8-10	玉井哲雄編『よみがえる明治の東京－東京十五区写真集－』角川書店，1992年，106頁，23図
図8-13	「国宝犬山城天守修理工事報告書」国宝犬山城天守修理委員会，1965年，第四図竣工正面図・第七図竣工横断面図

図8-17	撮影：光井渉
図8-22	『集落町並みガイド－重要伝統的建造物群保存地区－』文化庁，1990年，21頁
図8-27	「みたらい 広島県豊田郡豊町御手洗地区保存再開発調査報告書」広島県豊町，1992年，14頁，図9
図8-29	『集落町並みガイド－重要伝統的建造物群保存地区－』文化庁，1990年，99頁
図8-31	http：//maps.loco.yahoo.co.jp/
図9-1	小松茂美編『続日本絵巻大成1 法然上人絵伝 上』中央公論社，1981年，152頁上図（知恩院所蔵）
図9-2	前掲書，56頁下図（知恩院所蔵）
図9-5	前掲書，72頁下図（知恩院所蔵）
図9-7	「国宝光浄院客殿・国宝勧学院客殿修理工事報告書」滋賀県教育委員会，1980年，1光浄院客殿平面図
図9-11	太田博太郎編『日本建築史基礎資料集成十六 書院I』中公公論美術出版，1971年，146頁上図，1図
図9-15	前掲書，126頁上図，1図
図9-25	高橋康夫・吉田伸之編『日本都市史入門I 空間』東京大学出版会，1989年，170頁，2図
図9-27	「重要文化財旧目加田家住宅修理工事報告書」文化財建造物保存技術協会，1979年，11竣工平面図
図9-28	樋口清之監修・平井聖編『江戸事情 第一巻 生活編』雄山閣，1991年，198頁，2図
図9-30	樋口清之監修・平井聖編『江戸事情 第五巻 建築編』雄山閣，1993年，56頁，2図
図9-32	「松阪殿町 伝統的建造物群保存計画策定調査報告書」松阪市教育委員会，1989年，55頁，図V-18
図9-33	樋口清之監修・平井聖編『江戸事情 第五巻 建築編』雄山閣，1993年，148頁，1図
図10-1	堀口捨己『利休の茶室』鹿島出版会，1977年，160頁，二の第四図
図10-10	「重要文化財孤篷庵本堂・忘筌及び書院修理工事報告書」京都府教育委員会，1965年，一竣工平面図
図10-12	「国宝如庵・重要文化財旧正伝院書院移築修理工事報告書」名古屋鉄道株式会社，1973年，2竣工，如庵，書院平面図
図10-14	堀口捨己『茶室おこし絵図集 第二集』墨水書房，1963年，藪内家燕庵路地の図
図10-17	前掲書，表千家不審庵
図10-23	http：//maps.loco.yahoo.co.jp/
図10-24	「桂離宮御殿整備記録 図版編I」宮内庁，1984年，14頁，002図
図10-25	前掲書，22頁，015図
図10-26	前掲書，18頁，009図
図11-2	http：//maps.loco.yahoo.co.jp/
図11-3	「高山市三町防災計画策定書」高山市三町防災計画策定委員会，1996年，附図3
図11-4	「重要文化財瀧澤家住宅修理工事報告書」京都府教育庁文化財保護課，1985年，図版35頁，竣工1階平面図
図11-6	前掲書，本文28頁，第10図
図11-7	吉島忠男所蔵
図11-14	「美山町かやぶき山村集落北・南，下平屋地区 伝統的建造物群保存対策調査報告書」美山町・美山町教育委員会，1990年，105頁，図V-2-3
図11-16	http：//maps.loco.yahoo.co.jp/
図11-26	斎藤英俊監修『世界遺産 白川郷・五箇山の合掌造り集落』合掌造り集落世界遺産記念事業実行委員会，1996年，附属資料6b(2)の(4)
図12-4	「国宝東照宮本殿・石の間・拝殿修理工事報告書」日光二社一寺文化財保存委員会，1967年，図面1・3・4・5
図12-9	「滋賀県の近世社寺 近世社寺建築緊急調査報告書」滋賀県教育委員会文化財保護課，1986年，372頁上図，撮影：光井渉
図12-21	撮影：光井渉
図12-22	『古図にみる日本の建築』国立歴史民俗博物館，1989年，49頁下図，86図
図12-23	前掲書，47頁上図，67c図
図12-24	宮澤智士・三沢博昭『重要文化財来迎寺本堂』教主山来迎寺，1992年，巻末断面図①
図12-25	『東京都の近世社寺建築』東京都教育庁文化課，1989年，91頁下図

II 西洋建築史

図1-3	Roland Martin "Architettura greca, Storia dell'architettura (Greek Architecture)" Electa Editrice, 1980年
図1-4	Lawrence "Greek Architecture" Penguin Books, 71頁, 図40
図1-6	前掲書, 58頁, 図37
図1-7	William Bell Dinsmoor "The Architecture of Ancient Greece" Norton, rep, 1975年, 図14
図1-8	Roland Martin "Architettura Greca" in Seton Lloyd, Hans Wolfgang Muller and Roland Martin, Architettura Medilerranea Prenomana, Electa, 1972年, 129頁
図1-9	Lawrence "Greek Architecture" Penguin Books, 144頁, 図84
図1-10	Stuart & Revett "The Antiquities of Athens" Haberkorn, 1762年, reprinted Princeton Architectural Press, vol.III, 図III-1-IV
図1-11	前掲書, II-11, 図II-2-VIII
図1-12	Lawrence "Greek Architecture" Penguin Books, 136頁, 図77
図1-14	William Bell Dinsmoor "The Architecture of Ancient Greece" Norton, rep, 1975年, 図81
図1-15	J. J. Coulton "Ancient Greek Architects at Work : Problems of Structure and Design" Paul Elek, 1977年
図1-16	前掲書
図1-17	前掲書
図1-18	Roland Martin "Architettura greca, Storia dell'architettura (Greek Architecture)" Electa Editrice, 1980年
図1-19	J. J. Coulton "Ancient Greek Architects at Work : Problems of Structure and Design" Paul Elek, 1977年
図1-21	前掲書
図1-22	前掲書
図1-23	前掲書
図1-24	Tournikiotis "The Parthenon And Its Impact in Modern Times" Harry N. Abrams, 67頁, 図13
図1-25	John Travlos "Bildlexikon zur Topographie des antiken Athen" Wasmuth, 71頁, 図91
図1-28	Leonardo Benevolo "Storia della città" Editori Laterza, 1975年
図1-29	J. J. Coulton "Ancient Greek Architects at Work : Problems of Structure and Design" Paul Elek, 1977年
図2-1	S. Lloyd & H. M. Müller "Architettura delle origini (Ancient Architcture)" Electa Editrice, 1980年
図2-2	Spiro Kostof "A History of Architecture : Settings and Rituals" Oxford University Press, 1985年
図2-3	Leonardo Benevolo "Storia della città" Editori Laterza, 1975年
図2-4	前掲書
図2-8	撮影:高橋揚一
図2-9	S. Lloyd & H. M. Müller "Architettura delle origini (Ancient Architcture)" Electa Editrice, 1980年
図2-11	Rudolf Herzog and Paul Schatzmann, Kos "Archaologisches Institut Deutschen Reiches" 1932年, 図37
図2-12	David Watkin "A History of western Architecture" Laurence King, 33頁, 図25
図2-14	Tournikiotis "The Parthenon And Its Impact in Modern Times" Harry N. Abrams, 63頁, 図9
図2-16	Leonardo Benevolo "Storia della città" Editori Laterza, 1975年
図2-17	John Travlos "Bildlexikon zur Topographie des antiken Athen" Wasmuth, 21頁, 図29
図2-18	前掲書, 23頁, 図31
図2-19	Leonardo Benevolo "Storia della città" Editori Laterza, 1975年
図2-22	前掲書
図2-23	Spiro Kostof "A History of Architecture : Settings and Rituals" Oxford University Press, 1985年

図2-24	Leonardo Benevolo "Storia della città" Editori Laterza，1975年
図2-25	前掲書
図2-26	前掲書
図2-28	Leonardo Benevolo "Storia della città" Editori Laterza，1975年
図3-1	撮影：高橋揚一
図3-2	鈴木博之「図説年表」『西洋建築の歴史』彰国社，24頁
図3-3	前掲書，24頁
図3-4	前掲書，16頁
図3-6	John Musgrove ed. "Sir Banister Fletcher's History of Architecture" 19th ed., RIBA, University of London, Butterworth-Heinemann Publ，1987年
図3-8	John Ward Perkins "Architettura romana (Roman Architecture), Storia dell'architettura" Electa Editrice，1979年
図3-10	「建築史」編集委員会『コンパクト版建築史 日本・西洋』彰国社，76頁，図1
図3-11	John Ward Perkins "Architettura romana (Roman Architecture), Storia dell'architettura" Electa Editrice，1979年
図3-13	James A. Packer "The Forum of Trajan in Rome" Univ. of CA press，扉絵
図3-14	Leonardo Benevolo "Storia della città" Editori Laterza，1975年
図3-18	前掲書
図3-20	John Ward Perkins "Architettura romana (Roman Architecture), Storia dell'architettura" Electa Editrice，1979年
図3-21	前掲書
図3-24	Leonardo Benevolo "Storia della città" Editori Laterza，1975年
図3-25	John Ward Perkins "Architettura romana (Roman Architecture), Storia dell'architettura" Electa Editrice，1979年
図3-27	Frank Sear "Roman Architecture" Batsford，108頁，図59
図3-28	Leonardo Benevolo "Storia della città" Editori Laterza，1975年
図3-29	前掲書
図3-30	Frank Sear "Roman Architecture" Batsford，270頁，図179
図3-31	前掲書，264頁，図173
図3-32	Leonardo Benevolo "Storia della città" Editori Laterza，1975年
図4-1	Müller-Wiener "Bildlexikon zur Topographie Istanbuls" Wasmuth，147頁，図138
図4-3	Richard Krautheimer "Early Christian and Byzantine Architecture" Penguin Books，1986年，55頁，図21/22
図4-5	Jas Elsner "Imperial Rome and Christian Triumph" Oxford, univ. press，224頁，図149
図4-6	Roger Stalley "Early Medieval Architecture" Oxford, univ. press，62頁，図31
図4-7	Denys Pringle "The Churches of the Crusader Kingdom of Jerusalem A Corpus vo. III The City of Jerusalem" Cambridge University Press，8頁，図1
図4-9	Roger Stalley "Early Medieval Architecture" Oxford, univ. press，28頁，図7
図4-10	Richard Krautheimer "Early Christian and Byzantine Architecture" Penguin Books，1986年，79頁，図35
図4-11	前掲書，59頁，図26
図4-12	前掲書，145頁，図100
図4-13	三宅理一・平剛『砂の楽園 コプトの僧院』TOTO出版，240頁
図4-14	Jas Elsner "Imperial Rome and Christian Triumph" Oxford, univ. press，140頁，図96
図4-15	Thomas F. Mathews "Byzantium from Antiquity to the Renaissance" Harry N. Abrams，19頁，図8
図4-16	Cyril Mango "Architettura bizantina (Byzantine Architecture), Storia dell'architettura" Electa Editrice，1978年
図4-18	鈴木博之「図説年表」『西洋建築の歴史』彰国社，20頁
図4-19b	Müller-Wiener "Bildlexikon zur Topographie Istanbuls" Wasmuth，90頁，図75
図4-20	Richard Krautheimer "Early Christian and Byzantine Architecture" Penguin Books，中表紙

図4-31	鈴木博之「図説年表」『西洋建築の歴史』彰国社, 20頁
図5-3	Cecil Striker "The Myrelaion(Bodrum Camii)in Istanbul"
図5-6	P. M. Mylonas "Bildlexikon zur heiligen Berges Athos" Wasmuth, 61頁, 図15
図5-8	Lyn Rodley "Cave monasteries of Byzantine Cappadocia" Cambridge univ. press, 49頁, 図9
図5-10	Leo Hugot "Der Dom zu Aachen" Einhard, 6頁, 図1
図5-12	Roger Stalley "Early Medieval Architectue" Oxford Univ. Press, 187頁
図5-13	Spiro Kostof "A History of Architecture : Settings and Rituals" Oxford University Press, 1985年
図5-14	Roger Stalley "Early Medieval Architectue" Oxford Univ. Press, 46頁, 図18
図5-24	Hans Erich Kubach "Architettura romanica (Romanesque Architecture), Storia dell'architettura" Electa Editrice, 1972年
図5-25	Kenneth Conant "Carolingian and Romanesque Architecture 800-1200" Pelican, 66頁
図5-27	Roger Stalley "Early Medieval Architectue" Oxford Univ. Press, 158頁, 図101
図5-32	Denys Pringle "The Churches of the Crusader Kingdom of Jerusalem, A Corpus vo. III The City of Jerusalem" Cambridge University Press, 49頁, 図7
図6-2	Bodo Jaxtheimer "Die Baukunst Stilkunde Gotik" Bechter Münz, 76頁
図6-3	鈴木博之「図説年表」『西洋建築の歴史』彰国社, 29頁
図6-4	Nicola Coldstream "Medieval Architecture" Oxford Univ. Press, 28頁, 図8
図6-10	Louis Grodecki "Architettura gotica (Gothic Architecture), Storia dell'architettura" Electa Editrice, 1978年
図6-22	Leonardo Benevolo "Storia della città" Editori Laterza, 1975年
図6-30	Wolfgang Braunfels "Abendländische Stadtbaukunst Herrschaftsform und Baugestalt" Du Mont, 1976年
図6-31	Leonardo Benevolo "Storia della città" Editori Laterza, 1975年
図7-1	McEvedy "The New Penguin Atlas of Medieval History" Penguin Books
図7-2	Leonardo Benevolo "Storia della città" Editori Laterza, 1975年
図7-8	Wolfgang Braunfels "Abendländische Stadtbaukunst Herrschaftsform und Baugestalt" Du Mont, 1976年
図7-12	Leonardo Benevolo "Storia della città" Editori Laterza, 1975年
図7-13	前掲書
図7-19	前掲書
図8-4	Peter Murray "Architettura del Rinascimento (Renaissance Architecture), Storia dell'architettura" Electa Editrice, 1978年
図8-5	竹内裕二『イタリア修道院の回廊空間』彩流社, 184頁, 図11
図8-6	Peter Murray "Architettura del Rinascimento (Renaissance Architecture), Storia dell'architettura" Electa Editrice, 1978年
図8-7	ニコラウス・ペヴスナー, 小林文次他訳『ヨーロッパ建築序説』彰国社, 176頁, 図145
図8-8	Richard Krautheimer "Early Christian and Byzantine Architecture" Penguin Books, 1987年, 58頁, 図25
図8-9	Peter Murray "Architettura del Rinascimento (Renaissance Architecture), Storia dell'architettura" Electa Editrice, 1978年
図8-10	前掲書
図8-11	David Watkin "A History of Western Architecture" Laurence King, 212頁, 図288
図8-12	Peter Murray "Architettura del Rinascimento (Renaissance Architecture), Storia dell'architettura" Electa Editrice, 1978年
図8-13	アレッサンドロ・ノーヴァ, 日高・河辺・石川訳『建築家ミケランジェロ』岩崎美術社, 図65
図8-16	Peter Murray "Architettura del Rinascimento (Renaissance Architecture), Storia dell'architettura" Electa Editrice, 1978年
図8-17	ニコラウス・ペヴスナー, 小林文次他訳『ヨーロッパ建築序説』彰国社, 196頁, 図159
図8-20	Peter Murray "Architettura del Rinascimento (Renaissance Architecture), Storia dell'architettura" Electa Editrice, 1978年

図8-22	ジャコモ・バロッツィオ・ヴィニョーラ,長尾重武訳『建築の五つのオーダー』中央公論美術出版,図XXVI
図8-23	桐敷真次郎『パッラーディオ「建築四書」注解』中央公論美術出版,105頁,図1-29
図8-26	Peter Murray "Architettura del Rinascimento (Renaissance Architecture), Storia dell'architettura" Electa Editrice, 1978年
図8-27	桐敷真次郎『パッラーディオ「建築四書」注解』中央公論美術出版,162頁,図II-13
図8-28	Peter Murray "Architettura del Rinascimento (Renaissance Architecture), Storia dell'architettura" Electa Editrice, 1978年
図8-29	前掲書
図8-31	ベルトッティ・スカモッツィ『アンドレア・パラーディオの建築と図面』中央公論美術出版,47頁,図1
図9-1	Christian Norberg-Schulz "Architettura barocca (Baroque Architecture), Storia dell'architettura" Electa Editrice, 1979年
図9-2	Leonardo Benevolo "Storia della città" Editori Laterza, 1975年
図9-6	Christian Norberg-Schulz "Architettura barocca (Baroque Architecture), Storia dell'architettura" Electa Editrice, 1979年
図9-8	ニコラウス・ペヴスナー,小林文次他訳『ヨーロッパ建築序説』彰国社,216頁,図176
図9-11	Christian Norberg-Schulz "Architettura barocca (Baroque Architecture), Storia dell'architettura" Electa Editrice, 1979年
図9-14	Leonardo Benevolo "Storia della città" Editori Laterza, 1975年
図9-20	前掲書
図9-21	前掲書
図9-25	前掲書
図10-8	鈴木博之・松葉一清他『奇想遺産II』新潮社,図117上
図10-9	『死ぬまでに見たい世界の名建築1001』エクスナレッジ,222頁
図10-11	Stuart & Revett "The Antiquities of Athens" Haberkorn 1762, reprinted Princeton Architectural Press, II-11
図10-12	田路貴浩『イギリス風景庭園』丸善,4頁,図上
図10-13	前掲書,3頁
図10-14	Robin Middleton & David Watkin "Architettura dell'ottocento (Neoclassical and 19th Century Architecture)vol.1/2, Storia dell'architettura" Electa Editrice, 1980年/1977年
図10-15	前掲書
図10-17	撮影:高橋揚一
図10-18	Leonardo Benevolo "Storia della città" Editori Laterza, 1975年
図10-21	Robin Middleton & David Watkin "Architettura dell'ottocento (Neoclassical and 19th Century Architecture)vol.1/2, Storia dell'architettura" Electa Editrice, 1980年/1977年
図10-22	前掲書
図11-2	Robin Middleton & David Watkin "Architettura dell'ottocento (Neoclassical and 19th Century Architecture)vol.1/2, Storia dell'architettura" Electa Editrice, 1980年/1977年
図11-3	磯崎新・篠山紀信「幻視の理想都市」『建築行脚10』六耀社,143頁,図9
図11-6	Robin Middleton & David Watkin "Architettura dell'ottocento (Neoclassical and 19th Century Architecture)vol.1/2, Storia dell'architettura" Electa Editrice, 1980年/1977年
図11-8	David Watkin "A History of Western Architecture" Laurence King, 358頁,図487
図11-9	Richardson & Stevens "John Soane Architect" Royal Academy of Arts, 217頁,図172
図11-10	前掲書,220-221頁,図119
図11-11	David Watkin "A History of Western Architecture" Laurence King, 344頁,図469
図12-7	撮影:高橋揚一
図12-8	Robin Middleton & David Watkin "Architettura dell'ottocento (Neoclassical and 19th Century Architecture)vol.1/2, Storia dell'architettura" Electa Editrice, 1980年/1977年
図12-9	前掲書
図12-10	羽生修二『ヴィオレ・ル・デュク』鹿島出版会,88頁,図56
図12-12	ニコラウス・ペヴスナー,鈴木博之訳『ラスキンとヴィオレ・ル・デュク』中央公論美術出版,

22頁，図9
図12-13　羽生修二『ヴィオレ・ル・デュク』鹿島出版会，111頁，図73
図12-14　Robin Middleton & David Watkin "Architettura dell'ottocento (Neoclassical and 19th Century Architecture)vol.1/2, Storia dell'architettura" Electa Editrice，1980年／1977年
図12-16　David Watkin "A History of Western Architecture" Laurence King，436頁，図577
図12-20　神谷武夫『インド建築案内』TOTO出版，98頁下
図12-21　世田谷美術館『インド建築の5000年』57頁
図12-23　リシャット・ムラギルディン『ロシア建築案内』TOTO出版，148頁，図2
図12-24　Spiro Kostof "A History of Architecture：Settings and Rituals" Oxford University Press，1985年
図12-25　C. W. Condit："The Rise of the Skyscraper" Chicago，1952年
図12-26　Spiro Kostof "A History of Architecture：Settings and Rituals" Oxford University Press，1985年

図1-5，図1-13，図1-20，図1-26，図1-27，図2-5，図2-13，図2-15，図2-20，図2-21，図3-1，図3-5，図3-7，図3-9，図3-15，図3-17，図3-19，図3-22，図3-23，図3-26，図4-2，図4-4，図4-8，図4-17，図4-19，図4-21，図4-22，図4-26，図4-29，図4-32，図5-1，図5-2，図5-4，図5-7，図5-9，図5-11，図5-15，図5-16，図5-17，図5-18，図5-19，図5-20，図5-22，図5-23，図5-28，図5-29，図5-30，図5-31，図6-1，図6-5，図6-6，図6-7，図6-8，図6-9，図6-11，図6-12，図6-13，図6-14，図6-15，図6-16，図6-17，図6-18，図6-19，図6-20，図6-21，図6-22，図6-23，図6-24，図6-25，図6-26，図6-27，図6-29，図6-32，図7-3，図7-4，図7-5，図7-6，図7-7，図7-9，図7-10，図7-14，図7-15，図7-16，図7-17，図7-18，図7-19，図7-20，図7-21，図7-22，図7-23，図7-24，図7-25，図7-26，図7-27，図9-4，図9-5，図9-9，図9-10，図9-13，図9-15，図9-16，図9-17，図9-22，図9-23，図9-26，図9-27，図9-28，図9-29，図9-30，図9-31，図10-1，図10-2，図10-3，図10-5，図10-6，図10-7，図10-16，図10-19，図10-20，図10-23，図10-24，図10-25，図11-4，図11-5，図11-7，図11-13，図11-14，図11-15，図11-16，図11-17，図11-18，図11-19，図11-22，図11-23，図11-24，図11-25，図11-26，図11-27，図11-28，図12-1，図12-2，図12-3，図12-4，図12-5，図12-6，図12-7　撮影：太記祐一

Ⅲ 近代建築史

図1-6　Yale University, Press, London
図1-7　撮影：會田涼子
図1-8　『世界建築全集9 近代 ヨーロッパ・アメリカ・日本』平凡社，1961年，1 水晶宮 正面
図1-9　R. I. B. A. Library, London
図1-10　http：//en. wikipedia. org/wiki/File：Palaisext2. jpg
図1-11　http：//en. wikipedia. org/wiki/File：Exposition Universelle 1867. jpg
図1-12　L'Exposition Universelle de，1867
図1-13　『世界建築全集9 近代 ヨーロッパ・アメリカ・日本』平凡社，1961年，12 パリ万国博覧会の機械館 外観
図1-14　前掲書，13 パリ万国博覧会の機械館 内部
図1-16　撮影：加藤耕一
図1-17　撮影：加藤耕一
図1-18　撮影：會田涼子
図1-19　撮影：清野貴夫
図1-20　撮影：清野貴夫
図1-21　Yale University, Press, London
図1-22　撮影：大橋竜太
図1-23　撮影：大橋竜太
図1-24　http：//fr. wikipedia. org/wiki/Fichier：Halles de Paris, 1863. jpg
図1-25　Yale University, Press, London
図1-26　『新建築 建築20世紀 PART1』新建築社，1991年，34頁，①下写
図1-27　http：//fr. wikipedia. org/wiki/Fichier：Au Bon March%C3%A9 (vue g%C3%A9n%C3%A9rale - gravure). jpg

図1-28	撮影：加藤耕一
図1-29	撮影：加藤耕一
図2-6	撮影：野村正晴
図2-9	「重要文化財旧グラバー住宅修理工事報告書」長崎市，1968年，18頁，第1図
図2-12	「重要文化財旧ハッサム住宅修理工事報告書」神戸市，1963年，50頁，第35図
図3-1	黒田鵬心『東京百建築』建築画報社，1915年，24頁
図3-3	前掲書，16頁
図3-18	撮影：野村正晴
図3-31	『建築雑誌』83号，造家学会，1893年，328頁上図
図4-1	Condit, Carl W. "American Building" Univ. of Chicago Press, Chicago, 1968
図4-2	『建築雑誌』118号，造家学会，1896年，276頁，図10
図4-3	ヴァルター・グロピウス『国際建築』中央公論美術出版，1991年，40頁
図4-4	Ferry, W. Haukins "The Building of Detroit" Wayne State Univ. Press, Detroit, 1968
図4-5	北原糸子編『写真集 関東大震災』吉川弘文館，2010年，79頁(43 有楽町付近)
図4-6	『建築雑誌』72号，造家学会，1892年，378頁下図
図4-7	『建築雑誌』67号，造家学会，1892年，190頁，第90図
図4-13	黒田鵬心『東京百建築』建築画報社，1915年，79頁
図4-14	前掲書，61頁
図4-15	前掲書，89頁
図4-16	前掲書，48頁
図4-17	『建築雑誌』348号，日本建築学会，1915年，833頁上図
図4-18	前掲書，1915年，831頁上図
図4-29	玉井哲雄編『よみがえる明治の東京 東京十五区写真集』角川書店，1992年，112頁，32図
図4-30	前掲書，95頁，6図
図4-31	前掲書，30頁，26図
図5-1	都市史図集編集委員会編『都市史図集』彰国社，1999年，108頁，6図
図5-2	http://maps.google.co.jp/maps
図5-3	撮影：高橋揚一
図5-4	http://maps.google.co.jp/maps
図5-5	http://maps.google.co.jp/maps
図5-7	http://ja.wikipedia.org/wiki/%E3%83%95%E3%82%A1%E3%83%AB：NewlanarkNL06.jpg
図5-8	玉井哲雄編『よみがえる明治の東京 東京十五区写真集』角川書店，1992年，98頁，11図
図5-9	前掲書，235頁，19図
図5-11	前掲書，212頁，7図
図5-12	藤森照信『明治の東京計画』岩波書店，1990年，巻末図，図4
図5-13	撮影：光井渉
図5-15	藤森照信『明治の東京計画』岩波書店，1990年，巻末図，図50
図5-16	http://en.wikipedia.org/wiki/File：Garden City Concept by Howard.jpg
図5-17	http://maps.google.co.jp/maps
図5-20	撮影：国土地理院
図5-21	東武博物館所蔵
図5-25	江面嗣人 「昭和初期の東京の町家形式とそれに対する市街地建築物法の彰響」日本建築学会『日本建築学会計画系論文報告集』418号，1990年，157頁，図1・図2
図6-1	青木正夫・岡俊江・鈴木義弘『中廊下の住宅』住まい学体系102，すまいの図書館出版局，2009年，190頁，図2-12
図6-11	保岡勝也「欧化したる日本住宅」
図6-13	『新建築』1巻3号(新建築社，1925年，38頁図
図6-14	INAXギャラリー企画委員会編『大正「住宅博覧会」の夢』INAX BOOKLET，1988年，58頁，図1-1
図6-17	竹中工務店設計部編『「聴竹居」実測図集』彰国社，2001年，12頁上図(撮影：吉村行雄)
図6-18	撮影：光井渉

図6-21	江面嗣人「昭和初期の東京の町家形式とそれに対する市街地建築物法の彰響」日本建築学会『日本建築学会計画系論文報告集』418号，1990年，161頁，図5
図6-24	撮影：光井渉
図6-25	佐藤滋『集合住宅団地の変遷』鹿島出版会，1989，22頁，図②
図6-28	佐藤滋他『同潤会のアパートメントとその時代』鹿島出版会，1998年，125頁，図4-32
図6-29	前掲書，111頁，図4-10上図
図7-1	撮影：大橋竜太
図7-2	http：//en.wikipedia.org/wiki/File：The Red House, Bexleyheath. JPG
図7-4	http：//ja.wikipedia.org/wiki/%E3%83%95%E3%82%A1%E3%82%A4%E3%83%AB：Tassel House stairway. JPG
図7-5	撮影：加藤耕一
図7-6	撮影：高橋揚一
図7-7	撮影：大佛俊泰
図7-9	撮影：清野貴夫
図7-10	撮影：清野貴夫
図7-11	撮影：柳田武
図7-12	『新建築』25巻11号，新建築社，1950年，14頁上図
図7-13	撮影：清野貴夫
図7-14	http：//ja.wikipedia.org/wiki/%E3%83%95%E3%82%A1%E3%82%A4%E3%83%AB：Taut Glass Pavilion exterior 1914. jpg
図7-15	撮影：堀越優希
図7-16	『新建築』4巻4号，新建築社，1928年，9頁
図7-17	『新建築』4巻9号，新建築社，1928年，4頁・7頁
図7-18	J. J. P. アウト『オランダの建築』中央公論美術出版，1994年，29頁，図11
図7-19	撮影：大佛俊泰
図7-20	『新建築』4巻5号（新建築社，1928年，32頁上図
図7-21	鈴木博之・初田亨編『図面でみる都市建築の明治』柏書房，1990年，203頁，1図・4図
図7-22	鈴木博之・初田亨編『図面でみる都市建築の大正』柏書房，1992年，16頁，2図・17図，4図
図7-27	日本郵政株式会社監修『郵政建築』建築画報社，2008年，110頁上左図・110頁下左図（株式会社NTTファシリティーズ提供）
図8-2	http：//en.wikipedia.org/wiki/File：Leiter II Building, South State %26 East Congress Streets, Chicago, Cook County, IL. jpg
図8-5	HUGE MORRISON "LOUIS SULLIVAN" W. W. NORTON & COMPANY，1952，329頁上図（14図）
図8-6	前掲書，91頁，figure5
図8-7	前掲書，365頁，60図
図8-8	http：//en.wikipedia.org/wiki/File：Chicago expo Machinery Hall. jpg
図8-9	撮影：野村正晴
図8-10	撮影：野村正晴
図8-11	William Allin，岸田省吾訳『フランク・ロイド・ライトの全作品』丸善，2000年，23頁，1・2階平面図
図8-12	http：//ja.wikipedia.org/wiki/%E3%83%95%E3%82%A1%E3%82%A4%E3%83%AB：Frank Lloyd Wright - Robie House 2. JPG
図8-18	玉井哲雄編『よみがえる明治の東京 東京十五区写真集』角川書店，1992年，75頁，47図
図8-19	黒田鵬心『東京百建築』建築画報社，1915年，82頁
図8-20	『建築雑誌』486号，日本建築学会，1925年，巻末図
図9-1	http：//ja.wikipedia.org/wiki/%E3%83%95%E3%82%A1%E3%82%A4%E3%83%AB：Santelia01. jpg
図9-3	『新建築』4巻3号，新建築社，1928年，11頁
図9-4	鵜沢隆監修『未来都市の考古学』図録，東京新聞，1996年，114頁，fig. 16
図9-6	撮影：大橋竜太
図9-7	ヴァルター・グロピウス『国際建築』中央公論美術出版，1991年，17頁

図9-8	前掲書，16頁
図9-9	前掲書，表紙
図9-11	『新建築』3巻9号，新建築社，1927年，14頁下図・15頁下図
図9-12	撮影：下村純
図9-13	J. P. BONTA "Mies van der Rohe Barcelona 1929" Editorial Gustavo Gili, S. A., 1975, 1頁
図9-17	撮影：清野貴夫
図9-18	撮影：清野貴夫
図9-19	『世界建築全集9 近代 ヨーロッパ・アメリカ・日本』平凡社，1961年，頁不明(19サヴォア荘)
図9-20	撮影：萩内伸彦
図9-21	撮影：加藤耕一
図9-22	『世界建築全集9 近代 ヨーロッパ・アメリカ・日本』平凡社，1961年，15ル・ランシーのノートルダム教会正面
図9-25	『新建築』3巻11号，新建築社，1927年，44頁
図9-26	"Hannes Meyer" Verlag Arthur Niggli AG, 1965, 23頁
図9-29	鈴木博之・初田亨編『図面でみる都市建築の昭和』柏書房，1998年，260頁，1・2・3図
図9-30	『新建築』13巻5号，新建築社，1937年，173頁上図
図9-31	『新建築』14巻1号，新建築社，1938年，8頁と9頁の間
図9-33	『新建築』11巻3号，新建築社，1935年，巻頭カラー頁
図10-3	玉井哲雄編『よみがえる明治の東京 東京十五区写真集』角川書店，1992年，58頁，12図
図10-4	前掲書，42頁，47図
図10-7	前掲書，34頁，33図
図10-9	天沼俊一『日本建築史要』飛鳥園，1927年，附図第48図
図10-25	『新建築』7巻7号，新建築社，1931年，251頁，68図
図10-26	『新建築』20巻1号，新建築社，1944年，巻頭カラー頁
図10-27	『世界建築全集9 近代 ヨーロッパ・アメリカ・日本』平凡社，1961年，136パリ万国博覧会の日本館
図10-31	『新建築』17巻5号，新建築社，1941年，185頁
図11-1	西山夘三『すまい考今学 現代日本住宅史』彰国社，1989年，270頁，図8
図11-2	佐藤滋『集合住宅団地の変遷』鹿島出版会，1989年，123頁，図②
図11-3	西山夘三『すまい考今学 現代日本住宅史』彰国社，1989年，269頁，図7
図11-6	『新建築』25巻7号(新建築社，1950年，203頁(外観写真)・204頁下図・206頁下図
図11-8	『新建築』26巻7号(新建築社，1951年，巻頭カラー頁
図11-10	『生誕100年 前川国男建築展 図録』生誕100年前川国男建築展実行委員会，2005年，103頁，p.2図
図11-11	『新建築』28巻11号，新建築社，1953年，11-44頁上図
図11-12	大和ハウス工業株式会社提供
図11-13	鈴木成文『五一C白書』住まいの図書館，2006年，142頁，図10-3
図11-16	撮影：国土地理院
図11-19	日本住宅公団20年史刊行委員会編『日本住宅公団20年史』日本住宅公団，1975年，317頁下図(NO.5)
図11-20	『生誕100年 前川国男建築展 図録』生誕100年前川国男建築展実行委員会，2005年，105頁(d1・d2)
図11-21	日本郵政株式会社監修『郵政建築』建築画報社，2008年，130頁下左図
図11-22	『新建築』26巻9号，新建築社，1951年，263頁下図・270頁下図
図11-24	『新建築』27巻6号，新建築社，1952年，252頁上図・256頁上図
図11-25	『新建築』28巻1号，新建築社，1953年，3頁
図11-33	『八幡浜市立日土小学校保存再生工事報告書』八幡浜市教育委員会，2010年，巻頭カラー2頁上(撮影：北村徹)
図12-1	ヴァルター・グロピウス『国際建築』中央公論美術出版，1991年，49頁
図12-2	撮影：野村正晴
図12-3	撮影：野村正晴
図12-4	撮影：大佛俊泰
図12-5	撮影：大川三雄
図12-7	撮影：清野貴夫

図版出典・撮影者

図12-8　撮影：ジョン・ニコレ（『LOUIS I. KAHN ルイス・カーン その全貌』エー・アンド・ユー，1975年）
図12-10　http://ja.wikipedia.org/wiki/%E3%83%95%E3%82%A1%E3%82%A4%E3%83%AB：VIPlibrary.jpg
図12-12　『世界建築全集9 近代 ヨーロッパ・アメリカ・日本』平凡社，1961年，72マドリッド競馬場
図12-13　前掲書，79格納庫
図12-16　撮影：赤木徹也
図12-18　撮影：谷口宗彦
図12-19　撮影：国土地理院
図12-21　『新建築 建築20世紀 PART2』新建築社，1991年，118頁，②図
図12-22　撮影：大川三雄
図12-25　積水化学工業株式会社提供
図12-26　『新建築』36巻3号，新建築社，1961年，101頁
図12-27　『新建築』36巻3号，新建築社，1961年，113頁上図
図12-33　『近代建築』24巻5号，近代建築社，1970年，92頁上写真

[参考文献]

I 日本建築史

I 章全体に関する参考文献
　日本建築学会編『日本建築史図集 新訂第二版』彰国社，2007年
　新建築学大系編集委員会編『新建築学大系2 日本建築史』彰国社，1999年
　太田博太郎『日本建築史序説 増補第二版』彰国社，1989年
　藤井恵介・玉井哲雄『建築の歴史』中央公論社，1995年
　太田博太郎他『増補新装 カラー版 日本建築様式史』美術出版社，2010年
　太田博太郎編『日本建築史基礎資料集成』中央公論美術出版，1971年～（刊行中）
　高橋康夫・吉田伸之・宮本雅明・伊藤毅編『図集 日本都市史』東京大学出版会，1993年
　伊藤延男他編『文化財講座 日本の建築』第一法規，1976～77年
　都市史図集編集委員会編『都市史図集』彰国社，1999年
　中村達太郎『日本建築辞彙』中央公論美術出版，2011年

I-1　原始の建築と神社
　宮本長二郎『日本原始古代の住居建築』中央公論美術出版，1969年
　石野博信『日本原始・古代住居の研究』吉川弘文館，1990年
　稲垣栄三『原色日本の美術16 神社と霊廟』小学館，1990年
　渡辺保忠『日本の美術3 伊勢と出雲』平凡社，1964年

I-2　仏教建築の渡来
　浅野清『日本の美術245 日本建築の構造』至文堂，1986年
　太田博太郎編『奈良六大寺大観』岩波書店，1968～72年
　浅野清『奈良時代建築の研究』中央公論美術出版，1969年
　大岡実『日本建築の意匠と技法』中央公論美術出版，1971年

I-3　宮殿と都市の建設
　福山敏男『住宅建築の研究』中央公論美術出版，1984年
　澤村仁『日本古代の都城と建築』中央公論美術出版，1995年
　藤岡通夫『新訂 京都御所』中央公論美術出版，1987年
　鈴木亘『平安宮内裏の研究』中央公論美術出版，1990年

I-4　和様の誕生
　太田静六『寝殿造の研究』吉川弘文館，1987年
　川本重雄『寝殿造の空間と儀式』中央公論美術出版，2005年
　井上充夫『日本建築の空間』鹿島出版会，1969年
　清水擴『平安時代仏教建築史の研究』中央公論美術出版，1992年

I-5　様式の発生と融合
　関口欣也『中世禅宗様建築の研究』中央公論美術出版，2010年
　伊藤延男『中世和様建築の研究』彰国社，1961年
　藤井恵介『密教建築空間論』中央公論美術出版，1998年
　山岸常人『中世寺院社会と仏堂』塙書房，1990年

I-6　中世の住宅
　太田博太郎『新訂 図説日本住宅史』彰国社，1971年
　川上貢『日本中世住宅の研究』墨水書房，1967年
　平井聖『図説日本住宅の歴史』学芸出版社，1980年
　藤田勝也『日本古代中世住宅史論』中央公論美術出版，2002年

Ⅰ-7　都市の変化と戦乱
高橋康夫『京都中世都市史研究』思文閣，1983年
野口徹『中世京都の町屋』東京大学出版会，1988年
西川幸治『日本都市史研究』日本放送出版協会，1972年
渡辺定夫『今井の町並み』同朋舎出版，1994年

Ⅰ-8　近世都市の建設
藤岡通夫『城と城下町』中央公論美術出版，1988年
宮本雅明『都市空間の近世史研究』中央公論美術出版，2005年
伊藤毅『都市の空間史』吉川弘文館，2003年
内藤昌『江戸と江戸城』鹿島出版会，1966年

Ⅰ-9　書院造と武士住宅
平井聖『日本の近世住宅』鹿島出版会，1968年
太田博太郎『床の間』岩波書店，1978年
大河直躬『すまいの人類学』平凡社，1986年
佐藤巧『近世武士住宅』叢文社，1979年

Ⅰ-10　茶室と数寄屋
堀口捨己『茶室研究』鹿島出版会，1969年
中村昌生『茶室の研究』墨水書房，1971年
熊倉功夫他編『茶道聚錦』小学館，1983〜86年
斎藤英俊『名宝日本の美術21　桂離宮』小学館，1982年

Ⅰ-11　町家と農家
鈴木充『民家』小学館，1975年
太田博太郎他編『図説日本の町並み』第一法規，1982年
関野克監修『日本の民家』学習研究社，1980〜81年
大場修『近世近代町家建築史論』中央公論美術出版，2005年

Ⅰ-12　江戸時代の寺社境内
大河直躬『東照宮』鹿島出版会，1970年
光井渉『近世寺社境内とその建築』中央公論美術出版，2001年
伊藤要太郎『匠明五巻考』鹿島出版会，1971年
西和夫『江戸建築と本途帳』鹿島出版会，1974年

Ⅱ　西洋建築史

Ⅱ章全体に関する参考文献
日本建築学会編『西洋建築史図集 三訂版』彰国社，1981年
堀内清治他『世界の建築』(全5巻) 学習研究社，1982年
鈴木博之他『シリーズ 都市・建築・歴史』(全10巻) 東京大学出版会，2006年
ダン・クリュックシャンク，飯田喜四郎訳『フレッチャー 図説 世界建築の歴史 大事典：建築・美術・デザインの変遷』 西村書店，2012年
ジョン・モスグローヴ，飯田喜四郎訳『フレッチャー 世界建築の歴史−建築・美術・デザインの変遷』西村書店，1996年
スピロ・コストフ，鈴木博之訳『建築全史−背景と意味』住まいの図書館，1990年
熊倉洋介他『増補新装 カラー版 西洋建築様式史』美術出版社，2010年
陣内秀信他『図説 西洋建築史』彰国社，2005年
佐藤達生『図説 西洋建築の歴史（ふくろうの本）』河出書房新社，2005年
西田雅嗣他『ヨーロッパ建築史』昭和堂，1998年
都市史図集編集委員会『都市史図集』彰国社，1999年

レオナルド・ベネーヴォロ，佐藤敬彦他訳『図説 都市の世界史』(全4巻)，相模書房，1983年

Ⅱ-1 ヨーロッパ建築の曙
ロラン・マルタン，伊藤重剛訳『ギリシア建築（図説 世界建築史）』本の友社，2000年
J. J. クールトン，伊藤重剛訳『古代ギリシアの建築家－設計と構造の技術』中央公論美術出版，1991年
リース・カーペンター，松島道也訳『パルテノンの建築家たち』鹿島出版会，1977年

Ⅱ-2 ヘレニズムとオリエント
シートン・ロイド＆ハンス・ヴォルフガンク・ミュラー，堀内清治訳『エジプト・メソポタミア建築（図説 世界建築史）』本の友社，1997年
R. E. ウィッチャリー，小林文次訳『古代ギリシャの都市構成』相模書房，1980年
ポール・ランブル，北原理雄訳『古代オリエント都市』井上書院，1983年

Ⅱ-3 古代ローマ
ジョン・ブライアン・ウォード・パーキンス，桐敷真次郎訳『ローマ建築（図説 世界建築史）』本の友社，1996年
ジル・シャイエ『永遠の都ローマ物語－地図を旅する』西村書店，2009年
ジョン・ブライアン・ウォード・パーキンス，北原理雄訳『古代ギリシアとローマの都市』井上書院，1984年

Ⅱ-4 教会建築の誕生
シリル・マンゴー，飯田喜四郎訳『ビザンティン建築（図説 世界建築史）』本の友社，1999年
ジョン・ラウデン，益田朋幸訳『初期キリスト教美術・ビザンティン美術（岩波 世界の美術）』岩波書店，2000年
アンドレ・グラバール，辻佐保子訳『ユスティニアヌス黄金時代（人類の美術）』新潮社，1967年

Ⅱ-5 ビザンツとロマネスク
ハンス・エリッヒ・クーバッハ，飯田喜四郎訳『ロマネスク建築（図説 世界建築史）』本の友社，1996年
辻本敬子他『図説 ロマネスクの教会堂（ふくろうの本）』河出書房新社，2003年
浅野和生『ヨーロッパの中世美術－大聖堂から写本まで』中央公論新社，2009年

Ⅱ-6 ゴシックと中世都市
ルイ・グロデッキ，前川道郎他訳『ゴシック建築（図説 世界建築史）』本の友社，1996年
パウル・フランクル，佐藤達生他訳『ゴシック建築大成』中央公論美術出版，2011年
佐藤達生他『図説 大聖堂物語－ゴシックの建築と美術 新装版（ふくろうの本）』河出書房新社，2011年

Ⅱ-7 ルネサンスへ
クリストフ・ルイトポルト・フロンメル，稲川直樹訳『イタリア・ルネサンスの建築』鹿島出版会，2011年
陣内秀信『地中海世界の都市と住居（世界史リブレット）』山川出版社，2007年
福田晴虔『イタリア・ルネサンス建築史ノート』(全3巻) 中央公論美術出版，2011～13年

Ⅱ-8 古典主義の興隆
ピーター・マレー，長尾重武訳『イタリア・ルネッサンスの建築（SDライブラリー）』鹿島出版会，1991年
ピーター・マレー，桐敷真次郎訳『ルネサンス建築（図説 世界建築史）』本の友社，1998年
コーリン・ロウ＆レオン・ザトコウスキ，稲川直樹訳『イタリア十六世紀の建築』六耀社，2006年

Ⅱ-9 バロックの展開
クリスチャン・ノルベルク・シュルツ，加藤邦男訳『バロック建築（図説 世界建築史）』本の友社，2001年
中島智章『図説 バロック（ふくろうの本）』河出書房新社，2010年
ジョン・サマーソン，鈴木博之訳『古典主義建築の系譜』中央公論美術出版，1976年

Ⅱ-10　古典主義の成熟
クリスチャン・ノルベルク・シュルツ，加藤邦男訳『後期バロック・ロココ建築(図説 世界建築史)』本の友社，2003年
ジョン・サマーソン，堀内正昭訳『18世紀の建築－バロックと新古典主義(SDライブラリー)』鹿島出版会，1993年
エミール・カウフマン，白井秀和訳『理性の時代の建築－フランスにおけるバロックとバロック以後』中央公論美術出版，1997年

Ⅱ-11　市民革命と建築
ロビン・ミドルトン＆デイヴィッド・ワトキン，土居義岳訳『新古典主義・19世紀建築(図説 世界建築史)』(全2巻)本の友社，1998/2002年
クリス・ブルックス，鈴木博之他訳『ゴシック・リヴァイヴァル(岩波 世界の美術)』岩波書店，2003年
杉本俊多『ドイツ新古典主義建築』中央公論美術出版，1996年

Ⅱ-12　市民の台頭，そしてヨーロッパの拡大
鈴木博之『建築の世紀末』晶文社，1977年
鈴木博之『ヴィクトリアン・ゴシックの崩壊』中央公論美術出版，1996年
ディヴィド・ワトキン，桐敷真次郎訳『建築史学の興隆』中央公論美術出版，1993年

Ⅲ 近代建築史

第Ⅲ章全体に関する参考文献
日本建築学会編『近代建築史図集 新訂版』彰国社，1976年
新建築学大系編集委員会編『新建築学大系5 近代・現代建築史』彰国社，1993年
村松貞次郎・山口廣・山本学治『近代建築史概説』彰国社，1978年
稲垣栄三『日本の近代建築』中央公論美術出版，2009年
藤森照信『日本の近代建築』岩波書店，1993年
レオナルド・ベネーヴォロ，武藤章訳『近代建築の歴史』鹿島出版会，1978～79年
レイナー・バンハム，石原達二他訳『第一機械時代の理論とデザイン』鹿島出版会，1976年
ニクラウス・ペヴスナー，鈴木博之他訳『美術・建築・デザインの研究』鹿島出版会，1980年
大川三雄他『図説近代建築の系譜』彰国社，1997年
日本建築学会編『近代日本建築学発達史』丸善，1972年
村松貞次郎編『日本の建築 明治大正昭和』三省堂，1979～82年
レオナルド・ベネーヴォロ，横山正訳『近代都市計画の起源』鹿島出版会，1976年
都市史図集編集委員会編『都市史図集』彰国社，1999年

Ⅲ-1　産業革命と博覧会
チャールズ・シンガー，田辺振太郎訳編『技術の歴史7 産業革命』筑摩書房，1979年
松村昌家『水晶宮物語』筑摩書房，2000年
吉見俊哉『博覧会の政治学 まなざしの近代』講談社，1992年
吉田光邦編『万国博覧会の研究』思文閣，1986年

Ⅲ-2　日本の近代化
太田静六『眼鏡橋』理工図書，1980年
福田晴虔編『日本の民家8 洋館』学習研究社，1981年
近藤豊『明治初期の擬洋風建築の研究』理工学社，1999年
村松貞次郎『お雇い外国人15 建築・土木』鹿島出版会，1976年

Ⅲ-3　様式建築の受容
鈴木博之，藤森照信監修『Josiah Conder』建築画報社，2009年
水野信太郎『日本煉瓦史の研究』法政大学出版局，1999年
東秀紀『東京駅の建築家辰野金吾伝』講談社，2002年

堀内正昭『明治のお雇い建築家エンデ&ベックマン』井上書院，1989年

Ⅲ-4　新構造の導入
北原糸子編『関東大震災』吉川弘文館，2010年
京都市水道局『琵琶湖疏水の100年』京都新聞社，1990年
菊岡倶也『建設業を興した人びと』彰国社，1993年
古川修『日本の建設業』岩波書店，1963年

Ⅲ-5　近代都市の変貌
ピエール・ラヴダン，土居義岳訳『パリ都市計画の歴史』中央公論美術出版，2002年
エベネザー・ハワード，長素連訳『明日の田園都市』鹿島出版会，1968年
藤森照信『明治の東京計画』岩波書店，1982年
初田亨『繁華街の近代』東京大学出版会，2004年

Ⅲ-6　住宅の変化
内田青蔵『日本の近代住宅』鹿島出版会，1992年
青木正夫・岡俊江・鈴木義弘『中廊下の住宅』住まいの図書館，2009年
佐藤滋他『同潤会のアパートメントとその時代』鹿島出版会，1998年
原口秀昭『20世紀の住宅　空間構成の比較分析』鹿島出版会，1994年

Ⅲ-7　新しい造形の出現
片木篤『アーツ・アンド・クラフツの建築』鹿島出版会，2006年
ハインツ・ゲレーツェッガー他，伊藤哲夫他訳『オットー・ワーグナー』鹿島出版会，1984年
伊藤哲夫『アドルフ・ロース』鹿島出版会，1980年
鳥居徳敏『アントニオ・ガウディ』鹿島出版会，1985年

Ⅲ-8　都市建築の展開
小林克弘『アール・デコの摩天楼』鹿島出版会，1990年
三田村哲哉『アール・デコ博建築造形論』中央公論美術出版，2010年
William Allin Storrer，岸田省吾監訳『フランク・ロイド・ライト全作品』丸善，2000年
石田潤一郎『都道府県庁舎　その建築史的考察』思文閣，1993年

Ⅲ-9　モダニズム
海野弘『ロシア・アヴァンギャルドのデザイン』新曜社，2000年
杉本俊多『バウハウス　その建築造形理念』鹿島出版会，1979年
ディヴィッド・スペース，平野哲行訳『ミース・ファン・デル・ローエ』鹿島出版会，1988年
チャールズ・ジェンクス，佐々木宏訳『ル・コルビュジエ』鹿島出版会，1978年

Ⅲ-10　日本的な表現
内田青蔵・大川三雄・藤谷陽悦編著『図説・近代日本住宅史』鹿島出版会，2008年
鈴木博之『伊東忠太を知っていますか』王国社，2003年
井上章一『戦時下日本の建築家』朝日新聞社，1995年
丹下健三・藤森照信『丹下健三』新建築社，2002年

Ⅲ-11　建築の戦中戦後
西山夘三『西山夘三著作集』勁草書房，1967〜1969年
彰国社編『池辺陽再発見　全仕事の足跡から』彰国社，1997年
『生誕100年 前川国男建築展 図録』生誕100年前川国男建築展実行委員会，2005年
花田佳明『建築家・松村正恒ともうひとつのモダニズム』鹿島出版会，2011年

Ⅲ-12　現代の建築と都市
エドゥアルド・トロハ，川口衞監修解説『エドゥアルド・トロハの構造デザイン』相模書房，2002年

ステーン・エイラル・ラスムッセン，吉田鉄郎訳『北欧の建築』鹿島出版会，1978年
アリソン・スミッソン編，寺田秀夫訳『チーム10の思想』彰国社，1970年
日本万国博覧会記念協会編『日本万国博覧会公式記録資料集』日本万国博覧会記念協会，1971年

[索引]

[あ-お]

アーキグラム — 370
アーチ — 154
アーチ構法 — 270
アーチネット — 173
アーツ・アンド・クラフツ — 253
アーツ・アンド・クラフツ運動 — 316
アーヘン — 177
アール・デコ — 329
アール・ヌーヴォー — 318
アアルト(アルヴァ) — 367
アイアンブリッジ(ジ) — 257
愛知県庁舎 — 351
アインシュタイン塔 — 321
アウグスブルク市庁舎(ドイツの) — 213
赤い家 — 317
赤坂離宮 — 280
赤と青の椅子 — 338
赤羽台団地(あかばねだい—) — 362
明障子(あかりしょうじ) — 44
(明)障子((あかり)しょうじ) — 68
アクロポリス — 142
アケメネス朝ペルシャ — 144
アゴラ — 149
浅草公園 — 299
浅野総一郎の自邸(あさのそういちろう—) — 347
旭化成ホームズ — 359
足利義教の室町殿(あしかがよしのりのむろまちどの) — 69
芦原義信(あしわらよしのぶ) — 373
飛鳥寺(あすかでら) — 23
アスクレピオス神殿 — 147
アスプルンド(グンナール) — 367
東孝光(あずまたかみつ) — 357
校倉(あぜくら) — 350
安土城(あづちじょう) — 78
安土城天守(あづち—) — 86
アテナ・ニケの神殿 — 142
アトス山 — 175
アトリウム — 161,164
アパルトマン — 226
アファイア神殿 — 138
アプシス(アプス) — 165
アポロン神殿 — 138
アマリエンブルク — 225
アマルフィ — 182
アミアン — 186
アムステルダム派 — 322
アメリカ大都市の死と生 — 371

あめりか屋 — 312
アメリカンボザール — 328,333
アルケ・スナン(ショー)の製塩工場 — 235
アルテス・ムゼウム — 239
アルテミス神殿 — 138
アルプス建築 — 321
アルヘシラスの市場 — 367
アルベルティ(レオン・バッティスタ) — 202
アルメニア建築 — 175
アレクサンドリア — 151
アレン(ウィリアム) — 329
アンウィン(レイモンド) — 302
安政五ヵ国条約(あんせい—) — 268
アンティオキア — 152
アンテミオス(トラレスの) — 171
イェール大学アートギャラリー — 367
イェール大学ホッケーリンク — 369
イェルサレムの聖墳墓教会(—せいふんぼ—) — 183
イオニア式 — 136
イギリス式庭園 — 229
池田室町(いけだむろまち) — 303
池辺陽(いけべきよし) — 357
イコン(聖像) — 174
伊佐爾波神社本殿(いさにわ—) — 28
石垣 — 79
石灯籠(いしどうろう) — 107
イシドロス(ミトレスの) — 171
石舞台古墳(いしぶたい—) — 16
石山寺多宝塔(いしやまでらたほうとう) — 48
石山の間 — 64
出雲大社庁の舎(いずもたいしゃちょうのや) — 371
出雲大社本殿(いずもたいしゃ—) — 19
伊勢神宮 — 18
伊勢丹 — 335
伊雑宮(いぞうのみや) — 17
磯崎新(いそざきあらた) — 372
板戸 — 44
イタリア式庭園 — 211
一乗谷(いちじょうだに) — 78
一畑鉄道出雲大社前駅(いちばた—) — 324
一極集中現象 — 375
一間四面堂(いっけんしめんどう) — 47
一丁ロンドン(いっちょう—) — 331
伊東忠太(いとうちゅうた) — 285,349
犬養家住宅(いぬかいけ—) — 120
犬山城天守 — 85
井上邸 — 363
猪股邸(いのまた—) — 354

居間	311
今井町	76
居間中心型住宅	311
イリノイ工科大学クラウンホール	339
入母屋根(いりもや—)	30
イル・ジェズ聖堂	210
岩国城下町	99
岩崎家住宅	310
岩崎邸	277
「岩のドーム」(クッバット・アッサフラ)	171
岩元禄(いわもとろく)	324
イングランド銀行	237
インスラ	161
インターナショナルスタイル(国際様式)	344
ヴァザーリ(ジョルジョ)	207,209
ヴァルハラ	240
ヴィース巡礼教会	226
ヴィープリの図書館	367
ウィーン	297
ウィーン郵便貯金局	319
ヴィオレ・ル・デュク(ユジェーヌ・エマニュエル)	241,247,248
ヴィクトリア駅	251
ヴィクトリアン・メモリアル・ホール	251
ヴィスタ	84,296
ヴィチェンツァのバシリカ	212
ヴィッラ	211
ヴィッラ・ジュリア	209,211
ヴィッラ・デステ	211
ヴィッラ・バルバーロ	211
ヴィッラ・ファルネーゼ	211
ヴィッラ・ロトンダ	211,227
ウィトルウィウス(マルクス・—・ポリオ)	156,198,202
ヴィニョーラ(ジャコモ・バロッツィ・ダ)	210
ヴィラクウクウ	357
ヴィンケルマン(ヨハン・ヨアヒム)	228
ウィンズロー邸	330
ウールワースビル	328
ウェストミンスター大聖堂	242
ヴェスニン兄弟	337
ウェッブ(フィリップ)	317
『ヴェニスの石』	241
ヴェネツィア	182,195,211
上野駅舎	293
上野公園	299
ヴェルサイユ	219,220,224
ヴェルサイユ宮	227,231
ウォーキング・シティ案	370
ヴォー・ル・ヴィコント	220
ウォード(ウィリアム)	286
ウォートルス(トーマス)	273,299
ヴォールト	154
魚崎小学校校舎(うおざき—)	325
ウォルポール(ホレス)	240
ヴォルムス	180
右京(うきょう)	35
宇佐神宮本殿(うさじんぐう—)	28
内転び(うちころび)	50
内田祥三(うちだよしかず)	335
内法制(うちのりせい)	70
ウッツォン(ヨーン)	369
ウフィツィ宮	209
ウマイヤドモスク(大モスク)	172
ヴュルツブルクの司教宮	222,224
裏千家(うらせんけ)	104
浦邸	357
裏長屋(うらながや)	314
裏松固禅(うらまつこぜん)	128
ウル	144
ウルム	241
海野宿(うんの—)	88
英国建築家協会	247
英国国会議事堂	242
栄西(えいさい)	56
永保寺庭園(えいほうじ—)	56
駅舎	245
エキスポタワー	374
エクレクテイオン	142
エクレシアステリオン(集会所)	149
回向院(えこういん)	126
エジプト	145
越冬住宅	357
エッフェル(ギュスターヴ)	257,259,263
エッフェル塔	259
江戸	84
江戸川	305
江戸東京博物館	312,314
エヌビク(フランソワ)	286
エネルギー危機	375
海老虹梁(えびこうりょう)	57,127
愛媛県民会館	373
エルヴィラ写真工房	318
エルラッハ(フィッシャー・フォン)	222,248
エレベーター	259,327,332
円覚寺舎利殿(えんかくじしゃりでん)	57
円形校舎	365
圓成寺春日堂・白山堂(えんじょうじかすがどう・はくさんどう)	30
エンタシス(胴張り)	28
エンデ・ベックマン	331
エンデ・ベックマン事務所	283
エンデとベックマン	300
エンデル(アウグスト)	318

遠藤新(えんどうあらた)	330
遠藤於莵(えんどうおと)	290
エンパイアステートビル	329
円墳(えんぷん)	16
お伊勢参り(おいせまいり)	126
追回し敷き(おいまわしじき)	69
扇垂木(おうぎだるき)	54
横断アーチ	178
黄檗天井(おうばくてんじょう)	126
近江神宮(おうみ―)	352
大浦天主堂(おおうらてんしゅどう)	273
大江新太郎(おおえしんたろう)	350
オーエン(ロバート)	298
大壁(おおかべ)	85
大倉喜八郎(おおくらきはちろう)	295
大坂	84
大阪市中央公会堂	324
大阪中央郵便局	353
大阪万国博覧会(―ばんこくはくらんかい)	374
大阪府立図書館	283
大島測候所	345
オーダー	156,227
大高正人(おおたかまさと)	372
大滝神社本殿及び拝殿(おおたき―)	126
大谷幸夫(おおたにさちお)	372
オーディトリアムビル	327
大手門(おおてもん)	84
大戸(おおと)	115
大野勝彦(おおのかつひこ)	371
大林組	295
大神神社(おおみわ―)	17
岡田信一郎(おかだしんいちろう)	324,334,350
岡本太郎(おかもとたろう)	374
小川治兵衛(おがわじへい)	310
屋上制限令	299
屋上庭園	340
屋内総合競技場	373
起し絵(おこしえ)	108
筬欄間(おさらんま)	68
押板(おしいた)	93
押入	93
オスマン(ジョルジュ)	296
御台場(おだいば)	267
織田有楽斎(おだうらくさい)	106
オックスフォード大学自然史博物館	260
オテル	226
オヌクール(ヴィラール・ド)	189
オペラ座	242,296
オベリスク	215,237
お祭り広場	374
お雇い外国人	274
尾山神社神門(おやま―しんもん)	273
折上天井(おりあげ―)	60
オリンピア	142
オルタ(ヴィクトール)	318
オルタ自邸	318
オルブリッヒ(ヨゼフ)	320
オルリー空港飛行船格納庫	287
御大工(おんだいく)	129
御柱祭(おんばしらまつり)	17

[か―こ]

カーソン・ピリー・スコット百貨店	327
カーテンウォール	262,366
ガーデンシティー	301
カーナーヴォン城	191
カールスキルヒェ	222
カーン(アルバート)	287
カーン(ルイス)	367
海運ビル	322
海軍兵学校生徒館	275
会所(かいしょ)	64
懐石(かいせき)	103
塊村(かいそん)	117
開拓使物産売捌所(かいたくしぶっさんうりさばきしょ)	347
開拓使物産売払所(かいたくしぶっさんうりはらいじょ)	277
開智学校(かいち―)	272
街道	88
回廊(かいろう)	22
街路村(がいろそん)	117
ガウディ(アントニ)	318
カウフマン邸	330
蟇股(かえるまた)	28
家屋雑考(かおくざっこう)	129
家屋耐震構造論	288
家屋文鏡(かおくもんきょう)	12
『画家・彫刻家・建築家列伝』	209
鏡天井(かがみ―)	60
輝く都市	342
香川県庁舎	364
香川県立体育館	373
家具	44
角館(かくのだて)	99
角柱(かくばしら)	69
鶴林寺太子堂(かくりんじたいしどう)	47
鶴林寺本堂(かくりんじ―)	61
懸造(掛造・舞台造)(かけづくり)	47
カサ・ミラ	318
葛西萬司(かさいまんじ)	279,290
河岸(かし)	85

橿原神宮(かしはら―)	352
鹿島建設	295
頭貫(かしらぬき)	26
春日大社本社本殿(かすがたいしゃ―)	30
春日造(かすがづくり)	30
春日局の屋敷(かすがのつぼね―)	100
霞ヶ関ビル	364
片岡安(かたおかやすし)	279
片山東熊(かたやまとうくま)	279,280,308
勝鬨橋(かちどきばし)	293
堅魚木(かつおぎ)	18
合掌造(がっしょうづくり)	121
勝手口(茶道口)(かってぐち(さどうぐち))	103
桂離宮(かつらりきゅう)	109
花頭窓(かとうまど)	59
神奈川県立近代美術館	365
神奈川県立図書館・音楽堂	365
金沢城下町	100
要石(キーストーン)(かなめいし)	270
金物(かなもの)	288
金森宗和(かなもりそうわ)	105
カピトリウムの丘	159,209
ガブリエル(アンジュ・ジャック)	232
構(かまえ)	74
鎌倉	75
框(かまち)	93
竈(かまど)(ヘッツイ)	99,119
上京(かみぎょう)	74
神子畑鋳鉄橋(かみこはたちゅうてっきょう)	289
上小紋遺跡(かみこもん―)	14
亀腹(かめばら)	50
鴨居(かもい)	68
賀茂別雷神社本殿(かもわけいかづち―)	30,128
茅葺(かやぶき)	117
ガラスのスカイスクレーパー案	366
ガラスパビリオン	321
唐破風(からはふ)	87,109
唐物(からもの)	93
伽藍(がらん)	22
伽藍配置(がらん―)	23
軽井沢山荘	358
カルド	163
カルナック	134
カルナック神殿	146
ガルニエ(シャルル)	242,296
ガルニエ(トニー)	343
枯山水(かれさんすい)	66
ガレリア・ヴィットリオ・エマヌエーレ2世	260
河合浩蔵(かわいこうぞう)	283
川越市川越地区(かわごえ―)	116,299
川崎河原町団地	372
為替バンク三井組(かわせ―)	294
川元良一(かわもとりょういち)	351
瓦(かわら)	27
寛永寺(かんえいじ)	126
官営八幡製鉄所(―やはた―)	290
歓喜院聖天堂(かんぎいんしょうてんどう)―	127
環境工学	312
環濠(かんごう)	32
雁行(がんこう)	98
元興寺極楽坊本堂(がんごうじごくらくぼう―)	58
環状集落(かんじょう―)	32
カンタベリー大聖堂	188
官庁集中計画	283,300
関東大震災	287,293
カンバーランド・テラス	231
看板建築(かんばんけんちく)	313
カンピドリオ広場	209
カンポ広場(シエナ―)	192
祇園閣(ぎおんかく)	350
議会	242
機械館	259
規格化	55
規矩術(きくじゅつ)	130
菊竹清訓(きくたけきよのり)	371
紀元2600年奉祝式典(―ほうしゅく―)	351
木子清敬(きごきよよし)	284,346
木子幸三郎(きごこうさぶろう)	308
岸記念体育館	354
岸田日出刀(きしだひでと)	335
技術者	264
基礎	25
北野町山本通(きたのちょうやまもとどおり)	268
北前船(きたまえぶね)	89
北山殿(きたやまどの)	64
基壇(きだん)	25
木戸	74
記念碑(モニュメント)	16
紀伊國屋書店	362
木鼻(きばな)	59
ギマール(エクトール)	318
ギムナシオン	150
木村産業研究所	344
客畳(きゃくだたみ)	103
客殿(きゃくでん)	56
ギャラリーサンチュベール	260
キャンデラ(フェリックス)	368
キュー・ガーデンに設計したパゴダ	249
キュー・ガーデンの温室	258
旧サン・ピエトロ大聖堂	167

旧正宗寺三匝堂(きゅうしょうそうじさんそうどう)	127
求心性	19
旧聖具室	201
宮廷礼拝堂(カペラ・パラティーナ)	177,191
宮殿	33
旧羅典神学校(きゅうらてんしんがっこう)	270
教育博物館書籍閲覧所書庫	270
教王護国寺灌頂院(きょうおうごこくじかんじょういん)	48
行基葺(ぎょうぎぶき)	27
競争入札制度	295
境致(きょうち)	56
京都	73
京都御所(―ごしょ)	39
京都御所の寛政造営(きょうとごしょのかんせいぞうえい)	128
京都市石塀小路	73
京都帝室博物館本館	280
京都府庁舎	283
擬洋風建築(ぎようふう―)	272,331,346
清砂通(きよすな―)	305
清洲橋(きよすばし)	293
清水寺本堂(きよみずでら―)	47
居留地(きょりゅうち)	268
切妻屋根(きりづま―)	15
桐二号(きり―)	358
ギルバート(キャス)	328
綺麗(きれい)	109
木割(きわり)	130
銀座	299
銀座煉瓦街(―れんががい)	295,299
近代建築	319
近代建築展	344
金毛窟(きんもうくつ)	105
クィーンズ・ハウス	213
空間	325
グエル公園	318
区画整理	303
楔(くさび)	53
九尺二間(くしゃくにけん)	314
孔雀の間(くじゃくのま)	318
九条兼実の住宅(くじょうかねざねのじゅうたく)	62
九体阿弥陀堂(くたいあみだどう)	48
クック邸	341
グッゲンハイム美術館	367
くど造	121
クノッソス宮殿	134
組物(くみもの)	27,50
雲の支柱	337
雲肘木(くもひじき)	28
クライスラービル	329
クライン(アレキサンダー)	311
グラスゴー	318
グラスゴー美術学校	318
グラバー住宅	268
クラメル(ピエト・L)	322
倉吉市庁舎(くらよし―)	364
庫裏(くり)	56
クリア・ストーリー	165,186
グリーク・リヴァイヴァル	238,242,246
グリニッチの海軍病院	222
クリフトン橋	257
クリムト(グスタフ)	319
クリュニー修道院第三聖堂	181
グリプトテーク	239,246
クルドサック	303
久留正道(くるまさみち)	283
曲輪(くるわ)	83
廓・曲輪(くるわ)	79
クレイゲラヒー橋	257
クレンツェ(レオ・フォン)	239,246
黒石市中町地区(くろいししなかまち―)	115
黒川紀章(くろかわきしょう)	371
クロス・ヴォールト(交差ヴォールト)	154
グロッタ	211
グロピウス(ヴァルター)	338
桑茶令(くわちゃれい)	298
軍人会館	351
ケ(褻)	63
景(けい)	56
慶応義塾図書館	281
慶応義塾三田演説館	273
慶応義塾幼稚舎	345
契約制度	295
劇場	160
化粧材	50
化粧軒裏(けしょうのきうら)	60
外陣(げじん)	59,124
桁(けた)	14
桁行方向(けたゆき―)	31
結婚記念塔	320
ケリー・アンド・ジョーンズ工場	287
ケルン	241
ケルン大聖堂	188
玄関	66,99
建築	285
建築基準法	305,363
建築規制	298
建築計画学	311
『建築講話』	248
『建築四書』	210,226
『建築十書』(ウィトルウィウスの)	156,202,210

建築書	210	きょう)	257
『建築試論』	231	小壁(こかべ)	68
建築進化論	349	五箇山(ごかやま)	121
『建築の五つのオーダーの規則』	210	粉河寺本堂(こかわでら―)	126
『建築の七燈』	241	国際建築	339
建築非芸術論	323	国際連合本部	366
『建築論』(アルベルティの)	202,210	国際連盟会館設計競技	343
建長寺(けんちょうじ)	56	虎口(こぐち)	80
ケント(ウィリアム)	227,229	国府(こくふ)	34
元和の一国一城令(げんなのいっこくいちじょうれい)	88	護国神社(ごごく―)	352
間面記法(けんめんきほう)	31	九間(ここのま)	64
コアシステム	327	小坂秀雄(こさかひでお)	363
小出邸(こいで―)	354	五山(ござん)	56,75
講安寺本堂(こうあんじ―)	131	腰掛待合(こしかけまちあい)	107
公営住宅法	359	五色塚古墳(ごしきづか―)	16
郊外住宅地	302,311	ゴシック	184,316
公害問題	375	ゴシック・リヴァイヴァル	231,240,241,242,247
工業化	357	ゴシック様式	184
公共建築	256	古社寺保存法	348
工業都市案	343	51C型	360
皇居正門石橋	266	五重塔	22
高札場(こうさつば)	89	古事類苑(こじるいえん)	129
交差廊(こうさろう)	166	小菅刑務所(こすげ―)	325
高山寺石水院(こうざんじせきすいいん)	51	コスタ(ルシオ)	370
小路(こうじ)	36	ゴダン(バティスト)	298
甲子園ホテル	330	国会議事堂	241,349,370
格子戸(こうしど)	113	古典様式	316
巷所(こうしょ)	73	後藤慶二(ごとうけいじ)	324
光浄院客殿(こうじょういんきゃくでん)	94	向拝(ごはい)	124
後陣(こうじん)	59	小林一三(こばやしいちぞう)	303
高層建築	326	小林邸	345
高蔵寺ニュータウン(こうぞうじ―)	361	孤篷庵忘筌(こほうあんぼうせん)	106
構造力学	257	小堀遠州(こぼりえんしゅう)	106
甲突五橋(こうつきごきょう)	266	木舞(こまい)	26
江津市役所(ごうつ―)	365	小間茶室(こまちゃしつ)	104
皇帝型浴場	160	コミュニティ	302
皇帝の大聖堂	180	五村別院本堂(ごむらべついん―)	124
鋼鉄(こうてつ)	257	小屋組	50
格天井(ごう―)	60	コリント式	139
高度経済成長	362	コルビュジエ(ル)	338,340,353,367,369
工部大学校	346	コルビュジエの五原則	340
工部大学校講堂	275	五廊式(ごろうしき)	166
工部大学校造家学科(―ぞうか)	276	コロッセウム	160,202
工部美術学校	277	権現造(ごんげんづくり)	123
神戸居留地十五番館(こうべきょりゅうち―)	268	コンスタンティヌポリス	168
神戸地方裁判所	283	コンタマン(ヴィクトル)	259
高野山(こうやさん)	44	金堂(こんどう)	22
高欄(こうらん)	59	コンドル(ジョサイア)	275,276,279,310,346
虹梁(こうりょう)	127	今日庵(こんにちあん)	104
コールブルックデール鋳鉄橋(―ちゅうてつ		コンポジット(複合)式	156
		根本中堂(こんぽんちゅうどう)	45

[さ−そ]

サーリネン(エーロ) ── 369
西院(さいいん) ── 22
西郷従道住宅(さいごうつぐみち―) ── 308
在郷町(ざいごうまち) ── 90, 112
西国三十三所(さいごくさんじゅうさんかしょ) ── 126
彩色(さいしき) ── 123
最小限住宅 ── 357
済生館(さいせいかん) ── 273
西大寺(さいだいじ) ── 37
西塔(さいとう) ── 45
西徳寺本堂(さいとくじ―) ── 124
在バンコック日本文化会館設計競技 ── 353
西明寺本堂(さいみょうじ―) ── 60
サヴォア邸 ── 341
棹縁天井(さおぶち―) ── 60
坂出人工土地(さかいで―) ── 372
酒井祐之助(さかいゆうのすけ) ── 290
坂倉準三(さかくらじゅんぞう) ── 340,353,365
左京(さきょう) ── 35
作田家住宅(さくたけ―) ── 118
サグラダ・ファミリア教会堂 ── 318
栄螺堂(さざえどう) ── 127
桟敷(さじき) ── 72
座敷 ── 99
ザシキ ── 114
座敷飾(ざしきかざり) ── 64,92,93
挿肘木(さしひじき) ── 54
叉首(さす) ── 28
扠首構造(さす―) ── 28
佐立七次郎(さたてしちじろう) ── 279,281
貞光町(さだみつちょう) ── 116
雑居地(ざっきょち) ── 268
茶道(さどう) ── 102
佐藤功一(さとうこういち) ── 311,325
里内裏(さとだいり) ── 43
佐野利器(さのとしかた) ── 288,290
侍廊(さぶらいろう) ── 43
左右対称(シンメトリー) ── 16
皿斗(さらと) ── 58
サリヴァン(ルイス) ── 327
サン・カルロ・アッレ・クワトロ・フォンターネ聖堂 ── 217
サン・ジョルジョ・マジョーレ聖堂 ── 212
サン・スーシ宮(無憂宮) ── 224
サン・ドニ修道院 ── 184
サン・ピエトロ・イン・モントリオ教会の殉教者記念堂 ── 205
サン・ピエトロ大聖堂 ── 206,209,216
サン・ピエトロ大聖堂前の広場 ── 217
サン・ロレンツォ聖堂 ── 198,201
サン・ロレンツォ聖堂の新聖具室(メディチ家礼拝堂) ── 207
サン・ロレンツォ聖堂付属の図書館 ── 241
桟唐戸(さんからど) ── 59
桟瓦(さんがわら) ── 27
産業革命 ── 256
産業宮 ── 259
散居村(さんきょそん) ── 117
サンクト・ペテルブルク ── 252
ザンクト・ミヒャエル聖堂(ヒルデスハイムの) ── 179
三渓園(さんけいえん) ── 105,109
三間梁規制(さんげんばり―) ── 130
三信ビル(さんしん―) ── 334
サンタ・クローチェ ── 193
サンタ・クローチェ教会(フィレンツェの) ── 189
サンタ・クローチェ聖堂 ── 198
サンタ・マリア・デッラ・パーチェ修道院の中庭と回廊 ── 205
サンタ・マリア・デッレ・グラーツィエ修道院 ── 204
サンタ・マリア・ノヴェッラ ── 193
サンタ・マリア・ノヴェッラ聖堂 ── 203
サンタ・マリア・プレッソ・サン・サティーロ聖堂 ── 204
三大ピラミッド ── 145
サンタンドレア聖堂 ── 203
サンタンブロージオ聖堂(ミラノの) ── 180
サンチャゴ・デ・コンポステラ ── 181
サンティーヴォ・アッラ・サピエンツァ聖堂 ── 218
サンテリア(アントニオ) ── 336
サント・ジュヌヴィエーヴ聖堂 ── 232
サント・ジュヌヴィエーヴ図書館 ── 264
サント・スピリト聖堂 ── 201
三内丸山遺跡(さんないまるやま―) ── 32
三佛寺奥院投入堂(さんぶつじおくのいんなげいれどう) ── 47
三分割構成 ── 333
三宝院庫裏(さんぽういんくり) ── 109
三昧(さんまい) ── 47
三門(さんもん) ── 56
三廊式(さんろうしき) ── 165
シーグラムビル ── 366
子院(しいん) ── 56
紫烟荘(しいんそう) ── 354
ジェイコブズ(ジェイン) ── 371
シェーンブルン ── 222
シェル構造 ── 367,369,373
シェルター ── 12
ジェンニー(ウィリアム・ル・バロン) ── 326

ジオデシックドーム	368
市街地建築物法	305
視覚補正(リファインメント)	141
シカゴ	326
シカゴ・コロンビア万国博覧会(―ばんこくはくらんかい)	327
シカゴ構法	253
シカゴ派	327
シカゴ窓	327
敷居(しきい)	68
敷石	107
式台(しきだい)	99
式台玄関(しきだいげんかん)	94,100
食堂及び細殿(じきどう―ほそどの)	23
式年遷宮(しきねんせんぐう)	19
市区改正	300
錣葺(しころぶき)	131
寺社境内地(じしゃけいだいち)	82
慈照寺(じしょうじ)	65
慈照寺銀閣(じしょうじ―)	67
紫宸殿(ししんでん)	39
至聖所(しせいしょ)	165
下地窓(したじまど)	103
下寺町アパート(したでらまち―)	315
下見板張り(したみ―)	269
市庁舎	192
漆喰(しっくい)	26
ジッグラト	144
室中(しつちゅう)	65
舗設(室礼)(しつらい)	44
自邸	286
四天王寺(してんのうじ)	23
シトー派修道会	181
シドニーオペラハウス	369
蔀(しとみ)	44
寺内町(じないまち)	76
四分ヴォールト	187
地袋(じぶくろ)	93
渋谷家住宅(しぶやけ―)	121
司法省本館	283,331
清水喜助(二代目)(しみずきすけ)	294
清水組	294
市民革命	256
事務所建築	331
下京(しもぎょう)	74
下河辺淳(しもこうべあつし)	375
下田菊太郎(しもだきくたろう)	351
ジャイアント・オーダー	216,227,333
シャウシュピールハウス	239
借家(しゃくや)	306
シャルトル	186
自由学園明日館(―みょうにちかん)	330
尚古集成館(しゅうこしゅうせいかん)	270
住宅営団	356
住宅改善運動	311
住宅改善調査会	311
住宅金融公庫	359
住宅政策	359
住宅は住むための機械である	341
周柱式(しゅうちゅうしき)(ペリプテロス)	136
集中式建築	198
集中式聖堂	166,204
修道院	168
自由なファサード	340
自由な平面	340
周歩廊(しゅうほろう)	166
14聖人巡礼教会(フィアツェーン・ハイリゲン・キルヒェ)	222
集落	116
宿場	88
シュタイナー邸	320
首都高速道路	375
シュパイヤー	180
シュリーブ・ラム・アンド・ハーモン	329
ジュリオ・ロマーノ	206,208
シュレーダー邸	338
巡礼寺院(じゅんれい―)	126
如庵(じょあん)	106
書院造(しょいんづくり)	92,94,103,114,347
秀英舎印刷工場(しゅうえいしゃ―)	290
城下	78
城郭(じょうかく)	78,82
城郭風(じょうかく―)	351
城下町	82,112
常行堂(じょうぎょうどう)	47
障子(しょうじ)	44
上段(じょうだん)	94
商店街(パサージュ)	245
正堂(しょうどう)	48
浄土寺浄土堂(じょうどじじょうどどう)	53
相伴席(しょうばん―)	107
正福寺地蔵堂(しょうふくじじぞうどう)	57
城壁	296
障壁画(しょうへきが)	68
条坊制(じょうぼうせい)	34
匠明(しょうめい)	129
上屋(じょうや)	117
上屋下屋構造(じょうやげやこうぞう)	118
条里制(じょうりせい)	35
聖霊院(しょうりょういん)	23
浄瑠璃寺三重塔(じょうるりじ―)	48
浄瑠璃寺本堂(じょうるりじ―)	48
昭和通	303
ショー	297

索引

401

ジョーンズ(イニゴー)	213,227
ジョーンズ(エドワード・バーン)	317
食寝分離論	356
食堂(トラペザ)	175
所作(しょさ)	103
如水会館(じょすい―)	324
ジョン・ソーン博物館	238
ジョンソン(フィリップ)	344
ジョンソンワックス本社	367
白井晟一(しらいせいいち)	365
白川郷(しらかわごう)	121
ジリー(フリートリヒ・ダフィト)	237
白い箱	340,344
白書院(しろ―)	98
真壁(しんかべ)	85
新旧論争	227
シンケル(カール・フリートリヒ)	239
人工照明	327
新興数寄屋(しんこうすきや)	354
新古典主義建築	232
真言宗	44
震災記念堂	350
身舎(しんしゃ)	57
眞珠庵庭玉軒(しんじゅあんていぎょくけん)	106
真宗信徒生命保険会社	350
新勝寺三重塔(しんしょうじ―)	127
心々制(しんしんせい)	70
心礎柱(しんそばしら)	22
人体比例	198
寝殿(しんでん)	43,62
寝殿造(しんでんづくり)	42,62
新都市ドローイング	336
心御柱(しんのみはしら)	18
仁風閣(じんぷうかく)	308
神明造(しんめいづくり)	18
新薬師寺本堂	29
身廊(しんろう)	165
瑞巌寺本堂(ずいがんじ―)	129
水濠(すいごう)	79,83
水晶宮(クリスタルパレス)(すいしょうきゅう)	258
スイス学生会館	341
水平連続窓	340
瑞龍寺仏殿(ずいりゅうじ―)	58
水路閣(すいろかく)	289
スカイハウス	371
スカラ・レジア(王の階段)	217
縋破風(すがるはふ)	50
数寄(すき)	108
数寄屋(すきや)	108
数寄屋風書院造(すきやふうしょいんづくり)	

	109
スクィンチ	173
スゲリウス	184
スコット(ジョージ・ギルバート)	262
朱雀大路(すざくおおじ)	35
朱雀門(すざくもん)	37
辻子(ずし)	73
筋交(すじかい)	288
鈴木成文(すずきしげふみ)	360
鈴木信太郎旧居書斎(すずきしんたろうきゅうきょ―)	292
鈴木信太郎旧居茶の間及びホール	357
スタディオン	150
スタンレイ紡績工場	262
スチュワート(ジェームズ)	229
捨子保育院(オスペダーレ・デッリ・イノチェンティ)	200
ストア	149
ストウ	229
ストーンヘンジ	134
ストックレー邸	320
須浜肘木(すはまひじき)	131
スフォルツィンダ	198
スフロ(ジャック・ジェルマン)	232
スプロール	371
スマーク(シドニー)	264
隅田川の橋梁群	303
隅延び(すみのび)	50
住吉大社本殿(すみよしたいしゃ―)	21,128
住吉造(すみよしづくり)	21
スラム	300
諏訪大社(すわ―)	17
聖カテリネ修道院	168
税関(バリエール)	237
清家清(せいけきよし)	358
聖堂(カトリコン)	175
聖墳墓教会(せいふんぼ―)	166
聖ベネディクトゥス	177
聖ベルナルドゥス(聖ベルナール)	181
清涼殿(せいりょうでん)	39
ゼウス祭壇	148
ゼウス神殿	138
セカンドライタービル	326
セキスイハイムM1	371
積水ハウス	359,371
関野貞(せきのただし)	348,349
セセッション(ウィーン分離派)	319,324,350
セセッション館	320
折板構造(せっぱん―)	367
ゼネコン(総合建設業者)	294
セルリオ(セバスティアーノ)	210
背割線(せわりせん)	77,113

402

全国総合開発計画 — 375
戦国大名 — 78
戦災都市 — 357
禅宗様（ぜんしゅうよう）— 55
浅草寺（せんそうじ）— 126
セント・ポール大聖堂 — 222
尖頭アーチ（せんとう—）— 184
セントパンクラス駅舎 — 262,316
千宗旦（せんのそうたん）— 104
千利休（せんのりきゅう）— 102
ゼンパー（ゴットフリート）— 242
前方後円墳（ぜんぽうこうえんふん）— 16
千里ニュータウン（せんり—）— 361
造家学会（ぞうか—）— 279
惣構（そうがまえ）— 76
雑司ヶ谷宣教師館（ぞうしがや—）— 307
増上寺（ぞうじょうじ）— 125
装飾 — 123
装飾と犯罪 — 320
僧堂（そうどう）— 56
層塔型（そうとう—）— 87
造幣寮鋳造所（ぞうへいりょう—）— 273
相輪（そうりん）— 22
ソーク研究所 — 367
ソーン（ジョン）— 237
側廊（そくろう）— 165
礎石（そせき）— 26
組積造（そせきぞう）— 266
ソチミルコのレストラン — 368
曾禰達蔵（そねたつぞう）— 279,281
ソビエト宮設計競技 — 343
ソルニエ（ジュール）— 262

[た—と]

ターナー（リチャード）— 258
ターミナル駅 — 335
大アーケード — 186
ダイアック — 275
第一銀行京都支店 — 279
第一国立銀行 — 294
第一生命館 — 334
第一生命保険本館 — 332
大英博物館 — 238
大英博物館図書閲覧室 — 264
ダイエル（ヘンリー）— 276
代官山 — 305
代官山アパート — 315
大工書（だいくしょ）— 130,271
大講堂 — 22
大虹梁（だいこうりょう）— 57

大極殿（だいごくでん）— 33,37
第五高等中学校本館 — 283
醍醐寺三宝院表書院（だいごじさんぽういんおもてしょいん）— 98
醍醐寺薬師堂（だいごじ—）— 50
第三インターナショナル記念塔 — 337
第三代バーリントン侯爵ことリチャード・ボイル — 227
大尺（高麗尺）（だいしゃく（こましゃく））— 35
大社造（だいしゃづくり）— 20
大嘗宮（だいじょうぐう）— 21
大嘗祭（だいじょうさい）— 21
大成建設 — 295
大仙院方丈（だいせんいんほうじょう）— 65,69
大内裏（平安宮）（だいだいり（へいあんぐう））— 38
大内裏図考証（だいだいりずこうしょう）— 128
大塔（だいとう）— 48
大徳寺仏殿（だいとくじ—）— 58
台所 — 99
台所シンク — 360
ダイニングキッチン（DK）— 360
対屋（たいのや）— 43
台盤所（だいばんどころ）— 40
台盤所廊（だいばんどころろう）— 43
大仏殿（金堂）（だいぶつでん（こんどう））— 52
大仏様（だいぶつよう）— 53
大瓶束（だいへいづか）— 57
大報恩寺本堂（だいほうおんじ—）— 60
當麻寺本堂（たいまでら—）— 48
大明寺聖パウロ教会（だいみょうじ—）— 346
泰明小学校（たいめい—）— 293
台目構（だいめがまえ）— 106
台目畳（だいめだたみ）— 104
対面（たいめん）— 97
対面所（たいめんじょ）— 98
大獣院霊廟（だいゆういんれいびょう）— 123
太陽の塔 — 374
内裏（だいり）— 33
台輪（だいわ）— 58
大和ハウス — 359
タウト（ブルーノ）— 321,352
高島屋京都店 — 291
高橋貞太郎（たかはしていたろう）— 349
高八方（たかはっぽう）— 121
高山英華（たかやまえいか）— 373
高山市上三之町地区（—かみさんのまち—）— 112
高床式（たかゆか—）— 15
タカラビューティリオン — 374
瀧澤家住宅（たきざわけ—）— 113
托鉢修道会（たくはつ—）— 189,193
武田五一（たけだごいち）— 311,323
竹田宮邸（たけだのみやてい）— 280

竹中工務店	295
武野紹鴎(たけのじょうおう)	102
竹の節欄間(たけのふしらんま)	68
出桁造(だしげたづくり)	313
畳	44,69
畳割り(たたみわり)	70,130
龍岡門(たつおかもん)	335
タッセル邸	318
塔頭(たっちゅう)	56,65
辰野・葛西(たつの・かさい)	332
辰野金吾(たつのきんご)	279,284,290,309
辰野式	284
竪穴建造物(たてあな―)	12
建具	44
タトリン(ウラジミール)	337
棚(たな)	93
棚橋諒(たなはしりょう)	358
田邊朔郎(たなべさくろう)	289
谷口吉郎(たにぐちよしろう)	345
種山石工(たねやまいしく)	266
多宝塔(たほうとう)	48
玉川田園調布	303
ダマスクスのアポロドーロス	156
多摩ニュータウン	362
多聞櫓(たもんやぐら)	80,85
ダラム大聖堂	180
タリアセン	330
垂木(たるき)	14,50
垂木構造(たるき―)	118
檀家(だんか)	122
丹下健三(たんげけんぞう)	353,364,370
壇上伽藍(だんじょうがらん)	45
弾正橋(だんじょうばし)	289
団地	356
暖炉	307
単廊式(たんろうしき)	165
チームテン	370
チェンバーズ(サー・ウィリアム)	249
知恩院大方丈(ちおんいんだいほうじょう)	95
知恩院本堂(ちおんいん―)	122
違い棚	97
地下鉄	333
千木(ちぎ)	18
チズウィック・ハウス	227
千鳥破風(ちどりはふ)	87
茶室	102
チャッツワースの温室	258
茶の間	306
チャンディガール	369
中條精一郎(ちゅうじょうせいいちろう)	281,324
中世都市	296
鋳鉄(ちゅうてつ)	257
中門(ちゅうもん)	22
中門廊(ちゅうもんろう)	43,62,94
町・町組(ちょう・ちょうぐみ)	74
長安(ちょうあん)	34
長弓寺本堂(ちょうきゅうじ―)	61
重源(ちょうげん)	53
彫刻欄間(―らんま)	68
聴秋閣(ちょうしゅうかく)	109
長寿寺本堂(ちょうじゅじ―)	59
手水鉢(ちょうずばち)	107
帳台構(ちょうだいがまえ)	95
聴竹居(ちょうちくきょ)	312
朝堂院(八省院)(ちょうどういん(はっしょういん))	33
町人	112
町人地(ちょうにんち)	82,112
知覧麓(ちらんふもと)	99
陳和卿(ちんなけい)	53
衝立(ついたて)	44
ツィンマーマン兄弟	225
ツヴィンガー宮	224
通潤橋(つうじゅんばし)	266
ツーバイフォー	253
束(つか)	27
津軽家霊屋(つがるけたまや)	123
築地ホテル館(つきじ―)	294
築地本願寺(つきじほんがんじ)	350
突抜(つきぬけ)	73
次の間	94
付書院(つけしょいん)	93
ツシ	114
土浦亀城自邸(つちうらかめき―)	345
土壁(つちかべ)	26
続間座敷(つづきまざしき)	100,306
綱町三井倶楽部(つなまちみついくらぶ)	277
坪井善勝(つぼいよしかつ)	373
坪庭(つぼにわ)	106
妻入り(つま―)	20
妻入りの町並み(つま―)	115
妻木頼黄(つまきよりなか)	283
妻籠宿(つまご―)	89
妻室(つまむろ)	23
吊構造(つり―)	367
鶴岡警察署	273
鶴ヶ丘八幡宮(つるがおかはちまんぐう)	75
デ・スティル	337
デ・ダヘラート集合住宅	322
テアトロ・オリンピコ	213,241
ディオクレティアヌス帝の浴場	161,199,203
帝冠様式(ていかん―)	351
逓減(ていげん)	67

索引

帝国議会案	351
帝国ホテル	330
帝室博物館	277,347
亭主(ていしゅ)	103
帝都復興院	289,303
ティリンス	135
デクマヌス	163
鉄筋コンクリート構造	286
鉄骨構造	316,362
鉄骨構造強弱論	288
鉄骨鉄筋コンクリート構造(SRC)	332
デトロイト	287
点前(てまえ)	103
点前畳(道具畳)(てまえだたみ〈どうぐだたみ〉)	103
デュテール(フェルディナン)	259
寺請制(てらうけせい)	122
寺子屋(てらこや)	125
デルフィ(デルポイ)	142
テルフォード(トーマス)	257
田園都市	301
天鏡閣(てんきょうかく)	309
天守(ドンジョン)	190
天守閣(てんしゅかく)	67,84
天井	50
天台宗	44
テント式の建造物	13
天王寺公園	299
テンピエット	205
テンピオ・マラテスティアーノ(サン・フランチェスコ聖堂)	202
天袋(てんぶくろ)	93
テンプロン	165
転法輪堂(てんぽうりんどう)	45
ドイツ工作連盟	253,338
ドイツ工作連盟モデル工場	338
ドイツ帝国議会	242
東院(とういん)	22,38
トゥールコワンの紡績工場	286
東奥義塾外国人宣教師館(とうおうぎじゅく—)	307
闘技場	160
東急電鉄	303
東京	298
東京駅舎	279,290
東京オリンピック	373
東京音楽学校奏楽堂(—そうがくどう)	283
東京歌舞伎座(—かぶきざ)	350
東京計画1960	372
東京市政会館	325
同業者組合(ギルド)	189
東京女子大学礼拝堂	342
東京大学キャンパス	335
東京中央電信局	325
東京帝室博物館設計競技	352
東京帝室博物館表慶館(—ひょうけいかん)	280
東京逓信病院(—ていしん—)	345
東京逓信病院高等看護学院(—ていしん—)	363
東京府庁舎	283
東京復活大聖堂(ニコライ堂)	277
東求堂(とうぐどう)	65
透視画法	216,217
透視図法(パースペクティヴ)	199
同潤会(どうじゅんかい)	304,315
同潤会アパート(どうじゅんかい—)	293,304
東照宮(とうしょうぐう)	123
唐招提寺金堂(とうしょうだいじこんどう)	29
塔状都市	371
同仁斎(どうじんさい)	65
動線	311
東大寺	52
東大寺大勧進職(—だいかんじんしき)	53
東大寺大仏殿(—だいぶつでん)	20
東大寺南大門(—なんだいもん)	53
東塔(とうとう)	45
塔の家	357
東武鉄道	303
通し柱	53,114
通肘木(とおしひじき)	58
トーマス住宅(風見鶏の家)(—(かざみどり—))	309
ドーム	154
ドーリス式	136
トオリニワ(トオリドマ)	113,313
常盤台(ときわだい)	303
床(とこ)	93,103
土豪屋敷図(どごうやしきず)	77
床の間	94,97,100
床前畳(貴人畳)(とこまえだたみ〈きじんだたみ〉)	103
都市計画	296
都市計画法	305
都市公園	296,299
都市のイメージ	371
豊島家住宅(としまけ—)	121
都城(とじょう)	34
図書館	264
トスカナ式	156
土蔵(どぞう)	113
土蔵造(どぞうづくり)	116
土台	80
砺波平野(となみ—)	117
土間(どま)	118
富岡製糸場(とみおかせいしじょう)	270

ドミノシステム	340,353
ドムス	161
鞆の浦（とも—）	75
豊多摩監獄（とよたまかんごく）	324
トラス橋梁（—きょうりょう）	257
トラス構法	270
トラヤヌス帝の浴場	161
鳥居障子（とりいしょうじ）	44
トリビューン	186
トリフォリウム	186
土塁（どるい）	75,79
ドルマバフチェ宮	252
トロイ	135
登呂遺跡（とろいせき）	12
トロハ（エドゥアルド）	367
トロブリッジアンドリビングストン社	332
富田林（とんだばやし）	77
トンネル・ヴォールト（円筒ヴォールト）	154

[な—の]

内国勧業博覧会（ないこくかんぎょうはくらんかい）	299
内陣（ないじん）	59
内接十字形聖堂	174
ナヴォナ広場	218
ナオス	136
中井正清（なかいまさきよ）	129
長岡京	34
中銀カプセルタワー（なかぎん—）	371
長崎製鉄所	270
流し台	99
長浜駅舎	289
長屋門（ながやもん）	117
流造（ながれづくり）	30
中廊下型住宅（なかろうかがたじゅうたく）	306,311
長押（なげし）	26
名古屋控訴院地方裁判所区裁判所庁舎（—こうそいん—）	283
ナショナル・トラスト運動	248
ナッシュ（ジョン）	250,316
難波長柄豊崎宮（なにわながらとよさきのみや）	33
奈良	75
奈良井宿（ならい—）	89
奈良県物産陳列所	348
双堂（ならびどう）	28
奈良ホテル	347
ナルテクス	164
南海ビルディング	335

納戸（なんど）	64
納戸構（なんどがまえ）	95
ニーマイヤー（オスカー）	370
2階席（ギャラリー）	166
西構え（ヴェストヴェルク）	177
西陣電話局（にしじん—）	324
西田橋（にしだばし）	266
西本願寺書院	98
西村山郡役所及び議事堂	272
西村好時（にしむらよしとき）	351
西山夘三（にしやまうぞう）	356
二重周柱式（ディプテロス）	137
二条大路（にじょうおおじ）	35
二条城二の丸御殿（にじょうじょうにのまるごてん）	98
躙口（にじりぐち）	103
日影線（にちえい—）	356
日仏学院（にちふつ—）	340
日活国際会館	363
日建設計	364
日光金谷ホテル（—かなや—）	346
日光東照宮（にっこうとうしょうぐう）	123
日東アパート（にっとう—）	315
日本勧業銀行本店	347
日本銀行京都支店	284
日本銀行本店本館	279
日本住宅公団	359
日本水準原点	281
日本生命九州支店	279
日本相互銀行本店	363
日本的の表現	346
日本橋高島屋	349
日本郵船横浜支店	334
ニュータウン	359,361
ニューデリー	251
ニュートン記念堂案	235
ニューラナーク	298
韮山反射炉（にらやまはんしゃろ）	270
貫（ぬき）	53
沼津兵学校	276
塗籠（ぬりごめ）	43,63
ネオ・バロック	242
根来寺大塔（ねごろじだいとう）	48
ねじり柱（トゥイステッド・コラム）	227
ネルヴィ（ピエール・ルイージ）	368
年中行事絵巻（ねんちゅうぎょうじえまき）	72
ノイエ・ヴァッヒェ	239
ノイマン（バルタザール）	225,222
濃尾地震（のうび—）	287
ノートルダム教会（ル・ランシーの）	341
野口孫市（のぐちまごいち）	283
野田俊彦（のだとしひこ）	323

登り梁	114
暖簾(のれん)	73

[は－ほ]

パークメールウクの住宅群	322
バージェス(ウィリアム)	279
バートン(デシマス)	258
バーナム(ダニエル)	326
ハーフティンバー	309
ハイドパーク	258
バウハウス	253,339
バウハウス校舎(デッサウの)	339
バウハウス叢書(―そうしょ)	339
ハギア・ソフィア大聖堂	171
パクストン(ジョセフ)	258
博物館	263
橋口信助(はしぐちしんすけ)	312
柱梁構造(はしらはりこうぞう)	266
柱間(スパン)(はしらま)	31
バシリカ	156
バシリカ式聖堂	164
バスチャン(エドモンド)	274
長谷寺本堂(はせでら―)	122
八条宮智仁(はちじょうのみやともひと)	109
八幡造(はちまんづくり)	28
パッカード自動車工場	287
ハッサム住宅	269,307
パッツィ家	198
パッツィ家礼拝堂	201
法堂(はっとう)	56
パッラーディアニズム	210,226,229
パッラーディオ(アンドレア)	210,211,226,241
ハトシェプスト女王葬祭神殿	146
鼻隠し板(はなかくし―)	54
花の聖母教会(サンタ・マリア・デル・フィオーレ)	199
バニング(ジェームズ)	262
桔木(はねぎ)	50
バビロン	145
破風(はふ)	18
林昌二(はやししょうじ)	364
パラエストラ	150
パラッツォ	196,211
パラッツォ・デル・テ	208
パラッツォ・バルベリーニ	216
パラッツォ・ファルネーゼ	211
パラッツォ・マッシモ	211
パラッツォ・メディチ	211
パラッツォ・ルチェライ	202
原邸	345

パラティヌスの丘	160
梁(はり)	26
パリ	186
パリ改造	296
パリ装飾美術博覧会	328
ハリソン(ウォーレン)	366
パリ大聖堂	248
パリ中央市場	262
パリ万国博覧会(―ばんこくはくらんかい)	259
パリ万国博覧会日本館(―ばんこくはくらんかい―)	353
梁間方向(はりま―)	31
バルセロナ	318
バルセロナ万博パビリオン	339
バルタール(ヴィクトール)	262
パルテノン	139,229
ハレ(晴)	63
パレスサイドビル	364
バロック	207,215,227,232,297,300
バロック建築	214,225
バロック的	231
ハワード(エベネザー)	301
阪急電鉄	303
万国博覧会(ばんこくはくらんかい)	258
万国博覧会(第1回の)(―ばんこくはくらんかい)	258
阪神高速道路	375
ハンター住宅	307
版築(はんちく)	26
藩邸(はんてい)	85,100
パンテオン	156,199
「万能の人」(ウオモ・ウニヴェルザーレ)	206
ピア	178
ピアノ・ノビレ	211
飛雲閣(ひうんかく)	109
比叡山(ひえいざん)	44
ピエルフォン城	191,248
東三条殿(ひがしのさんじょうどの)	43
東室(ひがしむろ)	23
東山殿(ひがしやまどの)	64
東山殿会所(ひがしやまどのかいしょ)	64
東山梨郡役所	272
ピクチャレスク	229,230,231,249
ヒサシ(庇)	29
ピサの大聖堂	180
肘木(栱)(ひじき(きょう))	27
美術館	263
聖橋(ひじりばし)	325
ヒッチコック(ヘンリー―)	344
日土小学校校舎(ひづち―)	365
ヒッポダモス	151
日比忠彦(ひびただひこ)	291

日比谷通	334
姫路城	83
姫路城下町	83
100尺制限	334
百貨店(デパート)	245,263,335
ピュージン(オーガスタス・ウェルビー・ノースモア)	241,316
表現主義	321
標準設計	356
平等院鳳凰堂(―ほうおうどう)	46
屏風(びょうぶ)	44
平入り(ひら―)	20
平入りの町並み(ひら―)	115
平瓦(ひらがわら)	27
平城(ひらじろ)	79
ピラネージ	228
平山城(ひらやまじろ)	79
ビルディングタイプ	256
ヒルデブラント(ヨハン・ルーカス・フォン)	224
弘前城天守	87
広島平和記念公園	370
広島基町長寿園高層住宅(―もとまちちょうじゅえん―)	372
広瀬鎌二(ひろせけんじ)	358
ピロティ	339,340
ヒロマ	114,118
広間型三間取り(ひろまがたみまどり)	119
琵琶湖疎水(びわこそすい)	289,295
檜皮葺(ひわだぶき)	40,110
ファーガソン	250
ファグス靴工場	338
ファミリステール	298
ファンズワース邸	339
フィラレーテ	198,202
フィレンツェ	196
フィレンツェ大聖堂	199
フーリエ(シャルル)	298
ブーレー(エティエンヌ・ルイ)	234
フォード・ハイランドパーク工場	287
フォルム	158
フォルム・ロマヌム	159
福島邸	323
藤井厚二(ふじいこうじ)	312
武士住宅	98
武士の居住地	82
伏見宮御所(ふしみのみやごしょ)	63
藤村紫朗(ふじむらしろう)	272
藤原宮(ふじわらきゅう)	33,34
藤原定家の住宅(―ていか―)	62
襖(ふすま)	44,68
付属図書館階段室	207

二棟廊(ふたむねろう)	43,62
プチ・トリアノン(ヴェルサイユの)	232
プチジャン神父	273
普通住宅	304
復古	128
復興小学校	293
仏殿(ぶつでん)	56
不動院金堂(ふどういんこんどう)	57
踏込畳(ふみこみだたみ)	103
フラー(バックミンスター)	368
フラー社	332
ブライトン宮	316
フライング・バットレス	184
プラウダ・モスクワ支局案	337
ブラウン(ランスロット・「ケーパビリティー」)	229
ブラジリア	370
ブラマンテ(ドナト)	204,205,206,208,213
ブラマンテ案	209
フランクリン通のアパート	342
フランス王立建築アカデミー	227
フランス式庭園	222
ブランデンブルク門	239
ブリアール運河橋	257
ブリーズソレイユ	341
フリートリヒ大王の記念碑案	237
プリエネ	151
ブリタネイオン	149
古石場住宅(ふるいしば―)	314
古田織部(ふるたおりべ)	107
ブルックリン橋	257
ブルネル(イザムバード)	257
ブルネレスキ(フィリッポ)	198,199,200,204
ブレース	327
プレーリーハウス	330
プレキャストコンクリート	367
フレシネー(ウジェーヌ)	287
プレストレストコンクリート	287
フレッチャー	250
フレデリック(クリスティーネ)	311
ブレニム宮	223
プレファブ化	357
プレモス	358
ブロドリック(カスバート)	262
プロピュライア	239
プロフェッサーアーキテクト	280
ブロワ城	213
ブロンデル(ニコラ・フランソワ)	227
文化アパート	315
文化住宅	312
分離派建築会	324
ペア・コラム	207,216,227

ベイ	178
平安京	34,72
平城京	34,74
平城宮(へいじょうぐう)	37
ペイディアス(フィディアス)	138
平内政信(へいのうちまさのぶ)	129
平和記念大正博覧会施設	325
平和記念東京博覧会	311
ベーレンス(ペーター)	338
別所(べっしょ)	53
ペッペルマン(マティウス・ダニエル)	224
ペデストリアンデッキ	361
ヘラ神殿	138
ヘラ第二神殿(ポセイドン神殿)	138
ベランダ	251,269
ベルヴェデーレ宮	206,224
ペルセポリス	144
ペルツィヒ(ハンス)	322
ベルニーニ(ジャン・ロレンツォ)	216,217,219,222
ベルリン大劇場	322
ベルリン大聖堂	242
ペレ(オーギュスト)	341
ヘレニズム文化	147
ペロー(クロード)	227
ペンシルバニア駅舎	328
ペンデンティヴ	171
ホイッスラー(ジェームズ)	318
奉献教会	242
放射状祭室	181
方丈(ほうじょう)	56,65
法然上人絵伝(ほうねんしょうにんえでん)	62
方墳(ほうふん)	16
法文経1・2号館	335
法隆寺(ほうりゅうじ)	22
法隆寺建築論	285
法隆寺大講堂	50
法隆寺伝法堂(―でんぽうどう)	29
望楼型(ぼうろう―)	86
ボーヴェの大聖堂	190
ホーカム・ホール	227
ホーム・インシュアランスビル	326
ボザール	328
法起寺三重塔(ほっきじ―)	28
法華堂(ほっけどう)	47
法勝寺(ほっしょうじ)	46
掘立柱(ほったてばしら)	14
掘立柱建造物(ほったてばしら―)	14,117
ボッロミーニ(フランチェスコ)	217
ボド(アナトール・ド)	341
ホフマン(ヨーゼフ)	320
堀	75
堀江家住宅(ほりえけ―)	118
堀口捨己(ほりぐちすてみ)	325,344,354
ポリス	136
ポルトランドセメント	286
ホワイトシティ	327
ボワロー(ルイ・シャルル)	263
ボワンビル	275
ボン・マルシェ百貨店	263
本瓦葺(ほんがわらぶき)	27
本山(ほんざん)	122
本陣(ほんじん)	89
本殿(ほんでん)	17
本堂(ほんどう)	60
本途帳(ほんとちょう)	130
ポンペイ	157,228
本末制(ほんまつせい)	122
本丸(ほんまる)	78

[ま―も]

マイヤー(ハンネス)	338
舞良戸(まいらど)	44
マウソレウム	147
前川國男(まえかわくにお)	344,352,358,363,365
前川國男自邸(まえかわくにお―)	353
前田侯爵邸(まえだこうしゃく―)	310
曲屋(まがりや)	121
マクセンティウス／コンスタンティヌスのバシリカ	203
マゴビサシ(孫庇)	29
升(斗)(ます)(と)	27
枡形(ますがた)	81,83
町並み	114
町家(まちや)	73,112,304,313
松井貴太郎(まついきたろう)	334
松井田町役場	365
マッキム・ミード＆ホワイト事務所	328
マッキントッシュ(チャールズ・レニー)	318
松阪城下町	100
末寺(まつじ)	122
松村正恒(まつむらまさつね)	365
松室重光(まつむろしげみつ)	283
松本家住宅	309
松本城天守	86
松山城天守	86
マデルナ(カルロ)	216
摩天楼(スカイスクレイパー)(まてんろう)	328
マドリッド競馬場	368
マニエリスム	207,208
マニエリスム的	237

マヤ	119
丸(まる)	79
丸瓦(まるがわら)	27
マルセイユ	343
丸善書店(まるぜん―)	290
丸の内地区	331
丸の内ビルヂング(丸ビル)	332
円柱(まるばしら)	69
円山公園(まるやま―)	299
マンサール(ジュール・アルドゥアン)	222
マンサール(フランソワ)	219
曼殊院(まんしゅいん)	109
マンション	361
万世橋(まんせいばし)	266
曼荼羅(まんだら)	48
曼荼羅堂(まんだらどう)	48
マンハッタン	297
萬福寺(まんぷくじ)	126
ミース・ファン・デル・ローエ	338,343,358,366
ミケーネ	135
ミケーネ文明	135
ミケランジェロ・ブオナローティ	198,206,207,209,210,216,241
ミケロッツォ・ミケロッツィ	202
ミサワホーム	359
三島通庸(みしまみちつね)	272
御簾(みす)	44
水谷武彦(みずたにたけひこ)	344
店蔵(みせぐら)	313,334
見世棚(みせだな)	72
ミゼットハウス	359
ミセノマ	113
御手洗(みたらい)	89
三井越後屋呉服店	313
三井貸事務所	332
三井銀行本店	290
三井物産横浜支店	291
三井本館	332
密教(みっきょう)	44
三越本店	335
三菱一号館	277,331
三菱銀行神戸支店	281
三菱倉庫	325
御堂筋(みどうすじ)	333
水戸測候所	345
港町	88
ミナレット	172
ミノア文明	134
箕面住宅改造博覧会(みのお―)	311
美濃町地区(みのまち―)	115
ミヘラーブ	172
美山町北地区(みやまちょう―)	116
妙喜庵待庵(みょうきあんたいあん)	104
明善寺庫裏(みょうぜんじくり)	121
未来派	336
ミラノ大聖堂	189
ミレトス	151
民芸運動	354
ミンバル	172
ムカルナス	173
無筋コンクリート	289
ムテジウス(ヘルマン)	338
棟持柱(むなもちばしら)	18
ムニエチョコレート工場	262
棟(むね)	14
村田珠光(むらたじゅこう)	102
無鄰菴(むりんあん)	310
室床(むろどこ)	104
室戸台風(むろと―)	293
室町殿(むろまちどの)	63
メイ(ファン・デル)	322
明治宮殿	346
明治神宮宝物館(―ほうもつかん)	350
明治生命館	334
名所図会(めいしょずえ)	126
メーリニコフ(コンスタンチン)	337
目加田家住宅(めかたけ―)	99
眼鏡橋(めがねばし)	266
メガロン	135
メスキータ(大モスク)	172
メゾネット方式	341
メソポタミア文明	144
メタボリズム	371,374
メディチ家	198,207
メトロ入口	318
メナイ橋	257
メンデルゾーン(エーリヒ)	321
メンヒル	134
木造モダニズム	363
裳階(もこし)	57
モダニズム	330,339,352,353,366
モダンリビング	358
持家(もちいえ)	306
モデュロール	341
モナドノックビル	327
モニエ(ジョセフ)	286
モヤ(身舎)	29
モヤーヒサシ構造(身舎‐庇構造)	29,40
モリス(ウィリアム)	253,317
森の火葬場	367
森博士の家	358
モン・レアーレ修道院	183
モンドリアン(ピエト)	337

索引

モンマルトル教会(サン・ジャン・ド) ―― 341

[や-よ]

薬師寺 ―― 23
屋敷構(やしきがまえ) ―― 99,117
安田講堂 ―― 335
柳井(やない) ―― 75
柳井市古市金屋地区(やないしふるいちかなや―) ―― 115
柳宗悦(やなぎそうえつ) ―― 354
柳田国男(やなぎだくにお) ―― 354
藪内燕庵(やぶのうちえんなん) ―― 107
山城(やまじろ) ―― 78
山口半六(やまぐちはんろく) ―― 283
山口文象(やまぐちぶんぞう) ―― 345
山下寿郎(やましたしろう) ―― 364
山科本願寺(やましなほんがんじ) ―― 75
山田守(やまだまもる) ―― 325,345
山邑邸(やまむら―) ―― 330
山本拙郎(やまもとせつろう) ―― 312
山脇巌(やまわきいわお) ―― 344
遣戸(やりど) ―― 44
ユーゲントシュティール ―― 318
遊離尾垂木(ゆうりおだるき) ―― 54
ユニテ・ダビタシオン ―― 341,369
ユニバーサルスペース ―― 340,358,366
洋学者 ―― 270
洋館 ―― 269,307
洋小屋 ―― 271
様式主義 ―― 279,316
洋式便器 ―― 360
容積率 ―― 364
洋風 ―― 346
浴場 ―― 160
横河民輔(よこがわたみすけ) ―― 290,332
横須賀造船所 ―― 276
横浜市開港記念会館 ―― 324
横浜正金銀行本店(―しょうきん―) ―― 283
吉阪隆正(よしざかたかまさ) ―― 357,365
吉島家住宅(よしじまけ―) ―― 114
吉田五十八(よしだいそや) ―― 354
吉田五十八自邸(よしだいそや―) ―― 354
吉武泰水(よしたけやすみ) ―― 360
吉田鉄郎(よしだてつろう) ―― 353
吉野ケ里遺跡(よしのがり―) ―― 32
吉村順三(よしむらじゅんぞう) ―― 358,364
四畳半茶室(よじょうはんちゃしつ) ―― 103
寄棟屋根(よせむね―) ―― 30
四間取り(よまどり) ―― 120
依代(よりしろ) ―― 17

[ら-ろ]

ラ・マドレーヌ聖堂(ヴェズレーの) ―― 179,248
来迎寺本堂(らいごうじ―) ―― 131
ライト(フランク・ロイド) ―― 329,367
礼堂(らいどう) ―― 48
ラウシャム ―― 229
洛中洛外図(らくちゅうらくがいず) ―― 74
ラスキン(ジョン) ―― 241,243,246,253,316
ラファエッロ・サンティ ―― 206,208
「ラファエロの家」と呼ばれた自邸 ―― 205
ラブルースト(アンリ) ―― 264
ラモー ―― 231
ラン ―― 186
ラングハンス ―― 239
ランス ―― 186
ランソム(アーネスト) ―― 287
欄間(らんま) ―― 68
リージェント・ストリート(ロンドンの) ―― 231
リーズ穀物取引所 ―― 262
リーダーズダイジェスト社 ―― 363
リートフェルト(ヘリット) ―― 337
リシツキー(エル) ―― 337
理想都市案 ―― 297
立体最小限住宅 ―― 357
リビングダイニングキッチン(LDK) ―― 360
リブ・ヴォールト ―― 184
龍源院本堂(りゅうげんいん―) ―― 66
両国国技館(りょうごくこくぎかん) ―― 290
リライアンスビル ―― 327
リングシュトラーセ ―― 297
臨済寺本堂(りんざいじ―) ―― 69
臨時建築制限令 ―― 357
臨春閣(りんしゅんかく) ―― 109
リンチ(ケヴィン) ―― 371
ル・ヴォー ―― 220
ル・プレ ―― 259
ルーヴル宮 ―― 219,220,241
ルート(ジョン・ウェルボーン) ―― 327
ルーメスハレ ―― 240
ルサコフ・クラブ ―― 337
ルドゥー(クロード・ニコラ) ―― 235,297,301
ルネサンス ―― 209
ルネサンス建築 ―― 199,214
瑠璃光寺五重塔(るりこうじ―) ―― 50
レイクショアドライブアパート ―― 366
霊台橋(れいたいきょう) ―― 266
レヴァーハウス ―― 366
レヴィットタウン ―― 359
レヴェット(ニコラス) ―― 229
レーモンド(アントニン) ―― 341,363
レーモンド自邸 ―― 363

レオナルド・ダ・ヴィンチ	204,206
レッチワース	301
レン(クリストファー)	222,227
煉瓦(れんが)	270
煉瓦造(れんがぞう)	287
蓮華王院本堂(三十三間堂)(れんげおういん―(さんじゅうさんげんどう))	48
錬鉄(れんてつ)	257
ロイヤル・クレセント(バースの)	231
ロイヤル・パヴィリオン	250
廊下	306
楼閣(ろうかく)	66,85
ロージェ	232
ロージェ(アントワーヌ)神父	231
ロース(アドルフ)	320
ロースハウス	320
ローマ	159
ローマの格納庫	368
ローマン・コンクリート	154
鹿苑寺金閣(ろくおんじ―)	67
六枝掛(ろくしかけ)	130,61
六波羅泉殿(ろくはらいずみどの)	62
六分ヴォールト	186
六間取り(ろくまどり)	120
鹿鳴館(ろくめいかん)	295
ロココ	225,232
露地(ろじ)	107
ロシア構成主義	336
炉畳(ろだたみ)	103
ロビー邸	330
ロマネスク	316,327
ロンシャン礼拝堂	367
ロンドン石炭取引所	262
ロンドン塔	190

[わ]

ワーグナー(オットー)	319
ワイゼンホフジードルンク	343
我国将来の建築様式を如何にすべきか(様式論争)	349
若狭邸(わかさ―)	345
若山鉉吉(わかやまげんきち)	290
脇陣(わきじん)	59
脇本陣(わきほんじん)	89
脇町(わきまち)	90
脇町南町地区(わきまち―)	116
倭京(わきょう)	34
和小屋	271
ワシントンDC	297
渡殿(わたどの)	43
渡辺仁(わたなべじん)	334,345,352
ワット(ジェームズ)	260
和風	346
和様(わよう)	42
和洋折衷(わようせっちゅう)	346

[欧文]

AEGタービン工場	338
CIAM(シアム)	344,370
HPシェル構造	368
JFK空港TWAターミナル	369
Less is more	340
NCRビル	364
nLDK	361
nLDKタイプ	315
nLDKプラン	356,359
RC構造	286,314,341,362
SH-1(自邸)	358
SOM	366

著者略歴

光井 渉(Wataru MITSUI)
【執筆分担：全体監修・Ⅰ日本建築史・Ⅲ近代建築史】
1963年　　広島県生まれ
1987年　　東京大学工学部建築学科卒業
1991年　　東京大学大学院工学系研究科建築学専攻博士課程中途退学
1991〜96年　文化庁文化財保護部建造物課 文部技官
1996〜2000年　神戸芸術工科大学環境デザイン学科専任講師・助教授
現　在　　東京藝術大学美術学部長・建築科教授
主な著作　『INAX ALBUM26 中国地方のすまい』(INAX・図書出版社，1994)
　　　　　『近世寺社境内とその建築』(中央公論美術出版，2001)
　　　　　　　2003年建築史学会賞
　　　　　『都市と寺社境内−江戸の三大寺院を中心に−』(ぎょうせい，2010)
　　　　　『建物の見方・しらべ方 江戸時代の寺院と神社』(共編著)(ぎょうせい，1994)
　　　　　『日本建築100の知識』(共著)(彰国社，2008)
　　　　　『日本の伝統木造建築−その空間と構法−』(市ヶ谷出版社，2016)
　　　　　　　2018年日本建築学会著作賞

太記祐一(Yuichi TAKI)
【執筆分担：Ⅱ西洋建築史】
1965年　　東京都生まれ
1989年　　東京大学工学部建築学科卒業
1997年　　東京大学大学院工学系研究科建築学専攻博士課程修了
現　在　　福岡大学工学部建築学科教授
主な著作　『世界宗教建築事典』(共著)(東京堂出版，2001)
　　　　　『図説 西洋建築史』(共著)(彰国社，2005)
　　　　　『シリーズ 都市・建築・歴史3 中世的空間と儀礼』(共著)(東京大学出版会，2006)
　　　　　『The Island of St. Nicholas』(共著)(大阪大学出版会，2010)

カラー版 建築と都市の歴史

2013年10月25日　第1版第1刷発行
2024年 3月10日　第1版第7刷発行

・本書の複製権・翻訳権・上映権・譲渡権・公衆送信権（送信可能化権を含む）は株式会社井上書院が保有します。

・JCOPY〈(一社)出版者著作権管理機構 委託出版物〉
本書の無断複写は著作権法上での例外を除き禁じられています。複写される場合は，そのつど事前に，(一社)出版者著作権管理機構(電話03-5244-5088，FAX03-5244-5089，e-mail：info@jcopy.or.jp)の許諾を得てください。

著　者　光井　渉・太記祐一 ©
発行者　石川泰章
発行所　株式会社 井上書院
　　　　東京都文京区湯島2-17-15　斎藤ビル
　　　　電話(03)5689-5481　FAX(03)5689-5483
　　　　https://www.inoueshoin.co.jp
　　　　振替00110-2-100535
装　幀　高橋揚一
印刷・製本　開成印刷株式会社

ISBN978-4-7530-1451-4　C3052　　　Printed in Japan

建築デザイン用語辞典

土肥博至監修,建築デザイン研究会編著　A5変形判・428頁・カラー　定価3960円
建築全般にわたる基本用語4600語を収録。基本的な用語をはじめ,設計,企画,計画および人名,国内外の建築・都市空間等の作品を含む分野の用語が充実。カラー写真・図表は1000点に及び,とりわけ作品事例を数多く取りあげた,初学者に最適の用語辞典。

空間デザイン事典

日本建築学会編　A5変形判・228頁・カラー　定価3300円
立てる,覆う,積む,並べる,区切る,つなぐ,浮かす,自然を取り込むなど,空間を形づくる20の概念を軸に整理した98のデザイン手法について,その意味や特性,使われ方を,写真で例示した世界各地の建築・都市空間(700事例)を手掛かりに解説。

建築・都市計画のための 空間学事典 [増補改訂版]

日本建築学会編　A5変形判・324頁・二色刷　定価3850円
計画・設計や空間研究に役立つよう,建築・都市計画に関する重要キーワード272を,イメージ・記憶,空間の認知・評価,空間図式,まちづくりなど27のテーマに分類,収録。用語の説明では,最新の研究成果や活用事例を踏まえながら平易に記述している。

THE CITIES = New illustrated series
中世都市 [新装版]

ハワード・サールマン著,福川裕一訳　B5判・126頁　定価2750円
11〜15世紀ヨーロッパ都市に見られるさまざまな要素—壁や門,広場,街路—を通して中世都市に共通する性格を導き出し,その時代の宗教,産業,軍事,市民生活が及ぼした影響,また都市の発生から崩壊へのメカニズムを豊富なイラストで説明する。

THE CITIES = New illustrated series
パリ大改造　オースマンの業績 [新装版]

ハワード・サールマン著,小沢明訳　B5判・132頁　定価2750円
中世初期にはじまるパリ再開発の歴史を,当時の強力なプランナーであったセーヌ県知事オースマンとナポレオン3世の事業に焦点を当てて図説。急成長する都市に対して,オースマンのとった19世紀的解決を今日の眼で読み直した歴史書としても興味ある一冊。

THE CITIES = New illustrated series
ル・コルビュジエの構想　都市デザインと機械の表徴 [新装版]

ノーマ・エヴァンソン著,酒井孝博訳　B5判・150頁　定価2750円
近代建築運動に多大な影響を与えたル・コルビュジエの都市理論やフィジカルプランニング,CIAM活動等における構想の源泉をたどり,「300万人の都市」「ヴォアザン計画」「輝く都市」と,のちのシャンディガールに結実していく都市理論上の彷徨を記した伝記。

＊上記定価は消費税10％を含んだ総額表示です。